Dausien

Alte
Handfeuerwaffen

11

Alte Handfeuerwaffen

Text von
Jan Durdík
Miroslav Mudra
Miroslav Šáda

DAUSIEN

Vordere Umschlagseite:
Pistolenpaar mit Perkussionsschloß,
A. V. Lebeda, Prag, um 1850
Hintere Umschlagseite:
Büchse mit doppeltem Radschloß,
Frankreich, Anfang 17. Jh.
Doppellaufpistole mit zwei Radschlössern,
Süddeutschland, Ende 16. Jh.
Frontispiz:
Musquettirer. (Jacob de Gheyn: Waffen-
handlung von den Rören, Musquetten und
Spiessen. Gravenhagen 1608)

ALTE HANDFEUERWAFFEN

© 1977 Text von Jan Durdík, Miroslav Mudra,
Miroslav Šáda
© 1977 Einführung von Vladimír Karlický
Aus dem Tschechischen übersetzt von Anna
Urbanová
Grafische Gestaltung von Aleš Krejča
© 1977 Zeichnungen von Jaromir Knotek
© 1977 Fotografien von Jaroslav Rajzík
Die weiteren Fotografien Nr. 1—9, 34, 36, 47,
49, 50, 70—72, 85—120 wurden uns vom
Militärmuseum in Prag zur Verfügung gestellt.
© 1977 Artia Verlag, Praha

Verlag Werner Dausien · Hanau/M.
ISBN 3—7684—1739—9
2/09/02-52-01

Inhalt

Einführung

Die Menschen haben zu altertümlichen Waffen verschiedenartige Beziehungen, die von kritikloser Bewunderung bis zur Verdammung reichen können; es bleibt jedoch unbestrittene Tatsache, daß die historischen Feuerwaffen wichtige materielle Belegstücke der menschlichen Vergangenheit, deren beredte Zeugen vorstellen. Ihre Aussage ist deutlich, vielseitig und dokumentarisch.

Jede Waffe trägt das Zeichen ihrer Entstehungszeit an sich. Ihr Entwurf, ihre Funktion und Konstruktionsweise, das Material, aus dem sie hergestellt ist, ihre Bearbeitung und äußere Form, Signatur und Verzierung, all dies ist ihrem Entstehungsmilieu fest verhaftet und widerspiegelt eine ganze Reihe bedeutender Entwicklungsaspekte der menschlichen Gesellschaft.

Die Entstehung der Feuerwaffe selbst bleibt uns jahrhundertelang im scheinbar reglosen Dämmerschlaf des Mittelalters verborgen, als hätten sich jene Zeiten von einem so sündhaft irdischen Ding, wie es eine Waffe wohl ist, stumm abgewandt. So gründlich war diese Verheimlichung, daß wir heute auf bloße Vermutungen angewiesen sind, die sich auf äußerst spärliche Quellenschriften stützen. Aber die Waffen selbst sind ja da, zwar noch in so primitiver Form, daß wir uns fragen mögen, welchem Zweck sie wohl dienten, dennoch als unwiderlegbare Beweisstücke, daß sich der menschliche Erfindungsgeist unbekümmert weiterentwickelte und seine Früchte trug.

Es dauerte unwahrscheinlich lange Zeit, bevor sich die Feuerwaffe in scharfer Konkurrenz mit den traditionellen Waffen nach drei Jahrhunderten ganz durchsetzen und zum repräsentativen Rüstzeug des Soldaten und des Jägers werden konnte. Gleich langsam war übrigens auch ihre vor allem mit der allmählichen Vervollkommnung der technischen Grundfunktion verknüpfte eigene Entwicklung. Dieser Wandel war keineswegs von der Gesamtentwicklung der Gesellschaft isoliert, in die Werkstätten der Büchsenmacher gesperrt oder aufs Schlachtfeld beschränkt. Die Weiterentwicklung der Waffen bildete immer nur einen der zahlreichen Ströme, in denen die progressive Entwicklung der Technik verlief. Sie übernahm und benutzte viele Kenntnisse und Erfahrungen aus anderen technischen Fächern, wirkte jedoch selbst nicht selten als Ansporn und Erkenntnisquell für andere Bereiche.

Die an die Waffe gestellten Ansprüche in bezug auf Material, Konstruktion und Technologie waren immer sehr streng, strenger als bei anderen zeitgenössischen technischen Produkten, auch wenn diese zur Spitzenklasse gehörten. Der Grund für diese besonders hohen Ansprüche war nicht nur der, daß ja aus der Waffe scharf geschossen wurde, es gab auch andere Gründe, in anderen Zusammenhängen. Die Notwendigkeit, Massen von Soldaten mit Handwaffen auszurüsten, rief früher als bei jedem anderen Industrieprodukt nach der Einführung maschineller Massenerzeugung. Und die Notwendigkeit, die Funktionsverläßlichkeit der Massenausrüstung im Feld zu sichern, erzwang die konsequente Durchsetzung des Prinzips einer vollkommenen Auswechselbarkeit sämtlicher Bestandteile der Waffe. So wurden die wichtigen Grundsätze der modernen Industrieerzeugung erstmals und im vollen Umfang eben in der Herstellung der Handfeuerwaffen verwirklicht.

Von einem Jahrhundert zum andern stiegen die Anforderungen an die Waffe, da das Tempo immer schneller wurde, und vom 19. Jh. darf man getrost sagen, daß sie von einem Jahrzehnt zum andern wuchsen.

Die Entwicklung der Waffen war keineswegs Sache eines geschlossenen Sozialgebiets. Mit dem Charakter der ganzen Gesellschaft wandelte sich auch der der Armeen, deren Kampfweise und materielle Sicherstellung. Die Söldnerhaufen des 17. Jh. stellten zweifellos andere Ansprüche an Ausrüstung und Waffentechnik als die Massenarmeen, die sich im 19. Jh. auf das System der allgemeinen Wehrpflicht stützten. Die Werkstatt des Handwerkers, der die Geschicklichkeit der Menschenhand genügte, bot andere technische und technologische Möglichkeiten als die von der industriellen Revolution hervorgebrachten Fabriken mit ihrem immer reicher ausgestatteteren spezialisierten Maschinenpark.

Wir mögen eine Waffe aus jeder beliebigen Zeit von jederlei Art, für Militär-, Jagd- oder, wie später, auch für Sportzwecke, zur Hand nehmen, immer haben wir einen Zeugen vor uns, der uns viel zu sagen hat. Ihre Funktionsprinzipien, Konstruktionsarten und technologischen Bearbeitungsweisen sind Belege für das in ihrer Entstehungszeit erreichte technische Entwicklungsstadium und Produktionsniveau. Das verwendete Material und seine Eigenschaften weisen auf die im Hinterland des Herstellungsorts gegebenen Möglichkeiten sowie auf die Stufe ihrer Ausnutzung hin. Äußere Formen, Aufmachung und Verzierung sind ebenso Ausdruck der zeitgenössischen Begriffe von Zweck und Gebrauch der Waffe wie von künstlerischem Stil, Formgefühl, Geschmack und handwerklichem Können. Die Stofflichkeit der Waffe, ihre Dimensionen, das gegenseitige Verhältnis der einzelnen Bestandteile mit ihrer Ausgewogenheit und harmonischen Gestaltung sowie die Gesamtausstattung sagen ebenso viel über den Zweck aus, für den die Waffe bestimmt war, wie über die Art und Weise, wie sie ihm diente.

Man muß es allerdings verstehen, diesen Zeugen zum Reden zu bringen, muß seine Sprache kennen, seiner ganzen Aussage folgen und sie begreifen können und auch die Möglichkeiten und Grenzen seiner Aussage kennen. Und das ist gar nicht so leicht. Es genügt nicht, ein Bild der Waffe vor sich zu haben, und es genügt auch nicht, sie zu besitzen. Man muß ihre innersten Geheimnisse zu erspähen wissen, muß sie anderen Waffen und anderen historischen Denkmälern schriftlicher Natur gegenüberstellen und man muß das ganze weite Hinterland kennen, in dem die Waffe entstand, sich fortentwickelte und gebraucht wurde. Und letzlich muß man sie auch zu pflegen, instandzuhalten und zu konservieren wissen.

Aus diesen Gründen nun ist dieses Buch geschrieben worden. Es will nicht Unmögliches und gibt nicht vor, das Gesamtwissen von den Handfeuerwaffen und deren Vergangenheit vermitteln zu wollen. Das würde ganze Büchereien an historischer und Fachliteratur erfordern. Das Anliegen der Verfasser war bescheidener, doch wirklichkeitsnäher. Sie bringen die wichtigsten Erkenntnisse aus der geschichtlichen Entwicklung der Handfeuerwaffen bis zum Ausgang des 19. Jh. und verfolgen die Hauptentwicklungslinien so, daß der Leser die wesentlichen Züge und Erscheinungen erfassen und eine richtige und verläßliche erste Orientierung in diesem sehr ausgedehnten und komplizierten Fragenkreis gewinnen kann.

Es ist keineswegs leicht, in dieser Flut von Fakten, die hier auf den Waffenliebhaber einstürmt, das Wichtigste und Nötigste stets richtig auszusuchen. Jede Auswahl ist notwendigerweise auch zum Teil subjektiv. Hier war den Verfassern ihre langjährige persönliche Erfahrung von Nutzen. Alle drei wirken schon seit zwanzig Jahren als wissenschaftliche Mitarbeiter am Prager Militärmuseum, dessen Sammlungen eben auf dem Gebiet der Handfeuerwaffen zweifellos zu den wichtigsten und reichhaltigsten ganz Europas gehören. Es war ein wertvoller Vorteil für das Zustandekommen dieses Buches, daß die Verfasser für die fachgerechte Bearbeitung dieser Sammlungsbestände verantwortlich waren, auch heute noch diese Verantwortung tragen und überdies zu deren wesentlichen Bereicherung und Vergrößerung in den letzten zwei Jahrzehnten in hohem Maße beitragen konnten. Schließlich sind auch die Waffen aus sämtlichen bedeutenderen Schloß- und Museumssammlungen, an denen ja die böhmischen Länder sehr reich sind, durch ihre Hände gegangen.

Die Verfasser haben es daher für zweckdienlich gehalten, ihre Darstellungen mit einem knappen historischen Überblick einzuleiten, in dem die Entstehung der Handfeuerwaffen im 13. und 14. Jh. sowie deren Weiterentwicklung und Verwendung bis zum ausgehenden 19. Jahrhundert zusammenfassend behandelt wird. Es werden hier die Waffen in breitere zeitliche Zusammenhänge eingereiht, verschiedene Umstände gesellschaftlicher, militärischer, technischer und künstlerischer Natur, die auf die Entwicklung der Waffen Einfluß nahmen, hervorgehoben und andererseits auch die Folgen erörtert, die der Gebrauch konkreter Waffen für den weiteren Geschichtsverlauf mit sich gebracht hat.

Es folgt der eigentliche Hauptteil des Bandes — eine systematische Darstellung der einzelnen Entwicklungsetappen der Handfeuerwaffen; sie geht in ihrer Gliederung von der technischen Funktion der Waffe, ihrer Konstruktionslösung aus. Monothematische Teilkapitel zu den einzelnen Waffengattungen erschöpfen jeweils ohne zeitliche Begrenzung den ganzen Stoff. So greift z. B. das Kapitel über die Revolver, das der Zeit ihres größten Ruhmes, dem 19. Jahrhundert, gewidmet ist, in seiner Einleitung auf die ersten Anfänge dieser Waffengattung im 16. Jh. zurück. In diesem Hauptteil des Buches lernt der Leser an konkreten Waffen typische Konstruktionsarten und die wichtigsten Vertreter der verschiedenen Richtungen und Systeme kennen. Die Ausführungen über die Systematik der Handfeuerwaffen werden von einigen Kapiteln ergänzt, die sich mit einem historischen Abriß der Entwicklung der Hauptteile dieser Waffen, wie insbesondere Lauf, Schaft und Visierungen, befassen.

Der Sammlertätigkeit gilt die folgende kurze Abhandlung über Waffen-

1
*Eisen-Handkanone mit mächtiger
Kammerverstärkung und Mündungsring.
3. Viertel 14. Jh. (Städtisches Museum
in Moravská Třebová)*

erzeugung und -verzierung im Verlauf der Jahrhunderte. Altertümliche Handfeuerwaffen strahlen einen besonderen Zauber aus. Wieviel menschlicher Erfindungsgeist, schöpferische Begeisterung, technischer Einfallsreichtum und Geschicklichkeit ist da konzentriert, wieviel Kunstverstand und Einfühlung in Material- und Formschönheit, welche Vollkommenheit des Miniaturdekors! All dieser vorerst noch verborgene ungeheure Reichtum wartet auf den aufmerksamen Waffenliebhaber und Sammler, damit er ihn als Eingeweihter enthülle, gebührend schätze und aus ihm neue Anregungen für persönlichen kulturellen Genuß ebenso wie seine Allgemeinbildung schöpfen könne.

Zu diesen erhebenden ästhetischen Aspekten gehört allerdings auch die Kehrseite der Sache, nämlich die Tatsache, daß es dem Sammler selten gelingt, seine Objekte in tadellosem Zustand zu erwerben. Auch käuflich erworbene Waffen können unfachgemäß behandelt worden sein, ganz zu schweigen von den durch Fund erworbenen Stücken. Daher erfordert schon die kleinste Sammlung als unbedingte Vorbedingung eine grundlegende Belehrung über die technische Instandhaltung von Handfeurwaffen. Einer solchen ist ein Sonderkapitel des Buches gewidmet, mit besonderem Hinblick auf die Rekonstruktion des betreffenden Waffensystems sowie auf die empfindlichen Ansprüche der verschiedenen Herstellungsmaterialien.

Da jede Handfeuerwaffe im wesentlichen eine komplizierte Maschine vorstellt, kommt es nicht nur bei ihrer praktischen Beherrschung, sondern auch bei der Identifizierung ihres Alters und ihrer Herkunft und erst recht bei ihrer Pflege ganz wesentlich auf gründliches Erfassen und Verstehen ihres Mechanismus an. Deshalb wird in diesem Buch der Anschaulichkeit der Darstellung die größte Aufmerksamkeit geschenkt, d. h. eine möglichst große Zahl von Abbildungen zu allen Ausführungen im Text benutzt. Sowohl die farbigen Tafeln von historischen Prunkwaffen als auch die schwarz-weißen Reproduktionen im Text bilden einen selbständigen dokumentarischen Teil des Buches, der lose neben den Textteil gereiht ist und den Leser in repräsentativer Auswahl mit sämtlichen wichtigsten Waffentypen und ihren Hauptvarianten bekanntmacht. Die Detailzusammensetzung der einzelnen Bestandteile der Handfeuerwaffen (Läufe, Visierungen, Schlösser, Schäfte, Geschosse) wird in einer langen Reihe von präzisen und genau bezeichneten Zeichnungen vorgeführt; hinzugefügt sind ausgesuchte Proben von Waffensignaturen, die aus städtischen, Landes- und staatlichen Fertigungsstätten sowie aus den Werkstätten einzelner weltbekannter Büchsenmacher stammen.

Noch ein Umstand verdient einige einleitende Worte. Die Verfasser haben sich in ihrer ganzen Arbeit bemüht, die tatsächlich allgemeingültigen historischen Entwicklungszüge der Handfeuerwaffen zu erfassen; dabei aber befanden sie sich in der glücklichen Lage — und durften aus ihr Nutzen ziehen —, daß ihre in diesem breiten Maßstab vorgelegten Ausführungen sich auf die in tschechoslowakischen Waffensammlungen befindlichen Stücke stützen können. Das Büchsenmacherhandwerk selbst hat in den böhmischen Ländern und in der Slowakei stets einen untrennbaren und dabei sehr gewichtigen Bestandteil der europäischen Gesamtentwicklung gebildet und in seinen besten Werken Spitzenqualität erreicht. Zudem haben die in Jahrhunderten geschaffenen und auf die althergebrachte europäische Zentralstellung der böhmischen Länder zurückgehenden Vorräte an authentischen Waffen die Zeughäuser der böhmischen und slowakischen Städte sowie die Sammlungen der staat-

2
Bronze-Rohr mit leicht konischer
Laufseele aus Poběžovice, ČSSR,
3. Viertel 14. Jh.

11

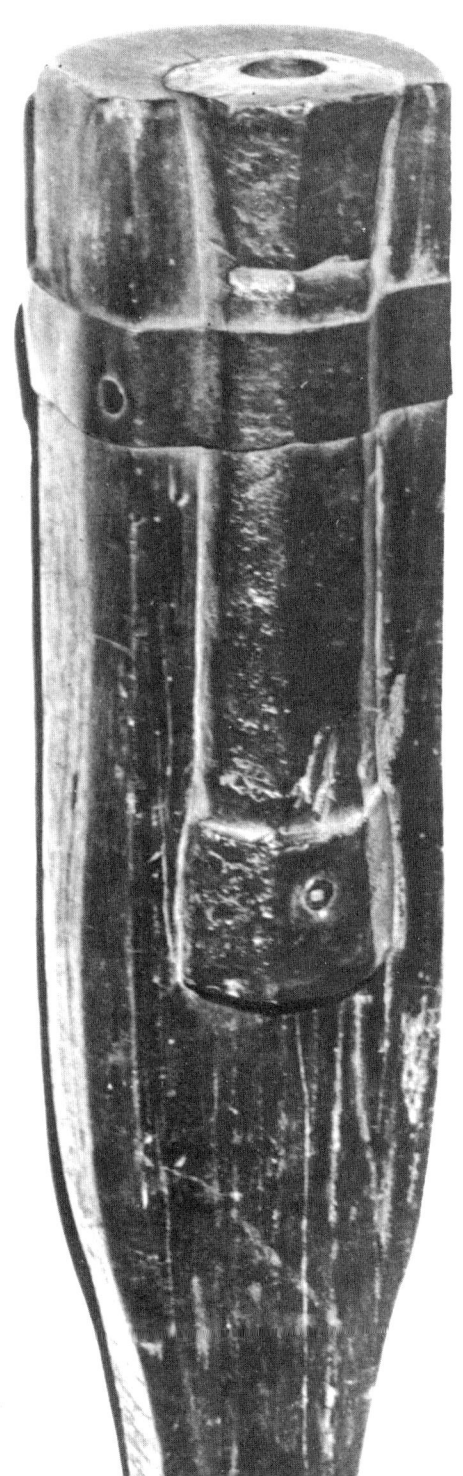

3
Kurze Eisen-Handkanone mit Haken.
Plzeň, Ende 14. Jh. (Westböhmisches
Museum in Plzeň)

lichen Schlösser und Museen mit einer wahren Waffenschau aller Haupt-
belegstücke zur Vergangenheit der internationalen Waffentechnik verschiedenster geographischer Provenienz ausgestattet. Nur wenige dieser
großen Sammlerschätze sind bisher erschlossen und veröffentlicht
worden. Deshalb gingen die Verfasser bei der Auswahl der Abbildungen
für den Bildteil dieses Bandes von diesen wenig bekannten Schätzen
aus, so daß der Leser auch in dieser Hinsicht sicher viel Neues und Interessantes in unserem Buch entdecken wird.

Entwicklungsgeschichte und Verwendung der Handfeuerwaffen

Für die Entstehung von Feuerwaffen waren, technisch gesehen, zwei Dinge notwendig: erstens ein geeignetes Treibmittel, das beim Abbrennen einen genügend starken Druck erzeugt, um das Geschoß in Bewegung zu setzen, und zweitens ein geeignetes Gefäß oder Rohr, das die Entwicklung des Drucks fördern und gleichzeitig dem Geschoß die beabsichtigte Flugrichtung geben konnte — mit einem Wort, der Lauf.

Der heutige Stand der Waffenkunde hat das Märchen vom legendären Mönch Berthold Schwarz als dem Erfinder des Schießpulvers schon längst ad acta gelegt. Es ist erwiesen, daß ein in seiner Zusammensetzung dem Schießpulver ähnliches Treibmittel, also eine Mischung aus Salpeter, Schwefel und Holzkohle, der in unserem Fall gewisse unwesentliche Substanzen beigemischt sind, bereits im 11. Jh. in China bekannt war. Die Sprengwirkung dieses Gemenges muß allerdings recht schwach gewesen sein, da noch im 13. Jh. spezielle Papier- oder Bambusrohre als Lauf benutzt werden konnten. Wahrscheinlicher ist die Meinung des deutschen Forschers Romocki, es habe sich vielmehr um eine Art Zündpfeile gehandelt, die, wie bei einer Rakete, durch eine schießpulverähnliche Mischung in Bewegung gesetzt wurden. Also keine selbsttätige Ladung, die das Geschoß aus dem Lauf schleudert, sondern eine Füllung, die Bestandteil des Geschosses war. Erst Urkunden aus dem 14. Jh., die allerdings in viel jüngeren Abschriften oder Drucken erhalten sind, überliefern uns Berichte über chinesische Metalläufe, d. h. echte Feuerwaffen.

Vielleicht durch Vermittlung der Mongolen, ganz gewiß aber durch die der Araber gelangte die Kenntnis des Salpeter-, Schwefel- und Holzkohlegemenges in den Westen. Die arabische Midfa (Madfa) war im 13. Jh. möglicherweise ein ähnlicher Vorläufer der Feuerwaffen wie die chinesischen Rohre aus derselben Zeit.

Kurz nach der Mitte des 13. Jh. war das Schießpulver als Treibmittel auch dem christlichen Abendland bekannt. Erwähnungen sind zu finden in Roger Bacons Schrift „De secretis artis et naturae operibus et de nullitate magie" (Über geheime Werke der Kunst und Natur sowie die Nichtigkeit der Magie), geschrieben zu Oxford in dem Jahrzehnt zwischen 1257—1267, und vor allem bei dem i. J. 1280 in Köln am Rhein verstorbenen Gelehrten Albertus Magnus und seinem Werk De mirabilibus mundi (Über die Wunderwerke der Welt). Doch fällt, wohlgemerkt, bei beiden

Gelehrten kein Wort über eine etwaige Verwendung des Treibmittels als Ladung zum Herausschleudern eines Geschosses aus einem Lauf, d. h. über eine Verwendung bei Feuerwaffen.

Sichere Beweise für die Verbindung von Schießpulver mit Metalläufen, d. h. für die Entstehung der Feuerwaffen in Europa, stammen erst aus dem 1. Drittel des 14. Jahrhunderts. Die ältesten Abbildungen sind in zwei Handschriften englischer Herkunft enthalten, deren Verfasser der Kaplan König Eduards III., Walter de Milimete ist. Die erste ist eine Transkription von Aristoteles' Werk ,De secretis secretorum' (Über die Geheimnisse von Geheimnissen), die zweite wurde vom Autor ,De nobilitatibus, sapientiis et prudentiis regum' (Über Erhabenheit, Weisheit und Klugheit der Könige) benannt. Beide Handschriften stammen aus dem Jahr 1326/7 und bewahren in den reich illuminierten Bordüren ihrer Pergamentblätter die Abbildungen von vasenförmigen Feuerwaffen, aus denen Pfeile schießen. Zufälligerweise aus dem gleichen Jahr stammt ein schriftlicher Bericht aus Italien, laut welchem der Stadtrat von Florenz i. J. 1326 ,,pilas seu paloctas de ferro et cannones de metallo'' (eiserne Pfeile oder Kugeln und Läufe aus Metall — d. h. aus Bronze) herstellen ließ. In den folgenden Jahren der ersten Hälfte des 14. Jh. mehren sich die schriftlichen Berichte über Feuerwaffen aus Italien, Frankreich, Deutschland und Mitteleuropa, und in den nächsten Jahrzehnten sind diese Waffen bereits in ganz Europa vom Atlantik bis Rußland und von der Adria bis nach Skandinavien bekannt.

Warum ist gerade das 14. Jahrhundert für die Anfänge der Feuerwaffen von so großer Bedeutung? Der Grund ist vor allem der, daß es nicht allein genügte zu wissen, was für Wirkungen das Schießpulver im Metallauf hervorbringt; der Mensch mußte auch die Kunst erlernen, das Metall so zu bearbeiten, daß der Lauf so gut wie möglich seinem Zweck diente. Der Aufschwung der mittelalterlichen Städte hatte eben eine bedeutende Stufe erreicht. Sie wurden nicht nur zu Mittelpunkten des Handels, der die europäischen Hauptstädte verband, sondern auch zu Zentren handwerklicher Erzeugungen, die einen hohen Spezialisierungsgrad und von vielen Handwerkergenerationen angesammelte Erfahrungen vor allem in der Metallverarbeitung gewonnen hatte. Verbreitung gewann die Verarbeitung von Roheisen und Eisenhalbprodukten in Wasserhammerwerken, damit stieg die Qualität des Materials sowie die Möglichkeiten seiner weiteren Aufbereitung. Es ist sicher kein Zufall, daß gerade das 14. Jahrhundert die Blütezeit einer technologisch so anspruchsvollen Arbeit war, wie es das Plattnerhandwerk, die Herstellung von Eisenplatten und später von ganzen Plattenrüstungen sind. Die reichen Erfahrungen im Buntmetall- und besonders Bronzeguß führten einerseits zu den Schöpfungen der Glockengießer, andererseits zu den Zierwerken des Kunsthandwerks, die heute in den Museen der ganzen Welt bewundert werden. Und schließlich hatten sich in den Händen der Stadtältesten und Feudalherrscher auch genügende Geldmittel angehäuft, wie sie zur Einführung der schwierigen und kostspieligen Erzeugung von Feuerwaffen nötig waren.

Ihre ersten Hersteller kamen von anderen metallverarbeitenden Handwerkszweigen her, vor allem von den Schmieden, Kannen- und Glockengießern. Und sie bildeten für lange Zeit, bis tief ins 15. Jahrhundert, keine eigene Zunft, sondern waren zumeist vertraglich im Dienst der Städte oder Herrscher angestellt. Wir wissen aus überlieferten Verträgen, daß sie verpflichtet waren, für ein fixes Gehalt ein bestimmtes

4
Kurze Eisen-Handkanone mit grober Pfanne und Tülle. Znaim, 1. Viertel 15. Jh. (Südmährisches Museum in Znojmo)

5
Eisen-Handbüchse mit Haken. Pilsen,
um 1425. (Westböhm. Museum in Plzeň)

Metallgewicht in Form von hergestellten Waffen, bzw. eine bestimmte Schießpulvermenge abzuliefern. Für jede Mehrerzeugung wurden sie je nach Gewicht des gegossenen Materials eigens bezahlt. Die städtischen oder herrschaftlichen Büchsenmacherhütten waren komplizierte Einrichtungen, die die Beschäftigung einer Reihe weiterer Handwerker und ungelernter Arbeiter für den Bau von Fertigungsstätten sowie für die Herstellung von Werkzeug, Lagern und Lafetten für die erzeugten Waffen erforderten.

Die Büchsenmacher dieser Hütten stellten lange Zeit sowohl größere und kleinere Kanonen als auch kleine Waffen her. Das entsprach dem Anfangsstadium der Entwicklung der Feuerwaffen, in welchem ihre zweckbestimmte Differenzierung und Spezialisierung auf Artillerie- oder Handfeuerwaffen nur langsam vonstatten ging. In der zweiten Hälfte des 14. Jh. verlief diese Differenzierung immer merklicher und schneller, auch wenn die meisten Handfeuerwaffen noch recht schwer und unförmig blieben und zwei Männer zur Bedienung brauchten. Der eine zielte und der andere feuerte. Aber schon das ausgehende 14. Jahrhundert kennt richtige Handbüchsen, wie sie z. B. in der Tannenberger Büchse und anderen Exemplaren erhalten sind. Für diese genügte bereits ein einziger Schütze.

Während langer Jahrzehnte war die Benutzung aller Feuerwaffen auf die Verteidigung und Belagerung von Burgen und Stadtbefestigungen beschränkt. Erst das Militärsystem der Hussiten, das auf dem Einsatz eines zu Fuß mit Wagen kämpfenden Volksheeres beruhte, wirkte entscheidend auf den Gebrauch von Handfeuerwaffen auch im offenen Schlachtfeld. Die Unterscheidung der Handfeuerwaffen in leichtere Handbüchsen und schwere Hakenbüchsen ist bezeichnend für die gesamte Weiterentwicklung der europäischen Militärwaffen im Laufe des 15. Jahrhunderts. Bedeutenden Einfluß auf diese Entwicklung gewann die Entdeckung der mechanischen Zündung — des Schlosses. Obwohl die ersten Versuche einer Anwendung des Schlosses noch in das 1. Viertel des 15. Jh. fallen, brachte erst die 2. Hälfte seine allgemeinere Verbreitung mit sich. Die Handfeuerwaffen verdrängten dann allmählich nicht nur die alte Armbrust aus der Kriegsausrüstung, sondern bildeten um 1500 die ausschließliche Schußwaffe des Schweizer Fußvolks und der Landsknechtsheere; überdies ermöglichten das Lunten- und Schwammschloß den Gebrauch von Handfeuerwaffen auch für Jagd- und Unterhaltungszwecke (Scheibenschießen).

Mit der Differenzierung der Feuerwaffen erfolgte auch die Veränderung des Schießpulvers in Qualität und Charakter. Das mittelalterliche Schießpulver bestand laut Richtmaßen aus dem 14. und 15. Jahrhundert aus etwa 6 Teilen Salpeter, einem Teil Schwefel und der gleichen Menge Holzkohle. Zum Unterschied von den alten orientalischen Mischungen, die nur 5 Teile Salpeter enthielten, stand diese dem Schwarzpulver sehr nahe, wie es bis in die achtziger Jahre des 19. Jh. benutzt wurde (75 % Salpeter, 12 % Schwefel, 13 % Holzkohle). Die Wirkung des mittelalterlichen Schießpulvers hing allerdings von der Reinheit der Substanzen, insbesondere des Salpeters und Schwefels ab, die wohl kaum das Maß erreichen konnte, das die industrielle Erzeugung des vorigen Jahrhunderts erzielte. Zur Gewinnung der Holzkohle wurden damals verschiedene Arten von Holz verwendet (Pappel-, Erlen-, Weidenholz u.a.), während im 15. Jh. Lindenholz am beliebtesten war.

In der Anfangszeit der Feuerwaffen gebrauchte man das aus den fein

gemahlenen und sorgfältig gemischten Substanzen hergestellte Schießpulver in Form von feinem Pulvermehl (Zündkraut). Bald aber kam man
darauf, daß dieses Pulvermehl zu rasch verbrannte und daher Entwicklung eines hinreichend starken Gasdrucks nicht genügend Zeit ließ.
So merkten die Büchsenmacher schon im 1. Drittel des 15. Jh., daß sie
das Pulver in Alkohol aufweichen und über einem Sieb zu verschieden
großen Körnern formen konnten, mit denen langsamere Verbrennung
und dabei stärkere Auftreffwucht erreicht wurde. Gleichlaufend mit der
Spezialisierung der Feuerwaffen unterschied man bereits um die Mitte
des 15. Jh. je nach Körnungsgrad Kanonen-, Hakenbüchsen- und Hand-
büchsenpulver. Das Pulvermehl wurde nurmehr zur Entzündung der
Ladung im Lauf benutzt, und zwar so, daß es auf die Pfanne geschüt-
tet und angezündet wurde.

Ein weiterer Fortschritt in der Erzeugung von Handfeuerwaffen trat
ebenfalls in der 2. Hälfte des 15. Jh. dadurch ein, daß die Bronzeläufe
bis auf geringe Ausnahmen allmählich verschwanden und Schmiedeeisen die führende Rolle übernahm. Dieser Prozeß war dem der Produktion von Geschützmaterial genau entgegengesetzt. So gliedern sich zu
Beginn des 16. Jh. aus dem bisherigen Büchsenmacherhandwerk die
Handbüchsenmacher aus und bilden in größeren Produktionszentren
selbständige Zünfte, während sie sich in kleineren Städten mit verwand-
ten Handwerkszweigen in gemeinsamen Zünften zusammenfinden. Im
16. Jh. sind es Sporenmacher, Uhrmacher u. a., meistens aber Schlosser.
Diese Erscheinung hängt vor allem mit der Entdeckung des Radschlosses
zusammen — etwas später dann mit der der frühen Formen und Typen
des Steinschlosses. Mit der Zeit spezialisieren sich auch die Laufschmiede und besonders die Hersteller der Schäfte — die Schäfter (auch Schifter); sie gehören oft zu den bedeutendsten Vertretern des Kunsthandwerks.

Das Radschloß gestattete die Einführung der Feuerwaffen in der Kavallerie, wie das Luntenschloß schon früher in die Infanterieausrüstung
Eingang gefunden hatte. Blanke Waffen, Lanze und Schwert bzw. Armbrust, bilden nicht mehr die einzige Wehr des Reiters; im Verlauf des 16.
Jh. erhält er ein Paar Pistolen oder die kurze Büchse mit Radschloß
(Bandolet, Pétrinal), den Vorläufer des Karabiners. Bei der Infanterie
herrschte lange Zeit die Haken- und Halbhakenbüchse vor, eine schwer-
fällige Waffe mit Luntenschloß. Noch im ausgehenden 16. Jahrhundert
war auch die Muskete eine sehr schwere, 8—10 kg wiegende Waffe, die
der Schütze auf die Stützgabel auflegen mußte. Die Musketiere waren
allein noch keineswegs kampffähig. Sie bildeten einen Teil der Gefechts-
aufstellung, in der sie in mehreren Gliedern Karrees von Pikenieren
umschlossen, welche ihrerseits mit ihren langen Spießen, den „Piken",
die Musketiere beim Feuern abschirmten. Das Laden war umständlich,
und für den Nahkampf besaß der Musketier nur das Schwert oder den
Degen. Auf diese Weise konnte die Schußwaffe in den damaligen
Gefechtsformationen wie z. B. der spanischen Terzie oder der niederländischen Brigade bei weitem keine entscheidende Rolle spielen. Nicht
anders verhielt es sich bei der Reiterei, die im Caracola-System angriff
und nach Abfeuern beider Pistolen mit blanker Waffe auf den Gegner
eindrang.

Trotzdem erforderte die weitere Verbreitung der Feuerwaffen in den
damaligen Armeen eine Massenerzeugung der einfacheren Militärwaffen
und führte zur Gründung von Fertigungsstätten entweder in Städten, in

I

*Kurze Büchse mit drei Läufen und
Luntenschloß. Im Kolben vier von Hand
abzufeuernde Pistolenläufe. Mitteleuropa,
1. Hälfte 16. Jh.*

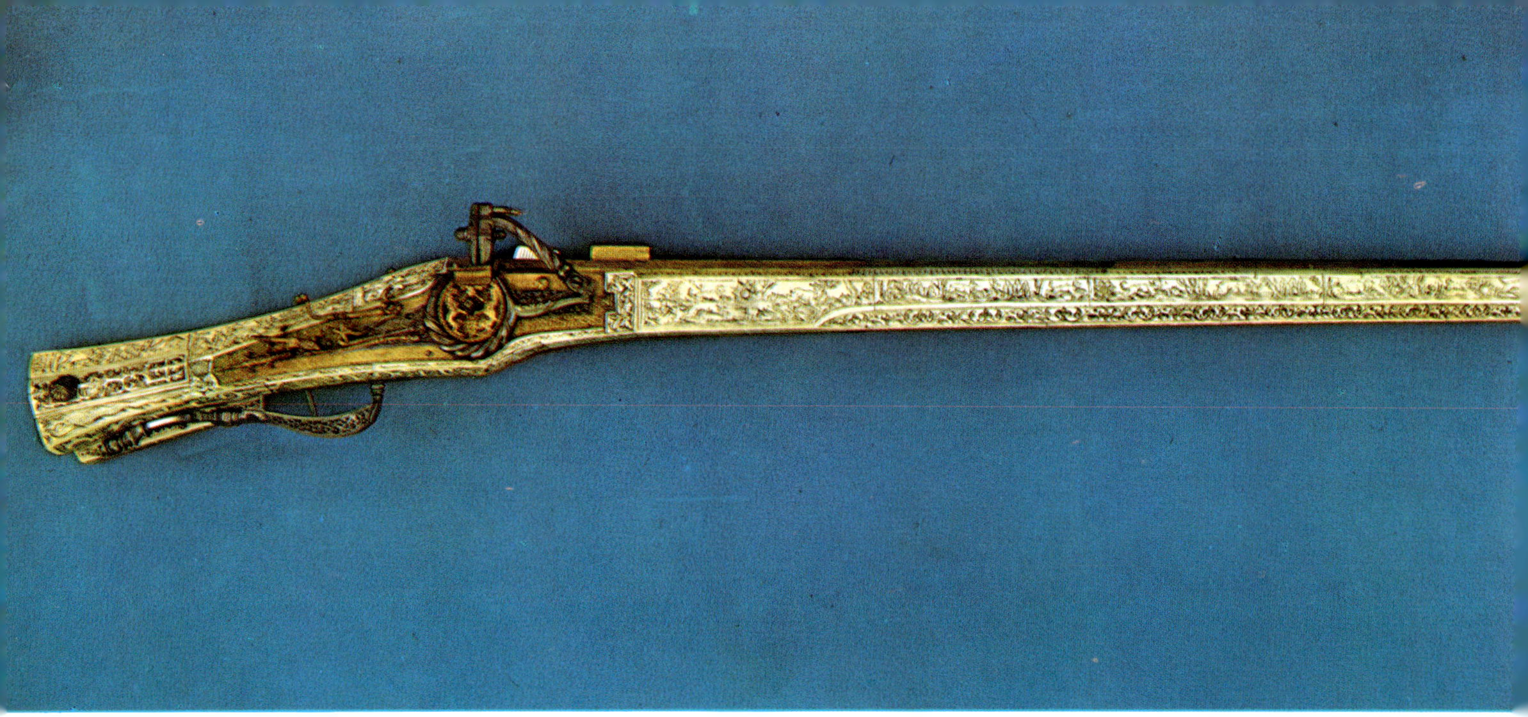

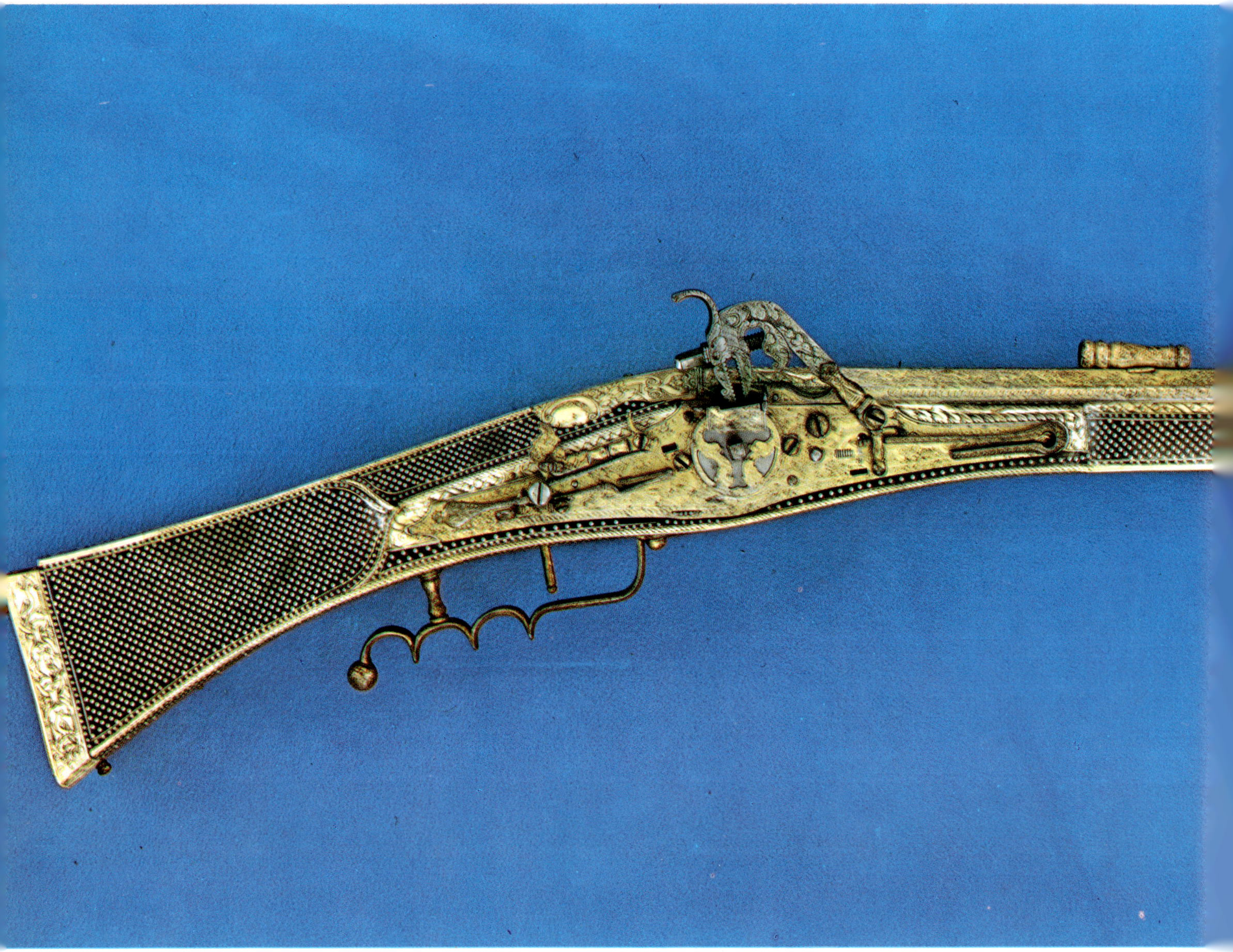

IIa

Radschloßbüchse mit sichelförmiger Hahnfeder. Schaftbelag Beinplättchen mit Ornament- und Jagdszenengravur. Deutschland, 2. Viertel 16. Jh. (Staatl. Schloß Konopiště)

b

Radschloßbüchse. Lauf und Schloß mit Gravur und Vergoldung geschmückt, Schaft mit Beingravuren eingelegt und mit Beinnägeln beschlagen, Sachsen?, nach Mitte 16. Jh. (Staatl. Schloß Konopiště)

denen bereits eine Tradition bestand (Nürnberg, die Umgebung von Brescia in Italien u. a.), oder ließ neue entstehen, wie z. B. im thüringischen Suhl, in den Niederlanden, Schweden und anderen Ländern.

Neue Schloßtypen, vor allem das Radschloß, gaben auch dem zivilen Sektor, dem Sportschießen, wenn wir es so nennen wollen, einen neuen Anstoß. Die städtischen Schützengilden, die für die Erhaltung der Wehrhaftigkeit der Bürger im Fall einer notwendigen Stadtverteidigung von großer Bedeutung waren, teilten sich schon seit der Mitte des 15. Jh. in Büchsen- und Armbrustschützen. Im Lauf des 16. Jh. gewannen die Büchsenschützen allmählich die Oberhand und mit dem Sinken der Bedeutung der Wehrbereitschaft nahm das Scheibenschießen mehr und mehr sportlichen Charakter an. Auch als Jagdwaffe wurden die Radschloßbüchsen bevorzugt, und die alte Armbrust trat zurück. Die Jagd- und Scheibenbüchsen waren Individualerzeugnisse von Zunfthandwerkern, sie wurden nach Renaissancegeschmack und Reichtum ihrer städtischen, adeligen oder herrschaftlichen Eigentümer immer prunkvoller ausgestattet. Neben Handbüchsenmachern und Schäftern beteiligten sich oft auch berühmte zeitgenössische Graveure, Intarseure und Eisenschneider an ihrer Erzeugung und Ausschmückung.

Eine gewisse Entwicklung machten die Militärfeuerwaffen auch im Lauf der 1. Hälfte des 17. Jahrhunderts durch, vor allem im Zusammenhang mit dem Dreißigjährigen Krieg. Nach der Jahrhundertmitte waren die Infanteriemusketen fast um die Hälfte leichter als zu Beginn (4—6 kg), sie besaßen einen vervollkommneten Abzugsmechanismus und erreichten eine längere effektive Schußweite (200—300 m). Der Musketier durfte sich nun der Stützgabel entledigen und konnte sich etwas rascher und wendiger bewegen, auch wenn er den Schutz des Pikeniers noch immer nicht entbehren konnte. Aber auch so konnte man allmählich von den wenig beweglichen Karrees zu den mobileren und besser beherrschbaren Rechteckformationen übergehen, die mit der längeren Seite dem Gegner frontal gegenüberstanden. Diese Vorgänger der späteren Aufstellungen in Linie waren zum erstenmal bereits bei der niederländischen Armee in der Schlacht bei Nieuport 1600 aufgetreten, doch konnten die neuen Grundsätze erst bei den schwedischen Gefechtsaufstellungen in der zweiten Hälfte des Dreißigjährigen Krieges breitere Anwendung finden.

Weitreichende Veränderungen fanden auch in der Kavallerie-Ausrüstung statt. Während die von Kopf bis Fuß in eisernen Plattenharnischen steckenden schweren Reiter, Überbleibsel des Mittelalters, bereits im ausgehenden 16. Jahrhundert von den Kriegsschauplätzen verschwunden waren, legten ihre Nachfolger, die Kürassiere, im Lauf des 17. Jh. ein Stück nach dem anderen ihrer ursprünglichen Halbrüstung ab, bis am Ende des Jahrhunderts nur Helm und der den Rumpf des schweren Reiters deckende Küraß übrigblieben.

Allmählich veränderte sich auch der Charakter der Armee. Die bisherigen Söldnerheere, die je nach Bedarf durch Vermittlung von Militärunternehmern in den Dienst von Regierungen und Staatsoberhäuptern vermietet worden waren, verwandelten sich im Lauf der Entstehung der zentralisierten absolutistischen Monarchien unversehens in ein unmittelbares Instrument der absolutistischen Staatsgewalt, wurden von dieser finanziert und direkt von ihren Behörden verwaltet. Der Prozeß der Schaffung stehender Heere war allerdings langwierig und kam erst in der ersten Hälfte des 18. Jh. zum Abschluß.

In seinem Verlauf kam es zu gewissen bedeutsamen Veränderungen in der Ausrüstung der Armeen. Das Bajonett, das anfangs nach dem Schuß in die Laufmündung des Gewehrs gesteckt wurde und später als Dillenbajonett auch das Feuern bei aufgestecktem Bajonett gestattete, machte die Pikeniere in der Infanterie entbehrlich. Damit begann eine Entwicklung, die nach vielen Wechselfällen schließlich zur neuzeitlichen Schützeninfanterie führte. Das Bajonett selbst hätte freilich noch nicht viel bedeutet, wenn seine Verbindung mit dem technisch weitest fortgeschrittenen, mit dem französischen Flintschloß versehenen Feuerwaffen nicht zustande gekommen wäre.

Das Flintschloß war schon zu Beginn des 17. Jh. entdeckt worden und hatte sich relativ schnell als brauchbar erwiesen und verbreitet. Aber erst seine klassische Form, zu der es in der 2. Hälfte des 17. Jh. entwickelt wurde, war für Militärzwecke voll einsatzfähig. Es erscheint im ausgehenden 17. Jh. vorerst noch vereinzelt, wird dann immer mehr als Zündvorrichtung bei Militärwaffen angewandt und im Lauf des 1. Viertels des 18. Jh. behaupten die Gewehre mit französischem Flintschloß in den wichtigsten Armeen Europas das Feld.

Flint (Stein-) schloß, Papierpatrone und Bajonett ermöglichten nicht nur schnelleres Feuern und Vorstoßen, sondern auch einen weiteren Schritt zur Einführung der für die Aufstellungstaktik des 18. Jh. so charakteristischen Kampflinie. In der in zwei oder drei Gliedern aufgeteilten Truppe gab je ein Zug Salvenfeuer, so daß längs der ganzen Front relativ ununterbrochenes Feuer gehalten werden konnte.

Das Flintschloß gestattete ferner eine weitere Differenzierung der Waffengattungen je nach Zweck und Bedarf der einzelnen Truppenteile. Erst die kurze Steinschloßflinte mit Bajonett ließ die Kampfweise der Dragoner, die sich zu Roß bewegten, aber zu Fuß fochten, voll zur Geltung kommen. Die kürzeren Gewehre bzw. die ganz kurzen Karabiner wurden neben den Pistolen zur Hauptbewaffnung sämtlicher Kavalleriearten und die gezogenen („gedrehten") Büchsen mit ihrer Schußgenauigkeit ermöglichten die Entstehung der Jägereinheiten.

Die Linientaktik gründete sich auf den Drill gewaltsam angeworbener Soldaten, die anfangs lebenslang, später, in der 2. Hälfte des 18. Jh., jahrelang (8—14 Jahre) dienen mußten; diese Taktik war besonders im gegliederten Gelände in ihren Manövriermöglichkeiten beschränkt und konnte dort, wo der Gegner andere als traditionelle Kampfweisen benutzte, nicht siegreich bestehen. Im amerikanischen Unabhängigkeitskrieg brachten die erfahrenen Buschjäger mit ihren schußgenauen langen Kentucky-Büchsen die Linien der englischen Truppen in große Unordnung. Die Massenheere der französischen bürgerlichen Revolution setzen zwei neue Elemente in Kombination auf dem Kriegsschauplatz ein: die Tirailleurs mit ihrer Schußpräzision und den machtvollen Vorstoß der Kolonnen. Diese unter Napoleon gründlich durchgearbeitete Kriegstaktik bedeutete das Ende der linearen Taktik, obgleich ihr Waffen zum Sieg verhalfen, die sich technisch nicht wesentlich verändert hatten. Das Flintschloß beherrschte die Militärbewaffnung bis in die 30er und 40er Jahre des 19. Jh.

Die Einführung der einheitlichen Ausrüstung stehender Heere erforderte eine verhältnismäßig einheitliche Massenproduktion von Militärwaffen, für die die einfachen Handwerksbetriebe der einzelnen Büchsenmachermeister nicht eingerichtet waren. Das achtzehnte Jahrhundert ist die Zeit des Aufkommens der Waffenmanufakturen in führenden

6
Taborer Eisenhandbüchse mit zylindrischem Lauf und Tülle. Tábor, 1. Viertel 15. Jh. (Museum der hussitischen Revolutionsbewegung in Tábor)

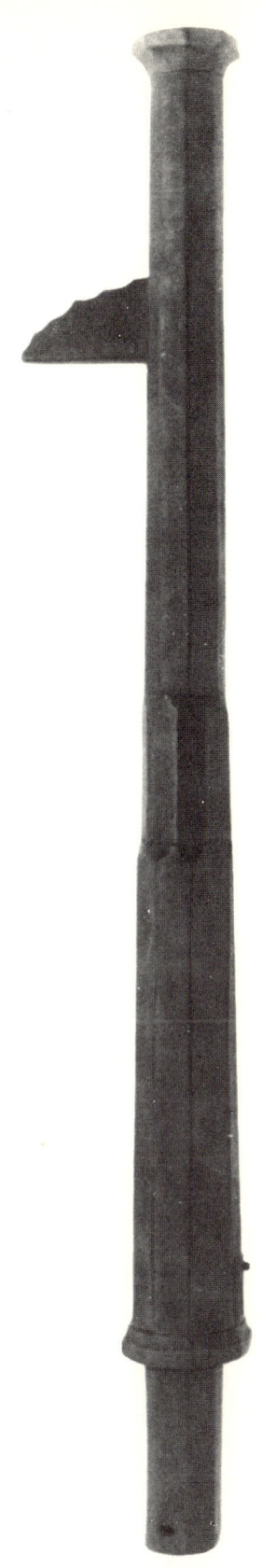

7
Bronze-Hakenbüchse mit Tülle und Pfannendeckel. 2. Viertel 15. Jh.

Ländern Europas. Die französischen Gewehre wurden in den Manufakturen in Charleville, St. Etienne, in Mutzig, Chatellerault u. a. erzeugt, die deutschen in Preußen, vor allem zu Potsdam u. a. und in Sachsen, in Olbernhau und Suhl; in Polen war Koziennice führend, in Rußland Tula. Auch in den böhmischen Ländern gab es im 18. Jh. Gewehrfabriken in Dux (Duchcov), Vernéřov, Přísečnice und Spálené Poříčí; ihre Tätigkeit war jedoch größtenteil nicht von langer Dauer. Am längsten bestand die Waffenerzeugung in Vernéřov.

Auch für die Jagdwaffen bedeutete das französiche Flintschloß einen bedeutenden Fortschritt. Es war leichter zu handhaben als die bisher gebräuchlichen Schloßtypen, und das Fertigmachen zum Schuß erforderte viel weniger Zeit. Das Flintschloß schuf zusammen mit der Entwicklung des sog. „französischen" Gewehrschafts für seine Zeit geradezu ideale Bedingungen für die Weiterentwicklung der Jagdwaffen, von denen einige Gattungen seine Existenz überlebt haben und (selbstverständlich mit moderner Technik versehen) noch heute zur Jagdausrüstung gehören. Das neue Schloß regte weitere Konstruktionsversuche zur Erzielung höherer Feuergeschwindigkeit an, ließ ältere Verbindungsarten von Läufen wieder aufleben (Bockflinte) und neue doppelläufige Gewehrsysteme entstehen. Es eignete sich gut für gezogene Läufe und entsprach auch dem Gebrauch des Revolversystems besser. Mit dem Flintschloß waren außerdem mehrere Hinterlader verschiedener Systeme ausgestattet, einige wurden sogar in die Militärausrüstung aufgenommen, wie der österreichische Crespi-Hinterlader von 1770 oder das amerikanische Hall-Gewehr von 1812. Mit diesem Schloßtyp sind ferner gewisse Repetiergewehrsysteme verbunden, insbesondere das System Lorenzoni mit Ladewalze, und Pulver- sowie Kugelmagazin im Hinterschaft.

Es dauerte verhältnismäßig lange, bevor sich das Flintschloß auch bei Scheibengewehren durchsetzte, bei denen, zumindest in Mitteleuropa, bis in die Mitte des 18. Jh. Radschlösser bevorzugt wurden. Erst nach 1750 traten Scheibengewehre mit Flintschloß auf und beherrschten dann das Feld. Mit diesem Schloß ist ferner die Weiterentwicklung der Pistolen verknüpft, von den langen Reiterpistolen über das Duell-Pistolenpaar bis zu den kurzen Taschenwaffen mit Mittelschloß aus der Endphase der Entwicklung der Steinschloßwaffen.

Selbstverständlich richtete sich die Herstellung der individuellen Flintschloßgewehre auch nach dem Geschmack der reichen Gesellschaftsschichten des 17. und 18. Jahrhunderts, und so manche Prunkstücke sind Beweise der technisch-handwerklichen Leistungsfähigkeit sowie der hohen Künstlerschaft ihrer Erzeuger. Der Ton wurde vielfach von der Wiege des Flintschlosses, Frankreich, angegeben, von seinen Kunsthandwerkstätten in Paris, im Norden des Landes u. a. Die Musterkarten der französischen Meister hatten lange Zeit starken Einfluß nicht nur auf Gestalt und Bestandteile des Schlosses, sondern auch auf Technik und Form der Verzierung.

Ihre eigene charakteristische Verzierungs- und Verarbeitungsweise haben die Erzeugnisse der niederländischen (Utrecht, Lüttich u. a.) und der englischen Büchsenmacher in London und anderen Städten. Die englischen Meister erzielten, insbesondere seit dem letzten Viertel des 18. Jh., auch mehrere bedeutende technische Verbesserungen. Auf deutschem Gebiet kamen zu den alten Büchsenmacherzentren neue hinzu, wie München, Mannheim, Stuttgart u. a. Hervorragende Leistungen wiesen die Büchsenmacher in Wien und Salzburg, aber auch in den böh-

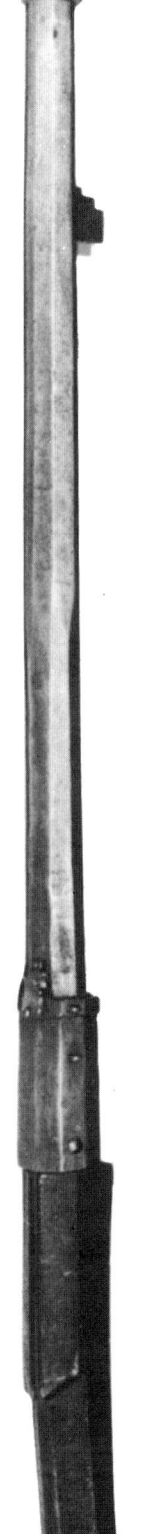

Eisen-Hakenbüchse mit Tülle und Stiel. Plzeň, 2. Drittel 15. Jh. (Westböhm. Museum in Plzeň)

mischen Ländern auf, wo neben den führenden Prager und Karlsbader Werkstätten noch mehrere kleinere Städte in Böhmen und Mähren zu nennen wären. Technisch und künstlerisch hervorragende Arbeiten sind aus den Händen der russischen Meister des 18. Jh. erhalten geblieben, die vor allem aus der berühmten Manufaktur in Tula stammen.

Das erste Viertel des 19. Jh. brachte den Anfang vom Ende der jahrhundertelangen Vorherrschaft des Flintschlosses mit sich. Man begann, an den Handfeuerwaffen die Ergebnisse der Entdeckungen zu erproben, die der Chemie nach langer Bemühung und so mancher Explosion gelungen waren. Jäger und Soldaten konnten zu Gewehren mit Perkussionsschloß greifen. Die neuartigen Gewehre und Pistolen hatten zumeist gezogene Läufe, in die Kompressions- oder Expansionsgeschosse geladen wurden, womit Schußweite, Schußpräzision und Auftreffwucht ungewöhnlich erhöht wurden. Doch handelte es sich auch weiterhin zum Großteil um Vorderlader, und die Feuergeschwindigkeit war keineswegs wesentlich höher geworden. Für den Jäger bedeutete das Perkussionsschloß eine fühlbare Veränderung, die ihn zwang, aufs neue das Schießen auf bewegliche Ziele zu lernen, in der Kriegstaktik jedoch führte das neue Zündsystem keinen Umsturz herbei. Das Gewehr mit Bajonett blieb auch weiterhin die meistvertretene Armeewaffengattung und Haupturheber der Verluste auf dem Kriegsschauplatz.

Bereits um die Wende des 18. Jh. aber machten sich die ersten Anzeichen einer Umwälzung in der Waffenerzeugung bemerkbar, die viel tiefgreifender war als der Übergang vom Flintschloß zum Perkussionsschloß oder vom glatten Lauf zum gezogenen. Mit dem Aufkommen der Maschinen mehrten sich auch die Versuche, Schußwaffen mit auswechselbaren Bestandteilen zu erzeugen. Die neuen Produktionsweisen, deren erste Schritte im ausgehenden 18. Jh. in Frankreich zu verfolgen sind, wurden bahnbrechend zu Beginn des 19. Jh. insbesondere von Amerikanern in breiterem Maßstab entwickelt.

Die Revolution in der Produktion beschränkte sich nicht auf die neue Welt. Amerika leistete ebenso wie Europa während der 1. Hälfte des 19. Jh. seinen Beitrag zur Entstehung und Anwendung der grundlegenden Werkzeugmaschinen und im Verlauf der Entwicklung der maschinellen Erzeugung wurden besonders nach der Jahrhundertmitte in beiden Kontinenten die Grundlagen der neuzeitlichen Waffenindustrie gelegt. Die Namen der Erfinder, Konstrukteure, Produktionsorganisatoren sind ebenso wie die der Männer, die beides in einem waren, sehr oft mit der Weiterentwicklung dieses neuen Industriezweiges dauernd verknüpft geblieben. Noch öfter aber verschwanden die Namen der wahren Erfinder im Labyrinth der Patentschriften und -geschäfte und wurden der Öffentlichkeit erst nach langwierigen, der Geschichte der Handfeuerwaffen gewidmeten Nachforschungen bekannt. Die Umwälzung in der Produktion und der Fortschritt in Wissenschaft und Technik im Verlauf des 19. Jh., besonders in seiner zweiten Hälfte, ermöglichten die Lösung von Waffenkonstruktionsfragen, an denen sich die Erfinder mehrerer Jahrhunderte vergebens den Kopf zerbrochen hatten. Nun konnten diese Probleme nicht nur gelöst, sondern auch an neuen, massenweise erzeugten Waffen in die Praxis umgesetzt werden.

Die höchst leistungsfähigen Vorderlader mit Perkussionsschloß und gezogenem Lauf behaupteten sich in der Militärbewaffnung bis tief ins 19. Jh. und kamen auf den europäischen und amerikanischen Kriegsschauplätzen zu breiter Anwendung.

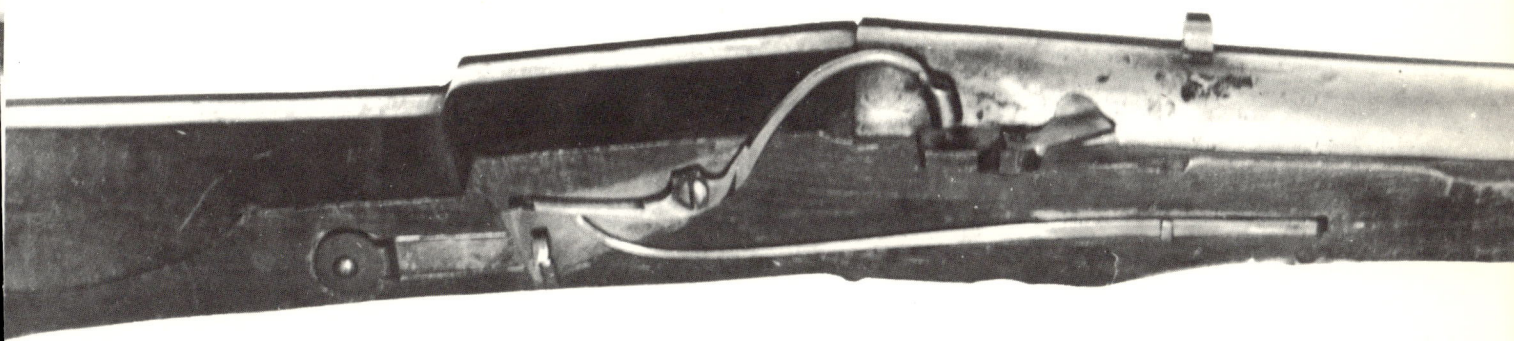

In den damaligen Schlachten und Gefechten bewährten sich die Gewehre, in denen die Einheitspatrone in einer Papierhülse mittels einer Nadel gezündet wurde. Von diesen preußischen und französischen Zündnadelgewehren wurden bei ihrem Aufeinandertreffen im Krieg 1870—71 die geschlossenen Infanterieformationen vom Schlachtfeld hinweggemäht.

Bereits in der ersten Hälfte des 19. Jh. entstanden die ersten Vorbilder der Einheitspatrone mit Selbstdichtung mittels Metallpatronenhülse. Erst diese gestatteten ein fehlerloses Laden der Handfeuerwaffen von hinten und wurden zum Ausgangspunkt ihrer schnellen Weiterentwicklung und Vervollkommnung im 19. Jahrhundert. Die einschüssigen Hinterlader mit Einheitspatrone und Metallpatronenhülse stellten noch keine Gipfelleistung vor, auch wenn sie sich sehr lange in der Militärausrüstung, und noch länger als Jagd- und Sportgewehre behaupteten. Eine Höchstleistung erreichte die Waffenkonstruktion und -erzeugung des 19. Jh. ebenfalls nicht mit den mehrläufigen Hinterladern, die als Jagdgewehre früher angewandt wurden, als in einigen Heeren die einschüssigen Hinterlader eingeführt wurden. Ihre höchste Entwicklung aber erreichten schon in jenem Jahrhundert die Revolver. Und eine Gipfelleistung unter den Handfeuerwaffen waren die Magazin-Repetiergewehre; bereits im Amerikanischen Bürgerkrieg 1861—65 und später im Russisch-türkischen Krieg von 1877—78 hat sich das erwiesen. In die letzten Jahre des Jahrhunderts schließlich fielen die Anfänge der Entwicklung der Selbstladewaffen.

Die Manufaktur mit entwickelter Arbeitsteilung bedeutete noch kein Ende des Zunfthandwerks. Sie begann nur, mit ihm zu konkurrieren und ließ sein langsames Absterben vor allem in der Militärwaffenerzeugung voraussehen.

Doch auch die Waffenfabriken konnten weder die Kleinbetriebe noch die Handwerksarbeit ganz vernichten. Sie drängten sie nur weit in den Hintergrund und verwiesen sie auf die Gebiete der Aufmachung und Verzierung industrieller Halbprodukte und Waffen sowie der Herstellung teurer Luxus-Jagdwaffen.

Während der 2. Hälfte des 19. Jh. stellten die europäischen und amerikanischen Waffenfabriken Millionen Stücke verschiedener Handfeuerwaffen her. Große Gruppen dieser Waffen unterschieden sich lediglich

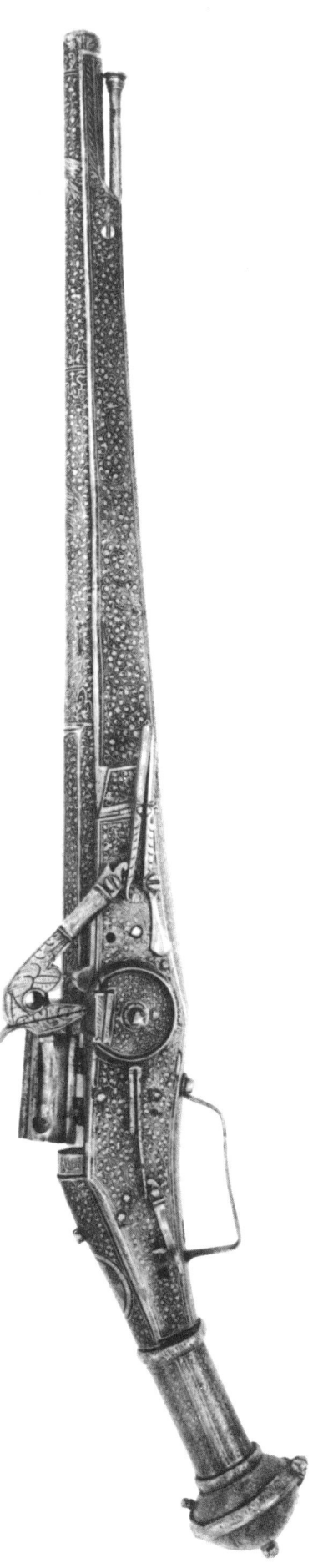

durch die Produktionsnummer voneinander. Nicht alles ist erhalten geblieben und auch von diesen zahlreichen Gruppen sind oft nur Einzelstücke übrig geblieben. Die Produktionsnummer ist ein wichtiges Kriterium für den Waffensammler geworden.

Die Waffenindustrie des 19. Jh. hat keineswegs nur wegen ihrer schnellen Massenproduktion, nicht nur auf dem Gebiet der Militärwaffen, die Oberhand über die Kleinbetriebe gewonnen. Ihre Erzeugnisse, ob sie nun Militär-, Jagd- oder Sportzwecken dienten, zeichneten sich durch erfindungsreiche Konstruktion und Qualitätsarbeit aus, die sie nicht nur zu wirkungsvollen Waffen ihrer Zeit, sondern auch zu heute noch wertvollen Sammlerobjekten gemacht haben.

10
Hinterladerpistole mit Klappverschluß
und Radschloß. Reich ziselierter
Eisenschaft. Augsburg, 3. Viertel 16. Jh.

Systematik
der Handfeuerwaffen

Erste
differenzierte
Typen leichter
und schwerer
Feuerwaffen

Die Anfänge
des Schlosses

Die Anfänge der Handfeuerwaffen sind irgendwann vor der Mitte des 14. Jh. zu suchen, als die Läufe sich nach Ausmaß und Zweck zu unterscheiden begannen. Schrittweise führte die Entwicklung einerseits zu den großen Bombarden, extremen Vertretern der Artilleriewaffen, andererseits zu den Handbüchsen, die mit ihren Dimensionen und Eigenschaften die Vorgänger der Faustfeuerwaffen sind.

Als ältestes überliefertes Beispiel einer Handfeuerwaffe wird heute allgemein der im Historischen Museum von Stockholm aufbewahrte Bronzelauf aus Loshult angesehen. Seinem Äußeren nach erinnert er stark an das Vasengeschütz, das auf einer Miniatur der Oxforder Handschrift Walters de Milimete von 1327 abgebildet ist und als älteste bekannte Abbildung einer europäischen Feuerwaffe gilt. Die Analyse des Metalls, aus dem der Loshulter Lauf gefertigt ist, hat gezeigt, daß es aus dem Bergwerksgebiet der mittelslowakischen Berge stammt. Das will selbstverständlich nicht heißen, daß die Waffe dort auch gegossen worden ist. Seine Form, das relativ große Kaliber (36 mm) und die geringe Länge des Laufinnern (7,5 Kaliber) sind untrügliche Beweise für das hohe Alter dieses Exemplars.

In die Jahre kurz nach der Mitte des 14. Jh. gehört zweifellos der eiserne Büchsenlauf aus Moravská Třebová (Mähr. Trübau). Der über dem Dorn geschmiedete achteckige Lauf, mit beträchtlicher einstufiger Verstärkung um den Verbrennungsraum und mit starkem Mündungsring versehen, hat ein einfaches Zündloch, das mit einem Absehkreuz ausgestattet ist. Das Verhältnis des Kalibers (32 mm) zur inneren Lauflänge (10 Kaliber) stellt ein interessantes Entwicklungsmerkmal dar. Die mächtige Verstärkung der Wandung des Verbrennungsraumes geht sichtlich auf gewonnene Erfahrungen zurück, doch beweist ein Sprung in der Nietstelle des Laufs, daß diese Erfahrungen bei weitem noch nicht genügten.

Die Unsicherheit der Konstruktionsversuche der ältesten, auf bloße Erfahrung gestützten Feuerwaffenschmiede kommt auch bei anderen bekannten Exemplaren von Handfeuerwaffen aus dem 14. Jh. zum Ausdruck. Der Bronzelauf aus Poběžovice (gegenwärtig im Prager Militärmuseum) ist ein einfacher Zylinder mit drei profilierten Gurten, ohne Verstärkung des Verbrennungsraumes. Nur das Laufinnere verengt sich unerheblich nach hinten zu. Beim hexagonal geschmiedeten eisernen

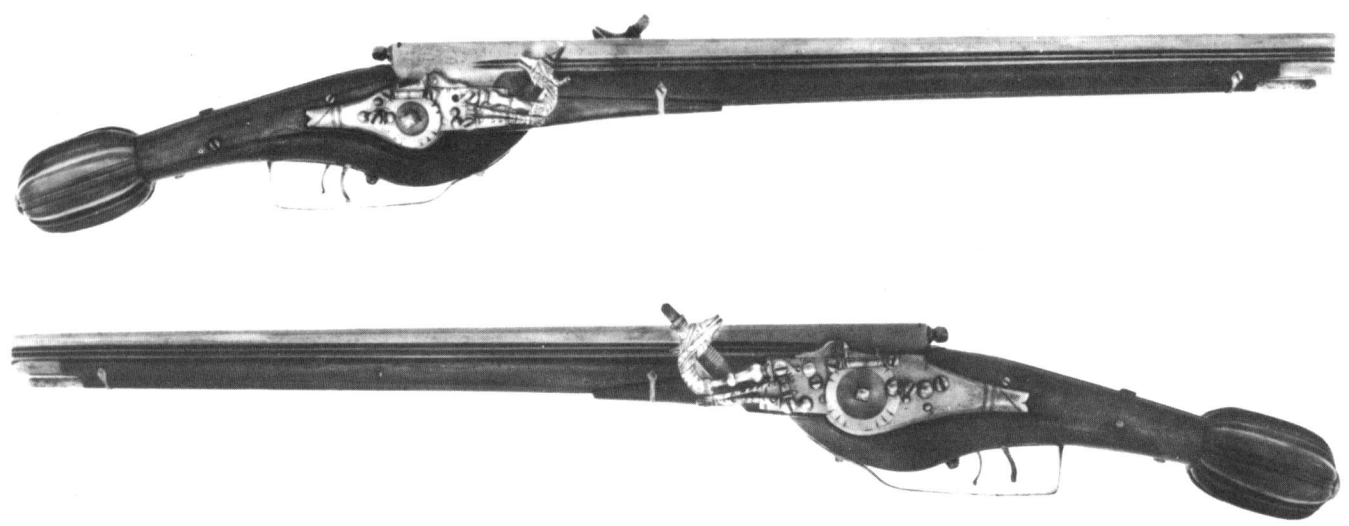

11 a b
Bockpistole mit zwei beiderseits befindlichen Radschlössern. Frankreich (Rheinland?), Ende 16. Jh.

Handbüchsenlauf aus Pilsen ist der Verbrennungsraum sogar schmäler als der Laufkörper. Das Stück aus Poběžovice dürfte aus dem 3. Viertel des 14. Jh. stammen, das Pilsner ist wohl etwas jünger und steht zeitlich einer zweiten Handbüchse derselben Herkunft nahe, die einen achteckigen, hinten und vorne verstärkten Lauf besitzt. Während der sechseckige Lauf bei einem 33 mm Kaliber eine innere Länge von 8,5 Kaliber hat, ist das Kaliber der achteckigen Handbüchse kleiner (25 mm), dafür erreicht ihre Länge 10 Kaliber. Auch die Schäftung beider Stücke ist verschieden. Das erste ist mit einem auf der Unterseite in einen Haken übergehenden Gurt im Lager befestigt, das zweite mit einem einfachen Gurt vorne und einem flachen Fortsatz auf der Lauf-Unterseite hinten. Um den Folgen des Rückstoßes zu begegnen diente bei dem Pilsner Sechseck der Haken. Bei der Pilsner achteckigen Büchse ist die Unterseite des Schaftes mit einem Eisenblechabsatz versehen. Beide Pilsner Büchsen stellen einen sehr archaischen Typ dar, der der aus der Literatur bekannten Berner Büchse sowie gewissen anderen nahesteht. Zeitlich fallen sie ihrem Charakter nach noch in das letzte Viertel des 14. Jh.

Dieser Zeit gehört auch die kurze Büchse mit achteckigem geschmiedeten Lauf aus dem Prager Nationalmuseum an. Ihr ursprünglich grobprofiliertes Lager ist auf der linken Seite vorn mit einem eisenbeschlagenen hölzernen Ladestock versehen. Dieses Stück darf als einer der ältesten überlieferten Ladestöcke mittelalterlicher Feuerwaffen angesehen werden.

Die überhaupt älteste erhalten gebliebene Handfeuerwaffe, die sich genauer datieren läßt, ist die bekannte Bronzebüchse aus der Feste Tannenberg in den Sammlungen des Germanischen Nationalmuseums in Nürnberg. Mit dem Datum der Zerstörung der Feste i. J. 1399 ist ein zuverlässiger und völlig einzig dastehender terminus ante quem gegeben. Die Tannenberger Büchse ist eine konstruktiv ziemlich hoch entwickelte Waffe. Sie ist um den Verbrennungsraum herum zwar noch durch eine Stufe verstärkt, auch ist das Laufinnere leicht konisch, aber sie besitzt bereits eine abgeteilte Pulverkammer. Der Hersteller hat sichtlich die Analogie zu den zeitgenössischen, in der Regel mit schmälerer Pulverkammer versehenen Kanonenläufen von Bombarden und Steinbüchsen angewandt. Unter den erhaltenen Handfeuerwaffen bildet die Tannenber-

Radschloßpistole; Bein-inkrustierter Schaft. Lauf: Monogrammist VK (Valentin Klett?), Suhl 1602; Schaftdatierung 1599

ger Büchse mit ihrer Kammer allerdings eine einmalige Ausnahme.

Nicht anders verhält es sich mit der eisernen Handkorone aus Znojmo (Znaim). Ihr achteckiges Laufrohr ist im Verhältnis ziemlich kräftig, dabei kurz. Bei einem 27 mm Kaliber erreicht die Innenlänge bloße 8 Kaliber. Ihre Hauptmerkmale verweisen ins ausgehende 14. Jahrhundert. Zum Unterschied von den übrigen Feuerwaffen aus dieser Zeit befindet sich das Zündloch nicht oben, sondern seitlich, und an diesem ist sogar eine große, leicht längliche Pfanne angebracht. Auch wenn wir im Hinblick auf diese Einrichtung, die wahrscheinlich eine Anwendung irgendeiner primitiven Form von Zündmechanismus (Schloß) bezeugt, seine Datierung in das 1. Viertel des 15. Jh. setzen wollten, bleibt es wohl die älteste derartige Waffe, die wir bisher kennen.

Zur ersten Entwicklungsphase der Handfeuerwaffen wird gewöhnlich auch die bekannte Büchse aus Mörkö gerechnet. Ihr sehr kurzer Lauf von relativ beträchtlichem Kaliber verleitet zu der Annahme, sie sei einer der ersten Vertreter der Faustfeuerwaffen. Man darf aber nicht übersehen, daß der an der Oberseite gleich hinter der Pfanne sehr schön modellierte Kopf eines bärtigen Mannes das Zielen ganz unmöglich machte und auch das Abfeuern sehr beeinträchtigte. Wir haben hier ein sehr altes Beispiel von kombinierten Waffen vor uns, in diesem Fall eine Kombination von Feuerwaffe und Streithammer, gebildet aus dem Haken auf der einen und dem Kopf auf der anderen Seite.

An den Beginn der weiteren Entwicklung der Handfeuerwaffen muß die bekannte Taborer Handbüchse gestellt werden. Es ist eine leichte, zylindrische, leicht konische Eisenbüchse mit Tülle und Mündungsring. Am Zündloch ist eine einfache runde Pulverpfanne angebracht. Mit ihrem 18 mm Kaliber nähert sie sich der Tannenberger Büchse, die innere Länge aber mißt bereits zehnmal mehr als der Kugeldurchmesser und erreicht vierzehn Kaliber. Mit dieser Länge ist sie mit der Hakenbüchse aus Pilsen verwandt. Sie ist jedoch wesentlich schwerer und mächtiger, bei einem 29 mm Kaliber gleicht ihre Länge 13,5 Kalibern. Sie stellt eine der ältesten Waffen mit einer Art Visiervorrichtung dar. Diese Visiervorrichtung besteht aus einem einfachen Schlitz im starken Mündungsring. Der Lauf ist ohne Tülle, mit zwei Gurten an dem Lager befestigt, von denen der vordere in einen Haken übergeht. Also ein Vorgänger der Hakenbüchse, wobei aber der Haken noch keinen festen Bestandteil des Laufs bildet.

Die Weiterentwicklung der Feuerwaffen in Mitteleuropa erhielt durch das Militärwesen der Hussiten einen ungewöhnlich starken Auftrieb. Das Hussitenheer, dessen entscheidende Stärke in der Volksinfanterie mit Kampfwagen lag, schuf wichtige Voraussetzungen für eine relativ breite Anwendung von Artillerie- und Handfeuerwaffen. Die Wagenburg verschaffte dem Hand- und Hakenbüchsenschützen vorteilhafte Stellungen. Die politisch-ökonomische Unterstützung durch die Stadt ergab die Produktionsgrundlage, die es ermöglichte, ein Heer von 6—7000 Mann mit mehreren hundert (6—700) Handkanonen und Handbüchsen auszurüsten. Dem Beispiel der Hussiten folgten die Nachbarländer sehr bald, bereits während der Hussitenkriege.

Die Taborer Handbüchse und die Pilsner Handkanone stellen Typen dar, die zum Ausgangspunkt der Weiterentwicklung einerseits zur leichten 18—20 mm Kaliber Handbüchse, andererseits zur schwereren Hakenbüchse mit etwa 25 mm Kaliber wurden. Das Hauptmerkmal dieser Entwicklung ist eine allmähliche Verlängerung des Laufs.

27

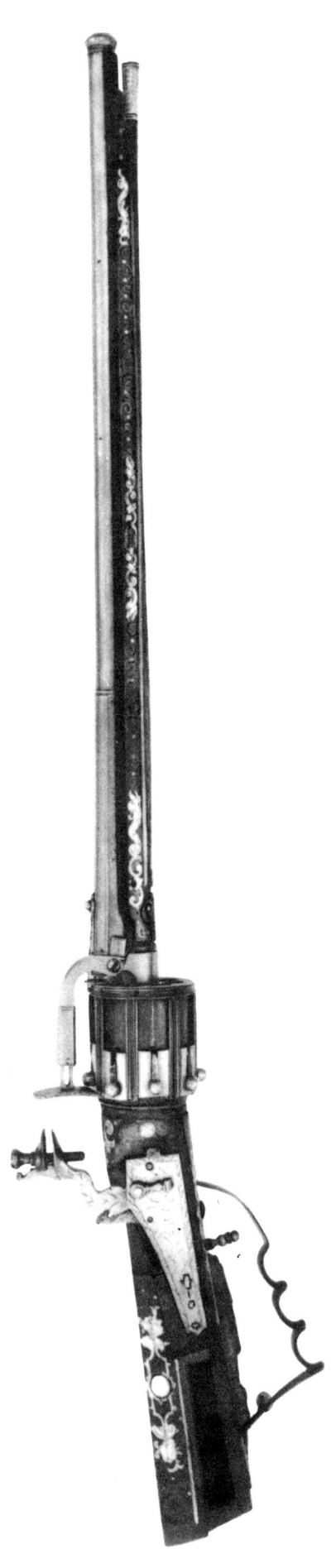

Dabei ging man wahrscheinlich von der Erkenntnis aus, daß ein längerer Lauf Schußweite und Treffgenauigkeit erhöht. Um diese zu erzielen, mußte die Wirksamkeit des Schießpulvers durch Körnung verstärkt werden. Die Erfindung und Verbreitung dieser Pulveraufbereitung fand in den ersten Jahrzehnten des 15. Jh. statt. Rechnungsbelege aus Znaim in Südmähren liefern den unstreitigen Beweis, daß die dortigen Büchsenmacher bereits im Frühjahr 1421 das in Weinbrand aufgeweichte Schießpulver durch ein Sieb preßten und so zu Körnern formten.

Im weiteren Verlauf der 1. Hälfte des 15. Jh. lassen sich neben der Laufverlängerung bei Hand- und Hakenbüchsen auch weitere Verbesserungen ihrer Eigenschaften erkennen.

Praktische Erfahrungen hatten wohl gezeigt, daß die Verstärkung des Hinterlaufs vor den Verbrennungsraum, etwa um ein Drittel der Lauflänge (von hinten) vorgeschoben werden müsse. Erst neuzeitliche Untersuchungen der inneren Ballistik haben erwiesen, daß eine solche Laufkonstruktion im wesentlichen der Druckkurve der beim Verbrennen des Schießpulvers erzeugten Gase entspricht. Statt der Verstärkung des Hinterlaufs durch eine Stufe, wie wir es noch bei der Tannenberger Handkanone und anderen gesehen haben, erscheint der fließende Übergang vom schwächeren Vorder- in den stärkeren Hinterlauf. Er wird erreicht, indem die Kante des Hinterlaufs gegen die Fläche des Vorderlaufs gestellt wird. Diese Verbesserung läßt sich z. B. an dem Bronzerohr von der Kurischen Nehrung an der Ostsee verfolgen, das heute im Polnischen Militärmuseum zu Warschau aufbewahrt wird. Bei ihr sieht man auch die neue längliche Pfannenform mit deutlichem Rand und drehbarer Sperrklappe. Die äußerst günstigen Begleitumstände des Fundes im Meersand waren die Ursache für die intakte Erhaltung dieser Waffe mit achteckig profiliertem Holzschaft. In einem Einschnitt im Hinterschaft wurde auch der ursprüngliche Holzladestock gefunden. Die innere Lauflänge von 21,5 Kaliber stellt eine Entwicklungsstufe zwischen den frühen Handkanonen des ausgehenden 14. Jh. und den langen Gewehren aus der Zeit um 1430 dar. Diese Umstände lassen die Vermutung berechtigt erscheinen, daß die Waffe irgendwann im ausgehenden 1. Viertel des 15. Jh. geschaffen worden ist.

Mit dieser seltenen Feuerwaffe ist das Bronzegewehr aus Schloß Žleby in Böhmen nach Gestalt und anderen Eigenschaften fast identisch. Ähnlich wie die bereits erwähnte Pilsner Hakenbüchse trägt auch diese ein Visier im Mündungsring. Wohl etwas jünger dürfte das Bronzegewehr aus Großenhain in Sachsen sein. Der Form nach steht es beiden genannten zwar nahe, entspricht ihnen auch in der Art der Pfanne, doch ist es zweimal verstärkt, und die Kaliberlänge (27) läßt die Entstehungszeit mindestens in den Anfängen des 2. Viertels des 15. Jh. vermuten. Ihm zur Seite steht die heute im Prager Militärmuseum aufbewahrte Bronze-Hakenbüchse aus Poběžovice in Böhmen. Auch dieses Stück ist zweimal verstärkt, seine längliche Pulverpfanne enthält den Rest der drehbaren Sperrklappenachse. Hier hat man es vermutlich mit einem der ältesten erhaltenen Bronzeläufe von Hakenbüchsen zu tun, bei der der Haken einen direkten Bestandteil des Laufes bildet. Aus der Zeit um die Mitte des 15. Jh. stammen die Bronzehakenbüchsen aus dem Hildesheimer Museum und die gegenwärtig im Slowakischen Nationalmuseum in Bratislava befindlichen aus Gajáry in der Slowakei. Bei beiden ist die zylindrische, nach hinten konisch breiter werdende Form charakteristisch, die vom produktionstechnischen Standpunkt her gesehen bei gegossenen Bronzeläufen vorteilhafter und logischer scheint als der bisherige, vorwiegend polygonale Typus. Ersterer hat noch die längliche Pfanne mit drehbarem Pfannendeckel auf der Oberseite, bei letzterer ist die Pfanne bereits in den oberen Quadranten der rechten Seite verschoben, ähnlich wie bei der polygonalen Bronzebüchse aus Budapest.

Heute sind Bronzeläufe von Handfeuerwaffen unter den erhalten gebliebenen Stücken relativ sehr selten. Und dennoch wurde seit den Anfängen der Handfeuerwaffen sehr lange sowohl die Technologie des Laufschweißens aus Schmiedeeisen über einen Dorn als auch die des Gießens aus der Kupferzinnlegierung, die wir heute Bronze nennen, angewandt. Noch bis tief ins 15. Jahrhundert wurde die Bezeichnung „hartes Kupfer" gebraucht, daher kann man in schriftlichen Quellen zahlreiche Erwähnungen „kupferner" Gewehre finden.

Die Technik des Bronzegusses hatte in der ersten Hälfte des 15. Jh. eine so hohe Stufe erreicht, daß die städtischen Büchsenmacher von Bratislava (Preßburg) i. J. 1440 imstande waren, eine Serie von Bronzehandbüchsen aus Tiegeln in Formen zu gießen, die nach einem einzigen, vom ortsansässigen Drechsler gefertigten Holzmodell hergestellt waren. Die Rechnungsbelege führen leider nicht an, wieviele Stücke nach dem genannten Modell erzeugt wurden; die Aufzeichnungen über Büchsenschäftungen in den folgenden Monaten lassen vermuten, daß diese Serie 51 Läufe zählte. Noch kurz nach der Jahrhundertmitte, i. J. 1453, goß der städtische Kannengießer 60 Hand- und 9 Hakenbüchsen für den Bedarf der Stadt. Aber das ist schon der letzte Bericht über die Herstellung von Bronzeläufen bei Handfeuerwaffen in Bratislava. Fünf Jahre später liefern die dortigen Schmiede ihrer Stadt bereits 59 Stück eiserner Hakenbüchsen. Und Eisenläufe beherrschen die Szene in den folgenden Jahren und Jahrzehnten. Dieser Tendenz folgen auch die Angaben im Waffeninventar der südböhmischen Feste Helfenburg vom Jahre 1468. Darin werden neben 29 Eisenhandbüchsen nurmehr 10 „kupferne" aufgeführt. Bronze wird im 15. Jahrhundert nur ganz ausnahmsweise

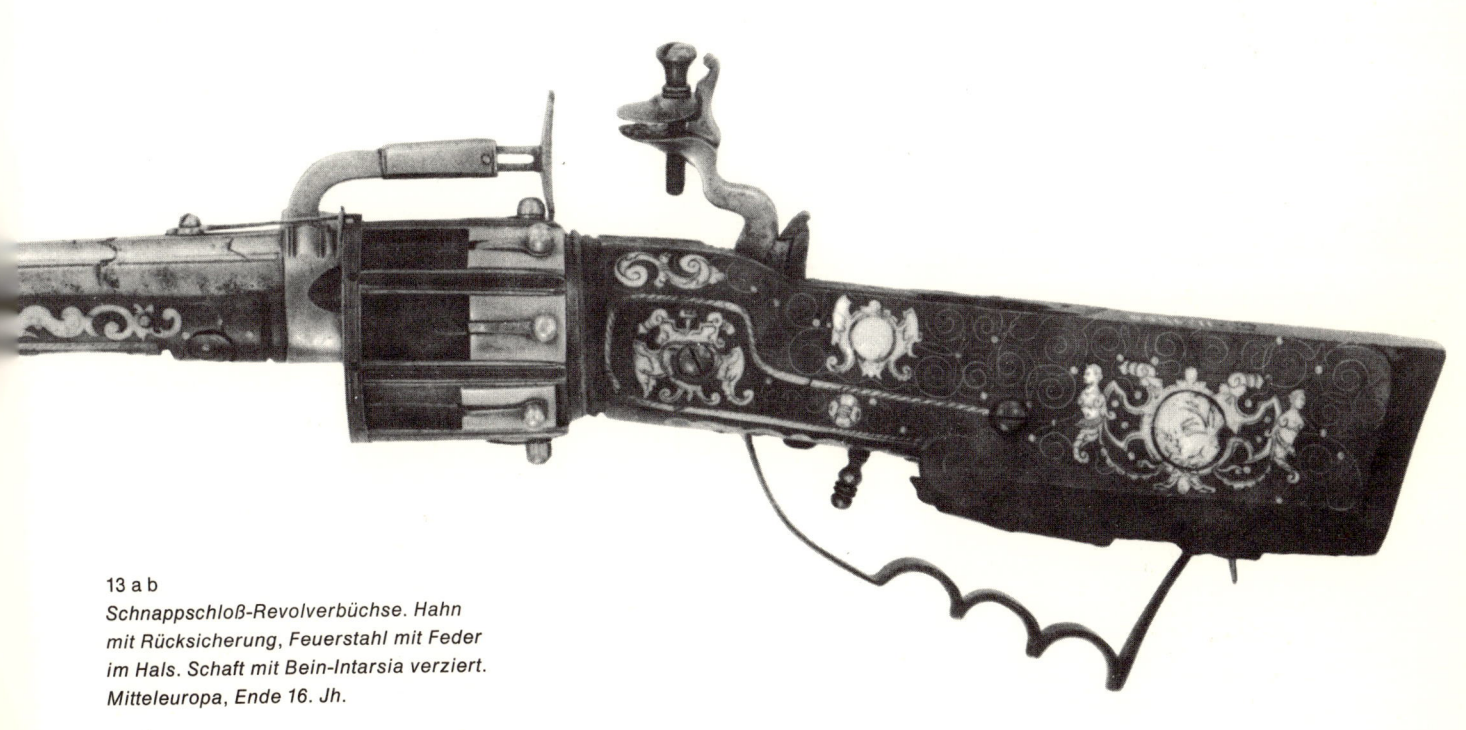

13 a b
*Schnappschloß-Revolverbüchse. Hahn
mit Rücksicherung, Feuerstahl mit Feder
im Hals. Schaft mit Bein-Intarsia verziert.
Mitteleuropa, Ende 16. Jh.*

29

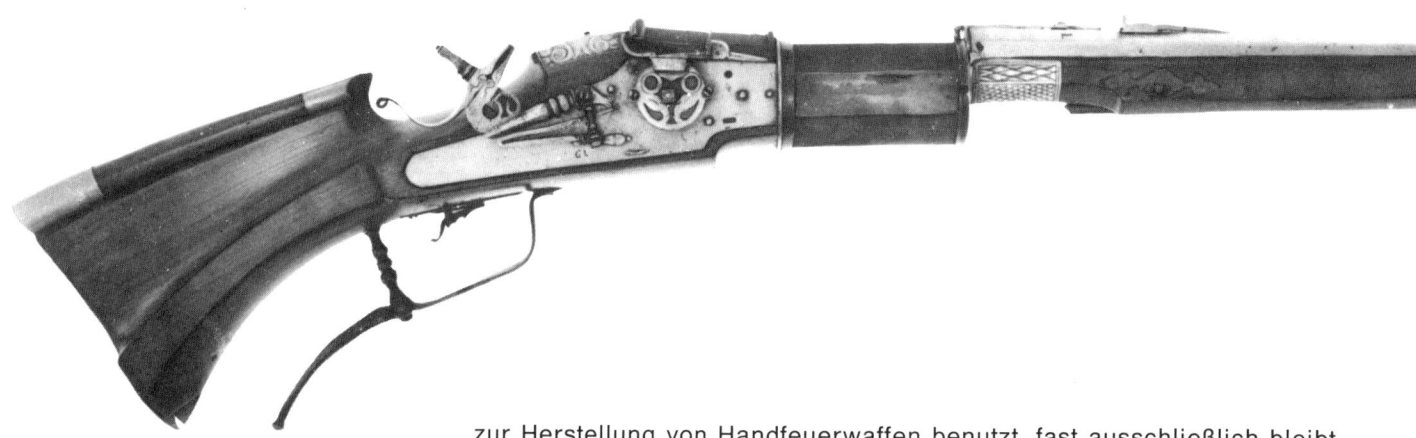

zur Herstellung von Handfeuerwaffen benutzt, fast ausschließlich bleibt Eisen der Rohstoff.

Von den uns überlieferten Stücken ist der weitaus überwiegende Teil allerdings aus Schmiedeeisen gefertigt, und das richtet unseren Blick auf die ältesten Entwicklungsetappen der Handfeuerwaffen. Die Ursache ist in dem Umstand zu sehen, daß Bronze ein Stoff war, der einer neuerlichen Verarbeitung keine ernsten Hindernisse in den Weg stellte, sobald die aus ihr gefertigten Gewehre veraltet waren. Ohne größere Verluste und wesentliche Einflüsse auf die Qualität ließ sich durch Umgießen der Rohstoff zur Neuerzeugung verschiedenster Gegenstände gewinnen. Es gibt z. B. Belege aus dem Beginn des 16. Jh. dafür, daß alte Gewehre in Wasserleitungsrohre umgegossen wurden.

Eisengewehre werden uns somit als Grundmaterial für die Behandlung der weiteren Entwicklung der Handfeuerwaffen dienen. Die eiserne Hakenbüchse aus dem Prager Stadtmuseum steht der Form nach ihrer bronzenen Schwester aus Poběžovice sehr nahe. Sie ist gleichfalls achteckig, hat jedoch ein etwas größeres Kaliber und damit auch eine im Verhältnis etwas geringere Innenlänge. Um das Jahr 1430 und danach erreichen diese Gewehre bereits Längen, die dreißig und auch mehr Kugeldurchmessern (Kalibern) gleichkommen. So hat die Pilsner Hakenbüchse mit dem Zeichen des Kamels, das um 1434 ins Stadtwappen gelangte, zwar noch eine einfache Verstärkung, ihre Länge in Kalibern jedoch erreicht bereits die Zahl 34.

Nach der Jahrhundertmitte steigt dieses Verhältnis weiter an, doch gleichzeitig setzt eine weitere Differenzierung der Handfeuerwaffen nach Form und Zweck ein. Versuche werden gemacht, die Waffe auch den Bedürfnissen des Reiters anzupassen, es entsteht das sog. Pétrinal. Der Reiter stemmte den kurzen Eisenfortsatz hinter dem Lauf gegen den Brustharnisch. Den Lauf in der Sattelstütze eingeklemmt, versuchte er zu schießen.

Doch hat es den Anschein, daß sich die Feuerwaffe in der Reitereiausrüstung anfangs nicht recht bewährt hat. Erst in den folgenden Jahrhunderten kehrte sie als Karabiner und Pistole wieder zurück. Unter den Infanteriegewehren erscheint im letzten Viertel des 15. Jh. neben der Hakenbüchse der Halbhaken, eine kürzere und leichtere Abart der Hakenbüchse. Eine weitere Entwicklungsstufe ist der Haken — er entspricht

15
Leichte Büchse mit außen angebrachtem Radschloß — Teschner Büchse. Schloßteile graviert, Schaft mit Bein- und Perlmuttintarsia geschmückt. Schlesien (Teschen?), 1. Hälfte 17. Jh.

in Ausmaßen und Eigenschaften der bisherigen Hakenbüchse. Der große und schwere Doppelhaken wurde zum Vorläufer der späteren Wallbüchse; man gebrauchte ihn ausschließlich als stabile, schwer übertragbare Waffe, er bildet eine Art Übergang zu den Artilleriewaffen.

Schon vor der Mitte des 15. Jh. treten auch neue Formen von Zieleinrichtungen auf. Im Gegensatz zum Absehschlitz im Mündungsring erscheint ein grober Fortsatz, die Urform des Visierkorns, es entwickelt sich in den folgenden Jahrzehnten zu immer größerer Feinheit. Auf der Hinterseite erscheint ein quadratischer Fortsatz mit gröberem oder feinerem Einschnitt — die erste Form des Visiers bzw. der Kimme. Alle Erscheinungen sind eng mit dem wichtigsten Entwicklungssprung der Handfeuerwaffen im 15. Jahrhundert verknüpft, der Benutzung des Zündmechanismus — des Schlosses.

Die Betätigung der ältesten Feuerwaffen war eine sehr schwierige Angelegenheit. Im wesentlichen gab es zwei Methoden. Bei der ersten hielt der Schütze die Waffe, selbstverständlich nur eine leichte Handkanone mit der rechten Hand von unten und klemmte den Schaft zwischen Ellbogen und Hüfte. Dann feuerte er mit der Linken. Dazu diente anfangs ein in glühender Kohle erhitzter Eisenhaken, das Loseisen, wie bei den Kanonieren. Schwerere Gewehre, die der Schütze nicht mit einer Hand halten konnte, mußte er auf eine feste Unterlage, meist den Schanzmauersims stützen und feuerte dann ab.

Die zweite Methode ist ikonographisch aus der 1. Hälfte des 15. Jh. belegt: der eine Schütze hält die Büchse mit beiden Händen und zielt, der zweite feuert. All dies war, wie man sieht, recht kompliziert. Erst die Erfindung der Lunte, wohl irgendwann gegen das Ende des 1. Jahrhundertviertels, gestattete die Entfernung der Handfeuerwaffe von ihrem festen Standplatz auf der Burg- oder Stadtmauer, dem einzigen Ort, wo das Loseisen zum Glühen gebracht werden konnte, und ihren Transport auf den Wagen oder ins Feld. Aber auch die Handhabung der Lunte mit der freien Hand war nicht leicht, weil der Schütze sich beim gleichzeitigen groben Zielen darauf konzentrieren mußte, daß das brennende Luntenende auf die kleine Pulverpfanne gerichtet war. Wahrscheinlich hat die Praxis dazu geführt, daß die Lunte in die Gabelung eines dem früheren Loseisen ähnlichen Hakens gelegt wurde, den dann die linke Hand besser und genauer kontrollieren konnte. Von dort brauchte es nunmehr einen kleinen Schritt zur Umwandlung vom losen Haken in die erste auf der Waffe befestigte mechanische Zündvorrichtung, das Schloß.

Seine zweifellos älteste Form war der „Serpent", eine an einem Punkt befestigte Stange, deren oberes gebogenes Ende, der Hahn, gespalten war, zum Einklemmen der Lunte, und dessen unteres Ende, ähnlich wie bei der Armbrust, als Abzug diente. Dieser einfache Mechanismus erfuhr im Lauf der Jahre eine Verbesserung dadurch, daß unter der Stange eine Zugfeder angebracht wurde, deren Widerstand der Schütze überwinden mußte, damit sich der Hahn mit der Lunte auf die Pfanne senkte. Die zweite, kompliziertere und wohl jüngere Form des Schlosses war ein Mechanismus, bei dem das Drücken auf den Hebel eine gespannte Schlagfeder in Bewegung setzte, die den Hahn mit Zündschwamm oder der Lunte niederfallen ließ — das Luntenschnappschloß.

Eine genaue Datierung der Erfindung und Verbreitung der ältesten Schlösser bei Handfeuerwaffen ist nahezu unmöglich; fest steht nur, daß die ersten Formen im Lauf der ersten Hälfte des 15. Jh. erschienen sind. Man darf annehmen, daß die Aufzeichnungen in den städtischen

Rechnungsbüchern von Bratislava (Preßburg) vom 29. November 1439, denen zufolge die Stadt den Schlossermeister „... für zwei slos ... zu den pugsen zu den zundlöchern" bezahlt hat, sich auf solche alte Formen des Zündmechanismus von Feuerwaffen beziehen.

Darüber, daß diese Zündvorrichtung eine wesentliche Verbesserung bei der Betätigung von Feuerwaffen bedeutete, kann kein Zweifel bestehen. Ein einziger Schütze konnte sich jetzt voll auf ein genaues Zielen konzentrieren, und die Schußwirksamkeit erreichte fraglos eine höhere Stufe. Die Vorteile, die der Zündmechanismus mit sich brachte, hatten sicherlich wesentlichen Einfluß auf seine relativ schnelle Verbreitung. Das können wir indirekt aus der Tatsache folgern, daß schon kurz nach der Mitte des 15. Jh. Berichte über Schießübungen auf bewegliche Ziele vorliegen. Die Schützen der Stadt Cheb (Eger) hielten alljährlich ihre Schützenfeste ab und wurden dabei von der Stadt kräftig mit Geld unterstützt. Im September 1459 zahlte die Stadt unter anderem an einen Goldschmied „fur einen silbrein ryngk, hett man den puchsenschuczen, darum zu schiessen, auffgewurffen" eine gewisse Summe aus. Der zum Abschießen in die Luft geworfene Silberreifen ruft unwillkürlich die Vorstellung der Analogie mit dem modernen Tontaubenschießen hervor. Ein derartiges Schießen erforderte nicht nur ein genaues Zielen, sondern vor allem eine rasche Schußfertigkeit. Die Annahme ist berechtigt, daß nur das Luntenschnappschloß solche Eigenschaften besaß. Für die Datierung seiner Entstehung und Verbreitung ist dieser Bericht aus Cheb (Eger) wohl von unschätzbarem Wert.

Die Einführung des Schlosses bewirkte weitere Formveränderungen der Büchse, vor allem die Verlegung von Zündloch und Pfanne vom oberen Laufrücken vorerst auf seine obere schräge und schließlich auf seine Vertikalfläche. Bei den mit Tülle und Schaft ausgestatteten Stücken bereitete die Anbringung des Schlosses große Schwierigkeiten. Ein Lösungsversuch kann in der Pilsner Hakenbüchse gesehen werden, die auf der Vertikalseite vor dem Rohr zwei Eisenösen hat, wohl der Rest der Befestigung des Schlosses. Aber dies konnte nur eine provisorische Lösung sein. Im Zuge der Verbreitung und Verallgemeinerung der Anwendung der Schlosses verschwanden langsam die Gewehre mit Tülle oder sie wurden so in den normalen Schaft eingefügt, als hätten sie keine Tülle. Die Forderung präziseren Zielens zwang zur Ersetzung der alten grobschlächtigen Lager durch profilierte Schäfte, die im ausgehenden 15. Jh. die ersten Anzeichen einer Krümmung aufweisen.

Es verschwanden auch die bisher gebräuchlichen Oberflächengurte,

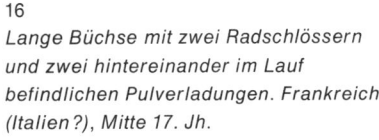

16
Lange Büchse mit zwei Radschlössern und zwei hintereinander im Lauf befindlichen Pulverladungen. Frankreich (Italien?), Mitte 17. Jh.

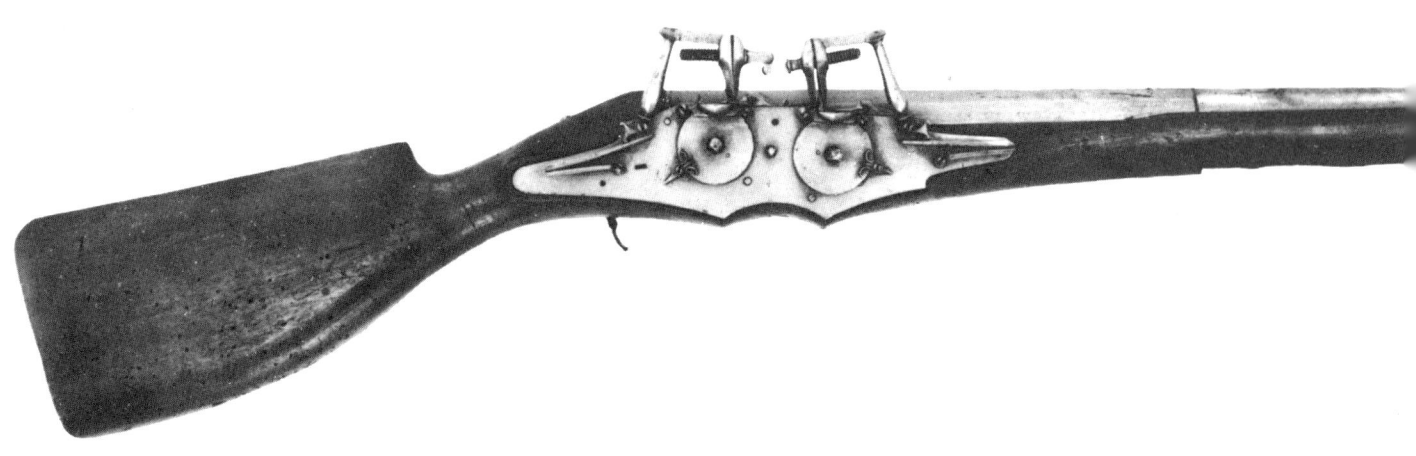

Bockpistole mit zwei Radschlössern.
Raddeckel durchbrochen und vergoldet,
Eisenschaft und Lauf geschwärzt.
Deutschland (?), Anf. 17. Jh.

die den Lauf am Lager festhielten. Ein Loch im vorderen Haken und zwei oder drei am Unterlauf angeschmiedete Metallösen dienten zur Befestigung des Laufs am Schaft mittels Holz-, Bein- oder Metallstiften.

Mit der Verbreitung der ältesten Schloßtypen endet die erste Entwicklungsetappe der Handfeuerwaffen. Aus einem ungestalten Werkzeug, das mehr betäubenden Lärm als ernst zu nehmende Schußwirkung hervorbrachte, war eine Waffe geworden, die mehr und mehr in der Militärbewaffnung, vor allem der Infanterie, eingesetzt wurde. Wohl war neben der Handbüchse die mechanische Schußwaffe, die Armbrust, noch lange in Gebrauch — noch im 3. Viertel des 15. Jh. schoß die Armbrust schneller und zielsicherer; die Beschreibungen über die Ausrüstung professioneller Truppen, der Söldnerrotten, lassen erkennen, wie die Feuerwaffe schrittweise die Armbrust verdrängte, so daß das Ende des 15. Jh. eine völlige Umrüstung aufzeigt. Die Armbrust verschwindet ganz, und an ihre Stelle treten allgemein die Handfeuerwaffen.

Das Lunten– und das Schwamm– schloß

Aus den Anfangsformen des Schlosses entwickelten sich später, an der Wende des 15. Jh., zwei im 16. Jh. gebräuchliche Grundformen, deren erste, das Luntenschloß, fast das ganze siebzehnte Jahrhundert hindurch vorherrschte. Beide Zündsysteme sind im wesentlichen sehr einfach, sie unterscheiden sich außer in der Konstruktion vor allem durch den in den Hahnlippen bzw. einem Röhrchen befindlichen Zündstoff: das sog. Luntensystem benutzte zum Entzünden des Schießpulvers auf der Pfanne eine glimmende Lunte, beim Zündschwammsystem mußte der Schütze vor jedem Feuern einen im röhrenförmigen Ende des Hahns befindlichen Zündschwamm entzünden.

Das Luntenschloß klassischer Konstruktion, dem man an der Wende des 15. Jh. bei Feuerwaffen begegnet, besteht außer dem länglichen Schloßblech, an dem der Mechanismus befestigt ist, aus vier einfachen Grundbestandteilen: dem annähernd Z-förmigen Hebel, der Nuß mit länglichem Einschnitt, dem Hahn mit den Schraublippen und der Stangenfeder. Durch Druck auf die Hinterseite des Hebels nach oben gegen den Gewehrkolben zu ließ das mit einem Dorn in die Öse der Nuß eingeklemmte andere Ende den Vorderteil der Nuß niederschwenken. Diese Bewegung drückte sich dem auf der Außenseite der Nuß befestigten Hahn aus, worauf sich der Hahn in der Richtung des Schützen auf die Pfanne senkte. Die in die Hahnlippen festgeklemmte glimmende Lunte brachte das Schießpulver auf der Pfanne zum Brennen. Der Nachteil dieses Zündsystems bestand in der Notwendigkeit, die glühende Lunte ständig schußbereit zu halten, was bei schlechtem Wetter äußerst schwierig war. Außerdem mußte von Zeit zu Zeit das verkohlte Luntenende entfernt werden.

Das Schwammschloß hatte eine etwas andere Konstruktion, Spuren der ursprünglichen Schlösser waren in ihm erhalten geblieben. Der Zündschwamm wurde so in das Hahnröhrchen gesteckt, daß sein größerer Teil gegen die Pfanne vortrat. Der Sockel dieses Hahns stützte sich mit der Unterseite seines Fortsatzes auf die Stangenfeder, die Oberseite dieses rechtwinkligen Fortsatzes auf einen Zahn der Abzugstange, der aus einer Öffnung im Schloßblech herausragte. Beim Betätigen des oft knopfförmigen Abzugs klappte der Zahn nach innen und die Kraft der Stangenfeder, die, wie gesagt, sich auf den zweiten Fortsatz des Sockels stützte, schwenkte den Hahn in Richtung Laufmündung auf die Pfanne nieder. Jüngere Konstruktionen des Schwammschlosses haben eine außen angebrachte Stangenfeder, und der Abzugsmechanismus ähnelt dem des Radschlosses. Der Nachteil auch dieses Zündsystems war die bereits erwähnte Notwendigkeit, vor jedem Schuß den Schwamm anzuzünden. Die von der Kraft der Stangenfeder bewirkte schnelle Bewegung des Hahns verringerte die Gefahr, daß die Waffe beim Feuern verrissen wurde. Das war wohl der Grund, warum dieses Zündsystem vor allem an Sportbüchsen angebracht wurde, wie sie bei den damals beliebten Schützenfesten gebraucht wurden. In Waffensammlungen kann man Stücke sehen, die auf einem und demselben Schloßblech sowohl das Lunten- als auch das Schwammsystem tragen, wobei jedes der beiden seinen eigenen Abzugsmechanismus hat.

Die Beschreibungen beider Grundkonstruktionen des Schlosses, des Lunten- und des Zündschwammschlosses, sind im wesentlichen schematisch. So wie bei den übrigen Schloßkonstruktionen erschien auch hier eine Reihe von Varianten, die von einzelnen Büchsenmachern aus verschiedenen Fertigungsstätten und aus verschiedenen Zeitabschnitten

III
Pistolenpaar mit wasserdichten Radschlossen und Spiralschlagfedern. Auf Schloßblech Medici-Wappen. Schäfte in Ebenholz eingeschnitzt. Lafontaine, Mourges, Frankreich 1642

IVa
Radschloßbüchse mit innenliegendem Reibrad. Braun getönter Lauf mit Goldinkrustation. Schloß und Garnitur in Relief-Eisenschnitt, am Kastendeckel Schießstandszene. Schaft mit Silberintarsia. Leopold Becher d. Ä., Karlovy Vary 1726—28

b
Radschloßbüchse mit Federspannung durch Bewegung des Hahns. Schloßgravur, vergoldete Messing-Garnitur. Matthias Kubik, Prag, Anfang 18. Jh.

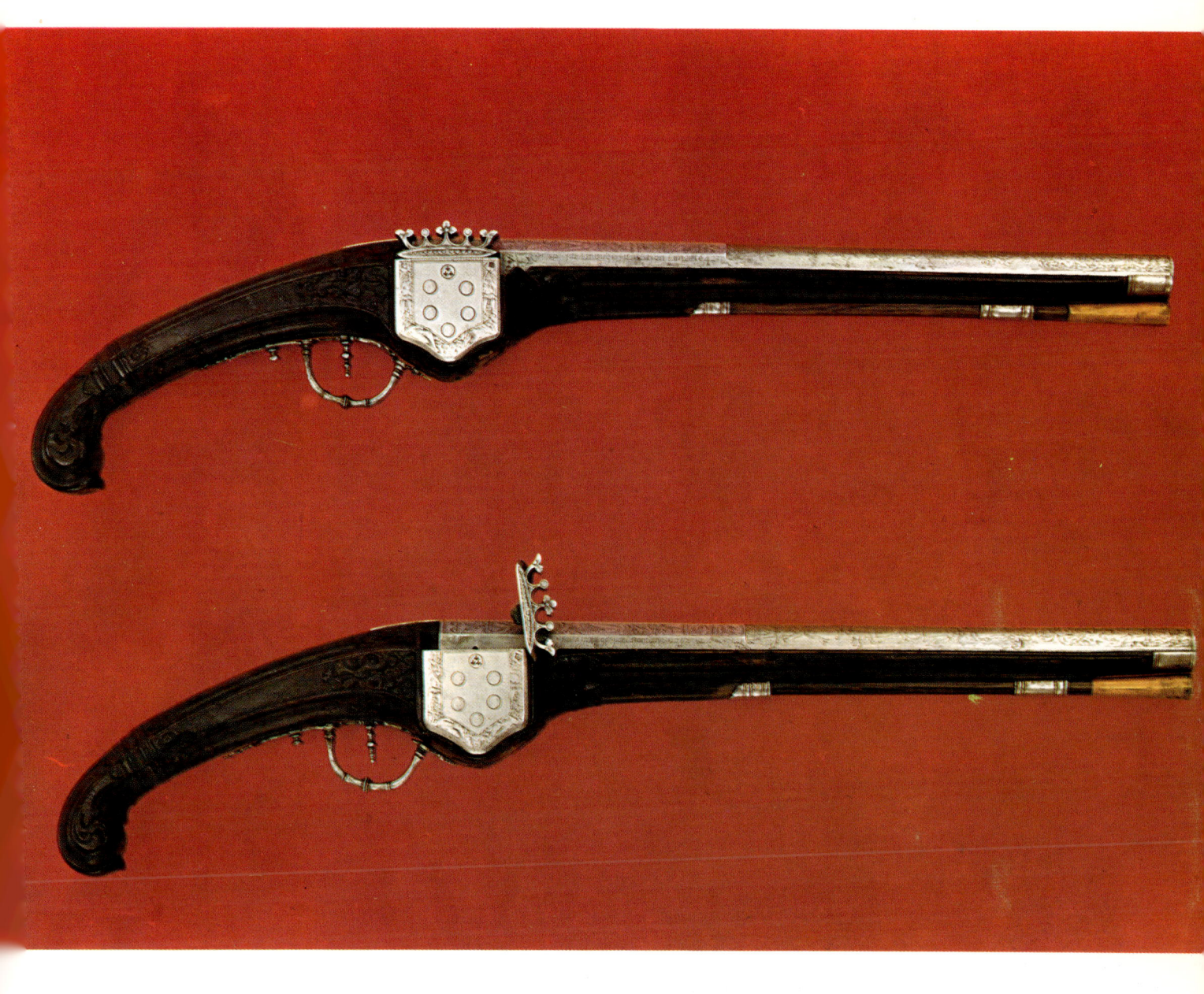

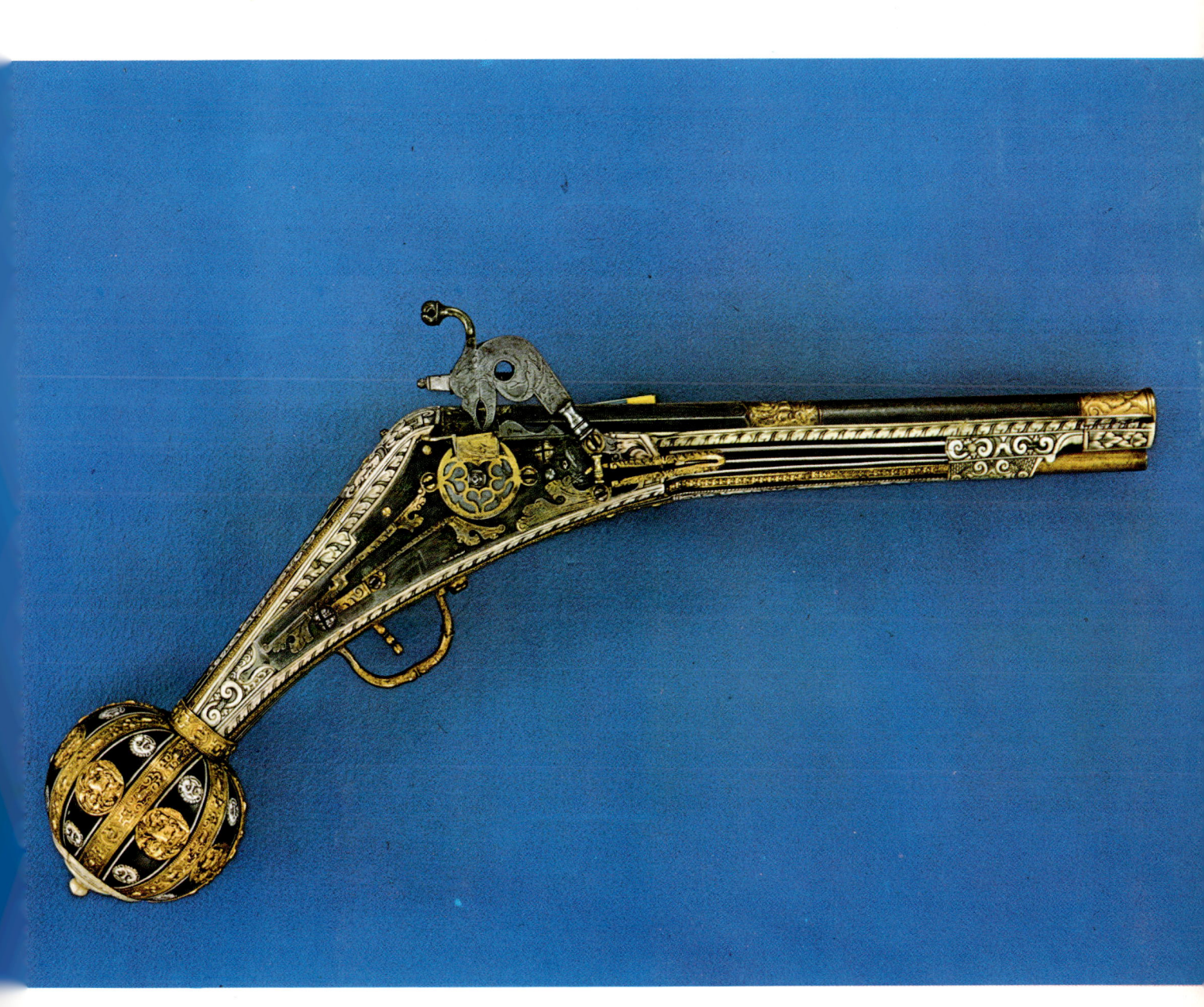

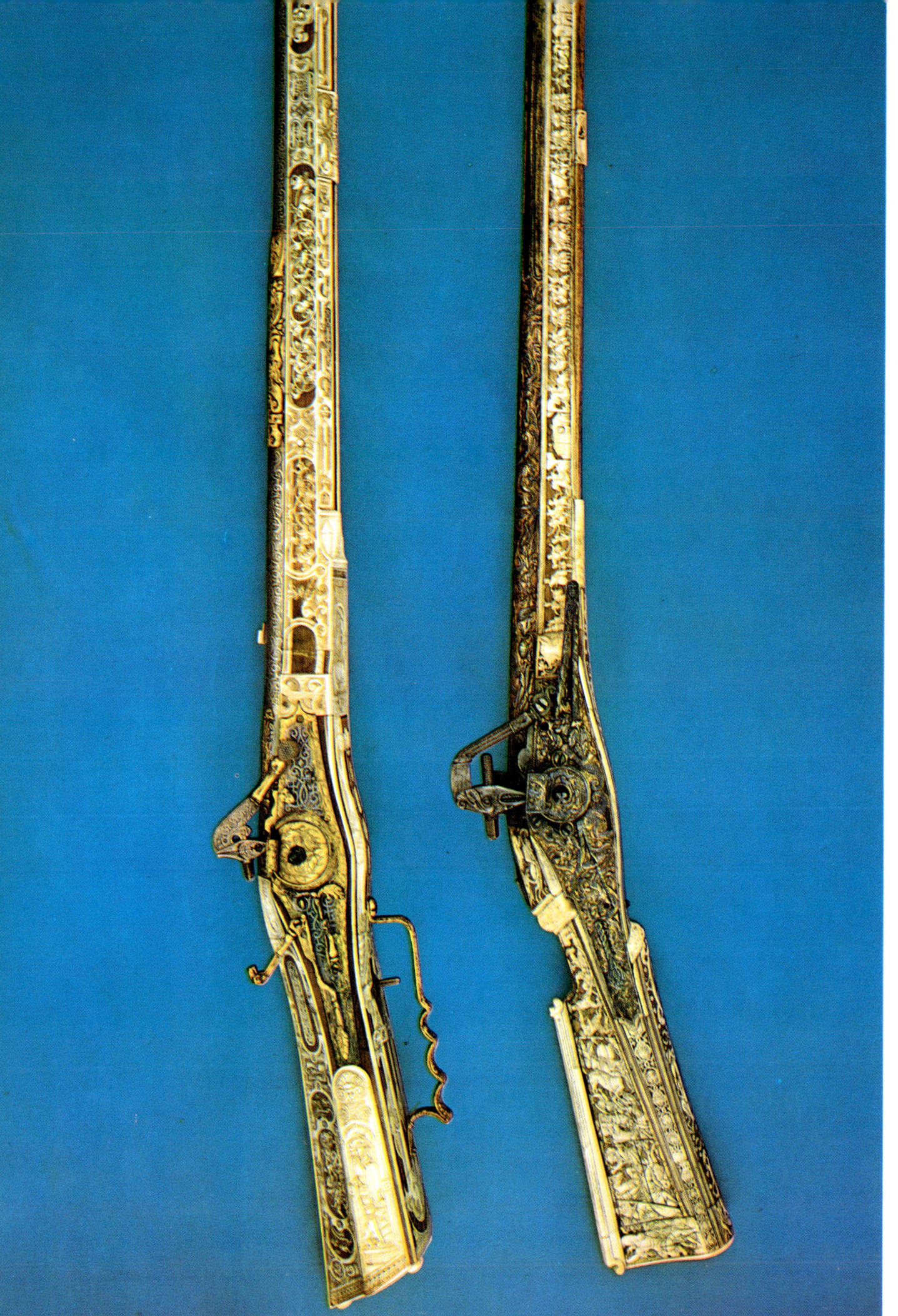

V
Radschloßpistole. Lauf mit drei geschnittenen und vergoldeten Bändern geschmückt, Schloßteile vergoldet, Schaft mit Elfenbein und vergoldeten Messingbändern und Medaillons eingelegt. Augsburg, 2. Hälfte 16. Jh. (Staatl. Schloß Konopištĕ)

VIa
Kombinierte Rad- und Luntenschloßbüchse. Ziselierter Lauf mit vergoldeten Reliefbändern. Schloßteile ziseliert und vergoldet. Schaft mit Elfenbeingravur eingelegt, Drolerien im Ornament. Sachsen?, 2. Hälfte 16. Jh. (Staatl. Schloß Konopištĕ)

b
Radschloßbüchse. Lauf und Schloß auf Goldgrund erhaben geschnitten. Reiche Elfenbein-Intarsia im Schaft, Kampfszenen darstellend. Deutschland (Sachsen?), 2. Hälfte 16. Jh. (Staatl. Schloß Konopištĕ)

stammen. So tritt z. B. bei dem im ganzen 16. und 17. Jh. vor allem bei Militärgewehren benutzten Luntenschloß in der 2. Hälfte des 16. Jh. ein stäbchenförmiger, im beginnenden 17. Jh. bügelförmiger Abzugshebel auf, der vom Abzugsbügel geschützt wird. Die obere im Schaft versteckte Hälfte des Abzughebels dieses Luntenschloßtyps hat die Form eines Dreiecks. An seinem Schenkel hebt sich der gewinkelte Fortsatz des Abzugshebels, dessen zweites gleichfalls rechtwinkliges Ende sich in der Längsöse der Nuß frei bewegt. Durch Druck auf den Abzugshebel hebt sich das Rückteil, während das Vorderteil die Öse der Nuß niederschwenkt. Ebenso wie bei der älteren Form senkt sich der mit den Schraublippen für die Lunte versehene Hahn in Richtung Pfanne. Die an der Längsseite angebrachte Stangenfeder, die mit einem Ende am Schloßblech befestigt ist und dem anderen sich auf die Stange stützt, bringt den Mechanismus in die Ausgangsstellung zurück.

Anfangs des 16. Jh. erscheinen auf den Pfannenböden Nuten oder hervortretende Diagonalkreuze. An diesen konnte der Schütze das Schießpulver mit dem Daumen fein zerreiben, falls er nur gröberes Pfannenpulver zur Verfügung hatte.

Vom Beginn des 17. Jh. an werden an Luntenschlössern eine Art vertikale Wandsprossen aus Schmiedeeisen angebracht, die mit der einen Seite in einen Laufeinschnitt greifen, mit der anderen mittels einer Schraube an der Pfanne befestigt sind. Dieser Teil diente dem Schutz des Musketiers vor etwaigen aus der Pfanne sprühenden Funken.

Da Luntenschlösser vorwiegend bei Militärmusketen vorkommen, sind sie in sehr seltenen Fällen mit einer einfachen Gravierung oder anderem Zierat versehen; meist ist der Kopf des Hahns verziert, der oft schlangen- oder drachenförmig ist.

Bei der Bestimmung von Entstehungsort und -zeit einer Luntenschloßmuskete muß die Form des Schaftes beachtet werden. So hat z. B. die sog. deutsche Muskete ihre charakteristische Gestalt, anders sehen die französische, die englische usw. aus. Bezeichnend für die Musketen aus dem 16. und dem beginnenden 17. Jahrhundert sind die langen Abzughebel (Stangen) und die zumeist schlanken bügelförmigen Hähne. Die Musketen aus dem 2. Viertel des 17. Jh. zeichnen sich durch kurzen Abzughebel aus, der anfangs von einem länglichen, von der 2. Hälfte des 17. Jh. an dann vom klassischen Abzugbügel geschützt wird. Der Hahn mit den Schraublippen für die Lunte ist kürzer, abgeflacht und bildet einen beinahe spitzen Winkel. Das Schloßblech ist bei den im ausgehenden 17. Jh. hergestellten Luntenschloßmusketen schon wesentlich kürzer und nicht unähnlich dem des damals bereits verbreiteten Flintschlosses. Auch der Schaft dieser Luntenschloßmusketen ähnelt den ersten Militär-Flintschloßmusketen.

Die Länge der Militärmuskete bewegt sich um 140 cm, ihr Gewicht zwischen 8—10 kg, ihr Kaliber zwischen 18—20 mm. Die Musketen mußten beim Abfeuern auf die sog. Fourquette aufgestützt werden. Im letzten Drittel des 16. Jh. begannen die Musketiere einen Ledergurt mit angehängten Metall- oder Holzbehältern zu tragen; diese waren zuweilen mit Leder oder Samt bezogen und enthielten die jeweils für einen Schuß benötigte Pulvermenge. An diesem Gurt, Bandelier genannt, hing auch ein Lederbeutel mit Kugeln. Das Bandelier verlief schräg über Brust und Rücken, von der linken Schulter zur rechten Hüfte. Um die Mitte des 17. Jh., als immer häufiger Papierpatronen verwendet wurden, verschwanden die Bandeliers und statt ihrer wurden Ledertaschen eingeführt.

18
Radschloßbüchse. Röhrenvisier,
Schloßblechgravur, Schaftintarsia.
Deutschland, 1. Hälfte 17. Jh.

Zu Beginn des 17. Jh. verschwanden auch im Zusammenhang mit der Herstellung leichterer, 4—5 kg wiegender Musketen die genannten Gabelstützen, obwohl sie noch in den Anfängen des Dreißigjährigen Krieges benutzt wurden.

Die Luntenschloßmuskete bildete während des ganzen 16. und 17. Jahrhunderts einen Teil der Infanteriebewaffnung. Mit ihr waren die Armeen der damaligen europäischen Großmächte auch bei ihren Eroberungskriegen im Fernen Osten, in Asien und Südamerika ausgerüstet. Während das Luntenschloß in Europa schon längst durch neuere Konstruktionen ersetzt worden war, verwendete man die Lunten- und Schwammschloßgewehre in Asien bis tief ins 19. Jahrhundert, bis zur Ära der Repetiergewehre. Es ist nicht ausgeschlossen, daß als Vorbild der letzteren diejenigen Gewehre dienten, die im 16., bzw. in den letzten Jahren des 15. Jh. von den Armeen der eroberungslustigen Imperien benutzt wurden; die Unkompliziertheit ihrer Konstruktion und Anwendung war der Grund für ihre weitere Jahrhunderte andauernde Erzeugung.

In nichteuropäischen Gebieten trifft man im wesentlichen auf zwei Grundtypen der Luntenschloßkonstruktion. Die eine, eine äußerst einfache, wurde in Mittelost und Indien verwendet. Sie läßt sich auf den ersten Blick an dem im Schaft hinter dem Lauf befindlichen Längseinschnitt erkennen, aus welchem der bewegliche Hahn mit den Schraublippen ragt. Der übrige einfache Mechanismus ist im Schaft versteckt. Die Konstruktion hat kein Schloßblech. Die Stange, deren eines Ende in manchen Fällen in einen unter dem Kolbenhals vortretenden Fortsatz ausläuft, ist im Schaft untergebracht und an diesen, etwa in seiner Mitte, mittels eines Eisenbolzens befestigt. Bei einigen Typen ragt unter dem Kolbenhals ein einfacher, oft auch kugelförmiger Abzug vor, der die Bewegung der Stange steuert. Die Stange ist mit einem beweglichen Kettenglied lose verbunden, das die Bewegung des Hahns regelt. Durch Druck auf den geschweißten Stangenfortsatz in Schaftrichtung übertrug sich die Bewegung der Stange auf das Kettenglied, das den Hahn nach vorn zur Laufmündung, auf die Pulverpfanne niederschwenkte.

Die zweite Konstruktionsart, gegenüber der ersten, der „indischen", als „javanische" bekannt, ist mit dem Schwammschloß nahe verwandt, bei welchem der Sockel des Hahns mit einer aus dem Schloßblech vortretenden Sperrklappe abgesichert ist. Die Bewegung des Hahns wird von einer V-förmigen Stangenfeder geregelt, auf welche er sich mit dem Sockelfortsatz stützt. Zu Ende des 18. Jh. erschien in Japan ein Luntenschloß mit einer Spiralfeder auf der Innenwandung des Schloßblechs. Diese Feder ist am inneren Ende mit der Hahnachse verbunden, am äußeren mit der Schloßblech-Innenseite. Der Hahn ist vor dem Abfeuern durch eine Sperrklappe abgesichert, diese besteht aus einem durch das Schloßblech greifenden Zahn der (innen gelagerten) Stange. Beide Typen, die javanische und die japanische, sind mit Ausnahme der Sprungfedern in der Regel aus Messing oder Bronze gefertigt.

Außer den genannten Luntenschloßtypen haben sich auch Kombinationen von Lunten- und Schwammschlössern, ja auch von Lunten- und Radschlösser erhalten. Kombinierte Lunten- und Schwammschlösser wurden z. B. in Suhl und Nürnberg erzeugt. Der Büchsenmacher Georg L e i n b e n h a u e r aus Nürnberg stellte zu Beginn der 2. Hälfte des 16. Jh. kombinierte Radschloß- und Luntenschloßbüchsen her. Es ist nicht ausgeschlossen, daß mit ihnen die Nachtwachen, die von keiner glühen-

den Lunte verraten werden durften, bewaffnet waren. Auf den erhaltenen Stücken hat jede Konstruktion ihren selbständigen Abzugmechanismus. Der Hahn des Luntenschlosses bewegte sich gegen den Schützen zu. Der mit Schwefelkies (Pyrit) gefüllte Hahn des Radschlosses senkte sich auf das Rad in Richtung Laufmündung. Bei dem kombinierten Lunten- und Radschloß aus der 2. Hälfte des 17. Jh. hatten beide Konstruktionen bereits einen gemeinsamen Abzugshebel, der sowohl die Stangenfeder des Radschlosses auslöste als auch die Stange des Luntenschlosses nach hinten schob, deren zweites, in der Längsöffnung der schräg gelagerten Nuß befindliches Ende den Hahn gegen den Schützen zu auf die Pfanne niederschwenkte. Befestigung und Bewegung der Stange sind durch eine an der Spindel angebrachte Schraube gesichert. Diese Sicherungsschraube ging durch die Längsöffnung der Stange. Anders als bei bisher bekannten Luntenschloßkonstruktionen stützt sich die Stangenfeder nicht auf einen der Stangenarme, sondern auf die Unterseite der Hahnachse.

Kurz nach der Mitte des 17. erschienen die ersten Handfeuerwaffen mit kombiniertem Flint- und Luntenschloß. In jener Zeit wurde das Flintschloß immer häufiger bei Jagd- und anderen Zivilwaffen benutzt und setzte sich allmählich auch bei Militärgewehren durch. Sicherheitshalber aber wurde es mit dem ziemlich verläßlichen Luntenschloß kombiniert. Bei gewissen Konstruktionen ist das Feuerstahlsystem interessant. Wenn das Luntenschloß benutzt werden sollte, dessen Hahn sich in der Gegenrichtung des Flintschloßhahns bewegte, mußte der Deckel am Sockel des Feuerstahls weggeschoben werden. Damit wurde die Pfanne aufgedeckt. Der bekannte Heerführer und Hofkriegsratpräsident der Habsburger Monarchie Raimondo Montecuccoli bestellte i. J. 1660 zweitausend derart konstruierte Musketen. Solch eine wird noch heute im Wiener Militärmuseum aufbewahrt. 1677 wurde eine kleinere Menge auch für das sächsische Heer beordert, und 1676 bestellte Dänemark viertausend Stück dieses Konstruktionstyps. Als Modell schickte es eine holländische Muskete. Die Suhler Büchsenmachermeister erklärten dieses Stück für veraltet, weil man dort selbst bereits Konstruktionen mit einem einzigen Abzugshebel erzeuge. Obwohl der dänische Herrscher auf dem Doppelabzug bestand, erhielt die dänische Leibgarde schließlich doch Gewehre mit kombiniertem Schloß nach dem Entwurf der Suhler Meister. Eine ähnliche Konstruktion von kombiniertem Flint- und Luntenschloß verfertigte 1688 der französische Konstrukteur Sebastin Vauban, ein Original befindet sich im Armeemuseum zu Paris. Aus Zella, einem weiteren bekannten Herstellungsort, stammt eine Muskete mit kombiniertem Schloß und zwei Pfannen. Die Luntenschloßpfanne hat einen verschiebbaren Deckel, die zweite ist wie üblich mit einem Feuerstahl versehen. Da der Lauf nur ein einziges Zündloch hat, mußten beide Pfannen je nach Bedarf der Länge nach verschoben werden. Wenn die Luntenschloßpfanne vor das Zündloch geschoben wurde, rastete eine Sperrklappe in die Nuß des Flintschlosses ein und verriegelte es.

Konstruktionsvarianten finden sich im Laufe des 16. und 17. Jh. auch bei Zündschwammschlössern. Noch um 1525 besaßen die Schwammschlösser einen seitlich angebrachten Abzugshebelmechanismus. Später unterschied sich dieser wesentlich nicht von dem bei Radschlössern angewandten Mechanismus. Aus überlieferten Berichten darf geschlossen werden, daß das Schwammschloß noch im ausgehenden 16. Jh. verhältnismäßig stark verbreitet war, doch verschwindet es allmählich

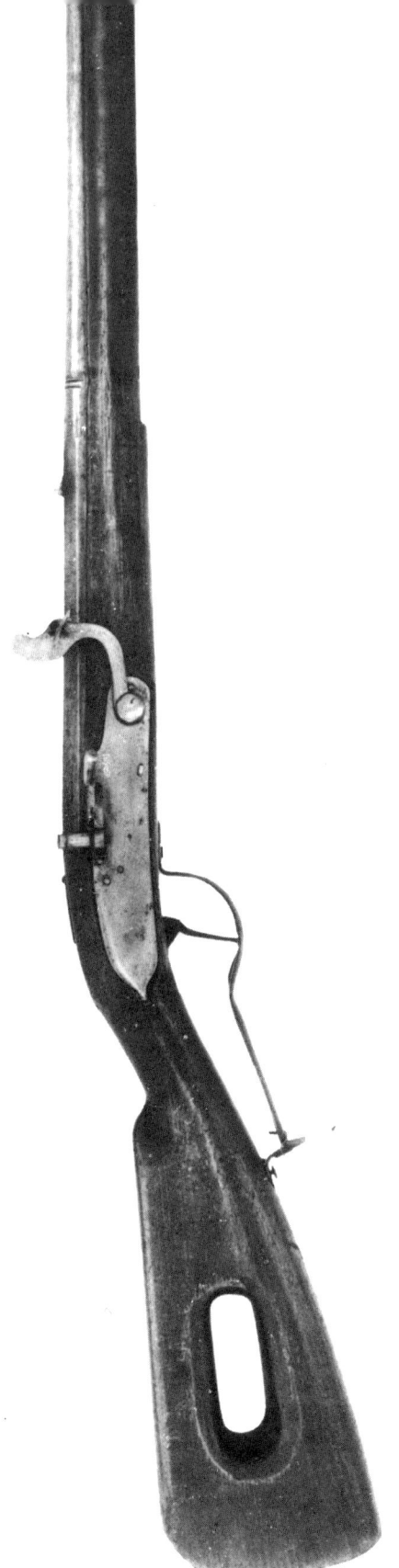

um 1600 und wird nur in den Ländern des Nordens beibehalten. Äußerst vereinzelt und selten erscheinen Kombinationen von Rad- und Schwammschloß. Die Frage des Abziehens war so gelöst, daß im Augenblick, da der Radschloßhahn in Sicherungslage versetzt wurde, der Hahn des Schwammschlosses nach hinten gezogen wurde und der Sockel des Hahns sich auf die aus dem Schloßblech vortretende Sperrklappe stützte. Diese einfache Konstruktion fand im 2. Viertel des 16. Jh. Anwendung. In der 2. Hälfte des 16. Jh. wurde der Schwammschloßhahn dieser kombinierten Konstruktion durch eine auf der Außenseite des Schloßhebels angebrachte kurze Zugstange gesichert. Durch Verschieben eines Stangenzahns nach vorn wurde die Sicherung des Hahns freigegeben, und dieser senkte sich durch die Kraft der Stangenfeder auf die Pfanne. In jenen Jahren begann man auch bei Radschloßgewehren feinere Abzugshebel mit Spannvorrichtung anzuwenden.

20
Luntenschloßmuskete. Besondere Form von Bajonettschaft. Frankreich, 2. Hälfte 17. Jh.

Das Radschloß

Während bei dem Lunten- und dem Schwammschloß zum Anzünden des Pfannenpulvers Feuer oder das glühende Ende der Lunte bzw. des Zündschwamms verwendet wurde, kam beim Radschloß zum erstenmal zu diesem Zweck der beim Reiben einer Eisenfläche an einem Feuerstein (ein Stück Schwefelkies, Pyrit) erzeugte Funke zur Anwendung. Das Prinzip selbst ist nicht neu, es hatte jahrhundertelang zum Feueranmachen gedient. Zu Beginn des 16. Jh. aber wurde es erstmals in der Konstruktion des Gewehr-, später auch des Pistolenschlosses benutzt.

Das Wesen dieser Konstruktion beruht auf einem Eisenrad(Reibrad), dessen geriffelter Rand den in den Hahnlippen eingeschraubten Feuerstein berührt. Durch schnelle Umdrehung des Rades und der dabei entstehenden starken Reibung wird aus dem Feuerstein ein Funken geschlagen, der das Pulver entzündet.

Das bewegliche Reibrad sitzt bei dieser Konstruktion auf einem Bolzen, dessen eines Ende in fast allen Fällen mit mehreren Gliedern einer Kette mit Spannfeder verbunden ist. Je nach Lage des Reibrades, entweder außerhalb oder innerhalb des Schloßblechs, je nach Charakter und Befestigung der Spannfeder unterscheidet man die einzelnen regionalen Radschloßkonstruktionen. Weitere Grundbestandteile sind das Schloßblech, auf dem der gesamte Mechanismus samt Pulverpfanne und Deckel sowie der Hahn mit dem Feuerstein in den Hahnlippen angebracht sind.

Die Wirksamkeit des Radschlosses beruhte darauf, daß die Feder mittels einer auf den Radbolzen aufgesetzten Spannkurbel durch Umdrehung um etwa ein Drittel des Radumfangs gespannt (aufgezogen) wurde. Dabei drehte sich das Reibrad so, daß der Zahn der Abzugstange in eine leicht konische Mulde auf der Radinnenseite fiel. Am anderen Ende wurde die Stange bei gehobener Position durch die Stangenfeder gesichert. Vor dem Schuß schob sich der Pfannendeckel der Länge nach zurück und schwenkte den Hahn mit dem Feuerstein so auf das Rad nieder, daß er es leicht berührte. Durch Druck auf den Abzug wurde die Stangenfeder weggeschoben. Dadurch löste sich der Druck der Abzugstangensicherung in der Radmulde, der die Bewegung des Reibrades gehemmt hatte. Die Kraft der gespannten Feder drehte das Reibrad, dessen geriffelter Rand durch Reibung am Feuerstein einen Funken schlug, der das Pfannenpulver anzündete. Das Feuer drang durch das Zündloch in den Lauf und entzündete die Pulverladung.

Heute läßt sich auf Grund unserer Kenntnisse nur schwer bestimmen, zu welchem historischen Zeitpunkt die erste mit Radschloß versehene Handfeuerwaffe auftauchte. Wir wissen nur, daß die ersten Anzeichen dieser Schloßkonstruktion von zwei verschiedenen Erfindern an zwei verschiedenen Orten, doch aus demselben Zeitabschnitt stammen.

Die ersten Spuren finden sich in Federzeichnungen der Handschrift des Nürnberger Bürgers Martin Löffelholz aus der Zeit um 1505. Diese Handschrift, heute schon verloren und nur in der Fachliteratur bekannt, enthält zwei Zeichnungen eines Radzündsystems. Auf der einen wird das Reibrad durch einen um die Radachse gewickelten Lederriemen angetrieben. Das zweite Zündsystem, das sich, wie aus der Zeichnung ersichtlich, an einer Holzunterlage befestigen ließ, war bereits mit sämtlichen Hauptteilen des Radschlosses ausgestattet: dem beweglichen Rad, der durch Kettenglieder mit dem Radbolzen verbundenen Hauptfeder, dem zurückklappbaren, durch die Hahnfeder in die Pfanne gedrückten Hahn und dem Abzugmechanismus. Weitere Zeichnungen des Radschloßmechanismus befinden sich in Leonardo da Vincis bekannter Handschrift Codex Atlanticus, die von führenden Geschichtsforschern in die Jahre 1500—1505 gesetzt wird. Die Zeichnung auf folio 391 recto stellt einen Feuerstein mit Spiralfeder und zwei Hähnen dar, die zweite, interessantere, mit größter Wahrscheinlichkeit ein Büchsenschloß. Sie hat die charakteristischen Merkmale eines Schloßblechs samt Mechanismus. Vor einigen Jahren hat man versucht, ein solches Schloß nach Leonardos Zeichnung anzufertigen. So gelang es z. B. dem Engländer J. Hard, nach geringen Veränderungen der Dimensionen der Bestandteile ein funktionierendes Radschloß herzustellen — was die Theorie, daß Leonardos Zeichnung ein Radschloß darstellt, bestätigt hatte.

Die älteste überlieferte Radschloßwaffe ist wahrscheinlich die Kombination von Armbrust und Feuerwaffe mit Radschloß und außen gelegener Hauptfeder, die in den Sammlungen des Dogenpalastes in Venedig aufbewahrt wird. Eine andere, aus den Anfängen der Verwendung von Radschlössern stammende Waffe ist die kombinierte Armbrust-Feuerwaffe in den Münchner Sammlungen des Bayerischen Nationalmuseums; sie ist ein Geschenk der Jagellonin Anna an Erzherzog Ferdinand, den späteren Kaiser und König von Böhmen und Ungarn. Ihrer Verzierung nach zu schließen erhielt Ferdinand die Armbrust-Feuerwaffe noch vor seiner Hochzeit mit Anna, d. h. vor 1521. Wenn der Schütze diese kombinierte Schußwaffe benutzen wollte, mußte er sie der Länge nach um 180° drehen. Das Schloß hat ein in eine flache Mulde des Schloßblechs eingesetztes inneres Rad. Interessant ist auch der Abzugmechanismus dieses Radschlosses. Durch Druck auf einen Knopf auf dem Schloßblech senkte sich die Abzugstange, und deren in die Mulde auf der Radinnenseite fallender Zahn verhinderte ein Drehen des Rades. Das ist eigentlich dasselbe System wie bei früheren Schwammschlössern.

Die Radschlösser haben im Verlauf der mehr als zweihundert Jahre, in denen sie für Pistolen und verwiegend für Jagd- und Zivilgewehren verwendet wurden, eine beachtliche Entwicklung durchgemacht. Nach Gestalt des Schlosses und Charakter der Konstruktion, nach Form und Verzierung der Büchse kann nicht nur die Entstehungszeit, sondern auch der Herstellungsort bestimmt werden.

Zwei Grundtypen des Radschlosses sind im wesentlichen zu unterscheiden. Charakteristisch für den ersten ist die Anbringung der Hauptfeder und des Abzugmechanismus auf der Innenseite des Schloßblechs. Dieser Typus ist durchaus vorherrschend, und die einzelnen Konstruktionen unterscheiden sich durch die Form des Schloßblechs, die Lage des Reibrades, die Art des Materials und die Anordnung des Mechanismus. Der zweite, eigentlich nur bei Teschner und den sog. portugiesischen Schlössern auftretende Typ hat seinen Mechanismus, d. h. Reibrad, Hauptfeder und Hahnfeder, auf der Außenseite des Schloßblechs.

Vereinzelt erscheinen auch selbständige, von diesem Grundtyp abweichende Konstruktionen. Als Beispiele mögen Radschlösser mit Spiralfeder, ferner Radschlösser mit Reibrad-Antrieb durch Bewegung des Hahnes, und diejenigen angeführt werden, die statt des Rades ein Segment haben.

In Mitteleuropa vorherrschend war das sog. deutsche Radschloß, das während zweier Jahrhunderte mit dem sog. deutschen Schaft verbunden war. Erstmals erscheint es um 1520 in der genannten Kombination von Armbrust und Feuerwaffe, erhalten im Bayerischen Nationalmuseum. Ein charakteristisches Merkmal einer dieser in der 1. Hälfte des 16. Jh.

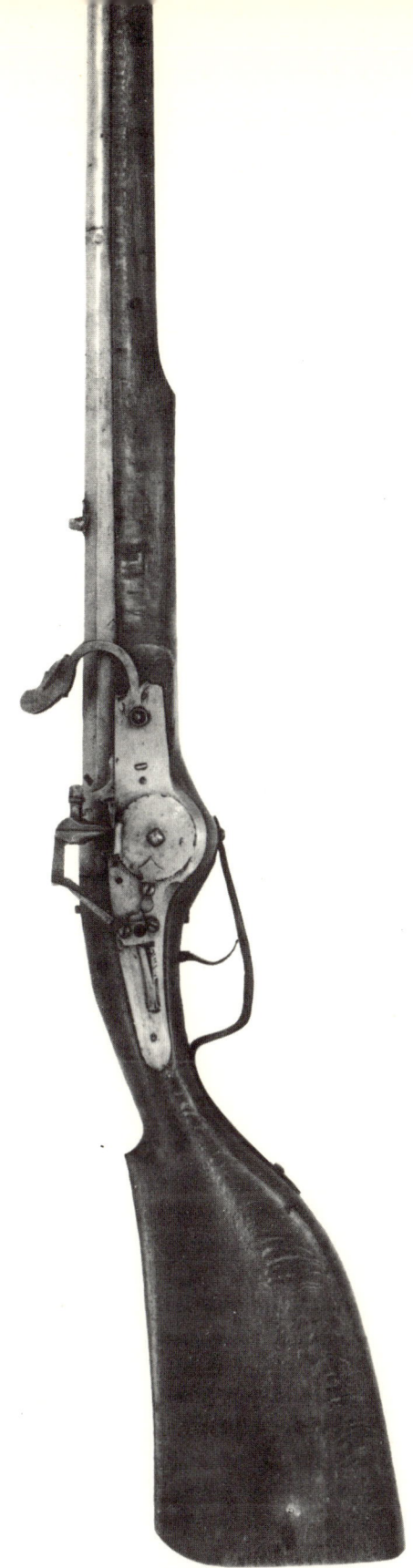

22
Österreichische Muskete mit kombiniertem Rad- und Luntenschloß, Muster 1684. Suhl, letztes Viertel 17. Jh.

hergestellten Radschloßarten ist die Sichelform der Hahnfeder, nach der Form läßt sich auch die Herstellungszeit genauer bestimmen. Für den Zeitabschnitt von 1520 bis etwa 1535 ist die halbkreis- oder sichelförmige Feder typisch, die rund um die untere Hälfte des Rades liegt, während der Fortsatz hat ein nach oben gebogenes Ende. In den Jahren 1535—1545 bildete diese Sichelfeder einen fast geschlossenen Kreis um das Rad und der Sockel des Hahnes stützte sich auf einen waagerechten Fortsatz. 1545—1566 änderte sich die Form des Fortsatzes und nahm wellenförmige Gestalt an.

Bei weiteren Arten dieses „deutschen" Radschlosses ist die Feder V-förmig und hat in der Regel ungleich lange Arme. Dieses System finden wir auf dem 1530 vom Augsburger Büchsenmeister T. M a r q u a r t für Kaiser Karl V. hergestellten Karabiner sowie auf der aus dem Jahr 1535 stammenden Büchse in den Sammlungen des Bayerischen Nationalmuseums.

Nach der Mitte des 16. Jh. sind alle auf Büchsen und Pistolen angebrachten Radschlösser mit V-förmigen Hahnfedern ausgestattet; anfangs ist die Länge der Arme zumeist ungleich, der obere Arm ist in der Regel der längere.

Um 1560 änderte sich die Form des Hahnes, er ist in der oberen Hälfte abgeflacht, oft mit einer einfachen Gravur verziert. Nach 1565 verwendete man immer häufiger einen bügelförmigen Fortsatz auf der oberen Hahnlippe: er diente der leichteren Betätigung beim Zurückklappen des Hahnes in die Sicherungsposition.

Ungefährt ab 1570 erscheint auf diesem Radschloßtyp eine balusterförmige Brücke, die die Schraube der Hahnfeder mit der den Hahn am Schloßblech festhaltenden Schraube verbindet. Hauptzweck dieser Schraube ist es wahrscheinlich, den oberen Arm der Hahnfeder am Schloßblech festzuhalten.

Charakteristisch für die mit dem genannten Radschloßtypus ausgestatteten mitteleuropäischen Büchsen ist der sog. deutsche Schaft; er besitzt einen verhältnismäßig reichgegliederten Kolben mit Backe und einen eigenartigen Abzugsbügel, der dem Griff der einzelnen Fingerglieder angepaßt ist. Sehr oft sind diese Schäfte mit Horngravierungen und Perlmutt verziert.

Das Radschloß ermöglichte die Verwendung der Feuerwaffe in der Reiterei. Typisch für den mitteleuropäischen Raum sind die kurzen geknickten Pistolengriffe mit massiver Kugel am Ende, für Frankreich und die britischen Inseln solche mit stilisiertem Fischschwanz. Beide hatten den gleichen Zweck: sie gestatteten dem Reiter ein leichteres Herausziehen der Pistole aus der Tasche sowie ihr sichereres Festhalten in der eisern behandschuhten Hand.

In der zweiten Hälfte des 16. Jh. erschien ein weiterer, bisher noch nicht benutzter Bestandteil des Schlosses, der nicht nur bei der Datierung des Gewehres, sondern in einigen Fällen auch bei der Bestimmung des Herstellungsgebietes behilflich ist. Es ist ein Deckring des Reibrades, oder wenigstens seines Randes, der Radring. Er diente höchstwahrscheinlich dem Schutz des geriffelten Reibradrandes vor Feuchtigkeit. Es gab mehrere Grundformen. Eine war ein flacher Deckring für das ganze Rad, der beidseitig am Schloßblech angeschraubt war. Häufiger waren es flache geschnitzte Radringe, die der Radschloßverzierung dienten. Weit verbreitet war ferner der halbgewölbte Radring, der in einem ins Schloßblech festgenieteten Schraubenring um das Reibrad saß.

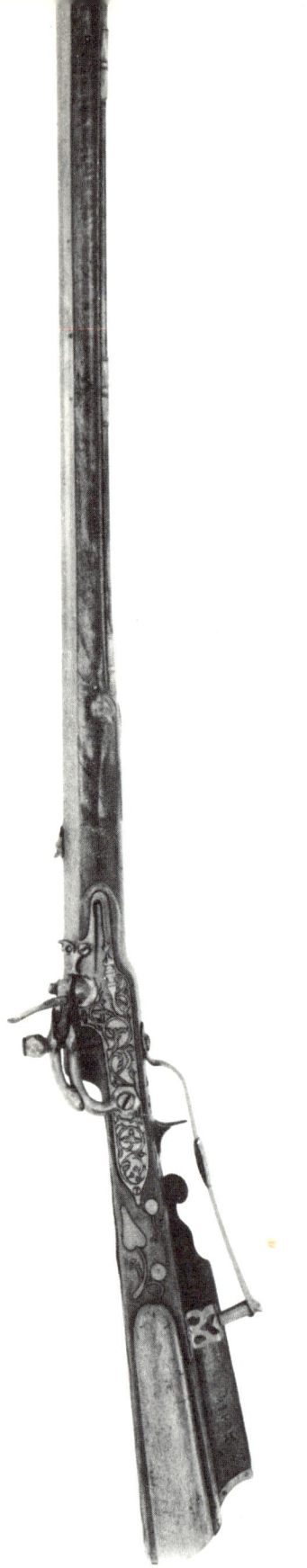

23
Kurze Büchse mit skandinavischem Springschloß. Schloßblech und Schaft messingverziert. Baltikum (Schweden?), Mitte 17. Jh.

In den Radringen finden sich häufig runde oder herzförmige Öffnungen, wohl zum Schmieren der Reibflächen des Rades und des Innenrands des Radringes. Überlieferten signierten Stücken nach zu schließen war es die Spezialität der sächsischen, insbesondere der Dresdner Büchsenmeister um 1580 und später, auf Radschlösser Schmiedeeisen und Messing zu kombinieren.

Nach der Mitte des 16. Jh. tauchen bei den mitteleuropäischen Radschlössern auch mehrere Sicherungsarten auf, die ein unbeabsichtigtes Auslösen des Schusses verhüten sollten. Das meist angewandte System ist eine außenliegende Sperre, deren Klaue eine Bewegung der Abzugstange verhindert — ihr Seitenfortsatz ragt aus einer Öffnung des Schloßblechs. Die Abzugstangensicherung ist mit der am Schloßblech angebrachten Feder der Abzugstangensicherung versehen. Weniger oft kommen andere Sicherungstypen vor. Zwei Varianten sichern den Abzug entweder mittels einer nach vorn verschiebbaren Sperrklappe, die eine Rückwärtsbewegung des Abzugs verhindert, oder mit einem drehbaren Seitenflügel, in dessen Fortsatzeinschnitt der Abzug eingreift und so gegen jede Bewegung fixiert ist. Eine weitere Variante sichert eine unbeabsichtigte Bewegung des Reibrads. Der Pfannendeckel ist seitlich verschiebbar, die Sicherung wird von einem Fortsatz gebildet, dem Pfannendeckelarm, der in die Mulde auf der Radaußenseite greift. Durch Verschiebung des Deckels wird der Sicherungsfortsatz (Pfannendeckelarm) aus der Reibradmulde gehoben und das Schloß ist entsichert.

Zur gleichen Zeit erscheinen weitere Bestandteile, die später bei sämtlichen Radschloßtypen anzutreffen sind. Es sind die an der Außenseite des Schloßblechs angebrachten Radklammern; soweit nämlich das Reibrad nicht durch den Radring geschützt ist, ist es durch eine Öffnung an der Pulverpfanne befestigt. Die Klammern haben mehrere Grundformen. Sehr oft haben sie die Gestalt eines am Außenumfang der Reibradfläche befestigten Schraubenrings oder die eines Querriegels; beide sind den zwei Seiten des Reibrades mit zwei Schrauben am Schloßblech befestigt. In anderen Fällen haben sie die Form eines reichverzierten Segments, z. B. eines seitlich oder längs des unteren Reibradrandes angebrachten Fabeltiers, einer Schlange. Als letzte relativ häufige Klammerform nennen wir die Palmette oder ein anderes Ornament auf der rechten oder linken Radseite oder an seinem unteren Rand.

Ab Mitte des 17. Jh. verschwindet das Reibrad am mitteleuropäischen sog. deutschen Radschloss größtenteils unter dem Schloßblech und aus diesem ragt die zum Aufstecken des Spannschlüssels — des Vierkantschlüssels — dienende vierkantige Radachse. Anfangs bezeichneten die Hersteller die Lage des Reibrades auf dem Schloßblech mit einer einfachen, zumeist kranzförmigen Gravierung. Später, insbesondere an der Wende des 17. Jh., schmücken sie mehr und mehr die ganze Schloßblechfläche mit reichem ornamentalen oder figuralen Stich- bzw. Reliefdekor. Zuweilen verrät das Zierwerk den Meister, der die Büchse gemacht, oder den Stecher, der diesem geholfen hat; in allen Fällen aber weist uns ihr Stil die Entstehungszeit nach. Besondere Prunkstücke sind die aus dem beginnenden 18. Jh. stammenden Gewehre. Das Zierwerk auf Schloßblech und Hahnfläche und das des Schafts sind einheitlich. Selbst die kleine Fläche zwischen der Schraube im unteren Hahnfederarm und der im Hahnsockel ist mit einer Gravierung verziert; diese die Feder schützende sogenannte Studel hatte im ausgehenden 17. Jh. allmählich den beide Schrauben verbindenden bisherigen Baluster ersetzt. Ihr vorde-

24
Skandinavische Schnappschloßbüchse.
Samuel Riddespore, Schweden, 2. Hälfte
17. Jh.

rer Fortsatz reicht fast zur Mitte der Entfernung von der Radachse. Vom Beginn des 18. Jh. an bedeckt die Studel beinahe die ganze Hahnfeder. Der Hahn war zu dieser Zeit bereits flach, die Hahnlippen mit dem Feuerstein waren — von rechts gesehen — verdeckt. Dadurch vergrößerte sich die für Verzierung geeignete Radschloßfläche. Für die in den baltischen Ländern hergestellten Feuerwaffen sind Hahnflächen und Hahnfederdeckel mit reichem Dekor charakteristisch.

Ein weiterer Radschloßtypus wurde vom beginnenden 16. bis ins ausgehende 18. Jh. benutzt. Nach dem Gebiet, wo es vorzugsweise hergestellt wurde, heißt er „französisches" Radschloß. Sein hervorstechendstes Merkmal ist die Unterbringung des oberen Schlagfederarms in einem inneren Schafteinschnitt. Der untere Hauptfederarm ist so wie bei dem mitteleuropäischen „deutschen" Schloß mittels eines Ankers und einer Kette mit der Radachse verbunden. Eine andere Eigenart des französischen Schlosses ist die, daß das Ende der Radachse in eine Öffnung der Büchsen- oder Pistolengegenplatte greift und sich nicht auf die Studel stützt, wie es bei den meisten Radschloßkonstruktionen üblich war. Damit wurde die Anwendung einer größeren und daher auch weniger anfälligen Schlagfeder sowie die Herstellung von schlankeren, also leichteren Gewehr- und Pistolenschäften möglich. Derartige Waffen lassen sich in Sammlungen an der charakteristischen Schaftform, vor allem an dem auffallenden bügelförmigen Fortsatz unter dem Reibrad und an dem schlanken Kolbenhals leicht erkennen.

Das älteste erhaltene Stück mit französischem Radschloß wird im Pariser Armeemuseum aufbewahrt, seine Entstehungszeit setzt man in die Jahre um 1525. Interessant ist der Umstand, daß die Hahnfeder nicht wie bei Radschlössern sonst üblich, auf dem Schloßblech, sondern auf dem Vorderschaft angebracht ist. Die Feder hat ungleich lange Arme, der längere dient als Stütze des Hahnsockels.

Vereinzelt wurde dieser Schloßtypus auch außerhalb des französischen Territoriums hergestellt. In den europäischen Sammlungen gibt es viele Stücke, deren Signaturen auf einen nichtfranzösischen Herstellungsort hinweisen; im wesentlichen jedoch entspricht ihr Charakter dem des „französischen" Radschlosses. Diese von verschiedenen, beispielsweise Nürnberger oder Dresdner Büchsenmachern signierten Exemplare trugen sogar oft die Bezeichnung „à la française". Große Mengen von Pistolen und Büchsen wurden erzeugt, die auf den ersten Blick den französischen sehr ähnlich, aber mit einem leicht abgeänderten klassischen Radschloß versehen waren.

Während des 17. Jh. blieb das französische Radschloß im wesentlichen unverändert und bewahrte auch weiterhin die charakteristischen Merkmale des Schloßblechs und der Unterbringung der Hauptfeder im Schaft. Gegenüber den früheren Konstruktionen, die das Reibrad mittels eines Radrings festhielten, wurden ausschließlich Klammern an der Seite oder am unteren Reibradrand benutzt.

In der Entwicklung des Radschlosses bildet die Spezialkonstruktion mit völlig verdecktem Mechanismus ein eigenes Kapitel. Das Hauptmerkmal dieser Büchsen-, vorwiegend jedoch Pistolenschlösser, deren Erfindung P. Bergier aus Grenoble zugeschrieben wird, ist die mit der Radachse verbundene Spiralfeder und die ungewohnte Gestalt des Feuersteinhalters. In einer Mulde dieses Behälters, der gleichzeitig den Pfannendeckel bildete, wurde der Schwefelkies (Pyrit) festgeschraubt. Die Konstruktion eines völlig bedeckten Mechanismus konnte schlechter

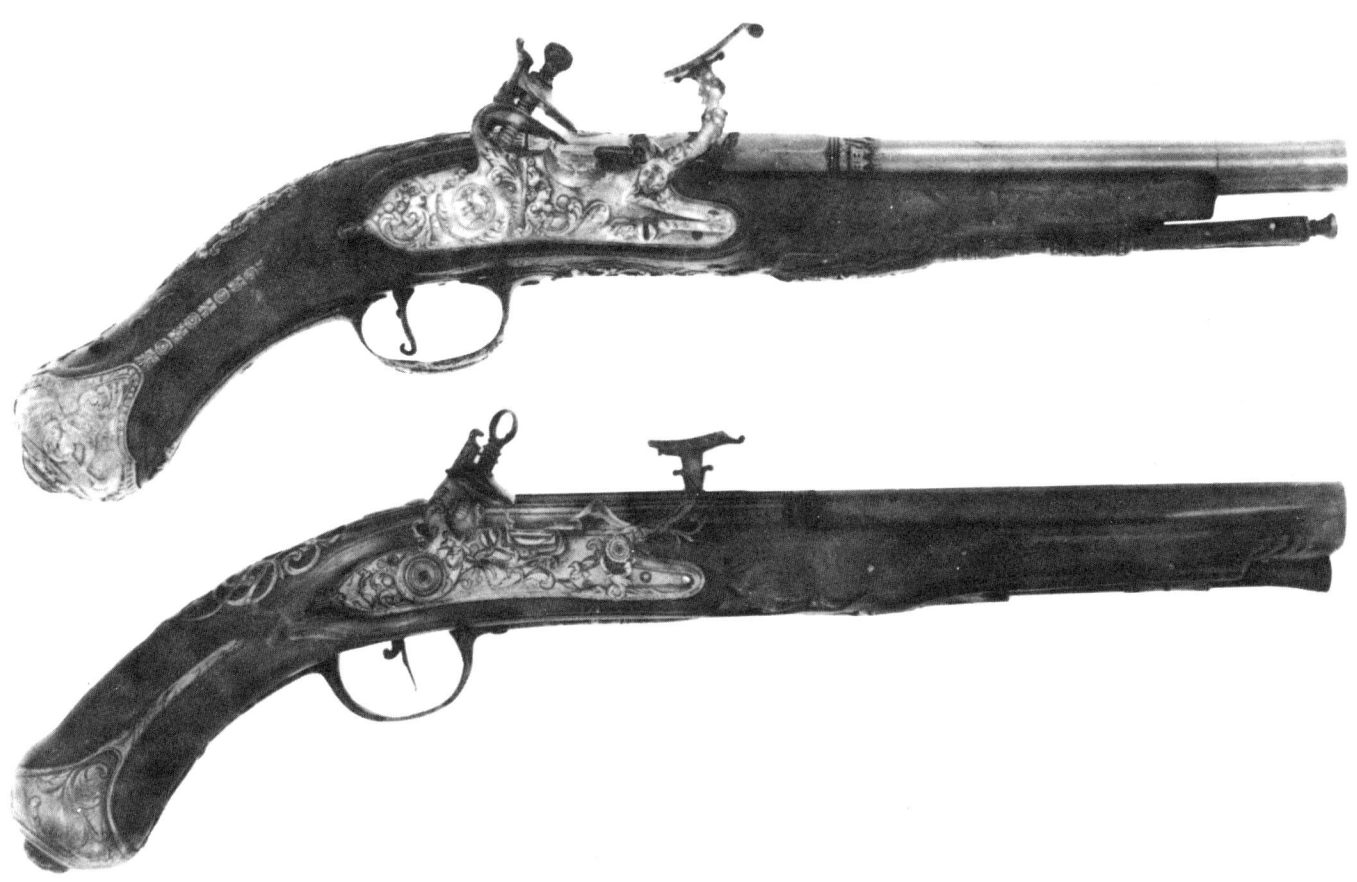

25a
*Pistole mit Schnappschloß „alla
fiorentina". Auf Eisenteilen Reliefschnitt.
Italien, Toskana u. Emilia, Ende 18. Jh.*

b
*Pistole mit Schnappschloß „alla
fiorentina". Schloß- und
Garniturgravuren, Schaft mit
Eiseninkrustation geschmückt.
Norditalien (Brescia?), 2. Hälfte 17. Jh.*

Witterung besser Widerstand leisten. Büchsen und Pistolen mit diesem Radschloßtyp sind heute verhältnismäßig selten. Das im Prager Militärmuseum aufbewahrte, 1642 datierte Pistolenpaar ist von „Lafontaine à Nourges" signiert, ein Doppelschloß derselben Konstruktion trägt die Signatur „Pierre Bergier à Grenoble". Wie aus verschiedenen überlieferten Stücken hervorgeht, stellten außerhalb Frankreichs der Büchsenmacher G s e l l in Arzberg und gewisse Meister in Aachen diese Konstruktionen her. Es gibt aber auch Büchsen, die mit einem normal konstruierten Radschloß, d. h. mit geknickter Hauptfeder, hingegen mit einem Hahn von der eben beschriebenen Form, d. h. mit Lagerung des Pyritstückes in der Mulde, ausgestattet sind.

Eine weitere Abart des Radschlosses ist das „italienische". Es läßt sich auf den ersten Blick vor allem an der Form des Schloßblechs erkennen, das bis in die letzten Erzeugungsjahre dieser Büchsen- und Pistolenschloßkonstruktion lediglich am Rand verziert wurde, sowie an der schlanken, stäbchenförmigen Gestalt des Hahns. Vereinzelt trifft man in Sammlungen auch auf kleinere Pistolen mit kurzem Griff, der in eine für die damalige Zeit kleine Kugel endet. Auffallend an diesen Pistolen ist ferner der ungewöhnliche maurische Dekor fast jeder kleinsten Fläche von Schloß, Schaft und Lauf. Es sind Erzeugnisse katalanischer Büchsenmacher aus dem Dorf Rippol, ungefähr aus dem Jahr 1600.

Wieder andere, gänzlich verschiedene Radschloßtypen haben Hauptfeder und Hahnfeder auf der Außenseite des Schloßblechs. Diese außenliegenden Radschlosse teilen sich in zwei Grundkonstruktionen. Die erste, das „portugiesische" oder „spanische" Radschloß genannte und seine als „italienische" bezeichnete Variante haben eine außenliegende Hauptfeder, deren oberer Arm gleichzeitig die Hahnfeder bildet. Diese

Schlagfeder liegt in Richtung Laufmündung. Der untere Arm ist wie bei den übrigen Radschlössern durch Kettenglieder mit der Reibradachse verbunden. Die Hauptfeder ist auffallend groß, die Enden der Arme sind sehr weit voneinander entfernt. Sie ist daher in bezug auf Material und Arbeitstechnologie weniger anspruchsvoll als kleine und starke Federn. Die sog. portugiesischen Radschlösser unterscheiden sich auch, kenntlich auf den ersten Blick, in der Gestalt der Hauptfeder. Sie ist an der kreisförmigen Knickstelle wesentlich breiter. Charakteristisch für das portugiesische Schloß ist ferner der Hahn in Form eines umgekehrten C. Bei einer genauen Bestimmung von italienischen, portugiesischen oder spanischen Schlössern spielen der Gesamtcharakter der Waffe, der Charakter von Schaft und Dekor die Hauptrolle. Das wichtigste Hilfsmittel bei der Bestimmung des Herstellungsgebietes, bzw. des Herstellers selbst, bleiben auch hier die Signaturen auf Lauf oder Schloß. Das außenliegende Reibrad befindet sich bei diesen Schlössern zwischen der horizontalen Studel und dem Schloßblech. In Italien hergestellte Büchsen besitzen in der Regel ein einfaches Außenrad mit Palmettenklammer. Die Stange ist innen untergebracht, die Stangenfeder greift durch eine Öffnung im Schloßblech in die Reibradmulde ein.

Eine andere Radschloßart, deren Hauptfeder sich auf der Außenseite des Schloßblechs befindet, geht auf die Mitte des 16. Jh. zurück. Damals tauchte sie an ganz verschiedenen Orten auf. Im Budapester Nationalmuseum werden Radschlösser aufbewahrt, die unweit von Komárno (Komorn) in der Donau gefunden wurden und, nach den Fundumständen zu urteilen, aus den Waffenlieferungen stammen, die 1540/41 der kaiserlichen Armee in Ungarn auf Schiffen überbracht werden sollten. Zwei entsprechende Stücke wurden bei archäologischen Ausgrabungen an verschiedenen Stellen in Prag gefunden und befinden sich im dortigen Nationalmuseum. In den Grazer Sammlungen wird eine Büchse aufbewahrt, deren Radschloßmechanismus und Hauptfeder außen angebracht sind. Kenner nehmen als Herstellungsort Kärnten oder die Steiermark an; es ist jedoch nicht ausgeschlossen, daß dieses Schloß mit jenen außenliegenden „böhmischen Schlössern" — „etliche Handror mit ofnen oder ausern behemishen Feuerschlössern" — identisch ist, die Erzherzog Ferdinand 1564 beim Büchsenmacher Merten A t z l in Schmiedeberg in Böhmen bestellte. Diese Bestellung bezieht sich auf eine vorhergehende, die leider nicht erhalten geblieben ist. Die wesentlichen Merkmale dieser Radschloßart sind Außenlage von Haupt- und Hahnfeder und Innenlage des Reibrades zwischen bügelförmiger Studel und Schloßblech. Dieses offene Radschloß wurde höchstwahrscheinlich zum Ausgangspunkt für einen weiteren außenliegenden Radschloßtypus, der auf den nach ihrem Herstellungsort Teschen als Teschner Büchsen bekannten leichten Jagdgewehren benutzt wurde. Sie sind auf den ersten Blick nicht nur an ihrem Schloß, sondern auch an dem Schaft mit kurzem, sehr oft mit Perlmutt und Horn verziertem Kolben zu erkennen. Die Hauptfeder der Teschner Büchse hat ungleich lange Arme, der von diesen gebildete Winkel ist von einer kleinen flachen Platte bedeckt. Wenn das Schloß aufgezogen und schußfertig ist, wird der aus diesem Plättchen ragende Knopf in Richtung zu diesem gedrückt.

Die Entstehung der Teschner Jagdbüchsen fällt wohl in die beiden letzten Drittel des 17. Jh. Die älteste stammt aus der Zeit um 1630. Im ausgehenden 17. Jh. wurden in Teschen Büchsen vom frühfranzösischen Typus mit französischem Flintschloß hergestellt.

26
Pistole mit Schnappschloß "alla fiorentina". Graviertes Schloß Mitte 17. Jh., Schaft und Garnitur 1. Hälfte 18. Jh.

Während der ganzen hier behandelten Periode gab es auch Büchsen mit atypischer Radschloßkonstruktion — es gibt sie nur vereinzelt und es sind geschätzte Sammlerstücke. Zu den meistverbreiteten dieser ungewöhnlichen Konstruktionen gehören diejenigen Radschlösser, die durch Bewegung des Hahnes aufgezogen werden. Eines dieser Stücke hatte auf der Sockelachse des Hahnes ein Zahnrad, über welches die Bewegung bei zurückgeklapptem Hahn auf ein kleineres Zahnrad übertragen wurde, das auf der Innenseite der Reibradachse angebracht war. Damit wurde auch die Hauptfeder aufgezogen. Ein anderer Typus benutzte zur Umdrehung des Zahnrads einen horizontal gelagerten Zahnkamm. Bei zurückgeklapptem Hahn verschob sich der durch eine Kette mit der Sockelachse des Hahnes verbundene Kamm nach vorn, wodurch er das Zahnrad zum Umdrehen brachte; auf diese Weise wurde die Hauptfeder gespannt.

Sehr vereinzelt sind Konstruktionen, deren Pfannendeckel die Form eines zylinderförmigen hohen Rauchfanges hat. Durch diesen Rauchfang wurde der beim Verbrennen des Zündpulvers entstehende Rauch hoch- und aus dem nächsten Gesichtsfeld des Schützen weggeleitet. Dieser Pfannendeckel erscheint auf Radschlössern aus dem ausgehenden 17. Jahrhundert.

Eine andere atypische Konstruktion ist die Verwendung eines Segments statt des üblichen Reibrades. Man war bemüht, den Feuerstein an einer größeren Schlagfläche zu reiben, als sie das Reibrad mit seinem kleinen Durchmesser bot. Das konnte auf zweierlei Weise erreicht werden: entweder durch wesentliche Vergrößerung des Reibrads, was eine Reihe von Konstruktionsfragen aufgeworfen hätte, oder durch Benutzung eines Ausschnittes aus dem Umfang des dann größeren Reibrades, eines Segments.

Das älteste derart konstruierte Radschloß liegt in den Sammlungen des Schweizer Landesmuseums in Zürich. Es ist ein Doppelschloß, ein Lunten- und Segmentschloß. Das Aufziehen wird durch einen mit dem Segment verbundenen eigenen Fortsatz getätigt. Bei Freigabe des Abzugs und kraft der Hauptfeder bewegt sich das Segment in Richtung Pfannenmitte und schlägt ebenso wie ein Reibrad durch Reibung am Schwefelkies Funken. Zwecks leichterer Führung ist dieses Segment halbkreisförmig, und nur ein Teil des Halbkreises ist zum Funkenschlagen

geeignet. Auf der Innenseite der Segmentachse ist die Nuß aufgesetzt, die der des Flintschlosses ähnelt und auf die sich von oben die Hauptfeder stützt. Nach Auslösung des Abzugmechanismus drückt der Federarm auf die Nuß, wodurch das Segment in schnelle Bewegung gerät. Dieses System ist eine Vor- bzw. Zwischenstufe zwischen Radschloß und klassischem französischen Flintschloß.

Im 18. Jh. wurden Radschlösser praktisch nurmehr füf Jagd- und Sportgewehre hergestellt. Das beweist übrigens auch der Dekor vieler Prunkstücke aus dem beginnenden 18. Jahrhundert. Am längsten hielten sich die Radschloßbüchsen am Dresdner Hof, wo sie noch in der Mitte des 18. Jahrhunderts erzeugt wurden. Das im Jahre 1829 vom Pariser Büchsenmacher Lepage hergestellte Radschloß-Pistolenpaar ist nurmehr ein Kuriosum.

27
Pistole mit französischem Flintschloß.
Lauf und Schloß mit erhabenem
Eisenschnitt verziert, Garnitur aus Silber.
Silberinkrustierter Schaft. Leopold Becher
d. Ä., Karlovy Vary 1726—28

51

Das Stein- oder Flint-schloß

Während beim Radschloß der zur Entzündung des Pfannenpulvers benötigte Funken dadurch entstand, daß sich das schnell rotierende Reibrad an einem in den festsitzenden Hahnlippen geklemmten Stück Schwefelkies (Pyrit) rieb, stellt der Mechanismus des Funkenschlagens beim Flint- oder Steinschloß das genaue Gegenteil vor. Der für die Entstehung von Funken geeignete Stoff, Flintstein, auch Hornstein genannt, ist bei diesem in den Schraublippen eines beweglichen Hahns befestigt und erzielt das Funkenschlagen durch Aufschlagen auf einen relativ festen Feuerstahl.

Das Prinzip des Feuerzeugs, d. i. eines geeigneten Minerals, durch dessen Aufschlagen auf eine Schlagfläche (Feuerstahl) Funken zum Feueranmachen gewonnen werden können, war der Menschheit schon seit prähistorischen Zeiten bekannt. In archäologischen Funden der verschiedensten Kulturen gehören Feuerstein und Feuerstahl zumindest seit der Eisenzeit zur häufigen Gräberausstattung. Doch weiß man bis heute nicht, wann und wo man auf den Einfall kam, beide Dinge zu einem Werkzeug zu verbinden und diesem eine mechanische Funktion zu geben. Man weiß nicht einmal, ob als erstes das mechanische Feuerzeug zum Feueranmachen entdeckt und dann in Form des Schlosses an Feuerwaffen angewandt wurde, oder ob der Vorgang umgekehrt war, ob das Schloß als Vorbild für das mechanische Tischfeuerzeug diente.

Jedenfalls steht fest, daß irgendwann im 2. Viertel des 16. Jh. das mechanische Steinschloß erstmals als Zündmittel für das Pfannenpulver einer Handfeuerwaffe gebraucht wurde. Der älteste schriftliche Beleg eines Handfeuerwaffen-Steinschlosses stammt aus Italien und geht auf das Jahr 1547 zurück. Er ist in einem Dekret der Stadtverwaltung von Florenz enthalten, mit welchem das Tragen von Feuerwaffen in der Stadt verboten wird. Um keine Zweifel aufkommen zu lassen, führt diese Verordnung eine genaue Spezifizierung der von dem Verbot betroffenen Waffen an: es sind „archibusi da ruota, da fucile, o vero da pietra o da acciaiuolo o da corda". Es ist völlig klar, daß es sich im ersten Fall um „Rad-Arkebusen" (Radschloßbüchsen) handelt; im zweiten Fall wird der Begriff „Feuersteinwaffen" mit den Worten: „das heißt Stein und Feuerstahl" näher erklärt, im dritten Fall wird einfach von „Lunten" — Arkebusen, Luntenschloßgewehren gesprochen. Aus dem Text geht klar hervor, daß es sich im zweiten Fall um ein Steinschloß handelt; gleichzeitig ist ihm wohl zu entnehmen, daß man es mit einer verhältnismäßig neuen Sache zu tun hatte, mit einem noch nicht eingebürgerten Begriff, der näherer Erläuterung bedurfte.

Durch Fügung der Umstände ist aus demselben Jahr 1547 ein schriftlicher Bericht über ein frühes Steinschloß (Schnapphahnschloss oder Schnappschloss) aus Schweden erhalten geblieben. Und ähnlich wie bei der Verordnung der Florentiner besitzen wir auch hier eine historische Quelle, an deren objektivem Wert und Beweiskraft nicht der geringste Zweifel aufkommen kann — es ist ein Rechnungsbeleg. Auch aus Schweden kommt das älteste überlieferte Exemplar eines Schnapphahnschlosses, dessen Entstehung nach bisherigen Forschungsergebnissen mit größter Wahrscheinlichkeit in das Jahr 1556 fällt.

Bevor wir zu dem konkreten Fragenkreis der Typen und Varianten des Schnapphahnschlosses übergehen, muß darauf hingewiesen werden, daß es im Verlauf des 16. Jh. und bis in die ersten Jahrzehnte des 17. Jh. in verschiedenen Formen auf einem beträchtlichen Teil des europäischen Festlands von Italien über Spanien und die Niederlande, auf den briti-

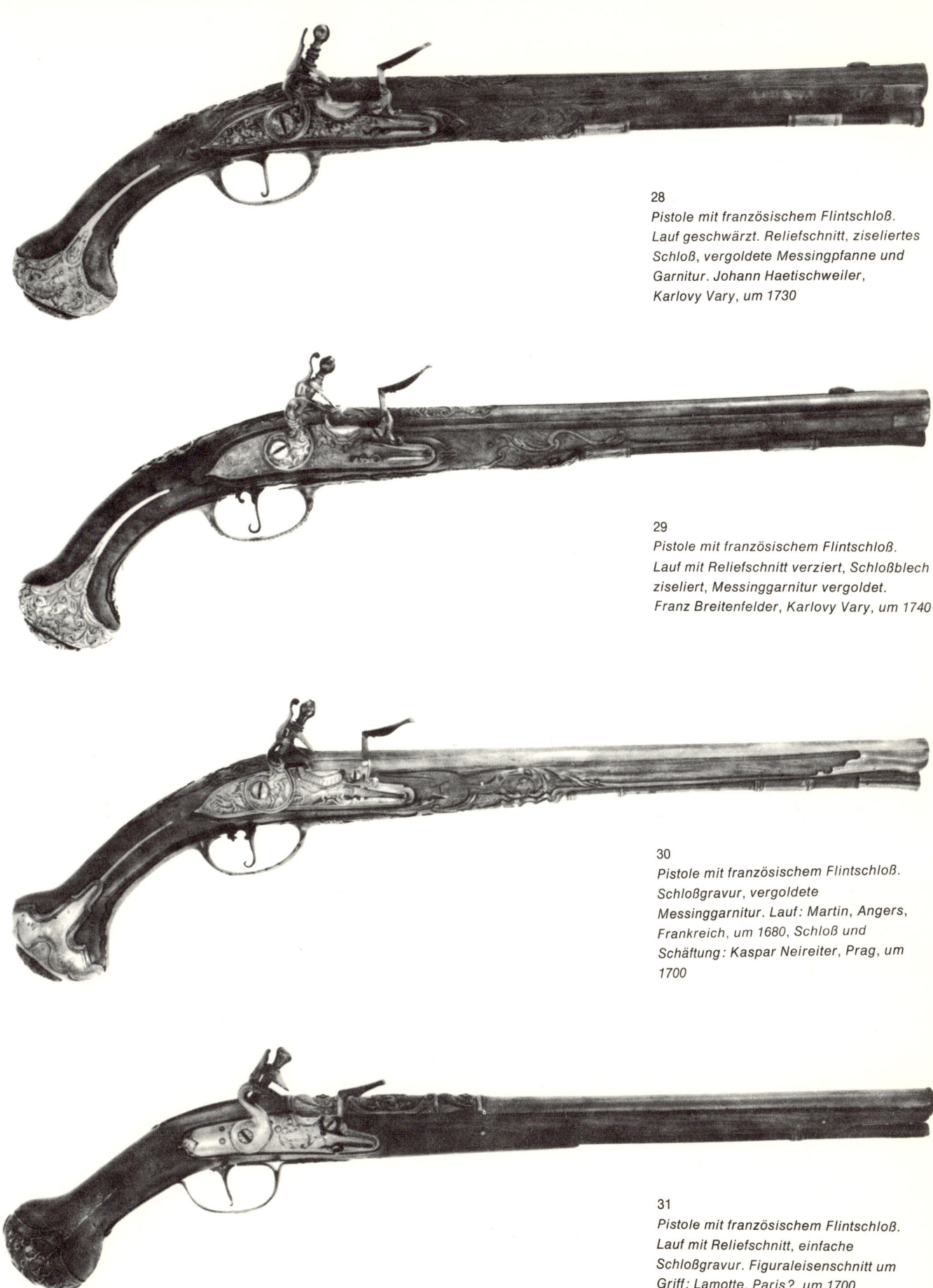

28
Pistole mit französischem Flintschloß.
Lauf geschwärzt. Reliefschnitt, ziseliertes
Schloß, vergoldete Messingpfanne und
Garnitur. Johann Haetischweiler,
Karlovy Vary, um 1730

29
Pistole mit französischem Flintschloß.
Lauf mit Reliefschnitt verziert, Schloßblech
ziseliert, Messinggarnitur vergoldet.
Franz Breitenfelder, Karlovy Vary, um 1740

30
Pistole mit französischem Flintschloß.
Schloßgravur, vergoldete
Messinggarnitur. Lauf: Martin, Angers,
Frankreich, um 1680, Schloß und
Schäftung: Kaspar Neireiter, Prag, um
1700

31
Pistole mit französischem Flintschloß.
Lauf mit Reliefschnitt, einfache
Schloßgravur. Figuraleisenschnitt um
Griff: Lamotte, Paris?, um 1700

schen Inseln, in Skandinavien, in den Baltischen Ländern, in Rußland sowie in den deutschen Gebieten Mitteleuropas in Erscheinung trat.

Die Frage, wo das Schnappschloß nun eigentlich entstanden ist, bleibt vorerst ein Streitobjekt der Fachliteratur. Viele Autoren suchen je nach ihrer Nationalität den Ursprung des Steinschlosses in ihrem eigenen Land, andere sind der Meinung, der Brennpunkt müsse irgendwo in der Mitte liegen, in einem Raum, von dem aus sich die Erfindung nach allen Seiten verbreiten konnte. Sie halten Deutschland für dieses Zentralgebiet. Es ist nicht unsere Aufgabe, eine Klärung dieser Frager zu suchen, doch sei uns die Erwägung gestattet, daß die Suche nach einem einzigen Mittelpunkt, von dem aus sich die Kenntnis einer neuen Erfindung verbreitet, in eine Sackgasse führen kann. Kennen wir doch in der Geschichte von Technik und Wissenschaft nicht wenige Fälle (und die moderne Zeit beweist es), in denen die Lösung eines herangereiften technischen Problems sozusagen auf einmal an zwei oder drei Orten auftauchte.

Die ältesten Typen des Schnapphahnschlosses gliedern sich in mehrere deutliche Gruppen. Geht man von der Position des Hauptmechanismus, der Schlagfeder aus, so wird die Gruppe mit außenliegendem Mechanismus vom italienischen Schloß, „alla romana" (dem römischen), dem spanischen Schloß „alla catalana" (dem katalanischen), ferner den ältesten deutschen und skandinavischen und schließlich den russischen Schlössern gebildet. Die zweite Gruppe, die mit dem Mechanismus auf der Innenseite des Schloßblechs, bildet das italienische Schloß vom Florentiner Typus, die niederländischen Schlösser und die der britischen Inseln. Diese Gruppierung ist freilich nicht starr; erscheinen doch um die Mitte des 17. Jh. unter den skandinavischen Schlössern auch innen liegende Mechanismen, und in den deutschen Gebieten stößt man sogar schon im ausgehenden 16. Jh. auf Schlösser mit innen liegendem Mechanismus.

Für den Großteil der Schnappschloßtypen ist die Trennung der Funktion von Feuerstahl und Pfannendeckel charakteristisch. Ausnahmen bilden nur der römische Typus und das katalanische (spanische) Schloß, die den Pfannendeckel mit dem Feuerstahl zu einer Funktionseinheit, der sog. Batterie verbinden. Aber auch bei gewissen schwedischen Schlössern erscheint um 1625 ein besonderer Batterietypus, das sog. Springschloß, bei dem der mit dem Pfannendeckel verbundene drehbare Feuerstahl gleichzeitig als Sperre gegen vorzeitiges oder unbeabsichtigtes Schießen dient. Wo ist der Ursprung dieser Batterieform zu suchen? Man könte an eine Nachahmung dieser Einrichtung beim französischen Flintschloß (über dieses später) denken im Zusammenhang mit den verhältnismäßig engen militärpolitischen Beziehungen zwischen Frankreich und Schweden im Zuge des Dreißigjährigen Krieges. Zu bedenken ist, daß sich diese Beziehungen erst Ende der zwanziger Jahre des 17. Jh. entwickelten, überdies stand das französische Schloß bis zum Jahre 1625 erst in seinen Anfängen und die Kenntnis seiner Verwendung war noch nicht allgemein verbreitet. Übrigens hat die vom Büchsenmacher G r u c h e für den schwedischen Gesandten in Paris verfertigte Büchse noch i. J. 1675 zwar einen innenliegenden Schloßmechanismus, aber keine getrennte Batterie. Somit darf die Batterie mit drehbarer stählerner Schlagfläche berechtigterweise als eine ausdrücklich schwedische Verbesserung des frühen Schnappschlosses betrachtet werden. Auch bei der englischen Büchse aus dem Ende des 17. Jh. wurden die bisher getrennten Teile, Feuerstahl und Pfannendeckel, durch eine Batterie ersetzt.

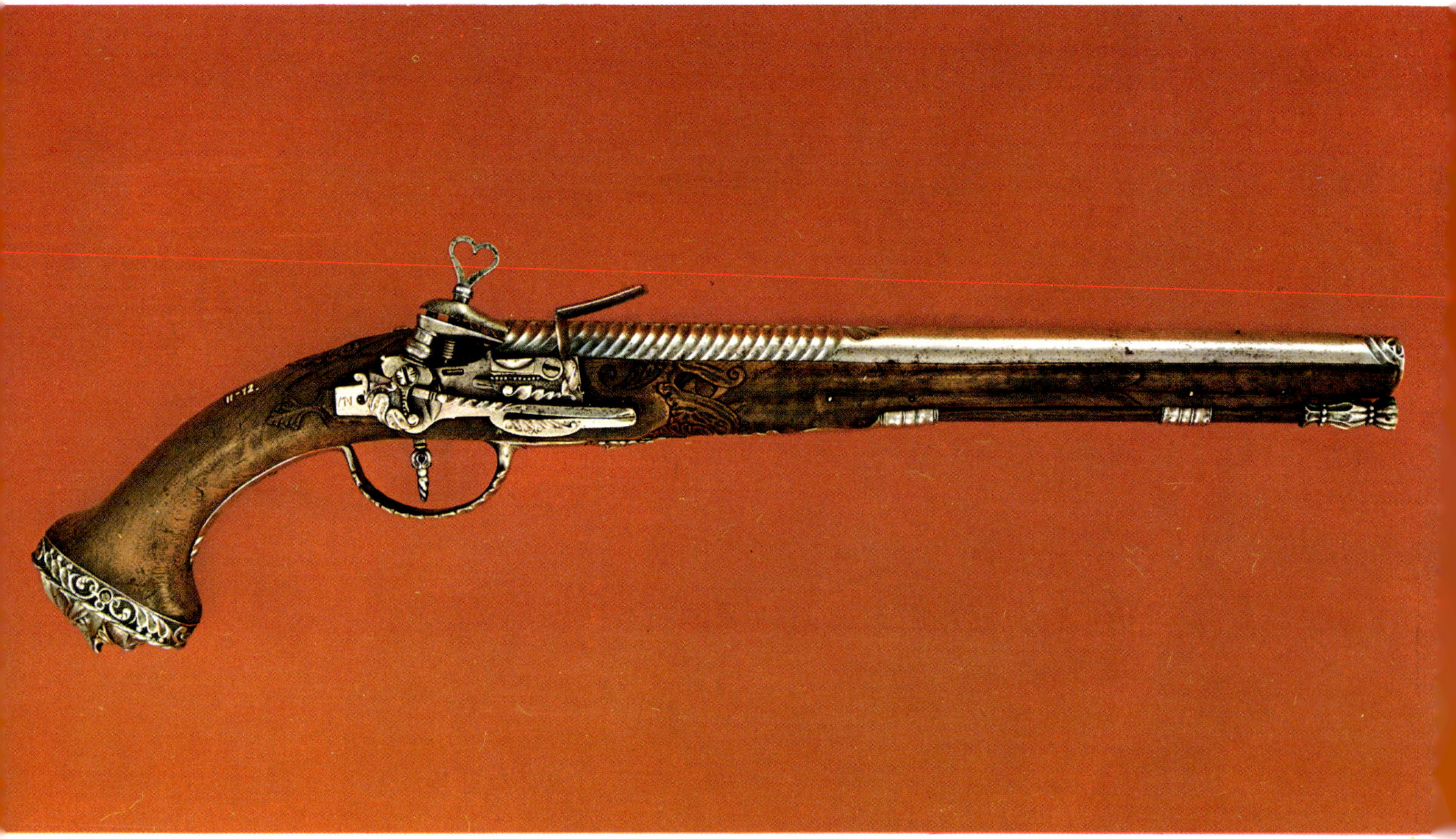

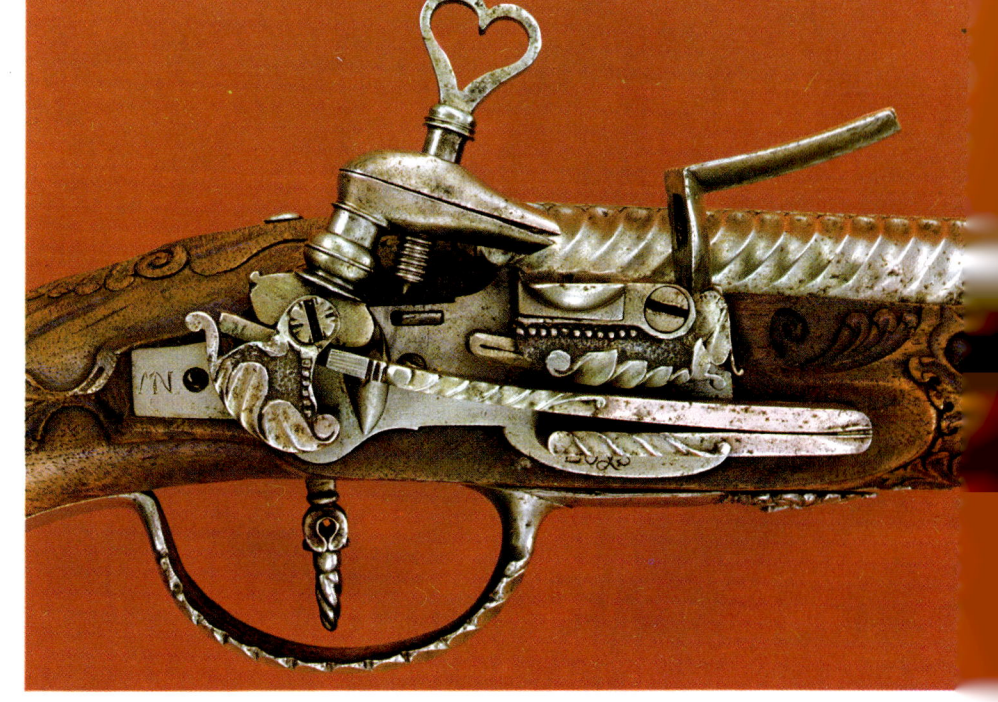

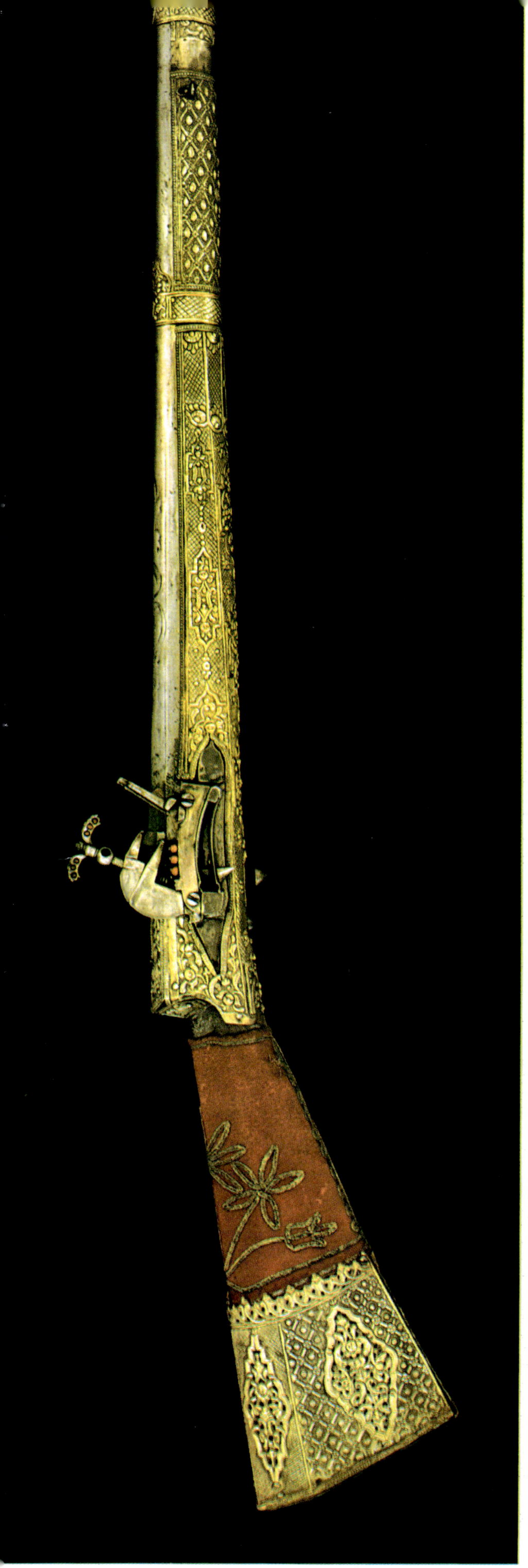

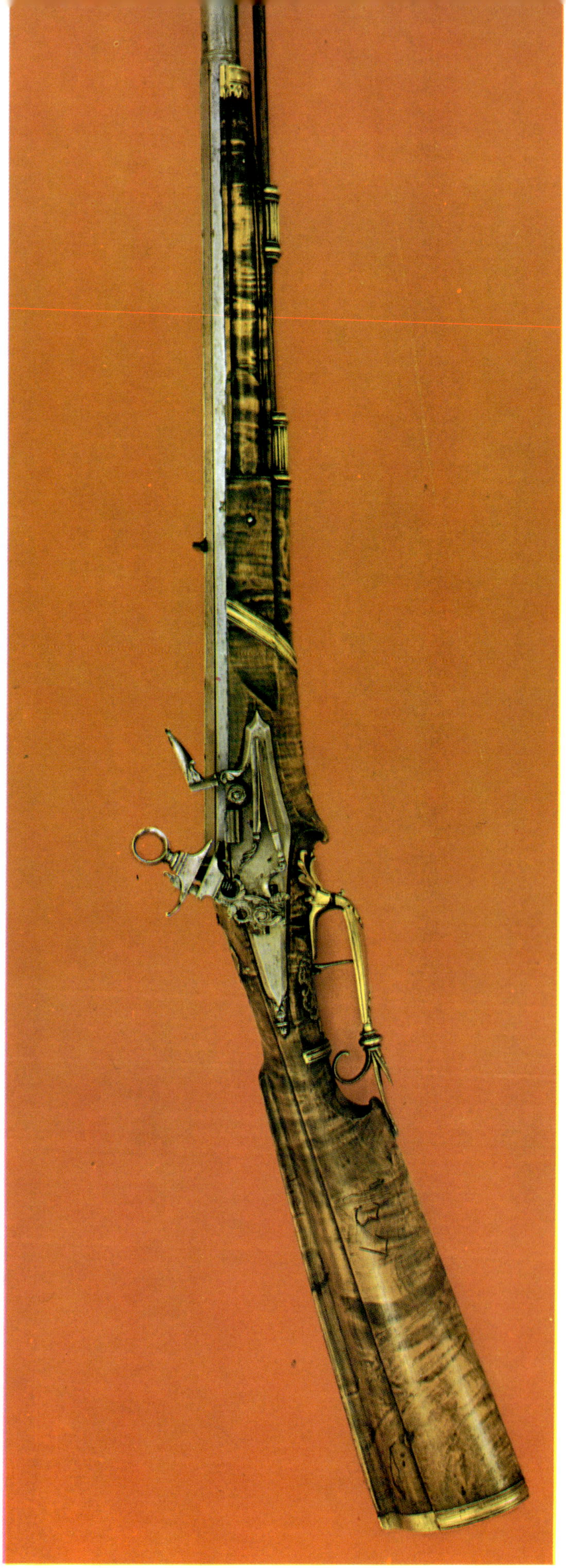

Betrachten wir nun einige charakteristische Merkmale der einzelnen Typen früher Schnappschlösser, mit deren Hilfe der Waffenliebhaber erkennen kann, in welches Gebiet dieses oder jenes Schloß gehört.

Am niederländischen (holländischen) Schloß ist die innenliegende Hahnfeder typisch, die auf die mit dem Hahnkörper fest verbundene Nuß Druck ausübt. Die Sicherung in Schußposition wird durch einen Zahn getätigt, der durch das Schloßblech greift und aufgezogen in eine Aussparung auf der Hinterseite des Hahnkörpers greift. Die bewegliche obere Hahnlippe umspannt einen Stift und ist mit einer von oben geführten Schraube befestigt. Die auf dem Schloßblech vor dem Hahn angebrachte Bremsvorrichtung begrenzt die Vorwärtsbewegung des Hahnes nach dem Funkenschlagen. Das Seitenschild auf der Pfanne ist zumeist kreisförmig, oval, auch muschelförmig. Der am Hals stumpfwinklige, relativ starke Feuerstahl stützt sich in der Regel auf die entsprechend große V-förmige Feuerstahlfeder.

Sichtlich holländischer Herkunft ist das lange Gewehr mit Musketenschaft in den Sammlungen des Prager Militärmuseums, bekannt aus den Kupferstichfolgen Jakobs de Gheyne des beginnenden 17. Jh. — die Stiche stellen die Ausbildung zeitgenössischer Infanteristen dar. Der Schaft ist mit Elfenbein- und Perlmuttintarsien reich verziert. Das Schloß ist vom niederländischen Typus mit von oben geführter Hahnschraube, nur der flache Hahn erinnert ein wenig an die ältere Form des schottischen Schlosses. Das holländische Schloß stand relativ kurze Zeit in Verwendung. Es erscheint im ausgehenden 16. Jh. und verschwindet in den 70er Jahren des 17. Jh., verdrängt vom allgemein verbreiteten französischen Flintschloß. In seiner typischen Form aber existierte es in den nördlichen Gebieten Afrikas noch sehr lange. Wahrscheinlich war das holländische Schloß durch Einfuhr dorthin gelangt; es fand Anklang und wurde als kabylisches Schloß in unveränderter Form bis ins vorige Jahrhundert erzeugt und benutzt.

Das schottische Schloß ist verwandt mit dem niederländischen; sein Hauptunterscheidungsmerkmal ist eine die obere Schraublippe des Hahns regelnde Schraube, die von unten geführt und von oben durch eine Schraubenmutter gesichert ist. Zum Unterschied vom holländischen Schloß, dessen Blech auf der Unterseite eben ist, ist für das schottische Schloß der bügelförmige untere Rand des Schloßblechs charakteristisch. Nach der Mitte des 17. Jh. erfährt das schottische Schloß eine Weiterentwicklung. Der Hahn wird nicht mehr durch den Zahn gesichert, sondern durch einen Nußeinschnitt, die Lippenschraube wird von oben geführt. Das schottische Schloß, allmählich durch das französische verdrängt, erscheint noch im Lauf des 18. Jahrhunderts.

Auch das englische Schloß ist nahe verwandt mit dem niederländischen. Nur ist sein Pfannenschild manchmal vierkantig oder muschelförmig, und die Sicherung des Hahns wird (wenigstens bei den ältesten Stücken) von der linken Außenseite des Schafts geregelt. Die ältesten englischen Schlösser stammen aus den letzten Jahrzehnten des 16. Jh. Am Ende des 1. Drittels des 17. Jh. wird der abgesonderte Feuerstahl durch eine Batterie ersetzt und kurz darauf erscheint die Sicherung mittels einer schnabelförmigen äußeren Sperre, die hinten in den Hahnkörper klappt (dog-lock). Während des 3. Drittels des 17. Jh. wird das englische Schloß gänzlich vom französischen verdrängt.

Die vierte Art des frühen Steinschlosses mit innenliegendem Mechanismus ist das italienische Schloß vom Florentiner Typus. In seiner

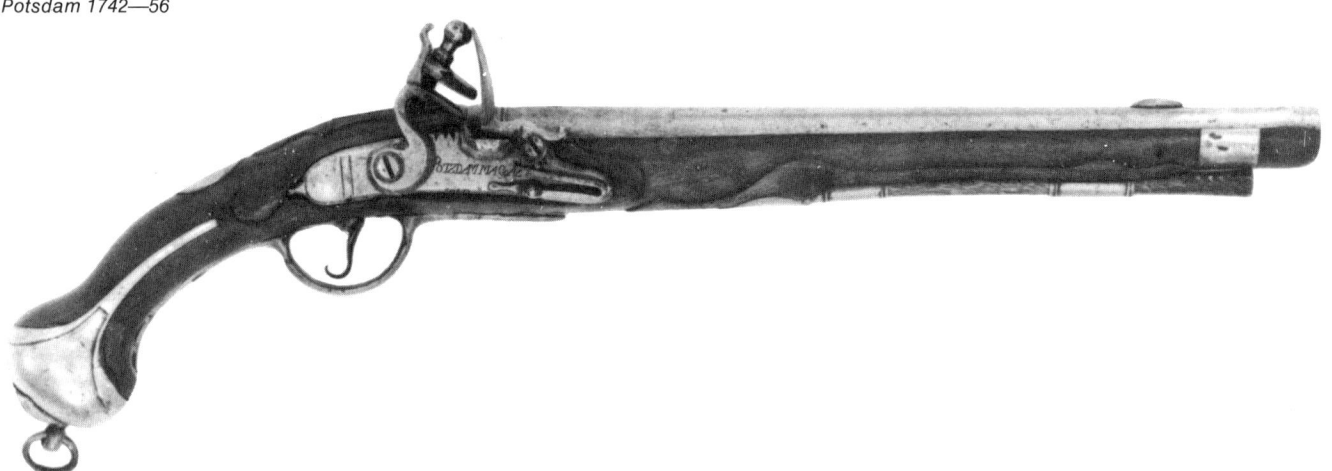

32
Preußische Reiterpistole mit
französischem Flintschloß M 1742.
Potsdam 1742—56

älteren Form hat es starke Ähnlichkeit mit dem holländischen; es besitzt gleichfalls eine Bremsvorrichtung und eine von oben geführte Lippenschraube. Die Sicherung erfolgt jedoch durch einen Zahn, der nicht nach außen ragt, sondern in eine Vertiefung auf der Innenseite des Hahnkörpers greift. Auch hat das Florentiner Schloß niemals ein Seitenschild auf dem Feuerstahl. Um die Mitte des 17. Jh. kommen unter dem Einfluß des französischen Schlosses Sicherungen mittels Einschnitt in der Nuß vor, auch die Form des Hahns nähert sich dem französischen Vorbild und es verschwindet die Bremsvorrichtung.

Zum Unterschied von den vorhergehenden Typen hat sich das florentinische Schloß in seiner entwickelten Form sehr lange erhalten. In den Provinzen Toskana und Emilia stellten die dortigen Meister Büchsen und Pistolen mit diesem Schloß und mit reicher Barockverzierung noch im beginnenden 19. Jh. her. Als Beleg dieser Spätproduktion mögen die Büchse und das Pistolenpaar mit Florentiner Schloß aus den letzten Jahren des 18. Jh. dienen, die in den Sammlungen des Prager Militärmuseums aufbewahrt werden.

Gemeinsames charakteristisches Merkmal der skandinavischen Schlösser mit außenliegendem Mechanismus ist eine einzige Schlagfeder, deren stärkeres und längeres Ende auf einer Seite von unten auf den Hahnsockel drückt, während sie mit dem anderen Ende, das in der Öse V-förmig geknickt ist, die getrennte Feuerstahlfläche, bzw. die Batterie mit drehbarem Feuerstahl steuert. Der Hahn wird ebenfalls mit einem Zahn gesichert, der aus dem Schloßblech ragt und in den Winkel zwischen Hahnsockel und -körper eingreift. Um die Mitte des 17. Jh. wird die Schlagfeder auf die Schloßblechinnenseite verlegt und eine selbständige Feder für die Batterie verwendet. Das wichtigste Unterscheidungsmerkmal zwischen den einzelnen Herstellungsgebieten ist in der Regel die Form des Hahns; durch sie unterscheiden sich Feuerwaffen schwedischer, norwegischer oder baltischer Herkunft. Als Beispiel der letztgenannten wollen wir die Spätform der leichten Kugelbüchse mit innenliegendem Mechanismus und typischen Messingbeschlägen des Schafts nennen, die sichtlich auf die 2. Hälfte des 17. Jh. zurückgeht und sich in den Sammlungen des Prager Militärmuseums befindet.

In Rußland erscheinen laut schriftlichen Berichten Waffen mit einer Art frühem Schnappschloß bereits in der 2. Hälfte des 16. Jh. Diesen

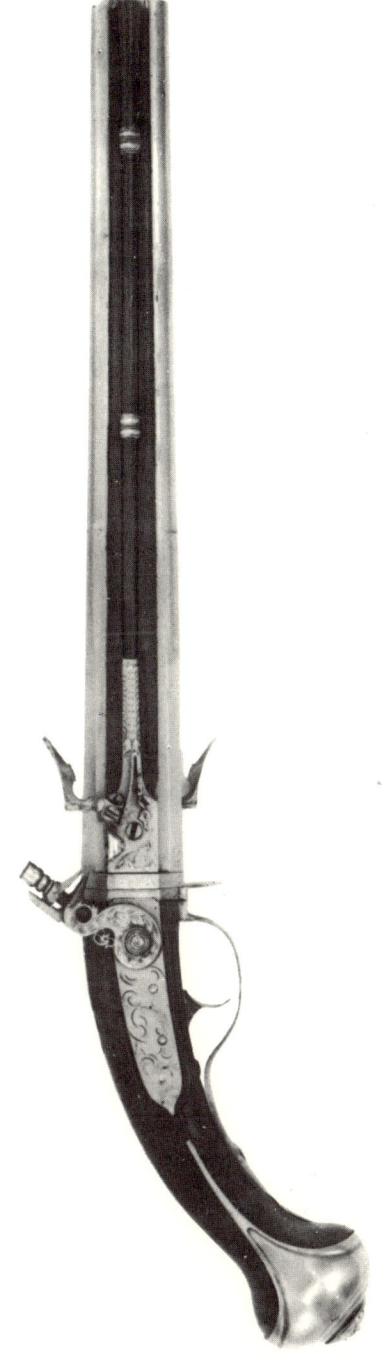

Wender-Bockpistole mit französischem Flintschloß älterer Bauart. Feine Schloßgravur. Niederlande (Rheinland?), 2. Hälfte 17. Jh.

russischen Schloßtypus stellen am besten die Schlösser an Militärgewehren vor, die aus den Werkstätten der Troizko-Sergiewschen Lawra (des Dreieinigkeitsklosters des hl. Sergius) bei Moskau stammen und in den ersten Jahren des 17. Jh. hergestellt wurden. Sie haben gewisse charakteristische Merkmale, vor allem der Schlagfeder: sie wirkt von oben auf die Sockelquere, ist von unregelmäßiger Gestalt und auf besondere Weise gebogen, so daß ihr festes Ende unter der Pfanne verankert ist. Der Feuerstahl mit langem geraden Hals hat eine selbständige U-förmige Schnellfeder. Der Pfannendeckel ahmt den der Luntenmuskete nach und ist in horizontaler Ebene drehbar. Schließlich ist die verschiebbare obere Schraublippe des Hahns in der unteren mit einem Stift verankert und von oben eingeschraubt. Hinten endet sie in einem Bügel, der zum Aufziehen des Hahns dient. Zur Sicherung bei Schußposition dient ein Bolzen, der aus dem Schloßblech hervorragt und in den Winkel zwischen Hahnkörper und unterem Querriegel greift.

Dieses Schloß wurde nicht nur in seiner schmucklosen Militärform hergestellt. In sowjetischen Sammlungen, insbesondere in der Orusheinaja Palata im Kreml und in der Leningrader Eremitage werden viele Erzeugnisse Moskauer Büchsenmachermeister aus der Zeit um die Mitte des 17. Jh. aufbewahrt, bei denen der obige Typus des russischen Schlosses auf hoher kunsthandwerklicher Stufe steht. Ein typisches Kennzeichen ist die Öse, in die die Hinterseite der oberen Schraublippe endet und die den früheren Bügel ersetzt; als ergänzendes Sicherungselement erscheint eine hakenförmige Sperrklappe hinter dem Sockel des Hahns, die in der Regel Tiergestalt hat.

Gleichzeitig erscheint im Laufe der 1. Hälfte des 17. Jh. ein weiterer Schloßtyp mit innen liegenden Bauteilen, der zweifellos vom holländischen Schloß abgeleitet wurde. Der Gestalt nach ist es allerdings unterschiedlich, sein Blech (und damit auch der Schaft) ist auf der Unterseite bügelförmig gewölbt, so daß es der für Radschloßwaffen mit französischem Schloß typischen Form ähnlich ist.

Kennzeichnend für die mediterranen Typen der Schnappschlösser ist, wie erwähnt, der außenliegende Mechanismus sowie von Anfang an die Benutzung der Batterie. Wir kennen diese Schlösser in zwei Varianten, die sich in gewissen technischen Details unterscheiden. Für das römische (alla romana) Schloß ist der Umstand charakteristisch, daß die Hahnfeder von oben auf den Sockel wirkt. Der Hahn ist fast rechtwinklig gebeugt; die bewegliche obere Hahnlippe ist mit einem Stift versehen und mittels einer Schraube von oben befestigt, die statt eines Schraubenkopfs eine Öse hat. Die die Batterie steuernde Schnellfeder ist in der Regel dicht über der Hähnfeder, parallel zu ihr angebracht. Die Sicherung der Schußposition wird wiederum durch einen Bolzen getätigt, der in den Winkel zwischen Hahnsockel und -körper ragt. Bei jüngeren derartigen Schlössern kommt auch eine Sicherung für die Schußposition in Form eines vor dem Hahnkörper heraustretenden Bolzens vor. Das italienische Schloß römischer Art tritt in der 1. Hälfte des 17. Jh. auf und hat eine verhältnismäßig sehr lange Lebensdauer. Vereinzelt erscheint es noch im beginnenden 19. Jahrhundert. Das schöne Pistolenpaar aus der 2. Hälfte des 17. Jh., das mit derartigen „Antonio Sicurani‘ signierten Schlössern ausgestattet und in Palisander mit Silberverzierung geschäftet ist, wird in den Sammlungen des staatlichen Schlosses Frýdlant (Friedland) in Nordböhmen aufbewahrt. Auch das Prager Militärmuseum besitzt in seinen Sammlungen mehrere Büchsen mit römischem

34
Wender-Bockpistole mit französischem
Flintschloß älterer Bauart. In jedem Lauf
zwei hintereinander lagernde Ladungen,
Zündkrautbehälter in Feuerstahl.
Jean Paul Clett, Salzburg 1650

Schloß. Ein anderes interessantes Stück, signiert „Agostino Agudi Fossonbrone 1736", mit reicher plastischer Figuralverzierung sämtlicher Schloßteile, gehört zur einläufigen Büchse des Prager Büchsenmachers P. Poser; sie ist im staatlichen Schloß Horšovský Týn (Bischofteinitz) in Westböhmen zu sehen.

Ein weiterer Typus des mediterranen Schlosses, der katalanische (alla catalana) zeichnet sich durch die Form des Schloßblechs aus, das auf die kleinsten Ausmaße beschränkt ist, sowie durch den Umstand, daß die Schlagfeder von unten her auf den hinteren Sockelteil des Hahns wirkt. Auch die Sicherungen der Fertig- und Schußposition sind ganz verschieden. Auf der Hahnfederinnenseite ist eine Vertiefung für den bügelförmigen Zapfen, der beide Positionen des Hahns sichert. Das katalanische Schloß in seiner klassischen Form befindet sich auf dem Pistolenpaar aus dem 17. Jh. mit der Signatur „Loys" in den Sammlungen des Prager Militärmuseums. In Spanien wurde diese Form des Schlosses sehr lange benutzt, sogar noch im 1. Viertel des 19. Jh. Ein interessanter Beleg ist die Reiterpistole der spanischen königlichen Garde; sie stammt aus der gleichen Zeit und wird gleichfalls im Prager Militärmuseum aufbewahrt. Die katalanischen Schlösser erfreuten sich im gesamten Mittelmeerraum großer Beliebtheit; nur ausnahmsweise treten sie als Erzeugnisse mitteleuropäischer Büchsenmacher auf. Zu diesen gehörten auch einige Prager Meister, z. B. K. Neireiter, dessen einläufige Büchse aus der 2. Hälfte des 17. Jh. (im Militärmuseum, Prag) mit einem katalanischen Schloß versehen ist. Es war von so guter Qualität, daß es im

1. Drittel des 19. Jh. auf interessante Weise in ein Perkussionsschloß umgearbeitet wurde. Dieses Schloß ist zwar anonym, doch werden in denselben Sammlungen zwei katalanische Schlosse mit der Signierung „Prag" aufbewahrt, die ihrem Stil nach unverkennbar aus der 2. Hälfte des 17. Jh. stammen. Erwähnenswert ist ferner die Pistole mit katalanischem Schloß in den Sammlungen des Prager Nationalmuseums, bei der sämtliche Schloßteile mit plastischem Figuralschnitzwerk verziert sind; diese sind zweifellos von den Plastiken präkolumbianischer Kulturen in Mexiko hergeleitet. Wahrscheinlich haben wir es hier mit dem Werk eines im 17.—18. Jh. eingewanderten mexikanischen Handwerkers zu tun.

Im Verlauf der weiteren Entwicklung erschienen in Spanien mehrere Varianten dieses Schlosses. Zu ihnen gehört der „a tres modas" genannte Typus, dessen Schloßblechform der des französischen Flintschlosses angepaßt ist. Der Einfluß des französischen Schlosses läßt sich auch an dem sogenannten „a la moda"-Schloß erkennen. Es trägt alle seine Merkmale, dessen Blech- und Hahngestalt, den innen angebrachten Mechanismus, sogar die Nuß mit Studel, aber zur Sicherung in Bereitschafts- und Schußposition dient nicht die Nuß, sondern zwei Bolzen, die vor dem Hahnkörper bzw. hinter dem Sockel heraustreten.

Die Entwicklung der mechanischen Zündvorrichtung von Handfeuerwaffen mit Benutzung des Feuersteinprinzips gipfelt im französischen Flintschloß. Zu seinen unerläßlichen Hauptmerkmalen gehört der innenliegende Mechanismus mit der Schlagfeder, die auf die mit dem Hahn fest verbundene Nuß wirkt. Die Nuß hat zwei Einschnitte; der untere und längere dient der Fertig-Position, der obere und kürzere sichert die Schußposition. In diese Schlitze greift die Vorderseite der von der selbständigen Stangenfeder gesteuerten Stange ein. Zum Unterschied von allen bisher genannten Schloßarten, bei denen sich die Stange horizontal bewegte, bewegt sie sich beim französischen Flintschloß in der Vertikalebene. Der Einschnitt für die Fertig-Position ist so lang, um zu verhüten, daß der Druck auf den Abzug die Stange aus dem Schlitz herausdrückt. Feuerstahl und Pfannendeckel bilden ein Ganzes, die

35
Wenderpistole (4 Läufe) mit französischem Flintschloß. Kammern silberinkrustiert, Schloßgravur, vergoldete Messinggarnitur. Belgien (Frankreich?), 1. Drittel 18. Jh.

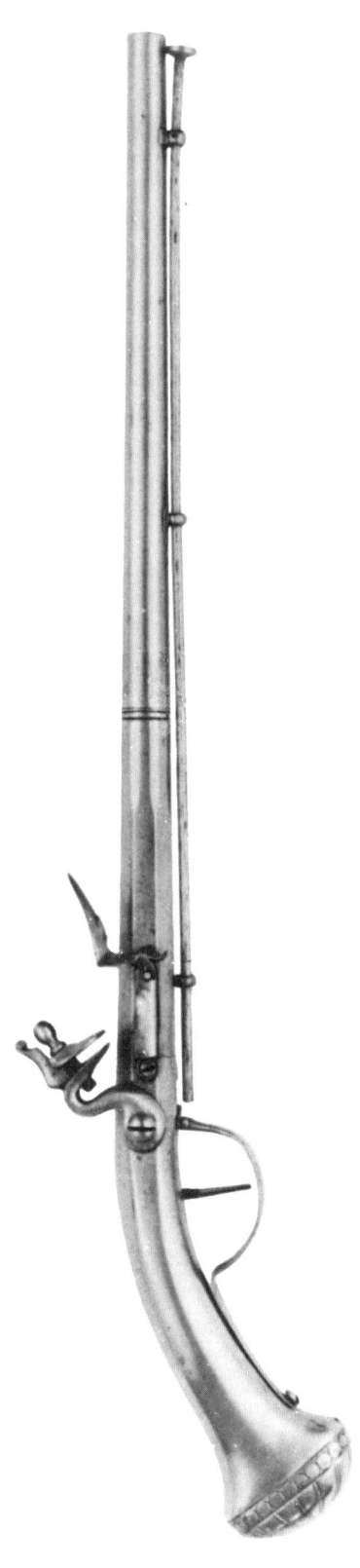

Batterie, die von einer zumeist an der Schloßblechaußenseite angebrachten Schnellfeder, der Feuerstahlfeder, gesteuert wird.

Dieses Schloß kommt aus Frankreich, und seine Entstehung ist mit dem Namen der technisch und künstlerisch hervorragenden Handwerkerfamilie Le Bourgeoys aus der Stadt Lisieux in der Normandie verbunden. Unter den namentlich bekannten Familienmitgliedern war es aller Wahrscheinlichkeit nach Marin le Bourgeoys, der als Schöpfer des französischen Flintschlosses anzusehen ist. Von den für das Arsenal des französischen Königs Ludwig XIII. hergestellten Arbeiten dieser Familie sind heute drei Stücke mit frühestem französischen Flintschloß bekannt. Die Büchse aus den Sammlungen der Leningrader Eremitage trägt die Signatur Marins, eine zweite, im Pariser Militärmuseum, ist zwar nicht signiert, scheint jedoch vielen Merkmale nach mit der Leningrader fast identisch zu sein, so daß auf eine gemeinsame Werkstättenherkunft geschlossen werden darf. Das dritte Stück, jahrelang ein Teil der Sammlungen des Amerikaners S. Renwick, wurde vor kurzer Zeit in einer Londoner Auktion für die Riesensumme von 125 000 Pfund Sterling verkauft. Die Büchse ist mit einem Monogramm signiert, bei dem sich die heutigen Forscher nicht einigen können, ob es J B/Jean le Bourgeoys) oder P B (Pierre le Bourgeoys) zu lesen sei. Das Ergebnis dieser noch ungeklärten Streitfrage ist von untergeordneter Bedeutung. Wichtig ist, daß man allen Umständen nach die Entstehung des französischen Flintschlosses in die Zeit kurz nach Beginn des 17. Jh. setzen darf.

Ihre relative Einfachheit und die beträchtlichen Vorteile, die die neue Schloßkonstruktion besonders für eine leichtere Handhabung der Waffe mit sich brachte, führten zu ihrer verhältnismäßig schnellen Verbreitung in Frankreich und anderen Ländern Europas. In diesem Zusammenhang ist die Tatsache von Interesse, daß sich das älteste bekannte französische Flintschloß außerhalb Frankreichs auf der Revolverpistole des Moskauer Büchsenmachers Perwoucha Isajew befindet — sie entstand vor 1630 und wird in den Waffensammlungen des Moskauer Kremls aufbewahrt. Die älteste konkret datierte Büchse französischer Herkunft ist die einläufige Büchse von Turenne aus dem Jahr 1630; das älteste datierte Stück mit französischem Schloß mitteleuropäischer Herkunft ist die Wender-Pistole mit der Jahreszahl 1650; sie ist ein Werk der Salzburger Meister Klett und wird heute im Prager Militärmuseum aufbewahrt. Bei dieser Pistole ist der Hahn mit der Nuß noch nicht mittels einer Schraube verbunden, sondern sitzt durch eine Art Keil fest, wie es bei den ältesten französischen Stücken der Fall war.

In den 30er und 40er Jahren werden weitere Verbesserungen hinzugefügt. Der Hahn wird durch eine innen mittels einer Schraubenmutter befestigten Schraube mit der Nuß verbunden. Ein solches Schloß ist noch an der nicht signierten Pistole in den Sammlungen des Prager Militärmuseums zu sehen — ihre Entstehung fällt wohl in die Zeit nach 1650. Sie ist sichtlich nordfranzösischer Herkunft und trägt reiches Reliefzierwerk. Der Kopf der Hahnschraube ist sehr schön in Form eines Reliefs geschnitten, das einen Frauenkopf darstellt. Auf gleiche Weise sind Nuß und Hahn auch bei der einläufigen Büchse in den Sammlungen des Schlosses Opočno in Ostböhmen verbunden — die Büchse trägt auf einem Bodenschraubenfortsatz den Namen des Prager Meisters Jan (Johann) Stifter. Da die Ausführung der Signatur in feingestochener Kursive der Kennzeichnung mehrerer von Stifter überlieferten Radschloßpistolen aus der Zeit vor der Mitte des 17. Jh. entspricht und sich

36
Eisenpistole mit französischem Flintschloß und beiderseits außenliegendem Mechanismus. Deutschland, um 1660

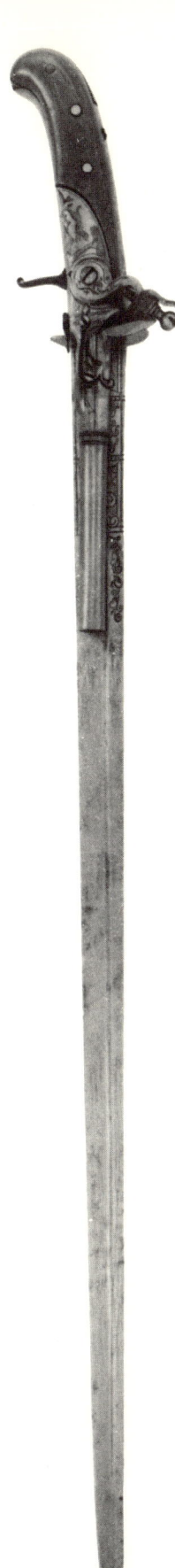

von den Signaturen seiner Erzeugnisse aus dem Jahr 1663 und später stark unterscheidet, darf geschlossen werden, daß die Büchse von Opočno in die Jahre um 1650 gehört und daß sie damit die älteste Hand-feuerwaffe mit französischem Flintschloß böhmischer Herkunft vorstellt.

In jenen Jahren erscheinen an den Waffen französischer Herkunft weitere Verbesserungen. Die Hahn und Nuß festhaltende Schraube erhält zuerst einen kreuzförmigen, etwas später einen einfachen Ein-schnitt, die innere Schraubenmutter verschwindet. Das hängt ohne Zweifel mit einer weiteren technischen Verbesserung des französischen Flintschlosses zusammen. In die 50er und 60er Jahre des 17. Jh. fällt die Entdeckung der Studel, eines Gliedes, das zuerst mit einer Schraube, in seiner später mehr entwickelten Form mit zwei Schrauben in Parallel-lage zum Schloßblech an diesem befestigt wurde und ein Ausschlagen der Nuß aus ihrer Vertikallage verhütete. Mit dieser Verbesserung war die technische Entwicklung des klassischen französischen Flintschlosses abgeschlossen.

Zur leichteren Orientierung mögen noch gewisse geringfügigere Merkmale angeführt werden, die bei der Datierung von Flintschlössern des 17. Jh. behilflich sein können. Bei den ältesten Schlössern — ungefähr bis zu den 50er und 60er Jahren — hat die obere Hahnlippe des Hahns an der Rückseite einen länglichen Schlitz und greift um den Hahnstift. Dagegen ist von den 60er Jahren an die Hahnlippe hinten mit einem kleinen Fortsatz versehen, der in eine schmale Nut am Stift eingreift. Im Endstadium der Entwicklung vom ausgehenden 17. Jh. an sitzt die obere Hahnlippe auf der Stiftfläche auf.

Der anfangs flache, im wesentlichen leicht S-förmige Hahn nähert sich in den 40er Jahren mit dem Bügel der unteren Schraublippe, bis es zur Bildung eines Kreises kommt, in dessen Mittelpunkt das untere Schraubenende zu sehen ist. Die flachen Formen von Hahn und Schloß-blech werden um die Mitte des Jahrhunderts gewölbt und anstelle der feingestochenen Verzierung tritt insbesondere unter dem Einfluß der Pariser Büchsenmacher Thuraine und le Holandoise ein reicher Reliefdekor. Die Wölbung des Hahns hebt die S-Form noch mehr hervor, diese nähert sich später dem Typ des sog. Schwanenhalses.

Im Lauf des 17. Jh. tauchen auch einige Besonderheiten auf. Von den 40er Jahren an erscheinen Pistolen und Büchsen mit hohem Schmiede-eisenschaft, die vor allem mit der aus Grevenbroich bei Düsseldorf stammenden und später in Mannheim lebenden Familie Cloeter in Verbindung gebracht werden. Der Metallschaft, der ein Einsetzen des Schlosses in den Schaft nicht zuließ, zwang die Hersteller dieser Waffen zur Unterbringung der Schloßteile an beiden Seiten des Laufendes. Rechts befinden sich Hahn, Feuerstahl und Schlagfeder, links der übrige Mechanismus. Die Pistole im Prager Militärmuseum hat noch eine Nuß mit einem einzigen Einschnitt, die Fertig-Position wird von einer rück-wärtigen Sperre gesichert, die, ähnlich wie beim englischen dog-lock, in den Hahnkörper eingreift. Sie stammt wohl noch aus der Zeit vor der Mitte des 17. Jh., während ein weiteres nichtsigniertes Pistolenpaar

37
*Flintschloßpistole mit Jagdmesser
(Hirschfänger) kombiniert. Klingen-
und Schloßgravuren. Mitteleuropa, Mitte
18. Jh.*

sowie zwei Büchsen mit der Signatur „Cloeter à Mannheim" wahrscheinlich auf die 60er oder 70er Jahre zurückgehen.

Flache und gewölbte Schloßteilformen erscheinen während des ganzen 18. Jh. nebeneinander. Die früher schön gerundete Pfanne erhält kantige Formen, im 1. Drittel des 18. Jh. erscheinen auch häufig vergoldete Messingplatten. In technischer Beziehung bringt dieses Jahrhundert lange nichts Neues. Nur ab und zu trifft man auf ein Schloß mit der Feuerstahlfeder auf der Schloßblechinnenseite, wie es bei der Pistole des Prager Meisters Leopold H e i n r i c h aus dem 2. Drittel des 18. Jh. in den Sammlungen des Prager Städtischen Museums der Fall ist. Diese Pistole zeichnet sich auch durch eine in ihrer Zeit einmalige Besonderheit aus: der drehbare Feuerstahl ähnelt der gleichen Vorrichtung auf frühen schwedischen Steinschlössern, die um mehr als hundert Jahre älter sind.

Eine andere Besonderheit des 18. Jh. sind Feuerwaffen mit innen liegendem (verdecktem) Flintschloß. Der Hahn bildet bei ihnen eine besondere, in einem Hohlraum hinter dem Lauf befindliche Vorrichtung, die von der spiralförmigen Schlagfeder gesteuert wird; diese wird mittels einer seitlich am Verschlußkasten herausragenden Kurbel aufgezogen. Die Hahnlippen mit dem Feuerstein sind vorne in schiefem Winkel nach oben hin angebracht und schlagen beim Abziehen auf die Schlagfläche, die von der unteren Wand des Hubpfannendeckels gebildet wird, wobei

38
Duellpistolenpaar mit Zubehör und aufsetzbarem Schaft in Kassette. Johann Christoph Kuchenreuter, Regensburg, letztes Viertel 18. Jh.

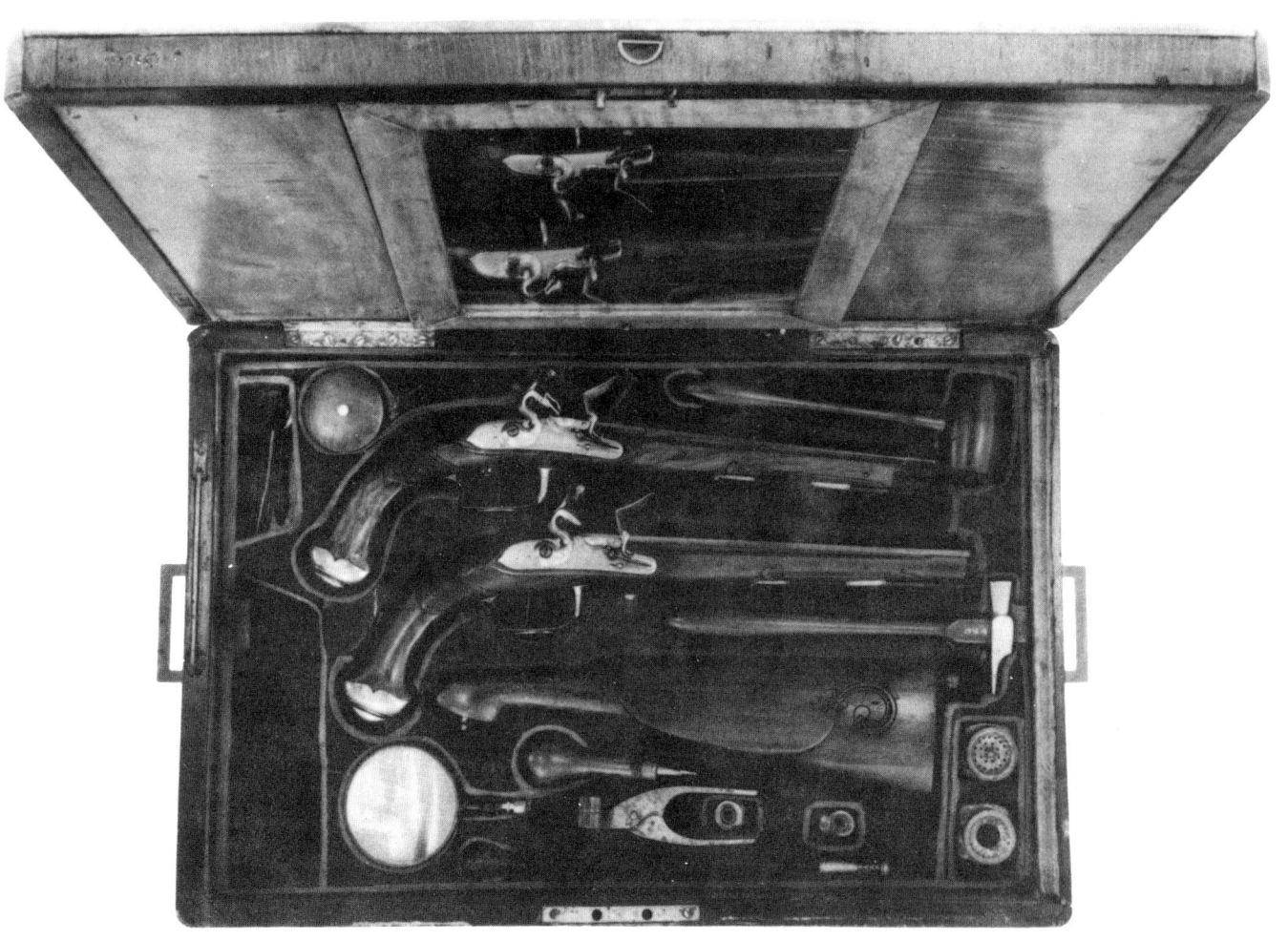

die Pfanne innen gelagert ist. Hier hat man es selbstverständlich mit Gewehren zu tun, die von vorn in den Lauf geladen werden, und nicht mit Hinterladern. Anzeichen einer ähnlichen Vorrichtung erscheinen zwar bereits im ausgehenden 17. Jh., doch trägt die älteste bisher bekannte datierte Feuerwaffe in den Sammlungen des Londoner Tower die Signatur „Stanislaus Patzelt 1738". Es ist nicht ausgeschlossen, daß es sich um den Büchsenmacher gleichen Familiennamens handelt, der eine andere Feuerwaffe in tschechoslowakischen Sammlungen mit „Patzelt Mestetz" signierte und offenbar aus der Stadt Městec Kralové (Königstadtl) in Böhmen stammte. Eine ganze Reihe solcher Waffen verschiedenster Herkunft wird in mehreren europäischen Sammlungen aufbewahrt. Im Prager Militärmuseum ist es die einläufige Büchse des Büchsenmachers V. Morávek aus Jeníkov in Böhmen.

Erst das letzte Drittel des 18. Jh. bringt gewisse technische Neuerungen von allgemeinerer Gültigkeit, vor allem durch Verdienst der englischen Büchsenmachermeister. In erster Linie ist die sog. Schnelle zu nennen, ein kreisförmiges drehbares Glied, das zur Erleichterung der Bewegung des Feuerstahls zwischen dessen Sockel und die Schlagfeder eingelegt wurde. Eine zweite Neuerung ist die sog. Kette, ein T-förmiges Glied, das zwischen Schlagfeder und Nuß liegt, so daß die Schlagfeder nicht direkt auf die Nuß wirkt. Die dritte Verbesserung ist die neue Pfannenform, die eine sicherere Dichtung gestattet und verhütet, daß Regentropfen von der Schlagfläche in die Pfanne rinnen und das Pfannenpulver anfeuchten. Die verengte Pfanne ist beiderseits von Vertiefungen begrenzt, die etwaige Feuchtigkeit ableiten. Die mit diesen Verbesserungen ausgestatteten Exemplare stellen einen eindrucksvollen Typus des späten französischen Flintschlosses aus dem ausgehenden 18. und dem 1. Viertel des 19. Jh. vor und beherrschen das Feld bis zu der Zeit, da diese Zündvorrichtung durch das Perkussionsschloß ersetzt wurde.

Ebenfalls in England entstand in der 2. Hälfte des 18. Jh. eine vor allem bei kurzen Pistolen benutzte vereinfachte Flintschloßform. Der Hahn befindet sich nun in der Mitte zwischen den Platten des Verschlußkastens. Die Schlagfeder wirkt direkt auf den unteren Teil des Hahns, der mit einem Fortsatz mit Einschnitten für die Fertig- und Schußposition versehen ist. Die Feuerstahlfeder ist oben im Winkel zwischen Pfannendeckel und Feuerstahl angebracht. Außerdem pflegen diese Schlösser mit einer verschiebbaren Sperrklappe am Rücken des Verschlußkastens ausgestattet zu sein. Diese kurzen Taschenpistolen englischer Herkunft waren zu ihrer Zeit sehr beliebt und wurden nicht nur in England, sondern auch im belgischen Liège und andernorts hergestellt. Häufig treten bei ihnen Trombonläufe und einklappbare Stichklingen auf. Die Schäftung ist aus Holz, nicht selten auch aus Metall, Messing oder häufiger Schmiedeeisen.

Die Benutzung der frühen Flintschlösser für Militärzwecke beginnt sehr bald. Wohl aus dem Jahr 1556 stammt die Hakenbüchse mit Nürnberger Lauf und schwedischem Schloß, die heute im Stockholmer Museum Livrustkammaren aufbewahrt wird. In Schweden und Rußland erscheinen im beginnenden 17. Jh. Musketen mit verschiedenen frühen Schloßarten; trotzdem ist dort die Benutzung von frühen Flintschlossen für Militärzwecke eine sporadische Erscheinung. Überall in Europa ist während des ganzen 17. Jh. in der Infanteriebewaffnung die Luntenmuskete vorherrschend, in der Reiterei der Karabiner und die Radschloßpistole. Daher wirkt das katalanische Schloß, das auf den Pistolen der königlich

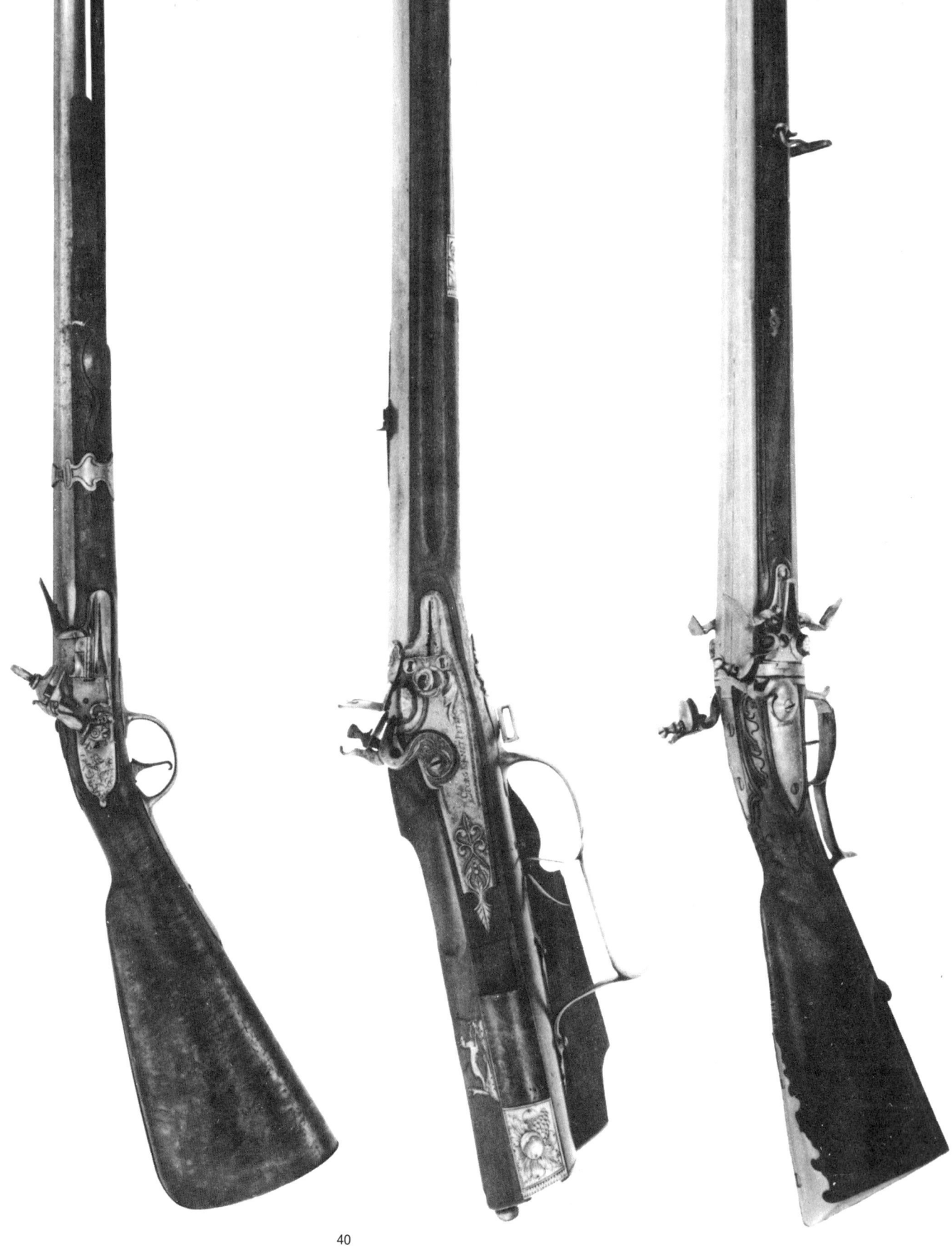

39
Büchse mit Schnappschloß ,,alla romana''.
Italien, Anf. 18. Jh.

40
Büchse mit französischem Flintschloß.
Schloßblech in Radschloßform, mit
Beingravuren intarsierter deutscher
Schaft. Georg Ernst Peter, Karlovy Vary,
Anf. 18. Jh.

41
Wender-Vierling mit zwei Flintschlössern.
Friedrich Burkard, Prag, letztes Viertel
des 18. Jh.

42
Kurze österreichische Dragonerbüchse,
M 1704. Dux-Nižbor 1711—19

43
Preußisches Infanteriegewehr. Bauart
1713—40. Potsdam 1736—40

44
Hinterlader mit französischem Flintschloß.
Kammerverschluß. Kammer durch
Laufbewegung nach vorn zu öffnen.
Mitteleuropa, 1. Hälfte 18. Jh.

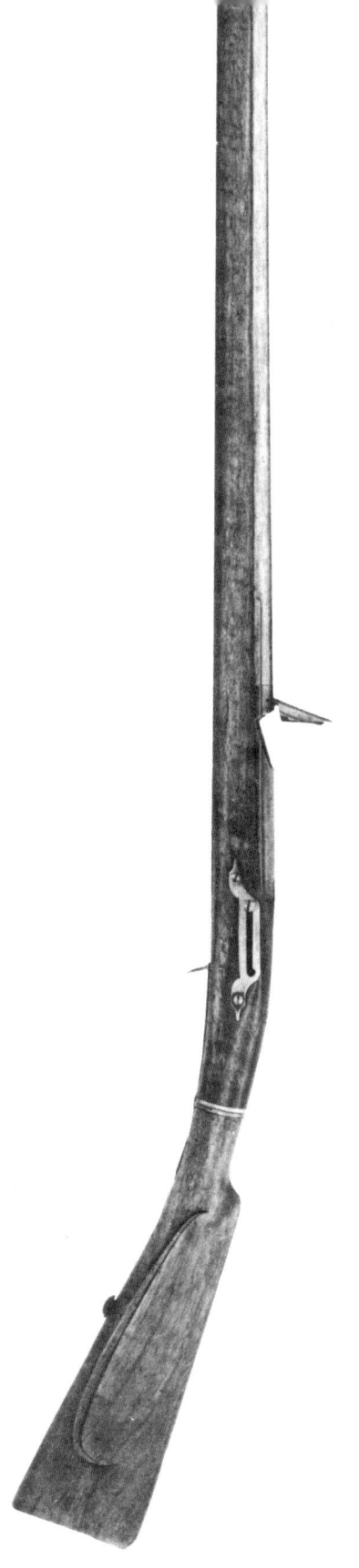

45
Büchse mit innenliegendem (verstecktem)
Flintschloß. Václav Morávek, Jeníkov,
Böhmen, 2. Hälfte 18. Jh.

spanischen Leibgarde noch im 1. Viertel des 19. Jh. erscheint, eher als Kuriosum. Ein solches Stück ist in den Sammlungen des Prager Militärmuseums zu sehen.

Zur großen Wende in der technischen Weiterentwicklung der Militärwaffen kam es in den Jahren der klassischen Formvollendung des französischen Flintschlosses. Die Entwicklung stehender Armeen in den absolutistischen Monarchien und die gleichzeitige Entstehung und Erweiterung der Waffenmanufakturen ermöglichten an der Wende des 17. Jh. die schrittweise Einführung von Feuerwaffen mit französischem Flintschloß in allen bedeutenden europäischen Armeen. Anfangs wurden sie nur gewissen ausgesuchten Gattungen oder einzelnen Regimentern zugeteilt, wie z. B. die Dragonerbüchse, die 1704—05 in der österreichischen Armee eingeführt und nach dem Vorbild von Suhl u. a. auch in böhmischen Manufakturen wie in Duchcov (Dux), Vernéřov und in Spálené Poříčí bei Pilsen hergestellt wurde.

Entscheidend für die weitere Entwicklung war die allgemeine Einführung von Gewehren mit französischem Schloß in der Armee Frankreichs. Das Gewehrmodell 1717 — und weitere kurz darauf eingeführte Waffengattungen — wurden zum Vorbild für ähnliche Gewehre in anderen Armeen. In der österreichischen Armee war es das Gewehrmodell 1722, annähernd zur selben Zeit werden Modellgewehre in Preußen und anderen Ländern eingeführt, und dann bilden die Gewehre mit französischem Schloß praktisch über ein Jahrundert lang die allgemeine Bewaffnung aller damaliger Armeen. Auch wenn die Gewehre der einzelnen Länder ihre spezifischen Unterschiedlichkeiten haben — für die preußischen z. B. sind sehr robuste Schlösser und eine Sonderform des Schafts charakteristisch, so erfordert eine genauere Herkunfts- und Modellbestimmung oder eine Bestimmung der Entstehungs- und Benutzungszeit der einzelnen Militärgewehre mit französischem Flintschloß doch ein Spezialstudium der Fachliteratur. Eine Verfolgung dieser Entwicklung in den einzelnen Ländern übersteigt leider die Möglichkeiten dieses Buches.

Kennzeichnend für diesen relativ langen Zeitabschnitt ist die Entwicklung der einzelnen Waffengattungen im Militär und deren Spezialisierung, die ihren Niederschlag auch in der Spezifizierung der Bewaffnung findet. Neben den langen Infanterie- und Füsiliergewehren werden die kürzeren Musketons für schwere Reiterei und Dragoner, die Karabiner für Husaren benutzt. In den Kürassier-Eskadronen der österreichischen Armee war ein Teil der Soldaten — zwölf in jeder Eskadron — in den Jahren 1759—98 mit Trombonen ausgerüstet, kurzen Gewehren mit erweiterter Mündung für das Schießen mit zerhacktem Blei, grobem Schrott auf kurze Entfernung; ähnlich war es auch in Preußen. In der 2. Hälfte des 18. Jh. werden in verschiedenen Armeen Jägereinheiten gebildet, bei denen auf genau gezieltes Schießen Wert gelegt wird. Daher wurden sie mit kürzeren gezogenen Gewehren, den Stutzen, ausgerüstet. Die österreichischen Grenzjäger erhielten 1768 sogar eine Bockbüchse, bei der ein Lauf glatt, der andere gezogen war. Es gab auch Gewehre, die statt eines normalen Laufs einen mächtigen Granatenschleuderer aus Messing hatten — so das Modell 1769 der österreichischen Armee. Vereinzelt werden in die Bewaffnung gewisser Einheiten Hinterlader mit französischem Flintschloß aufgenommen. In Österreich war es 1770 das System Crespi, in der amerikanischen Armee das Hall-Gewehr, ein Hinterlader aus dem Jahr 1811.

Die Rolle der Militärwaffen mit französischem Flintschloß ist ausge-

spielt, als die Perkussions-Zündmethode ihr klassisches Niveau erreicht. In den 30er und 40er Jahren des 19. Jh. werden in allen Armeen die bisherigen Flintschloßgewehre allmählich in solche mit Perkussionszündung umgeändert. Dabei war die relative Vollkommenheit des inneren Flintschloß-Mechanismus von Vorteil, der sich auch für die neue Zündmethode in jeder Hinsicht ausnutzen ließ.

46
Büchse mit Schnappschloß „alla romana"
Lauf: Lazzarino Comminazzo, Schloß:
A. Bertarezzi. Süditalienischer Schaft.
Anf. 18. Jh.

71

Vorderlader mit Perkussionsschloß

Zu den Mängeln der Flintschloßgewehre gehörten u. a. ihre Feuchtigkeitsempfindlichkeit, das Fauchen der seitlichen Stichflamme aus dem Zündkanal, die Unsicherheit bei Abnutzung des Feuersteins sowie die merkliche Pause zwischen Einfallen des Hahns und Schuß. Diese Nachteile wurden zum großen Teil vom Perkussionsschloß beseitigt.

Ausgangspunkt des neuen Zündsystems waren Knallsätze, die sich zum Unterschied von Schießpulver durch bloßen Schlag oder Stoß entzündeten. Die Entwicklung solcher Knallsubstanzen ist in ihren Anfängen schon im 17. Jh. zu verfolgen und führte in den letzten Jahren des 18. Jh. zu mehreren Erfindungen wie insbesondere denen von C. L. Berthollet in Frankreich und E. Howard in England.

Erst im 19. Jh. jedoch wandte der schottische Pastor A. Forsyth ein Knallmittel zum schnelleren und sicheren Entzünden der Pulverladung im Feuerwaffenlauf an und erhielt 1807 ein Patent auf sein neues Zündsystem. Er begann danach auch Gewehre mit dem neuen, „chemischen" Schloß herzustellen. Dieses war mit einem Metallfläschchen für die Knallsubstanz ausgestattet, das „Riechfläschen" (engl. „scent-bottle") genannt wurde und dem ganzen Schloß den Namen „Flaconschloß" gab. Die Marke „Forsyth et Co. Patent" erschien später noch auf einem anderen Schloß, das einen mit dem Hahn verbundenen Schub-Pulverbehälter hatte.

Die neuartigen Feuerwaffen waren weder sehr verläßlich noch billig. Die Verzögerung zwischen dem Niederfallen des Hahns und dem Schuß war dennoch jetzt wesentlich kürzer, und die neue Konstruktion begann sich durchzusetzen, vorerst freilich nur bei Jagdwaffen und Zivilpistolen. Für die Armee war sie in dieser Form noch viel zu kostspielig und anspruchsvoll. Daher sind nur wenige Originalstücke mit Forsyth-Schlössern bis in die Gegenwart erhalten geblieben, sie sind gesuchte Sammlerobjekte. In der Fachliteratur werden sogar die im 20. Jh. hergestellten Repliken geführt.

Obgleich Forsyths Erfindung in die Zeit fiel, in der Napoleons Verfügung strengster Einfuhrsperre aus England nach dem kontinentalen Europa galt, blieb die Erfindung des schottischen Pastors nicht unbekannt und wurde bald eifrig nachgeahmt. So erhielt z. B. 1810 der Pariser Büchsenmacher F. Prélat ein französisches Patent auf die genaue Kopie von Forsyths Flaconschloß; auch der Wiener Büchsenmacher J. Contriner baute Forsyths Schloß nach und signierte es mit seinem Namen. Eine Nachahmung tauchte schließlich selbst in Spanien auf, sie ist i. J. 1820 von J. Guthierez signiert.

Englische und kontinentale Büchsenmacher versuchten nun bald, andere Wege zu finden oder bei der Anwendung der neuen Zündmittel über Forsyth hinauszugehen.

Wie der Schotte arbeitete auch der Pariser Büchsenmacher J. le Page mit losem Knallpulver. Bei seiner Konstruktion explodierte die aus einem Vorratsbehälter jeweils abgemessene Pulvermenge unter dem Schlag des Hahns.

Kurz darauf erschienen verschiedene Typen von Zündkapseln. Um 1810 benutzte der bekannte englische Büchsenmacher H. Nock Zündkapseln bei seinen Pistolen, die denen von Kinderpistolen ähneln — die Knallsubstanz ist in Papier geklebt. Die Kapseln wurden in einen abnehmbaren Hahneinsatz gelegt. Diese Waffen waren bereits mit einem „Piston" ausgestattet, dem Zündkegel, durch dessen Kanal die Stichflamme aus der Zündmasse in die Pulverladung im Lauf schlug.

Im Jahre 1815 erstand König Frederick IV. von Dänemark während des Wiener Kongresses bei der Firma J. Contriner ein Gewehr mit Perkussionsschloß, das auf wachsüberzogene Knallperlen eingerichtet war. Solche Knallperlen oder -pillen benutzte 1816 auch der Londoner Büchsenmacher J. Manton bei seiner Konstruktion. Zur Ausstattung seiner Erzeugnisse gehörte ein Satz Zündzylinder, von denen ein jeder eine Knallpille und einen Schlagbolzen enthielt. Beim Laden steckte der Schütze den Zündzylinder in eine Aushöhlung des Hahnkopfs. Viele derartige Gewehre zu erzeugen war Manton nicht vergönnt. Forsyth verklagte ihn mit Erfolg, so daß derartige Manton-Pistolen heute seltene Sammlerstücke sind. Knallperlen und Zündpillen aber dienten weiteren britischen Büchsenmachern auch noch, nachdem Forsyths Patent abgelaufen war. J. Egg stattete laut Patent von 1822 sogar seine Büchsen mit Vorratsbehältern aus, aus denen die Zündpillen kraft der eigenen Schwere unter den Hahn fielen. Mit Zündpillen arbeitete auch der handgesteuerte Schloß-Vorratsbehälter, dessen Erfinder 1834 der unrühmlich bekannte H. Shrapnell war. Der Birminghamer Büchsenmacher W. Westley Richards wiederum benutzte laut Patent von 1821 zwei Zünd-Alternativen: einen drehbaren Kippbehälter für die lose Zündmasse und einen niederfallenden Kopf für Zündpillen.

Nach dem verlorenen Prozeß gegen Forsyth verzeichnete J. Manton 1818 einen Erfolg mit seinem neuen Patent, diesmal mit dem Knallgemenge in einem Kupferröhrchen. Mit solchen Zündröhrchen arbeiteten auch andere englische Büchsenmacher, z. B. C. Lancaster 1830 oder W. Westley Richards 1831.

Übertriebene Hoffnungen in Zündröhrchen an Militärgewehren hatte Österreich gesetzt. Zuerst ließ es nach der Konstruktion des Mailänders G. Console gewisse Jäger- und Reitergewehre auf die Modelle 1835 und 1838 umarbeiten. Im Jahre 1840 wurde dann beschlossen, ältere Steinschloßgewehre nach einer ähnlichen, doch verbesserten Konstruktion umzuändern, die Feldmarschalleutnant V. Augustin entworfen hatte. Laut Verordnung vom Jahre 1841 wurden die neuen Gewehre schon mit

47
Büchse mit Schnappschloß „alla romana".
Schloß mit plastischem Figuralschnitt.
Lauf: Paul Poser, Prag, um 1740, Schloß:
Agostino Agudi, Fossombrone, Italien,
1736

Augustins „kleinem" Schloß (Modell 1842 u. a.) versehen. Bei beiden Konstruktionen traf der Hahn den Zünder nicht direkt, sondern mittels des Prellers beim Console-Schloß und beim Augustinschen über einen Zahn an der Unterseite des Pfannendeckels. Nicht einmal dieses System konnte die Hoffnungen der österreichischen Militärverwaltung erfüllen und die bisher genannten Zünder stellten insgesamt keine Lösung für die Zukunft dar.

Die größte Bedeutung und weiteste Verbreitung erreichte das Kupfer-Zündhütchen, an dessen Boden die von einer Schutzhülle bedeckte dünne Schicht von Zündmasse lag. Es wurde auf den Zündnippel gesteckt, durch dessen Kanal nach Niederfallen des Hahnes die Stichflamme zur Pulverladung schlug. Dieser Zündertyp war von wesentlicher Bedeutung nicht nur für die Entwicklung von Feuerwaffen mit Perkussionsschloß, sondern auch für die der Einheitspatrone mit Selbstdichtung und Zentralzündung.

Der Zündnippel war schon an Gewehren mit Papier-Zündplättchen erschienen. Die Zündhütchen wurden dann kurz vor 1820 erstmals angewendet; kurz danach war diese Zündmethode in England allgemein bekannt und verbreitete sich über den Kontinent.

Wir wissen freilich nicht, wer das Zündhütchen und seine Verwendung zusammen mit dem Zündnippel eigentlich erfunden hat. Anwärter auf dieses Verdienst gibt es nicht wenige. Der bekannte englische Sportjäger und Verfasser von Jagdgeschichten, Oberst P. Hawker, soll die Idee dem Büchsenmacher J. Manton eröffnet haben. Ihre Ansprüche auf Erfinderschaft meldeten gleichfalls die Büchsenmacher J. Egg und Forsyths ehemaliger Gehilfe J. Purdey an. Ein anderer Engländer, J. Shaw, will bereits 1814 das eiserne Zündhütchen erfunden haben. Das Patent erhielt er aber erst 1822 in Amerika. Schon 1820 ließen in Frankreich zuerst der wegen seines Interesses an fremden Erfindungen berüchtigte F. Prélat und dann Deboubert diese technische Neuerung patentieren. Im Jahre 1822 erhielt S. Davis ein entsprechendes Patent in England. Es ist übrigens nicht ausgeschlossen, daß mehrere Personen gleichzeitig diese Lösung fanden.

Die innere Einrichtung des üblichen Perkussionsschlosses hatte sich im Vergleich zum Flintschloß keineswegs in umwälzender Weise verändert. Der Zündnippel aber ersetzte Pfanne und Feuerstahl samt dessen Feder. Auch der Hahn änderte seine Form, statt der Schraublippen bekam er nur eine Vertiefung — seit ungefähr 1830 mit geriffeltem vorderen Rand. Es erschienen auch Schutzschilder hinter dem Zündnippel oder Sicherungsklappen. Das Bestreben, eine etwaige Verletzung des Schützen durch Zündsplitter zu verhüten, führte zur Konstruktion von Schlössern, deren Hammer entweder von unten oder in der Horizontalebene aufschlug. Es entstanden auch einige Spezialkonstruktionen, die sich von den geläufigen Flintschlossen wesentlich unterschieden. Zu diesen ist z. B. das Kastenschloß des Prager Büchsenmachers A. V. Lebeda von 1829 zu zählen.

Das Aufstecken der einzelnen Zündhütchen auf den Zündkegel zog das Laden in die Länge und war, besonders bei niedriger Temperatur, unzuverlässig. Eine Vereinfachung bzw. Beschleunigung dieses Vorgangs war das Vorhaben der zahlreichen Konstruktionen von entweder handgesteuerten oder mit der Waffe fest verbundenen, häufig auch mit dem Hahn gekoppelten Zünderbehältern.

In den 50er Jahren des 19. Jh. benutzte man auf Vorderladern mit

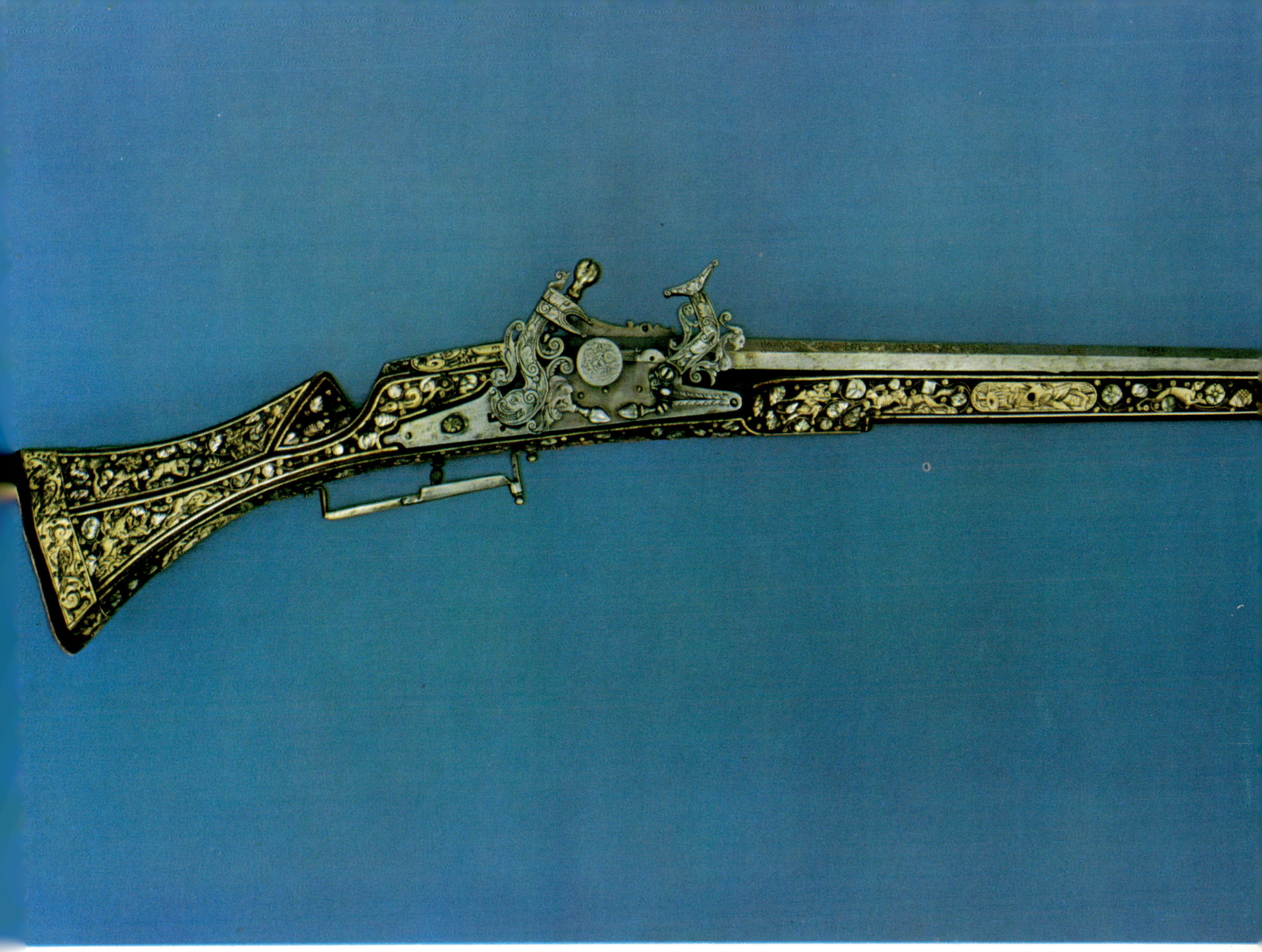

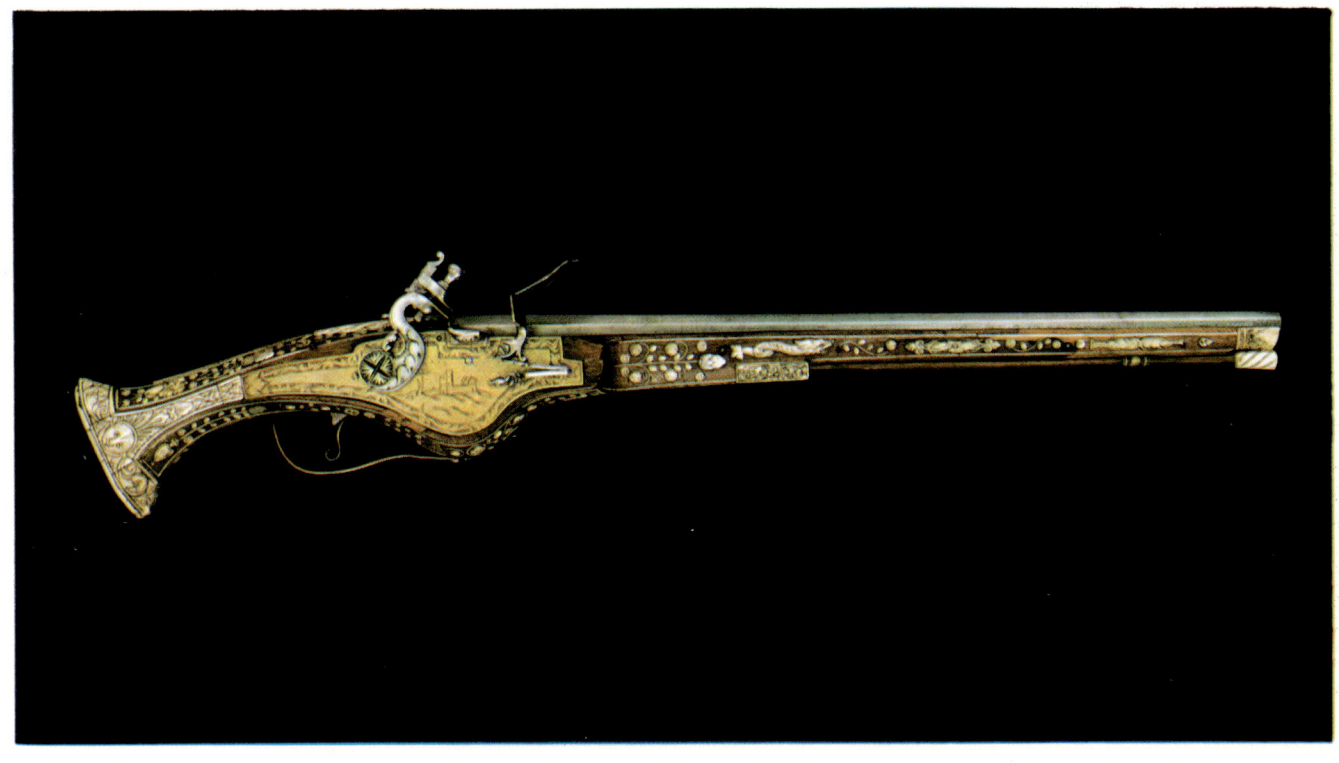

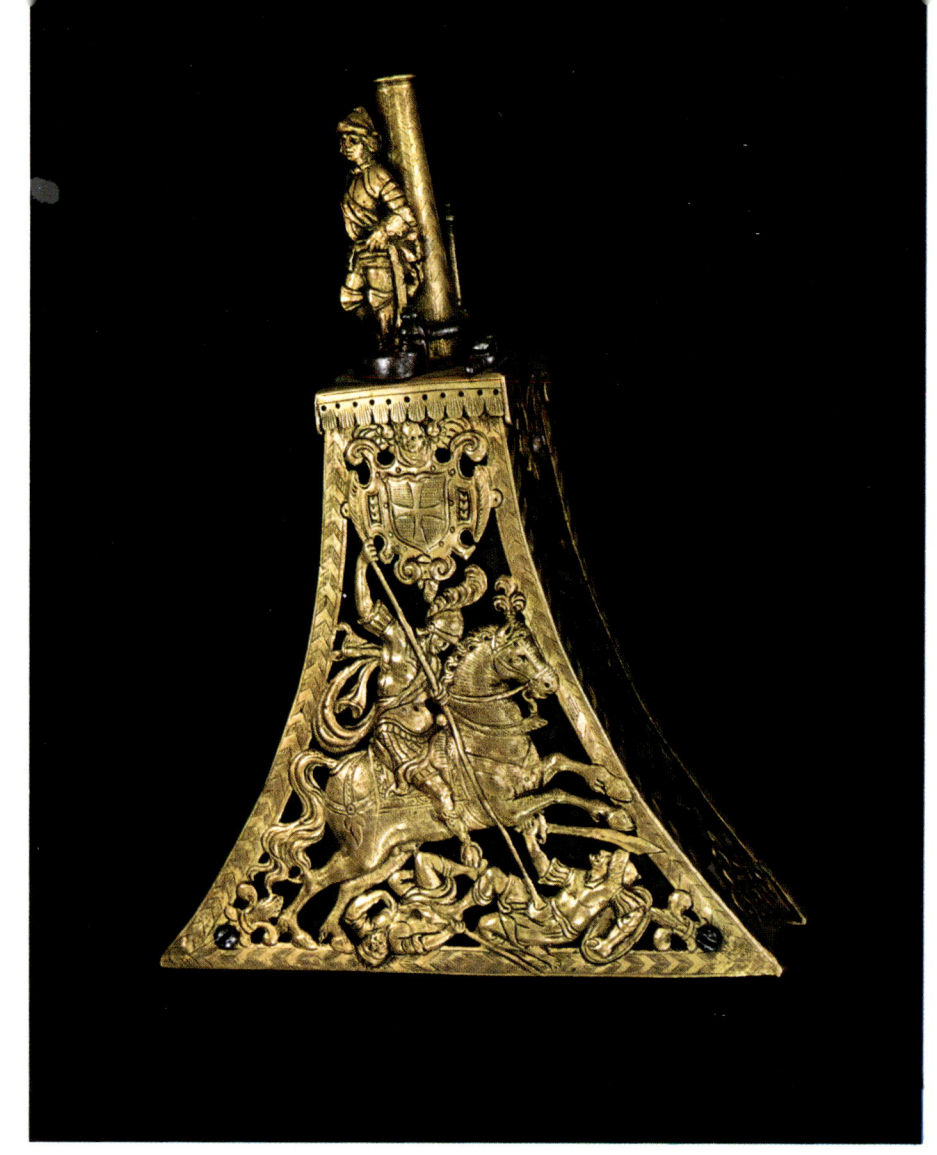

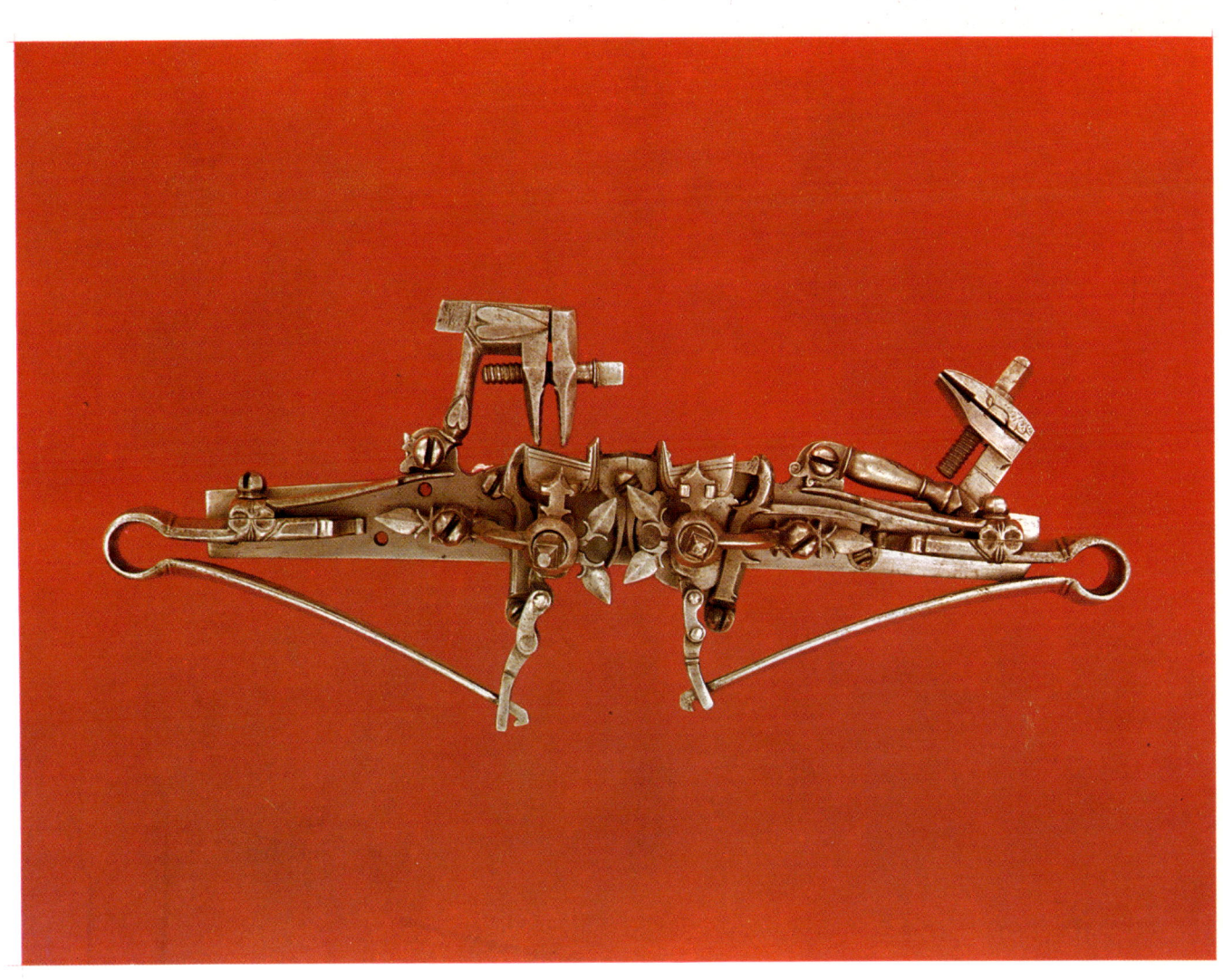

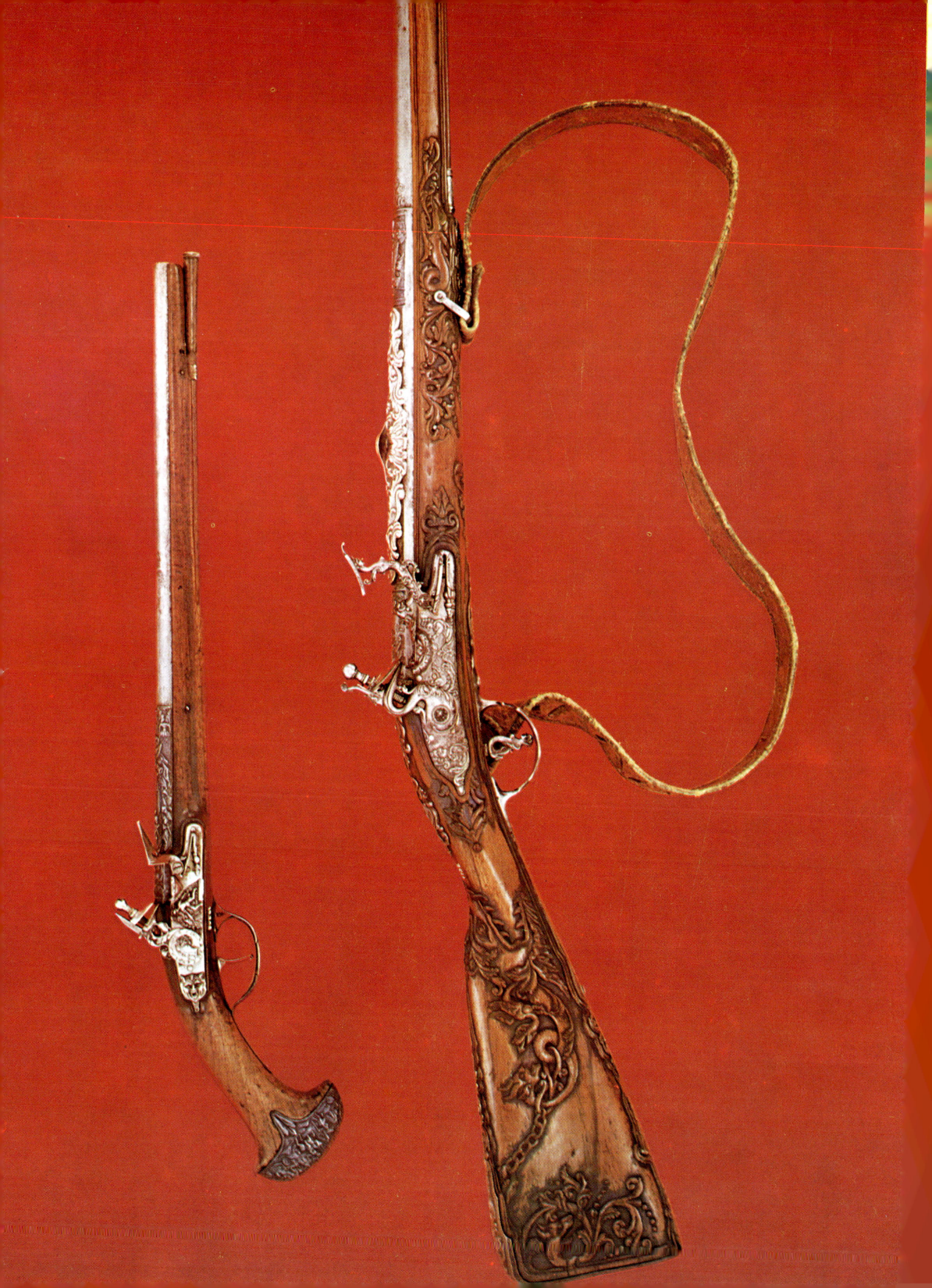

XIII

*Doppeltes Radschloß mit außenliegendem
Mechanismus, „alla portuguesa".
Portugal oder Spanien, Anf. 17. Jh.*

Perkussionsschlössern auch Zündkapselstreifen („tape-primer") nach
dem Patent, das 1845 der amerikanische Zahnarzt E. Maynard erhalten
hatte. Ein Papier- oder Webeband, das die einzelnen Knallpulverladun-
gen enthielt, schob sich beim Spannen des Hahns aus dem Vorratsbehälter im Schloßblech über den Zündnippel.

Auch die Büchse der sardinischen Bersaglieri aus dem Jahr 1844 hatte
einen Vorratsbehälter mit ähnlichem Zündkapselstreifen im Kolbenhals.
Auch bei ihr waren die Bewegungen von Zündkapselstreifen und Hahn
verbunden.

Auf eine andere Weise, d. h. mit Hilfe eines Bandzünders, wurde diese
Frage von Baron C. L. Hourteloup gelöst. Hier wurde die einheitliche Zünd-
massenladung in einem Weichmetallröhrchen mit Hilfe eines Zahnrads
über den Zündnippel geschoben, und der Hammer schnitt ein entsprechendes Stück von ihr ab. Hourteloup patentierte seine Einrichtung erstmals
1834 in England und schützte sie später mit weiteren Patenten auf den
Namen J. Sigrist. Doch konnte sein „Koptipteur" keine größeren Erfolge erzielen.

Die neue Zündmethode hatte viele Mängel der Steinschloßwaffen
beseitigt. Größere Schußwirkung ermöglichten dann die gezogenen
Läufe, deren allgemeine Anwendung dicht auf die der Perkussionsschlösser
erfolgte und sich auch bei Militärwaffen zu verbreiten begann. Schußweite, Durchschlagskraft und Zielgenauigkeit der gezogenen Vorderlader
mußten allerdings mit einem umständlicheren und langsameren Ladevorgang erkauft werden. Deshalb wurde aufs neue die etwas wider-
sprüchliche Forderung laut, daß Gewehre so genau und so weit wie
die mit gezogenen Läufen schießen und so leicht zu laden sein sollten
wie die mit glatten Läufen.

Man versuchte, eine Lösung in der Konstruktion des Laufs zu finden.
N. S. Jessen in Kopenhagen oder C. Lancaster in London z. B.
arbeiteten mit Läufen mit ovaler Bohrung, J. Whitworth benutzte eine
hexagonale Laufbohrung.

Dann kam G. Delvigne mit dem Vorschlag, die Pulverkammer mit
einer Bohrung von kleinerem Durchmesser zu versehen, als es die des
Laufes ist. Das Geschoß wurde bis zum Pulverkammerrand geschoben
und dann von den Schlägen des Ladestocks gestaucht (komprimiert),
bis es dicht saß. Zu ähnlichem Zweck verwendete L. E. Thouvenin
einen in der Laufachse stehenden und durch die Pulverladung ragenden
Dorn.

Vorteilhafter als Kompressionsgeschosse waren die Expansionsgeschosse, bei denen das Einpressen in die Züge nicht durch Schläge des
Ladestocks, sondern durch Explosion der Pulverladung erreicht wurde.
Ein derartiges Geschoß besaß eine hintere Aussparung, so daß sich der
hintere geschwächte Geschoßteil beim Abschuß durch Druck ausdehnte
oder es befand sich in dieser Aushöhlung ein sog. Treibspiegel aus Eisenblech oder aus Holz. Verschiedenartige Konstruktionen von Expansions-
geschossen wurden von W. Greene, W. v. Plönnies, Podewils,
W. Pritchett, C. E. Minié u. a. ausgearbeitet.

Mit den Perkussionsschlössern gipfelte die Entwicklung der Vorderlader. Das neue Zündsystem setzte sich bei Jagd- und Zivilgewehren
in den 20er Jahren stärker durch und war in den 30er Jahren des 19. Jh.
vorherrschend. In den Armeen verspätete sich diese Entwicklung. Perkus-
sionsgewehre und -pistolen werden in den 30er Jahren eingeführt und
nehmen erst in den 40er Jahren des 19. Jh. eine ausschließliche oder

XIVa

*Pistole mit frühem französischem
Flintschloß. Lauf, Schloßteile und Garnitur
eisengeschnitten in Figuralrelief.
Nordfrankreich, um 1660*

b

*Büchse mit Schnappschloß „alla
fiorentina". Geschnittener Lauf, Visierung
in Silber gegossen, Schloßteile und
Garnitur reliefgeschmückt. Italien
(Toskana, Emilia, vielleicht Gardone),
Ende 18. Jh.*

48
Hinterladerpistole mit französischem Flintschloß und Vertikalblockverschluß mit konischer Vertiefung. Johann Christoph Peter, Karlsbad, um 1700

49
Steinschloß-Militärhinterlader System Crespi mit Kammerverschluß. Rückansicht der anderen Seite s. unten. Österreich, 1770

vorherrschende Stelle in der Bewaffnung ein. In den 50er und 60er Jahren tritt dann noch eine neue Generation von gezogenen Perkussionsfeuerwaffen an.

Anfangs wurden Handfeuerwaffen auf das Perkussionssystem umgearbeitet („aptiert"), dazu eignete sich der Großteil sämtlicher in der Flintschloß-Ära entwickelter Typen. Durch Aptierung ist vom Standpunkt des Sammlers aus gesehen eine ganze Reihe wertvoller Flintschloßwaffen entwertet worden.

Vorderlader mit Perkussionsschlössern erzielten nicht nur hervorragende Schußleistungen; überdies entstand eine neue Generation von Perkussionsgewehren und -pistolen, die die abklingende Büchsenmacherkunst zu einem allerletzten Höhepunkt erhoben.

Hinterlader mit Rad- und Flint- schloß

Fast gleichzeitig mit der Entwicklung fortgeschrittener Konstruktionen von Handfeuerwaffen wurden Versuche unternommen, den Ladevorgang zu vereinfachen und damit eine Erhöhung der Feuergeschwindigkeit zu erzielen. Bei einem der ältesten Hinterladersysteme für Gewehre und Pistolen wurden vom 16. bis 18. Jh. Eisenzylinder, eine Art Vorgänger der Einheitspatronen, benutzt, die man von hinten in den Lauf einführte; ein anderes System war auf verschiedene Öffnungsweisen der Pulverkammer gerichtet, d. h. auf ein leichteres Einlegen von Pulvermenge und Geschoß, bzw. der Papierpatrone.

Das Zylindersystem ist bei dem aller Wahrscheinlichkeit nach ältesten Hinterlader zu finden, der in den Sammlungen des Berner Historischen Museums bewahrt wird, auch wenn er mit Rücksicht auf den Charakter des Schaftes von einigen Kennern in das beginnende 17. Jh. verlegt wird, scheint sein wichtigster Teil, der Lauf, aus dem ausgehenden 15. oder beginnenden 16. Jh. zu stammen. Bei dieser Büchse, die mit einem Luntenschloß versehen ist, wurde eine Konstruktion angewendet, die in den Anfängen des 16. Jh. bei Artillerie-Falkonetten mit Hinterladung auftritt. In den geöffneten hinteren Laufteil führte man einen mit langem Fortsatz, einer Art Griff, versehenen Eisenzylinder ein. Dann wurde der Zylinder mit einem Vertikalriegel gesichert, der sich hinter der konischen Zylinderkammer befand und mit einem horizontalen Querriegel gegen ein unerwünschtes Verschieben abgesichert war.

Eine andere vereinzelte Konstruktion, die später nicht mehr erscheint, ist die 1553 datierte Hinterlader-Jagdbüchse in den Sammlungen des Bayerischen Nationalmuseums. Auch bei dieser wird ein Eisenzylinder mit Pulvermenge und Geschoß von hinten in den offenen Lauf gesteckt. Dieser Zylinder aber ist seitlich bereits mit einer Pfanne versehen, die nach Einschub des Zylinders durch einen Längsschlitz im Laufrücken greift und in einen rechtwinklig anknüpfenden Querschlitz auf der rechten Laufseite eingreift. Damit nimmt die Pfanne ihre Normallage ein und sichert den Zylinder gegen eine unerwünschte Rückwärtsbewegung ab. Dann verschließt sich der Lauf mittels eines Sicherungsverschlusses, der mit dem Bolzen auf dem Laufrücken durch eine Stange verbunden ist. Die Sicherung wird durch Bewegung des zylindrichen Gewehraufsatzes freigegeben.

Das im 16. und 17. Jh. meistverbreitete Gewehr- und Pistolensystem mit Hinterladung beruht auf einem Vorgang, bei dem die Lauf-Oberseite dort, wo die Pulverkammer liegt, mit Hilfe eines länglichen Schlagbolzens auf die linke Seite aufkippt. Damit wird die Laufkammer geöffnet, und der Zylinder mit Geschoß und Pulvermenge kann in die entstandene Öffnung gesteckt werden. Dabei greift der Zylinderfortsatz in den Laufeinschnitt, womit die Lage des Zylinders gesichert wird, und sein Zündloch verbindet sich mit dem im Lauf. Die Konstruktion des einfachen Klappenverschlusses ist für Handfeuerwaffen mit Radschloß bezeichnend. Das System wurde später durch Einbau einer Sicherungsfeder am Laufende verbessert. Der Federfortsatz dient bei diesen Konstruktionen auch als Gewehraufsatz.

Nach der Mitte des 17. Jh. trifft man auf eine weitere, relativ verbreitete Konstruktion, die, ebenso wie die vorhergehenden Systeme, mit einem angeschmiedeten Eisenzylinder mit Pfanne arbeitet, der in die Laufkammer eingelegt wird, nachdem der Lauf, oft samt dem Vorderschaft, mittels eines unter dem Lauf oder dem Vorderschaft angebrachten Querbolzens gekippt war. Die zumeist scherenförmige Sicherung wird mittels

einer gewöhnlich vor dem Abzugsbügel befindlichen Kurbel ausgelöst. In der überwiegenden Mehrzahl der Fälle hat der Eisenzylinder Feuerstahl samt Feuerstahlfeder auf der Pfanne. Nach Einführung des Zylinders in den Lauf greift die Pfanne samt Feuerstahl in den länglichen Seiteneinschnitt ein.

Interessante Hinterladergewehre mit Kipplauf und vier oder dreikantiger Bohrung wurden im ersten Viertel des 18. Jh. in Böhmen vom Hofbüchsenmacher Jan (Johann) M i c h a e l in Kukus für den Grafen Sporck, den Begründer der Hubertus-Brüderschaft, hergestellt. Die gleiche Konstruktion gebrauchte Ivan L i a l i n, Büchsenmachermeister in Tula, für die wertvolle doppelläufige Büchse, die er im ausgehenden 18. Jh. für Katharina II. herstellte. Jeder der beiden Läufe ist mit einem Kasetten-Flintschloß versehen. Daher haben die Zylinder keine Pfanne und sind zwecks leichterer Handhabung an der Seite mit einer Art Kugelgriff versehen.

Außer dem genannten Klapp- oder Kippsystem erscheinen sehr vereinzelt zwei weitere Konstruktionen, die auf dem Einführen eines Zylinders mit Pulvermenge und Geschoß in die offene Ladekammer beruhen. Bei einem System, das auf der in Norditalien hergestellten, 1694 datierten und ACQUA-FRESCA gekennzeichneten Büchse angewandt ist, kippt der Lauf um den auf der linken Seite der Kammer angebrachten Vertikallaufbolzen mit seinem Vorderteil nach links. In die offene Kammer wird der Zylinder gelegt, dessen Seitenfortsatz in einen Schlitz auf der rechten Laufseite greift. An dieser Konstruktion ist der Umstand interessant, daß der Feuerstahl gleichzeitig als Pfannenpulverbehälter dient, wobei die Pulvermenge durch Bewegung des Laufs abgemessen wird.

Bei einer anderen einmaligen Konstruktion dieses Systems kippt der Lauf der Länge nach seitlich aus. Die Büchse muß mit dem Abzugsbügel nach oben gedreht, und der Lauf nach Entsicherung mit Hilfe des an der linken Schaftseite um 180° nach rechts befindlichen Laufbolzens aufgeklappt werden. Dann wird der Zylinder samt Pulver und Blei in die Ladeöffnung gesteckt. Durch leichte Linksdrehung des Laufs kehrt dieser wieder in die Ausgangslage zurück.

Das Zylindersystem gestattete dem Schützen, eine Serie dieser ursprünglichen „Einheitspatronen" vorher vorzubereiten und die Schießgeschwindigkeit bei der Jagd erheblich zu erhöhen, da sich diese Patronen ja leicht auswechseln ließen. Die durch die damalige Unvollkommenheit der Produktionsmittel bedingte mangelhafte Abdichtung war der Grund dafür, daß dieses System im ausgehenden 18. Jh. verschwindet; doch es erscheint bei den Jagdgewehren der 2. Hälfte des 19. Jh. aufs neue und wird noch heute gebraucht.

Andere, grundverschiedene Konstruktionen von Büchsen und Pistolen mit Hinterladung gingen von Systemen aus, die eine Erleichterung des Einführens von Pulvermenge und Geschoß, später von Papierpatronen in die Ladekammer ermöglichten.

Die älteste Konstruktion dieses Systems, die sich nach 1650 über fast ganz Europa verbreitete, war der Schraubenverschluß. Nach Entsicherung schraubte man den Lauf an der Vorderseite der Kammer, in manchen Fällen samt einem Teil des Vorderschafts ab. In die so geöffnete Pulverkammer legte man die Papierpatrone, dann schraubte man den Lauf wieder an. Spätere Konstruktionen waren am Lauf mit einem Schraubenring ausgestattet, der über ein Scharnier mit einer am Schaft befestigten

50
Büchse mit orientalischer Schnappschloßform. Laufgravur, Schaft mit Messingblech und -nägeln eingelegt. Türkei, 18. Jh.

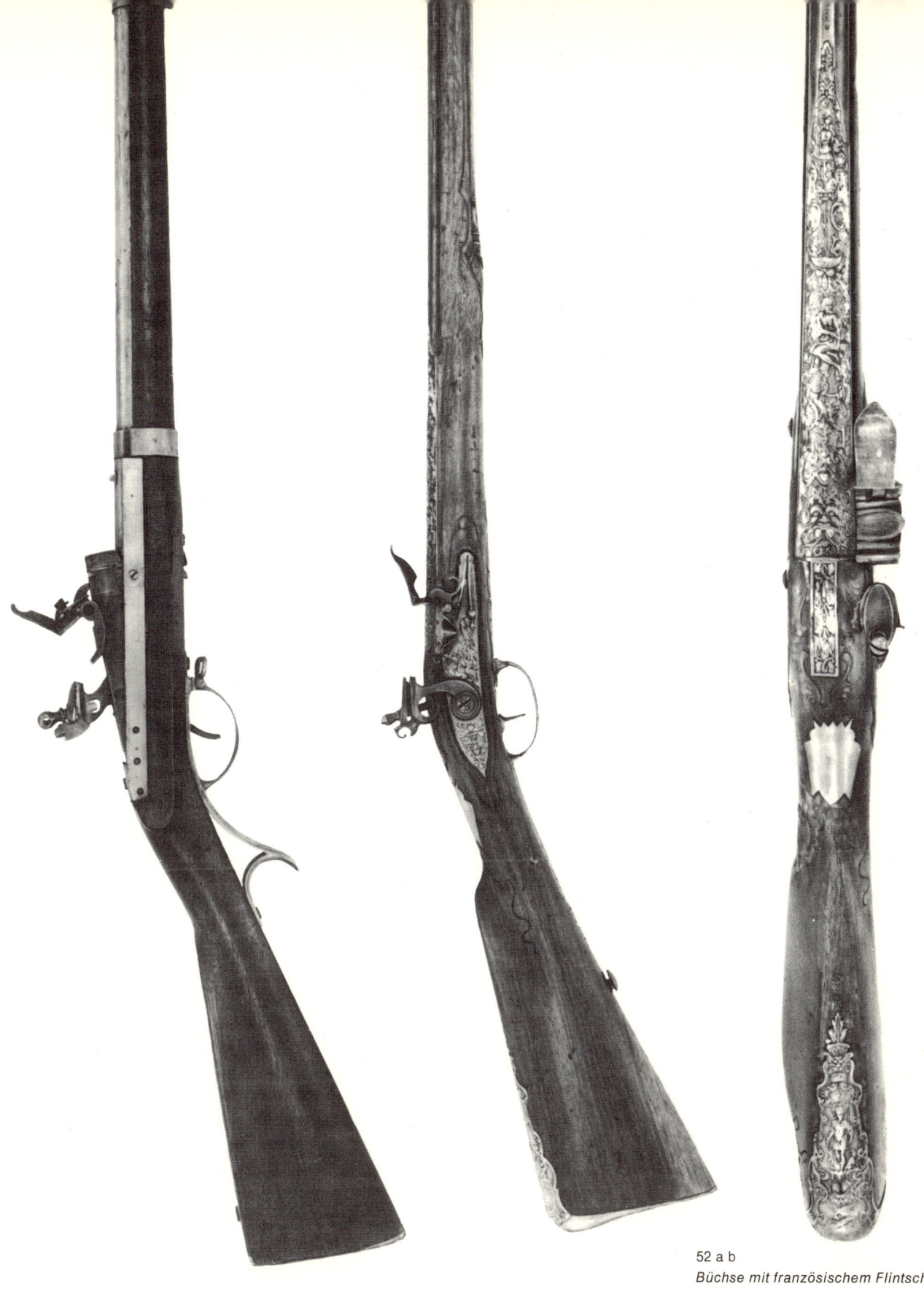

51
Steinschloß-Militärhinterlader System
Hall. Harpers Ferry, USA, 1811

52 a b
Büchse mit französischem Flintschloß
(Spätform mit Rollglied). Erhaben
geschnittener Lauf, Schloßgravur,
Messinggarnitur. C. Mass, Massin
(Heute Mosina), Polen. Lauf: um 1750,
Schloß und Schäftung: Anf. 19. Jh.

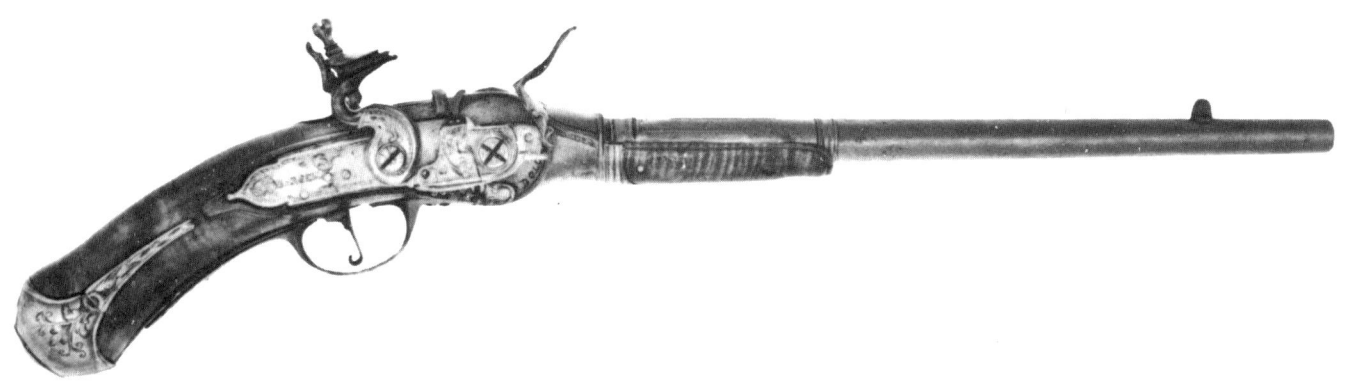

53
*Repetierpistole mit Querwalzenverschluß
(System Lorenzoni), Kugelmagazin
und Pulvervorrat im Schaft. F. Berselli,
Bologna, um 1700*

Stange verbunden war, so daß der Lauf nach dem Abschrauben beiseite gelegt werden mußte. Dieses seinem Wesen nach einfache Prinzip war sehr lange in Gebrauch. So erscheinen abschraubbare Läufe an englischen Taschenpistolen mit Kassetten-Flintschloß aus der Mitte des 18. Jh. Später wurde dieses Prinzip durch Benutzung einer Art Bajonettverschluß verbessert. Das häufig konische Schraubengewinde war an mehreren Stellen der Länge nach unterbrochen. Es genügte dann, den Lauf leicht zur Seite zu drehen und ihn so von der Kammer zu trennen. Die einzelnen Konstruktionsexemplare in europäischen Sammlungen stammen aus der Zeit von 1658 bis Mitte des 18. Jh. Ein Lauf mit verengtem Schraubenverschluß, der sich nach Drehung um 180° abnehmen ließ, ist z. B. auf dem französischen Infanteriegewehr „Fusil de Vincennes M/1778" zu sehen.

Weitere Konstruktionen ermöglichten es, den Vorderteil des Laufs nach vorn zu schieben, ihn nach Einführung der Papierpatrone aufs neue auf einen konischen Fortsatz aufzusetzen und zu sichern.

In den ersten Jahren nach der Mitte des 17. Jh. erscheint ein weiterer Hinterladertyp, den ein Hubkammerverschluß charakterisiert. Die Pulverkammer wurde mittels einer Sperr- oder Hebelvorrichtung gesichert. Nach Öffnung der vorne gehobenen Kammer konnte die Papierpatrone eingelegt werden. Auf die unseres Wissens erstmalige Anwendung dieser Konstruktion trifft man bei dem kombinierten Flint- und Luntenschloßgewehr, das Peter Duringer um 1660 in Mainz hergestellt hat. Ein ähnliches System ist an einer in den Sammlungen des Prager Militärmuseums aufbewahrten Büchse zu sehen, deren Lauf sich mittels eines unter dem Vorderschaft angebrachten Hebels nach vorne schob, wobei die an der Vorderseite mit einem konischen Fortsatz versehene Pulverkammer von einer Schnellfeder gehoben wurde.

Zwei bekannte Militärgewehre sind mit dem klassischen Kammerverschluß ausgestattet: die 1770—79 in die Bewaffnung der österreichischen Infanterie- und Husareneinheiten eingeführte Büchse des Mailänder Schlossers und Turmuhrenmachers Giuseppe Crespi, bei der sich die Kammer mit einem Scharnier nach oben klappen und wieder verschließen ließ, und das amerikanische Hall-Gewehr, ein 1811 patentierter und 1819 in die Produktion eingeführter Hinterlader mit verbessertem Kammerverschluß. Mit Hilfe einer vor dem Abzugsbügel angebrachten Kurbel hob sich der ganze Block des hinteren Laufteils, d. i. Pulverkammer samt Kasetten-Flintschloß.

Im ausgehenden 17. Jh., besonders im 1. Viertel des 18. Jh. erschien und verbreitete sich eine weitere Konstruktion von Hinterladergewehren

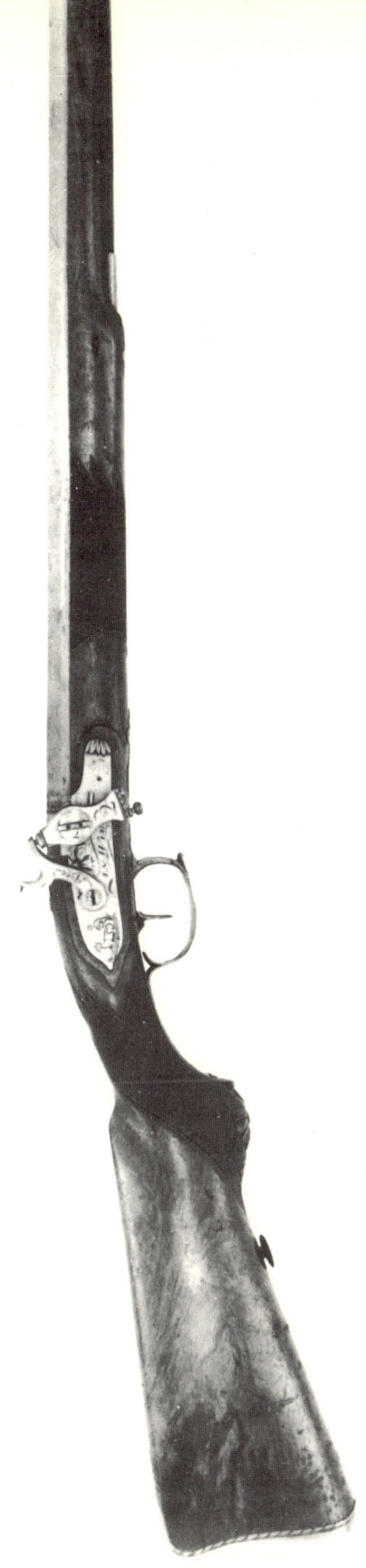

und -pistolen, für die ein Vertikalschraubenverschluß typisch ist, der dort, wo sich die Kammer befindet, durch den Lauf geht. Eine Schraube mit steilem Gewinde, die Ladeschraube, ist mit einer Kurbel verbunden, die gleichzeitig den Abzugsbügel bildet. Der Lauf öffnet sich durch eine einzige leichte Drehung. In den gesenkten Lauf legte man die Kugel, und wenn sie in den Vorderteil der Ladekammer gerutscht war, schüttete man Schießpulver in die Ladeöffnung. Diese Konstruktion stand vor allem bei Jagdgewehren in Gebrauch, sie findet sich aber auch bei einige Typen von Militärwaffen, wie z. B. bei dem französischen Hinterlader, der nach 1732 in die Bewaffnung eines Teils der französischen Armee eingeführt wurde, sowie an dem Gewehr, das der schottische Offizier Patrick Ferguson einer Militärkommission in Woolwich vorführte. Erhaltenen Berichten zufolge soll es möglich gewesen sein, auch bei schlechtem Wetter in einer Minute vier Schüsse aus diesem Gewehr abzugeben. Weitere Versuche einer Nutzung dieser Konstruktion für Militärzwecke sind aus Norwegen bekannt.

Die Verbesserung dieser Konstruktion bestand darin, daß in die obere Hälfte der Ladeschraube ein leicht bügelförmiger Einschnitt von der Breite des Laufkalibers geschliffen war. Es genügte eine Kurbelumdrehung von 180°, um die Ladeöffnung im Lauf für die Einführung von Geschoß und Pulvermenge aufzudecken. Diesem Verschlußtyp begegnen wir bei dem 1720 bis 40 tätigen Karlsbader Büchsenmachermeister Johann Adam Knot, in gewissen Fällen auch bei den Pistolen des Karlsbader Büchsenmachers J. C. Peter (um 1700).

Die letzten Hinterladertypen schließlich aus der Zeit der Lunten-, Rad- und Steinschlösser sind die Vertikalblockverschlüsse. Im Gegensatz zu den vorerwähnten Konstruktionen treten sie nur in vereinzelten Fällen auf, erstmals im 3. Viertel des 17. Jh. Es handelt sich eigentlich um eine Sperre oder einen Riegel, der durch die Laufkammer ging. Wenn er mittels einer vor dem Abzugsbügel angebrachten Kurbel gehoben war, legte man Kugel und Pulver in die Ladeöffnung. Der Verschluß wurde nach dem Zurücksinken mit einer Sperrvorrichtung gesichert. Ebenso wie bei gewissen Kammerverschlüssen wirkte auch hier das Entweichen der Pulvergase durch die ungenügende Abdichtung so nachteilig, daß das System bald aufgegeben wurde. In perfekterer Ausführung erschien der Vertikalblockverschluß einige Jahre später in Zusammenhang mit der Einführung der selbstdichtenden Einheitspatrone aufs neue.

54
Büchse mit chemischem Schloß (System Forsyth). Feine Schloßgravur. Josef? (Johann B.?) Contriner, Wien, um 1820

Hinterlader mit Perkussionsschloß

Langwährende Bemühungen, das Laden von hinten zu ermöglichen, führten seit der Einführung der Zündhütchen und vor allem um die Mitte des 19. Jh. zu Dutzenden unterschiedlicher Konstruktionen von Hinterladern mit Perkussionsschlössern. In der Entwicklungsgeschichte der Handfeuerwaffen bilden sie zwar kein berühmtes, doch ein interessantes Kapitel.

Die Patronen, mit denen diese Hinterlader geladen wurden, waren noch nicht einheitlich und enthielten nur die Pulverladung und das Geschoß. Das Zündhütchen wurde wie bei den Vorderladern mit der Hand auf den Zündnippel gesteckt oder von einem durch die Bewegung des Hahns in Gang gesetzten Mechanismus selbsttätig einem Magazin entnommen. Der für Vorderlader typische außenliegende Hammer blieb auch bei derartigen Hinterladern erhalten.

Die Patronenhülse, die die Pulverladung umschloß, bestand aus einem Material, das durch das Aufflammen des Zündhütchens zuverlässig durchbrannte — also meistens aus Papier, aber auch aus Leinen oder aufbereitetem Leder. Allerdings gab es auch bei diesen Waffen bereits Patronenhülsen aus Messing; sie hatten eine Öffnung, durch die die Zündflamme der getrennt geladenen Zündhütchen zur Pulverladung dringen konnte.

An den Verschlüssen der Hinterlader verwendeten die Konstrukteure mehrere Lösungen in verschiedensten Varianten, die teils bei Hinterladern mit Flintschloß bzw. anderen Schlössern entstanden waren, und später auch bei Hinterladern für Einheitspatronen mit Selbstdichtung erschienen.

Die wahrscheinlich älteste Konstruktion dieser Art, eine Doppelbüchse mit einem nach oben schwenkbaren Blockverschluß, auf dem zwei Zündnippel (Pistons) angebracht sind, entstand bald nach 1820 in der Pariser Werkstatt J. S. Paulys.

Zahlreiche Konstruktionen von Hinterladern mit Perkussionsschlössern griffen auf den Kammerverschluß zurück. In den meisten Fällen liegt der Kammerteil um eine Achse, die quer zur Laufachse, im hinteren Teil der Kammer liegt und sich zum Laden nach oben schwenken läßt. Die Kammermündung hob sich nach oben und die Kammer wurde eigentlich wieder von vorn geladen. So funktionierten z. B. der Verschluß der französischen Wallbüchse aus dem Jahre 1831 oder die Hinterlader des Amerikaners J. Hall, die ursprünglich mit Flintschloß hergestellt und 1840 für Zündhütchen eingerichtet wurden. 1842 führte Norwegen einen Hinterlader ein, der auf einer um 1838 von F. W. Scheel entworfenen Konstruktion beruhte. Norwegen war so das erste Land, dessen gesamte Infanterie mit Hinterladern ausgerüstet war. Mit Kammerverschluß versehen waren auch die amerikanischen Karabiner A. D. Perrys aus dem Jahre 1855 sowie die Gewehre, die nach einem Patent E. Lindners vom Jahre 1859 umgebaut wurden.

Mit dem entgegengesetzten Ende hob sich die Pulverkammer des Mont Storm-Hinterladers (Patent vom 1856). Vom Gesichtspunkt des Schützen aus legte man das Geschoß umgekehrt, mit dem Boden nach vorn, in die Kammer ein.

Bei dem Hinterlader nach W. W. Hubbells Patent von 1844 war die nach links auskippende Kammer an einem mit der Laufachse parallelen Bolzen befestigt. Auf einem ähnlichen Bolzen öffnete sich, diesmal nach rechts, die Kammer des Karabiners, den der Londoner Büchsenmacher J. Leetch 1863 der britischen Armee anbot.

55
Büchse mit verbessertem Forsyth-Schloß. Signatur mit Gold eingelegt. Jung, Wien, um 1825

Eine „fallende" Kammer, die, parallel zur Laufachse gelegen, in der Vertikalebene auf und ab glitt, hatte ein Gewehr, das um 1840 entstanden, die Marke „C. Ebert in Cassel" trug. Es gab auch Konstruktionen, bei denen sich die Kammer um die Vertikalachse drehte und ihre Mündung zur Seite kippte. Dies war z. B. bei dem Gewehr der Fall, das C. Abegg 1851 vorlegte.

Eine andere Konstruktionsart von Hinterladern mit Perkussionsschloß ging von der Bewegung des Laufs aus. M. Thierbach verzeichnet unter dem Namen J. Leroy und dem Datum 1830 eine französische Konstruktion, bei der der Lauf durch Drehen auf einem zur Laufachse parallelen und unter dem Lauf angebrachten Bolzen auskippt. Eine ähnliche Konstruktionsweise, bei der sich der Lauf außerdem vor- und rückwärts bewegte, hatte der Green-Karabiner vom 1854, mit dem 1858 die britische Kavallerie ausgerüstet wurde. Auf einem senkrechten Bolzen und also in waagerechter Ebene kippte der Lauf nicht nur bei dem von Thierbach erwähnten französischen Gewehr aus der Zeit um 1840 aus, sondern auch bei den etwas jüngeren Taschenpistolen. Durch Vor- und Rückwärtsbewegung längs der Gewehrachse öffnete und verschloß sich auch der Lauf des um 1850 entstandenen Ghaye-Hinterladers. Vor- und rückwärts bewegt und mittels eines drehbaren Gewehrringes verschlossen wurde der Lauf des Hinterladers, den i. J. 1860 der Bamberger Büchsenmacher Heinlein vorlegte. Ähnlich bewegte sich der Lauf des von F. Prince konstruierten Karabiners, der sich darüber hinaus beim Öffnen und Verschließen leicht zur Seite drehte. Dieser Karabiner wurde 1855 patentiert und von der britischen Kavallerie getestet. Der Lauf des Hinterladers nach einem Patent des dänischen Büchsenmachers N. J. Løbnitz von 1833 bewegte sich kurz nach vorn und klappte dann nach oben auf. Die Kammer wurde hier wieder von vorn geladen.

Nach einer kurzen Vorwärtsbewegung kippte der Lauf des amerikanischen Karabiners, den M. Gallager 1860 patentieren ließ, beim Laden nach unten. Ähnlich funktionierte auch der amerikanische Karabiner von Gibbs aus dem Jahre 1856. Zu den während des amerikanischen Bürgerkrieges meist verbreiteten Karabinern gehörte ein Hinterlader mit Perkussionsschloß und mit Kipplauf, auf den J. Smith 1856 und 1857 Patente erhielt.

Besondere Aufmerksamkeit erweckten die Methoden, die Hinterlader mit einem Zylinderverschluß ausstatteten, der nach dem Umdrehen entweder durch mehrere Zähne oder ein unterbrochenes Gewinde verschlossen wurde. Hauptvertreter dieser Konstruktionen war der Terry-Verschluß, der von der englischen Kavallerie erprobt und zwischen 1858 und 1861 teilweise bei den Husaren eingeführt wurde. Hinterlader mit Terry-Verschluß führte man 1863 in Baden, 1864 in Mecklenburg und 1865 bei der sächsischen Kavallerie ein.

Zylinderverschlüsse wurden häufig auch nach dem Patent des Deutschamerikaners E. Lindner von 1859 konstruiert. Bayern z. B. ließ ab 1867 ältere Vorderlader von 1858 nach diesem System umbauen, u. zw. mit Änderungen, die General Podewils vorgeschlagen hatte. Unter seinem Namen ist dieses Gewehr auch am bekanntesten. Einen Hinterlader mit Zylinderverschluß legte im Jahre 1861 S. Manceaux vor. Mit einem Zylinderverschluß, der sich beim Verschließen nicht drehte, sondern auf einen Querriegel stützte, war der Hinterlader J. Wilsons von 1860 ausgestattet.

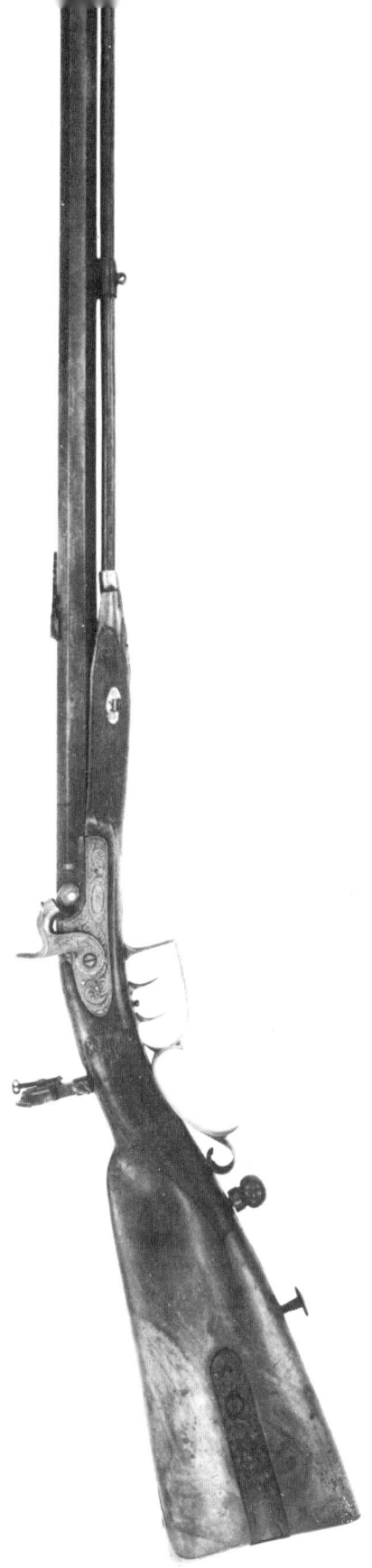

56
Perkussions-Scheibenbüchse.
Sicherungsventilfüllung aus Silber.
J. Schmiedl, Prag, um 1840

Bei weiteren Konstruktionen traten hebelgesteuerte Kolbenverschlüsse auf, wie z. B. bei den Karabinern, die der Sohn des Gründers der Firma Westley Richards vorlegte. Mehrere Modelle dieser Firma hatte die englische Kavallerie seit 1858 erprobt. Um 1850 erschien in den USA die verwandte Konstruktion W. W. Marstons (mit Hebel in Form des Abzugsbügels). Während des amerikanischen Bürgerkriegs bewährte sich bei der Marine der Union ein Karabiner, dessen Konstruktion auf einem älteren Patent W. Jenks' aus dem Jahre 1838 fußte. Die Jenksschen Karabiner wurden 1841 in der Ausführung mit einem gewöhnlichen Schloß und Hahn auch in England getestet. Während des amerikanischen Bürgerkrieges waren schließlich auch Karabiner in Gebrauch, deren Konstruktionselemente J. H. Merrill 1858—61 patentieren ließ.

Unter dem Namen Cosmopolitan oder Gwynn Campbell wurden Karabiner mit Kippblockverschluß hergestellt, deren Konstruktion von einem amerikanischen Patent ausging, das 1859 auf den Namen H. Gross erteilt worden war. Mit Kippblockverschluß in anderer Ausführung waren die Karabiner versehen, deren Konstruktion E.T. Starr im Jahre 1858 patentieren ließ.

Berühmt wurde schließlich die Konstruktion mit vertikalem Blockverschluß (Fallblockverschluß) von C. Sharps (Patent 1848). Während der darauffolgenden Jahre wurde eine ganze Reihe von Sharps-Armee-, Jagd- und Sportgewehren und Karabinern hergestellt.

Hinterlader mit Perkussionsschlössern hatten ebenso wie Patronen mit brennbaren Patronenhülsen zahlreiche Nachteile. Der Hauptmangel bestand in der wenig wirksamen Abdichtung des Verschlusses, der mit ausreichendem Spielraum so ausgearbeitet sein mußte, daß seine Funktion von den verbrannten Hülsen- und Pulverrückständen so wenig wie möglich beeinträchtigt wurde. Kein Wunder, daß die Konstrukteure Wege suchten, um diesem Mangel abzuhelfen. Zum besseren Abdichten sollten — wie bei der Lösung Terrys — gefettete Filzplättchen am Boden der Patrone dienen. Das Mont Storm-Gewehr wiederum besaß einen Metallring, der aus der Geschoßkammer hervorstand, beim Schließen mit seinem Rand in den Lauf eindrang und den Übergang zwischen Lauf und Geschoßkammer abdichtete. Auf besondere Art sollte die Patrone die Abdichtung sichern, die J. D. Greene für seinen Hinterlader mit Zylinderverschluß, elliptischer Laufbohrung und untenliegendem Hammer 1857 pantentieren ließ. Mit einem Geschoß wurde die Gewehrkammer vor dem ersten Schuß vorgeladen, erst dann eine Patrone, deren Geschoß sich am Boden der Hülse befand, nachgeladen. Dieses Geschoß blieb beim Abschuß im Gewehr und dichtete den Verschluß ab. Beim weiteren Laden wurde es von der neuen Patrone in die Kammer vorgeschoben.

Die wirkungsvollste Methode zum Abdichten des Verschlusses von Hinterladern mit Perkussionsschloß zeigten die amerikanischen Erfinder Dr. E. Maynard und General A. E. Burnside. Die Patronen für ihre Hinterlader hatten bereits Messing-Patronenhülsen mit einer Öffnung, durch die die Zündflamme der getrennt geladenen Zündhütchen schlagen konnte. Sowohl die Maynard-Karabiner mit Kippläufen, die auf Patente von 1851 und 1859 zurückgehen, als auch der Burnside-Karabiner mit Kammerverschluß, der nach einem Patent von 1856 hergestellt wurde, gehören zu den besten Exemplaren derartiger Hinterlader.

Das Aufsetzen der einzelnen Zündhütchen auf das Piston mit der Hand vergrößerte selbstverständlich, besonders im Winter, die Schieß-

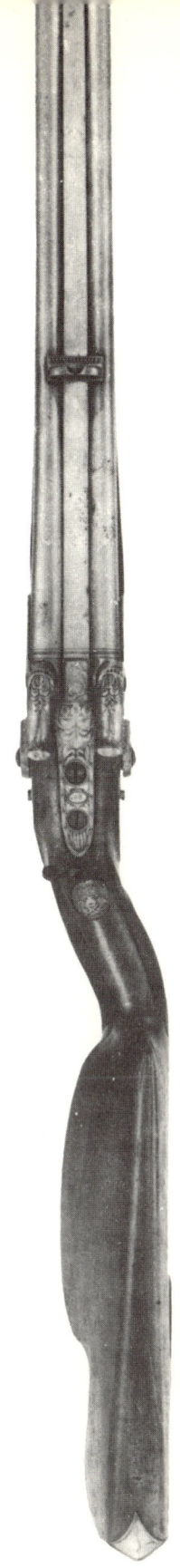

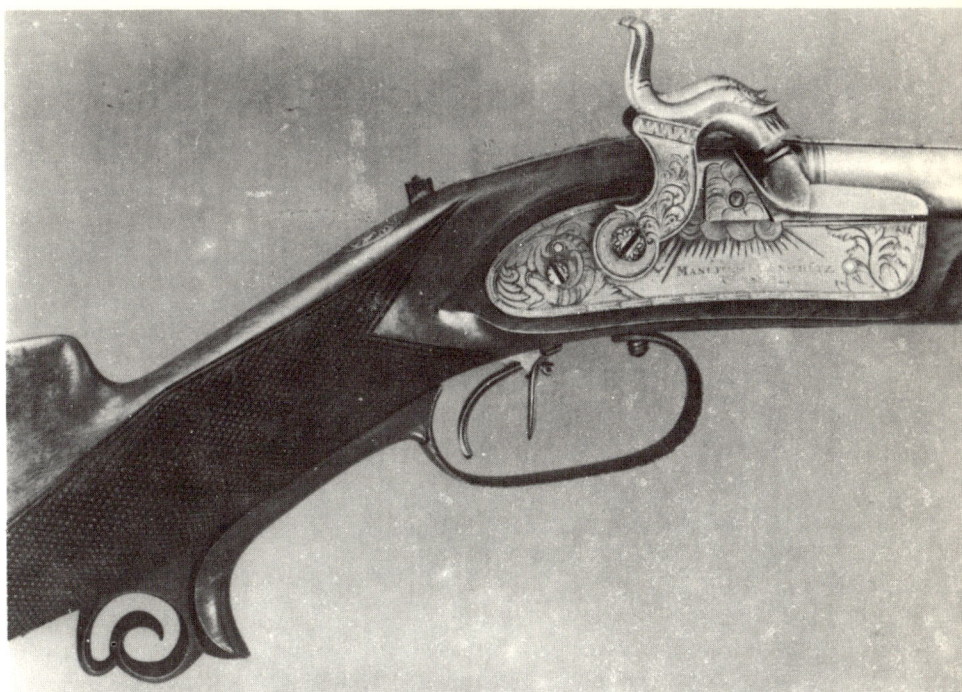

geschwindigkeit in keiner Weise. Deshalb erschienen auch bei Hinterladern mit Perkussionsschlössern selbsttätige Zündkapsel-Magazine. Bei Sharps-Gewehren und Karabinern z. B. benutzte man die sog. „tape-primers" (Bandzünder) nach einem Patent E. Maynards aus dem Jahre 1845. C. Sharps stellte auch ein Magazin für Knallscheiben (discprimers) nach seiner 1852 patentierten eigenen Konstruktion her.

Hinterlader mit Perkussionsschloß konnten nur für kurze Zeit das Interesse von Konstrukteuren und Herstellern wachhalten, und während ihrer Wirkungszeit gelang es ihnen nicht, die Militär- oder Jagdausrüstung zu beherrschen und die Vorderlader zu ersetzen. Hinterladerkonstruktionen mit Perkussionsschloß machten sich vor allem bei Kavalleriekarabinern geltend. Das ist durchaus begreiflich, denn gerade bei der Kavallerie kam es auf die Ladeweise ganz besonders an.

Auch ein knapper Überblick dieser Waffengattung zeigt, daß die meisten Hinterlader mit Perkussionsschloß in Amerika konstruiert und in größerem Umfang auch dort erzeugt wurden. Besonders der amerikanische Bürgerkrieg regte die Produktion an, und einige Typen wurden in beträchtlicher Menge geliefert. An der Spitze stehen da die Waffen des Sharps-Systems, von denen allein die Regierung der Union während des Krieges über 80 000 Stück ankaufte. Ihnen folgten zahlenmäßig die Burnside-Karabiner (über 55 000), Smith- (über 30 000), Starr- (über 25 000), Gallager- (über 22 000) und Maynard-Karabiner (über 20 000). Zu den zahlreich verwendeten Konstruktionen gehören auch einige europäischer Herkunft, z. B. Westley Richards oder verschiedene Varianten des Terry-Systems. Mehr als 100 000 Gewehre wurden in Bayern nach dem System Lindner-Podewils umgebaut. Viele Konstruktionen blieben jedoch im Test-Stadium oder wurden nur in kleineren Partien erzeugt und sind daher selten und kostbar. Hinterlader mit Perkussionsschloß drangen weder weit genug in die Armeebewaffnung ein, noch wiesen sie genügende neue taktisch-technische Eigenschaften auf, um eine grundlegende Wandlung der Taktik zu bewirken.

57 a b
Büchsflinte mit Perkussionsschlössern und Krüppelschaft, bestimmt für linkes Auge F. C. Anschütz, Suhl, um 1850

89

Hinterlader für Einheits – patronen Zündnadel – gewehre

Geschoß, Pulver und Zündkapsel zu einem Ganzen, zu einer einheitlichen Patrone zu vereinen, bedeutete einfacheres Laden und schnelleres Schießen. Eine Waffe zu schaffen, die mit einer derartigen Patrone geladen werden konnte, war schon zu Beginn der Entwicklung von Zündkapseln mit Knall-Ladung das Anliegen mehrerer Erfinder.

Im Jahre 1812 erhielt der Pariser Büchsenmacher schweizerischer Herkunft J. S. Pauly das Patent auf ein Hinterladungssystem mit schwenkbaren Blockverschluß (Gewehre) oder mit Kipplauf (Pistolen). Der wesentliche Teil von Paulys Erfindung und Patent war die mit einer Messing-Patronenhülse oder Pappe-Patronenhülse mit Messingkopf versehene Patrone. In der Mitte des Kopfes bzw. des Bodens befand sich eine Vertiefung für die Zündkapsel. Die Patronenhülse bzw. ihr Messingkopf verhüteten zum Teil u. a. ein Entweichen der Pulvergase aus dem Verschluß. Von einer völligen und elastischen Abdichtung konnte noch keine Rede sein, doch lag hier die Grundkonstruktion der Einheitspatrone mit Zentralzündung und Selbstdichtung bereits vor.

Der Waffenerzeugung stellte eine derartige Patrone allerdings eine neue Aufgabe: sie setzte die Lösung der Frage voraus, wie die Patronenhülse nach dem Schuß aus dem Patronenlager zu entfernen sei. Auch war die Herstellung solcher Patronen noch sehr arbeitsaufwendig und kostspielig. Das waren wohl die Gründe, die Paulys Nachfolger bewogen, bei der Konstruktion von Hinterladern noch lange Jahre andere Wege zu gehen und Einheitspatronen in Papier-Patronenhülsen, die beim Schuß abbrannten, zu benützen. In den Jahren 1831 und 1832 legte der Pariser Büchsenmacher J. A. Robert zwei Hinterladungs-Konstruktionen vor. Die erste hatte einen Fallblockverschluß, die zweite einen dem Paulyschen sehr ähnlichen schwenkbaren Blockverschluß. Beide waren für die Papierpatronenhülse eingerichtet, aus deren Boden ein Zündröhrchen hervorragte, das vom Stoß der Schlagfeder entzündet wurde. Der zweite Typ wurde in Frankreich, Belgien und sogar in Amerika erprobt. Er konnte sich jedoch nirgends durchsetzen, da der Verschluß nicht dichtete und die mit Verbrennungsrückständen verstopfte Waffe versagte. Die Abschaffung der Unzulänglichkeiten des Robertschen Systems war Alexander v. Württembergs Anliegen. Sein Gewehr von 1835 hatte wieder einen seitlich gelegenen Hammer, und das Zündröhrchen ragte an der Seite aus der Patronenhülse heraus. Diese Konstruktion blieb jedoch im Stadium des Prototyps.

Noch i. J. 1849 boten die Brüder Krnka der österreichischen Heeresleitung einen Hinterlader mit einem ähnlichen Klappverschluß an, der mit einer Patrone ausgestattet war, aus der ein Zündröhrchen herausragte. Bei seiner Erprobung i. J. 1850 kam es jedoch in Lauf und Schloß zu so starken Ablagerungen, daß das Gewehr nach weniger als dreißig Schüssen kaum noch zu laden und sein Abfeuern unmöglich war. So lehnte es die Heeresleitung ab.

Größte Bedeutung für die Entwicklung von Hinterladern erlangten die Zündnadelgewehre, so genannt, weil sich die Ladung durch das Vorschnellen einer Stahlnadel entzündet, die die Patronenhülse durchsticht, um die Zündkapsel in deren Innern zu treffen. Die Zündnadelgewehre spielten eine große Rolle, obwohl die ersten Stücke, die der berühmte deutsche Büchsenmacher N. v. Dreyse zwischen 1827 und 1832 gebaut hatte, noch von vorn geladen wurden und noch keine Einheitspatrone hatten. Dreyses erste Zündnadel-Vorderlader wurden dann von der preußischen Heeresleitung erprobt, wobei diese feststellte, daß sich auch der

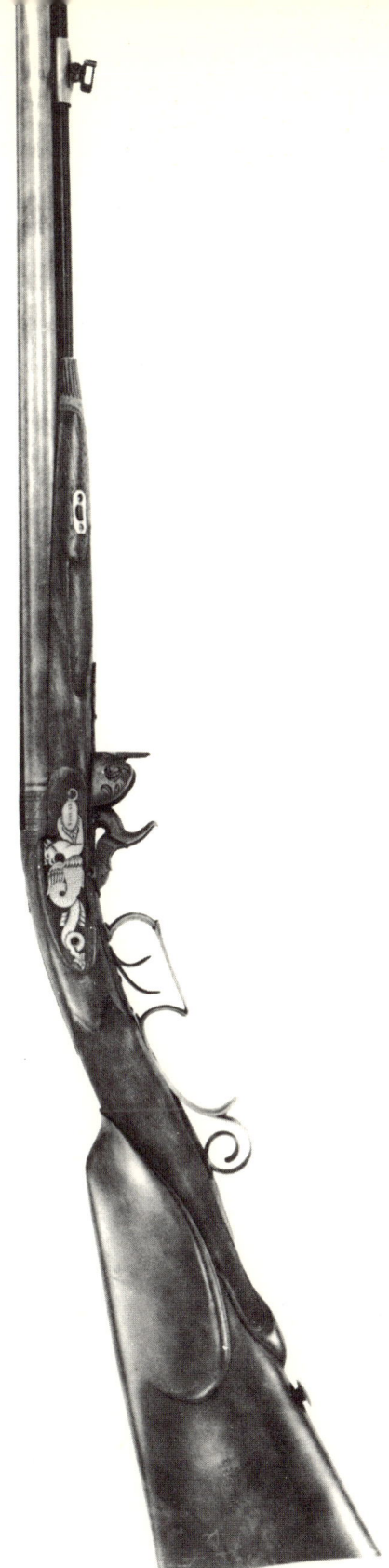

58
Perkussions-Zwilling, unten angebrachte Hähne. Josef Nowak, Wien, um 1840

vervollkommnete Typ mit neuem Schloß und Einheitspatrone nicht für den Armeedienst eignete. Nur bei einigen Jagdbüchsen und Zivilpistolen machte man von dieser Konstruktion Gebrauch.

Bei den ersten Versuchen, Hinterlader mit Nadelzündung zu konstruieren, benutzte N. v. Dreyse 1833 auch eine Umarbeitung des Verschlusses seines ehemaligen Meisters Pauly. Doch erst der Hinterlader mit Zylinderverschluß, der schrittweise aus der Konstruktion von 1835 entstand, begründete Dreyses Ruhm und bedeutete jenen fühlbaren Eingriff in die Entwicklung der Feuerwaffen und — wie häufig betont wird — in die Geschichte überhaupt. Die preußische Armee bewaffnete 1841 ihre Truppen mit Dreyses Zündnadelgewehr und hielt dies für eine so einschneidende Wende in der Armeeausrüstung, daß sie die Waffe aus Gründen der Geheimhaltung zunächst „leichtes Perkussionsgewehr" nannte und erst nach fünfzehn Jahren, als sich die Geheimhaltung auflockerte, erhielten sie die Bezeichnung „Zündnadelgewehr".

Der älteste Typ des preußischen Armee-Zündnadelgewehrs war das Infanterie-Zündnadelgewehr M 1841. Die preußischen Jäger erhielten 1849 für kurze Zeit die nicht sehr gut geratene Zündnadelbüchse M 1849 und dann das neue Muster von 1854 mit ausziehbarer Pike, die Zündnadel-Pikenbüchse M 1854. Es folgte das Zündnadel-Füsiliergewehr M 1860 und ein neues Infanteriegewehr, das Zündnadelgewehr M 1862. Die Zündnadel-Pikenbüchse M 1854 wurde später von der Zündnadelbüchse M 1865 abgelöst. Die Spezialeinheiten übernahmen von den Jägern anfangs die verkürzte M 1854 ohne Pike und Ladestock (Zündnadel-pioniergewehr U/M. Unmittelbar vor dem Preußisch-Französischen Krieg wurde das neue Zündnadel-Pioniergewehr M 1869 in die Ausrüstung aufgenommen. Bei den Dragonern und Husaren war seit Ende der fünfziger Jahre der Zündnadelkarabiner M 1857 eingeführt, und aus Dreyses Konstruktionswerkstatt gingen auch die Zündnadelpistole M 1856 sowie die 23,5 mm kalibrige Zündnadelwallbüchse M 1865 hervor.

Außer dem Zylinderdrehverschluß, der den Verschlüssen vieler späterer Hinterlader und Repetiergewehre als Vorbild diente, gehörte zu den Vorzügen von Dreyses Zündnadelgewehren auch die Einheitspatrone, die in einer Papierhülse die Pulverladung, das Geschoß und einen Papp-Propfen, den Treibspiegel und ein Zündmittel enthielt. Die Zündpille befand sich am Boden des Treibspiegels, so daß die Nadel die ganze Pulverladung durchstechen mußte.

Der beschleunigte Ladevorgang und das jetzt erst ermöglichte Schießen im Liegen waren Vorzüge, die nicht einmal die preußischen Offiziere voll zu würdigen wußten. Das Laden von Dreyses Zündnadelgewehren erforderte noch sechs bis sieben Handgriffe, von denen manche — vor allem bei erhitzter Waffe — nicht sehr angenehm waren. Trotzdem war die Schießgeschwindigkeit so groß, daß sie bei vielen Kennern wegen ihres unzumutbaren Munitionsverbrauchs Bedenken erregte. Die Abdichtung mußte allerdings auch bei Dreyses Zündnadelgewehren vom Verschluß selbst getätigt werden, was ihm nicht völlig gelang. Auch die Führung des Geschosses mit Hilfe des Treibspiegels war unverläßlich und die lange Stahlnadel war empfindlich und leicht zu beschädigen.

Erstmals gelangten Dreyses Zündnadelgewehre bei der Unterdrückung der Revolution in Deutschland 1849 zum Einsatz, dann 1864 im Krieg gegen Dänemark, und schließlich waren sie eine der Ursachen von Preußens Sieg im Preußisch-Österreichischen Krieg von 1866.

Natürlich gelang es nicht, die Konstruktion des preußischen Zündna-

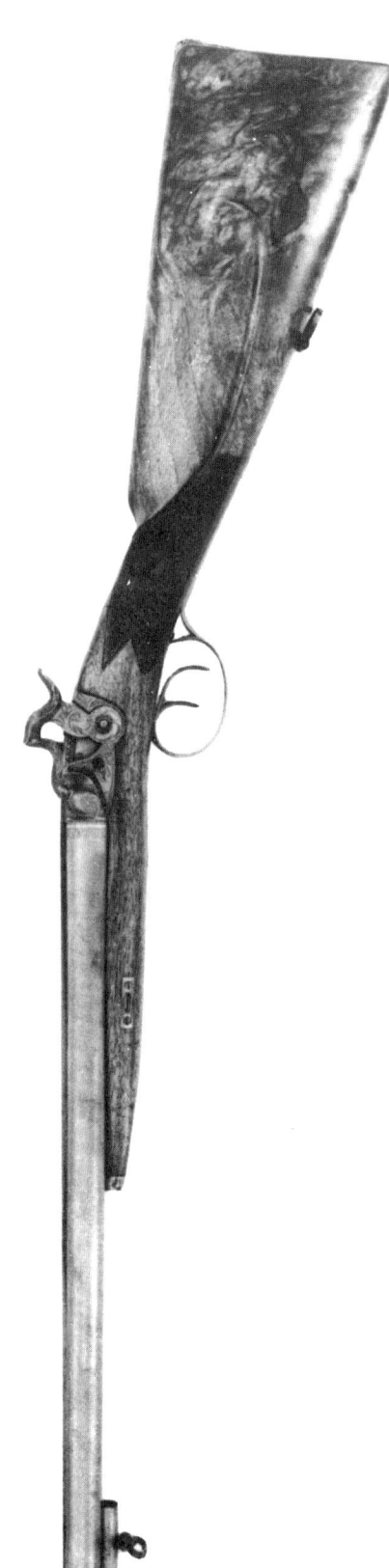

59
Perkussions-Zwilling, Hähne in Schloßblechhöhe eingeschnitten. J. Nowotny, Litoměřice (Leitmeritz), um 1840

delgewehres und dieses Zündungssystems überhaupt lange geheimzuhalten. Schon vor der Herausgabe des Geheimhaltungsbefehls wurden Dreyses Gewehre und Pistolen in den Handel gegeben. Im Jahre 1831 wurde das Zündnadelsystem auch in England patentiert, das Patent lautete auf den Namen A. A. Moser. Es handelte sich jedoch nicht um einen weiteren Erfinder, sondern vermutlich um Dreyses Vermittler.

Während der revolutionären Ereignisse im Juni 1848 verschwanden tausend Zündnadelgewehre aus dem Berliner Zeughaus und es gelang nicht, alle zurückzuerhalten. 1850 wurden in England Kopien der preußischen Armee-Zündnadelgewehre erprobt, deren Muster 1849 vom Kontinent herübergekommen waren.

Nachahmungen der preußischen Zündnadelgewehre wurden in den 50er und 60er Jahren auch in anderen deutschen Staaten erprobt. Österreich erprobte die ursprünglichen preußischen Gewehre sowie eine Umformung der Lorenz-Vorderlader nach Dreyses Muster.

Bald erschienen auch weitere, abweichende Konstruktionen von Zündnadelgewehren, von denen einige im Vergleich zu Dreyses Gewehr Fortschritte aufwiesen. Viele verblieben im Modellstadium, mehrere wurden in größerem oder geringerem Umfang in Armee- und Jagdausrüstungen aufgenommen.

Gleichzeitig mit Dreyses erstem Hinterlader legte 1833 der Belgier P. C. Montigny einen Hinterlader mit Kolbenverschluß und Nadelzündung vor. In England versuchte J. Needham mit einem Armee-Zündnadelgewehr sein Glück und baute in den 50er Jahren des vorigen Jahrhunderts Jagdwaffen dieses Systems. Ein englisches Patent erwarb 1849 der Franzose A. de Chauvillard. Aus Belgien stammten die Systeme Gevelot und Lenders-Lambin. Seltenheitswert hat wohl das 1856 patentierte amerikanische Schroeder-Zündnadelgewehr. Mehrere Konstruktionen von Zündnadelgewehren entstanden in dem berühmten sächsisch-thüringischen Waffenzentrum Suhl. Um 1860 stellte der Fabrikant J. Dörsch Waffen nach seinem System her, fast gleichzeitig wurde eine weitere Konstruktion unter den Namen Dörsch und v. Baumgarten veröffentlicht. Der Suhler Büchsenmacher Luck erwarb 1865 das Patent für ein Zündnadelgewehr mit verbessertem Zylinderdrehverschluß, der sich durch Hinunterklappen des Griffes spannen ließ. Ein fast gleichartiges System wurde in Petersburg und Wien vom Büchsenmacher Carl vorgelegt. Rußland baute nach dieser Vorlage seine Perkussionsvorderlader M 1856 in die Zündnadelgewehre M 1867 um. Sie benutzten das Minié-Geschoß und ihr Verschluß hatte eine Dichtung aus Lederplättchen.

In Deutschland und Österreich entstanden noch eine Reihe derartiger Konstruktionen, wie R. Bornmüller, Spangenberg und Sauer, Hügel, Schilling, Friedrich u. a. m. Österreich erprobte auch ein Zündnadelgewehr schwedischer Herkunft, das System Hagström, sowie das Zündnadelgewehr des Deutschamerikaners E. Lindner, nahm das Zündnadelgewehr allerdings niemals in seine Ausrüstung auf. Dafür baute Italien 1867 seine Vorderlader mit Perkussionsschloß nach dem Muster in Zündnadelgewehre um, das der Inspektor des Turiner Arsenals S. Carcano konstruiert hatte.

Auf dem Kriegsschauplatz traf schließlich Dreyses ältlich gewordenes Zündnadelgewehr auf einen neuen, vollendeteren Typ. Diesen hatte der Leiter des Arsenals A. Chassepot konstruiert, und die französische Armee führte ihn als M 1866 ein. Das Chassepot-Gewehr war dem preußi-

*Zwilling (Espignolle-System), zwei
Schüsse je Lauf, vier Perkussionsschlösser.
Gebrüder Dewalle, Lüttich, um 1850*

schen überlegen. Sein Zylinderdrehverschluß besaß eine wirksamere Kautschukdichtung, zu seinen Vorzügen gehörten auch Unkompliziertheit und kleineres Kaliber.

Im Krieg gegen Frankreich konnte die preußische Armee trotz ihrer schlechteren Gewehre noch den Sieg davontragen. Die Mängel der preußischen Zündnadelgewehre waren schon vor dem Krieg Gegenstand der Sorge und Verbesserungsbestrebungen der preußischen Heeresleitung gewesen. Umbauvorschläge legte insbesondere der Werkmeister Beck aus Dreyses Fabrik vor. Sie betrafen sowohl den Verschluß (der dann eine Kautschukdichtung erhielt) als auch die Patrone. Die Ausführung des Umbaus aber wurde durch den Ausbruch des Krieges mit Frankreich 1870 unterbrochen, und die Nachkriegsverbesserungen bildeten nur noch eine kurze, bis zu der Zeit gültige Übergangsmaßnahme, da die perfekteren Hinterlader für selbstdichtende Einheitspatronen zur Anwendung kamen.

Um eine Vervollkommnung der Zündnadelgewehre bemühte sich schließlich auch F. v. Dreyse, der Sohn des Erfinders der preußischen Zündnadelgewehre. Er konstruierte einen neuen Zylinderverschluß, der beim Öffnen selbsttätig das Schloß spannte. Ein Werk F. v. Dreyses ist auch das Zündnadelgewehr, dessen Lauf sich nach dem Hebel-Ausschwenken in Horizontalebene nach vorn schiebt und nach links ausschwenkt. Dadurch wird die Pulverkammer geöffnet, und gleichzeitig das Schloß gespannt. Diese Verbesserungen kamen freilich erst zu einer Zeit, da sich bereits Systeme mit größerer Perspektive entwickelt hatten. Auch die Konstruktionen von Repetiergewehren mit Nadelzündung, um die sich L. Schwartzkopf, Burkhardt und F. v. Dreyse bemühten, konnten nicht mehr zur Geltung kommen. Ebenso sind Pistolen und Revolver mit Nadelzündung Ausnahmsstücke geblieben.

Außerhalb Preußens wurde die Armee nur in Frankreich umfangreich mit Zündnadelgewehren ausgerüstet; sie blieben, ähnlich wie in anderen Ländern, nur verhältnismäßig kurze Zeit Bestandteil der Bewaffnung. Dreyses Zündnadelgewehr hat allerdings im Konkurrenzkampf mit den Vorderladern und im Wettstreit mit den Chassepot-Gewehren trotz all seiner Mängel sehr wesentlich die Entwicklung der Kriegskunst beeinflußt. Im Feuer der Zündnadelgewehre mußten die dicht geschlossenen Infanterie- und Kavallerieformationen verschwinden. Der Zylinderdrehverschluß, mit dem Dreyses Zündnadelgewehre versehen waren, wurde später zum Ausgangspunkt der weiteren Entwicklung dieses auch bei moderneren Waffen verbreiteten Verschlußtyps.

Hinterlader für Einheits- patronen mit Selbstdichtung

XV

*Büchse mit französischem Flintschloß;
Hahn auf Schloßblech-Innenseite.
Schwarz getönter Lauf mit vergoldeter
Gravur, Schloßblechgravur. Frankreich
(England?), Anf. 18. Jh.*

XVIa

*Repetiergewehr mit französischem
Flintschloß, Lorenzoni-System
(Querwalze). Vorratsbehälter für Pulver
und Blei im Kolben. Johann Franz Karg,
Innsbruck, 1. Viertel 18. Jh.*

b

*Kipplauf-Hinterlader mit französischem
Flintschloß. Quadratische Laufbohrung.
Auf Schloßblech Wappen d. Grafen Franz
Anton Sporck. Johann Michael, Kukus,
Ostböhmen, vor 1738*

c

*Patronen-Gürteltasche für Kipplauf-
Hinterlader. 1. Hälfte 18. Jh.*

Zur Zeit der Entstehung der meisten Perkussions-Hinterlader und Zünd- nadelgewehre waren die Hauptcharaktermerkmale der Einheitspatrone, die die Dichtung der Kammer mit der eigenen Metall-Patronenhülse besorgte, bereits patentamtlich geschützt. Nun konnten die mit der Konstruktion der modernen Hinterlader verbundenen Probleme gelöst werden.

Die ersten Vorbilder der Patronen mit Zentralzündung sind in dem Patent beschrieben, das J. S. Pauly 1812 erhielt. Nach diesem Patent stellten nicht nur Pauly, sondern auch seine Nachfolger Gewehre und Pistolen her. Die Kenner schätzten ihre Waffen, die Jäger benutzten sie, doch die Armee lehnte sie ab, weil sie für sie zu kostspielig und für den groben Umgang im Feld zu wenig widerstandsfähig waren. Weder Paulys Gewehre noch seine Patronen führten einen Umsturz in der Bewaffnung herbei.

Andere Büchsenmacher hatten sich später mit der Konstruktion neuer Patronen beschäftigt. C. Pottet hatte bereits Zündhütchen gebraucht und schrittweise eine Patronenhülse von wesentlich der gleichen Zusam- mensetzung geschaffen, wie es die der gegenwärtigen ist. Die Ergebnisse seiner Versuche sind in den Patenten von 1829 und 1855 zusammenge- faßt. Damals verfertigte auch in Böhmen der Büchsenmacher S. Krnka für seinen Hinterlader von 1855 eine Patrone mit Papphülse und in der Mitte des Messingkopfes befindlichem Zündhütchen. Die auf den Namen G. A. Morse eingeschriebenen amerikanischen Patente von 1856 und 1858 beschreiben die wesentlichen Merkmale der modernen Zentral- feuerpatrone. Es war eine Patrone mit dehnbarer Metallhülse, eingepreß- tem Geschoß und Zündhütchenlager im Boden der Patronenhülse.

Inzwischen arbeitete E. Schneider in Frankreich an der Vervoll- kommung der Pottetschen Patrone. Seinem Patent von 1858 nach hatte die Patrone eine Hülse, die entweder aus Papier mit Metall, oder ganz aus Metall bestand, sowie eine neue Amboßform. Die von Pottet und Schneider erzielten Ergebnisse wurden später von G. H. Daw in England benutzt (Patent von 1861). Fünf Jahre nach ihm ließ Oberst A. M. Boxer seine Einheitspatrone mit Patronenhülse aus gewundenem Messingblech und Schmiedeeisenkopf in England patentieren. Der ame- rikanische Oberst H. Berdan, erhielt 1866 das Patent auf eine einfache- re und bessere Konstruktion. Seine Patronenhülse war aus Messingblech gezogen, in der Mitte ihres verstärkten Bodens saß das Zündhütchen auf dem Amboß.

Der Pariser Büchsenmacher C. Lefaucheux ging bei der Suche nach der Einheitspatrone mit Selbstdichtung andere Wege. Für seinen Kipplauf-Hinterlader schuf er 1835 eine Patrone mit Papierhülse und Mes- singkopf. Das Zündhütchen wurde durch einen Stoß auf den Zündstift, der am Bodenende der Patronenhülse seitlich herausragte, entzündet. Das war zweifellos die erste selbstdichtende Einheitspatrone, die in größerer Menge hergestellt und verwendet wurde. Später erfuhr sie Verbesserungen, u. a. durch C. R. Houilliers Konstruktion der ganz- metallenen Patronenhülse (Patent von 1850).

Noch in der ersten Hälfte des 19. Jh. wurden die Grundlagen für neue Konstruktionen einer selbstdichtenden Einheitspatrone mit Randzündung erarbeitet. Bereits das 1835 von J. A. Robert erworbene Patent zeigt eine Patronenhülse, deren ganzer Boden mit der Zündmasse bedeckt war. Das auf die Namen J. Hanson und W. Golden lautende englische Patent von 1841 bezog sich u. a. auf eine Patrone von ähnlicher Konstruk-

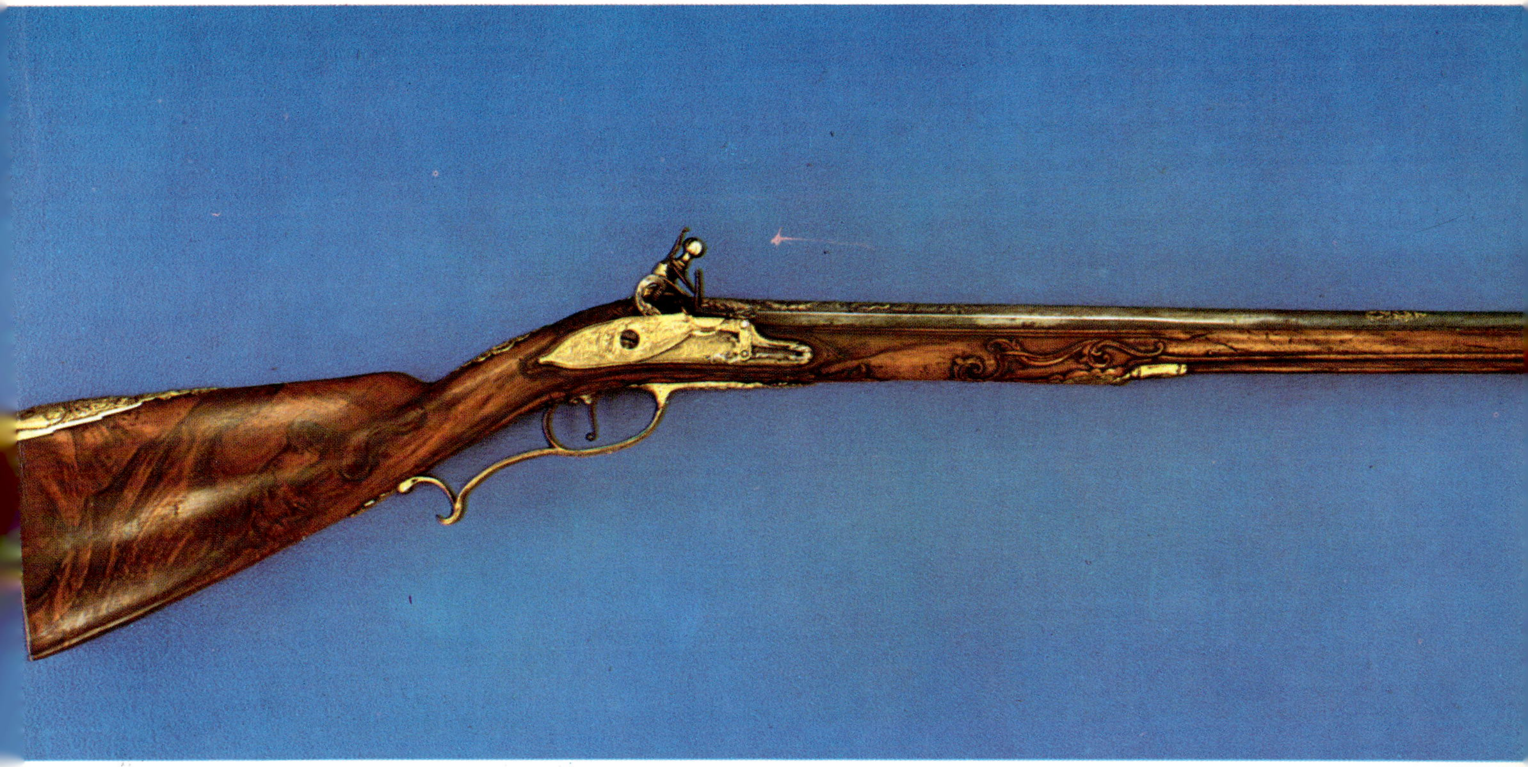

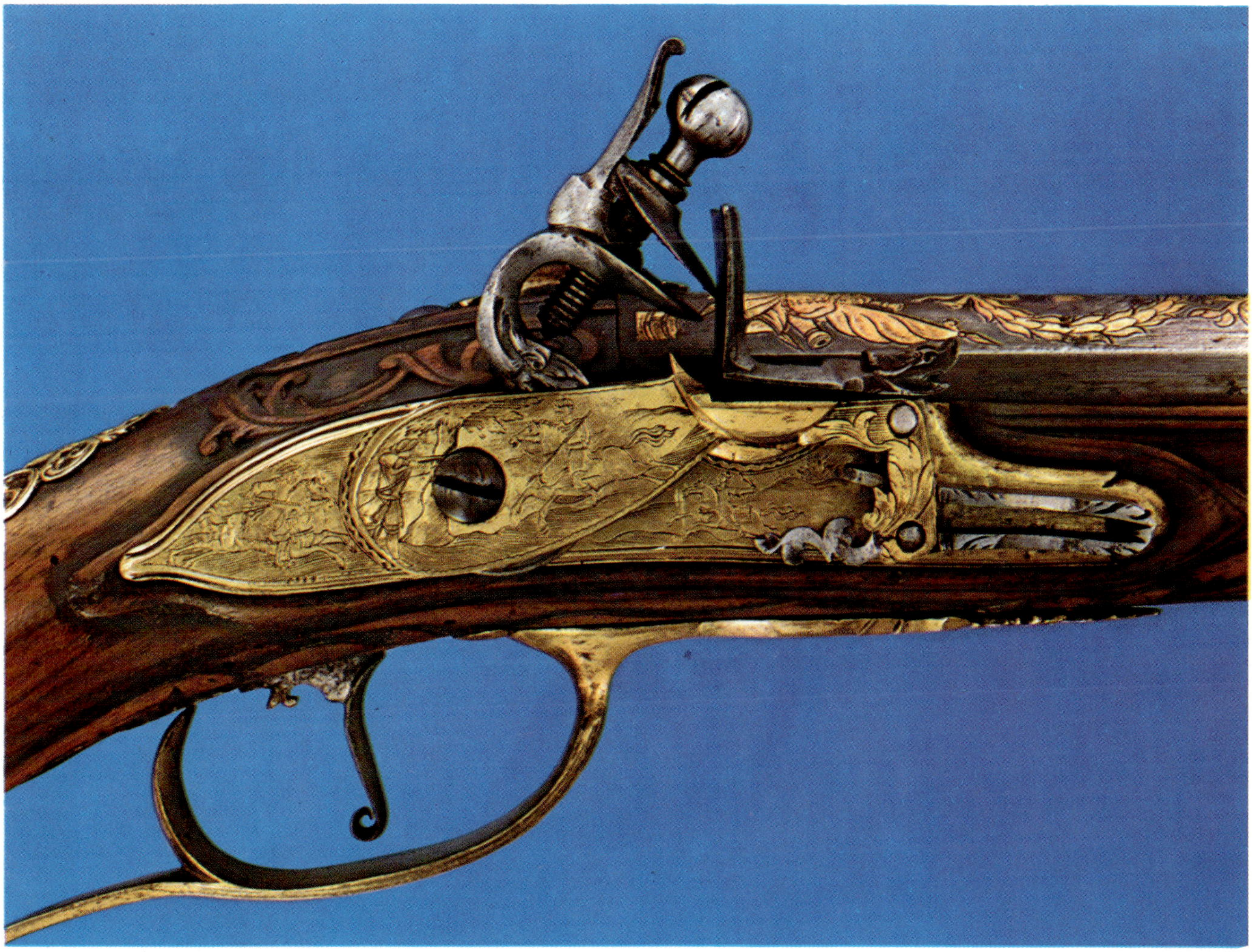

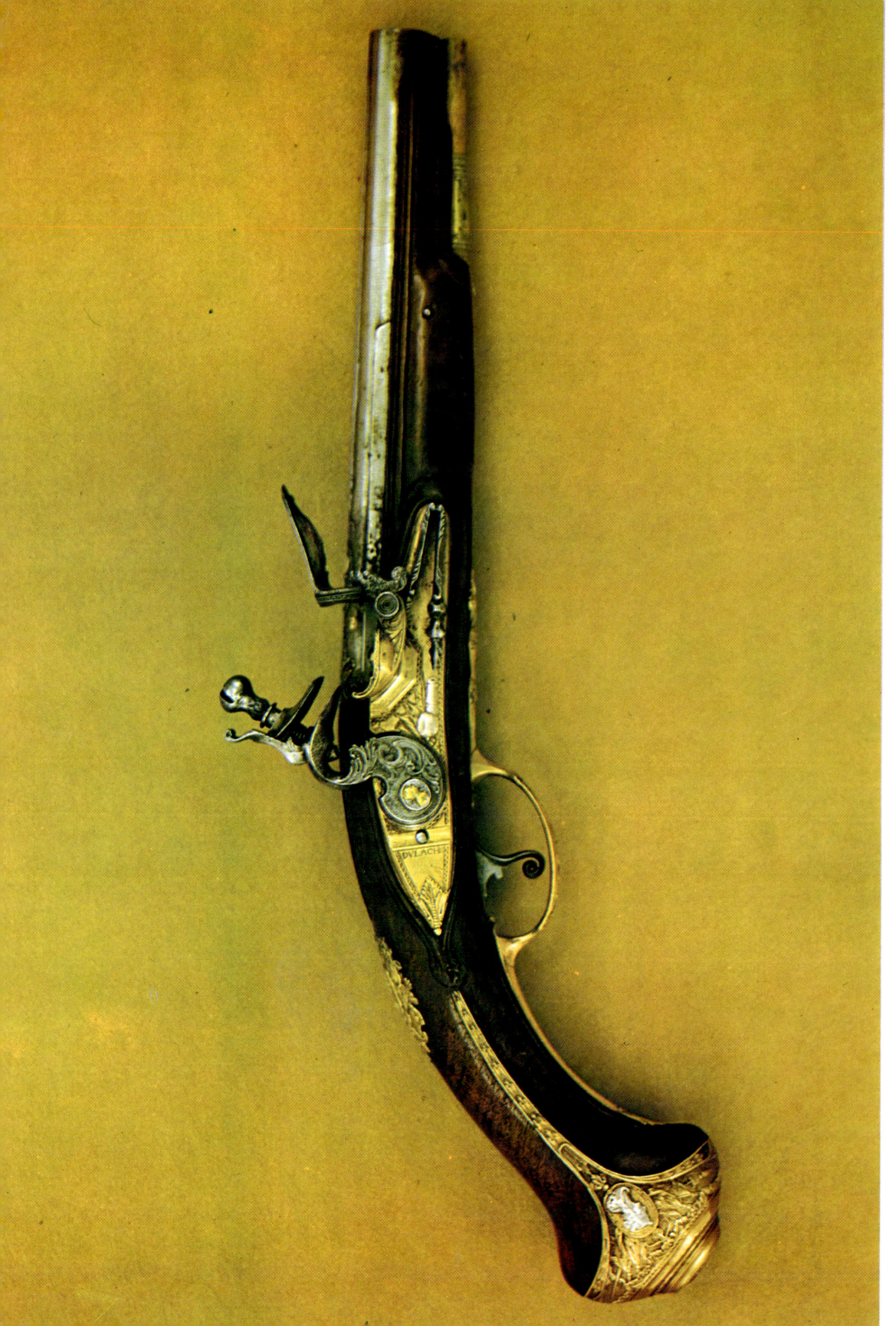

tion, wie die unter dem Namen des Pariser Büchsenmachers L. N. A. Flobert bekannte (Patent von 1849). Die Kugel wurde in ein großes Zündhütchen gesetzt und von der bloßen Energie der Zündmasse getrieben. Einen Schritt weiter geht C. R. Houiller. Sein Patent von 1850 schützte u. a. die Konstruktion einer Patronenhülse, die in ihrem erweiterten Rand das Zündgemenge enthielt. In Amerika hatte später D. B. Wesson (Patent von 1860) in der Entwicklung der Einheitspatrone mit Randzündung Erfolg.

Die Konstruktionen der Hinterlader für selbstdichtende Einheitspatrone hatten mit denen der Perkussions-Hinterlader, Zündnadelgewehre und noch älterer Typen vieles gemeinsam. In einigen Fällen brauchte das ältere Gewehr nur für die neue Patrone umgebaut zu werden. Die Konstrukteure hatten nun andere Probleme, besonders mit den Vorrichtungen für das Ausziehen und Auswerfen der leergeschossenen Patronenhülsen.

Die ältesten Hinterlader für Einheitspatronen mit Selbstdichtung waren für Waffen mit Kipplauf- (Baskül) verschlüssen und seitlich angebrachten Schlössern mit außenliegendem Hammer konstruiert. Dieses System hatte C. Lefaucheux um die Mitte der 30er Jahre des 19. Jh. angewendet, es wurde jedoch bei Militärgewehren niemals verwendet. Bei Militärwaffen wurde die Lefaucheux-Patrone nur sehr wenig gebraucht, eine Ausnahme bilden nur Revolver, während bei Jagdgewehren beide Lefaucheux-Systeme große Verbreitung fanden.

Das Kipplauf- oder Baskülverschlußsystem bewährte sich auch bei anderen Patronenarten. 1852 brachte C. Lancaster in London einen ähnlichen Hinterlader in den Handel, der für Spezialpatronen mit vier Zündkanälen im Hülsenboden eingerichtet war. Mit der gleichen Konstruktion, jedoch für Patronen mit Zentralzündung, hatte 1862 G. H. Daw Erfolg. Das mit neuen Konstruktionen von Schlössern, Ausziehern, Auswerfern und Sicherungen bereicherte Kipplaufsystem ist in der Weiterentwicklung von Gewehren und Scheibenpistolen in verschiedenen Varianten bis in unsere Tage zu verfolgen.

Von geringerer Bedeutung in der Entwicklung der Hinterlader für selbstdichtende Einheitspatronen sind die Gewehre mit verschiebbaren Läufen. Auf solch eine, für Lefauchex-Patronen eingerichtete Schrotflinte erhielt E. Whitney 1867 ein amerikanisches Patent. In den 80er Jahren des 19. Jh. wurden Schrotflinten mit Schieberverschluß auch von J. Wangler in Kutná Hora (Kuttenberg) hergestellt. Spätere Konstruktionen kombinierten beide Arten, die Läufe schoben sich erst vor und kippten dann ab.

In den 60er Jahren des 19. Jh. standen viele Staaten vor der wichtigen Aufgabe, ihre Perkussions-Vorderlader in Hinterlader umzuändern. Rücksichten finanzieller Art ließen etliche Konstruktionen aufkommen, die sich alle auf Dauer nicht durchsetzen konnten. Dies gilt insbesondere für verschiedene Typen von Klappenverschlüssen.

Bei einem Typus war die Klappe an einer parallel zur Laufachse führenden Achse befestigt, der Verschluß öffnete sich durch seitliches Aufklappen. Konstruktionen mit derartigen Verschlüssen wurden z. B. vom Büchsenmachermeister Sylvester Krnka in Böhmen geschaffen. Er baute 1854 den Klappverschluß seines Hinterladers von 1849 für Lefaucheux-Patronen um und konstruierte 1855 einen neuen Klappenverschluß-Hinterlader für Patronen mit Zentralzündung. Diesen bot er 1856 der österreichischen Armee an, die es aber ablehnte, das Gewehr zu erproben, mit der Begründung, daß aus vielen und sehr gewichtigen

99

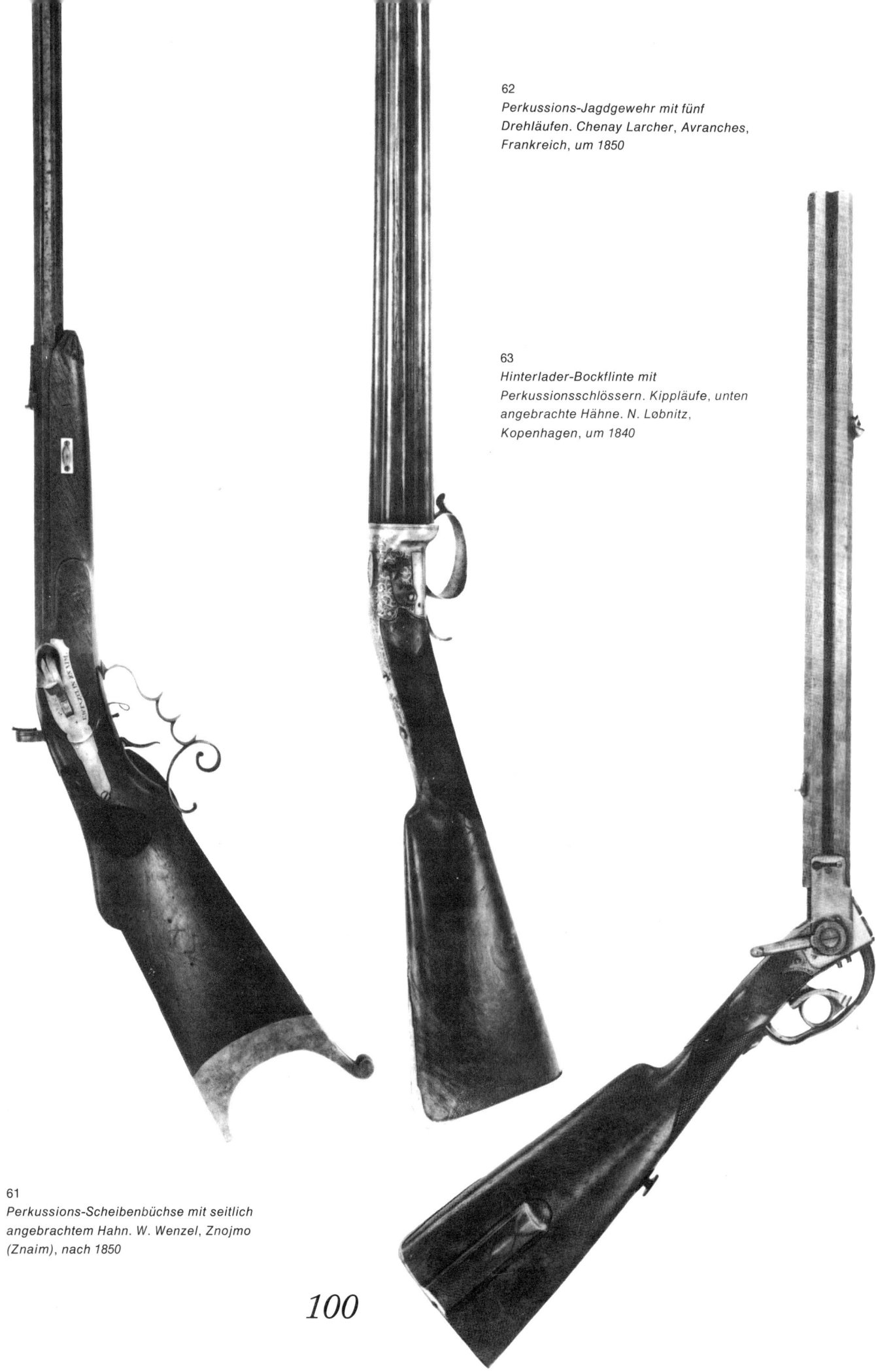

62
Perkussions-Jagdgewehr mit fünf Drehläufen. Chenay Larcher, Avranches, Frankreich, um 1850

63
Hinterlader-Bockflinte mit Perkussionsschlössern. Kippläufe, unten angebrachte Hähne. N. Løbnitz, Kopenhagen, um 1840

61
Perkussions-Scheibenbüchse mit seitlich angebrachtem Hahn. W. Wenzel, Znojmo (Znaim), nach 1850

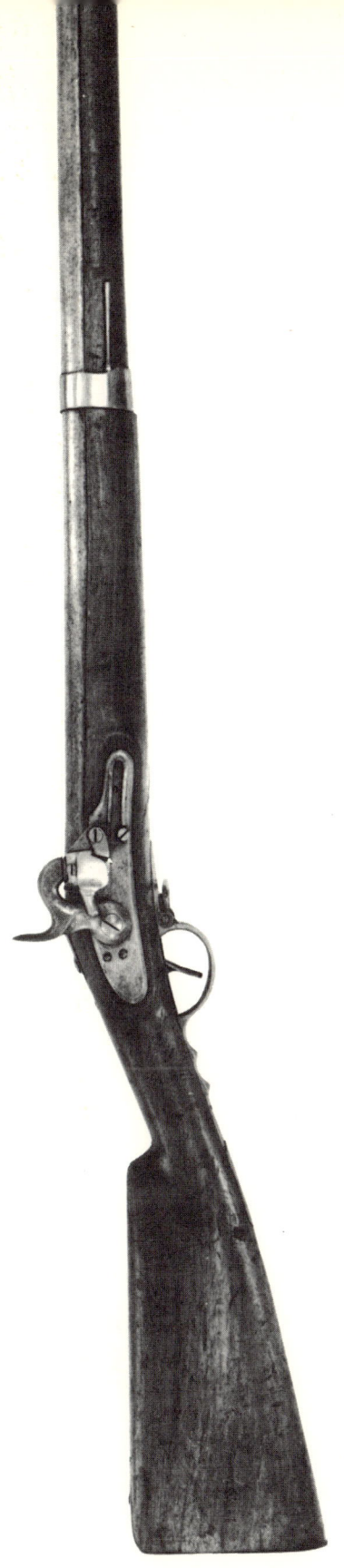

64
*Österreichisches Militärgewehr für
Kadettenschulen. Perkussionsschloß
(System Augustin), Modell 1847*

Gründen jeglicher Hinterlader für Militärbedarf ungeeignet sei. Krnkas nächste Konstruktion von 1865—66 jedoch wurde in die Bewaffnung Montenegros aufgenommen, und sein nächster Typ von 1868 diente Rußland als Modell für den Umbau seiner Vorderlader in Hinterlader (Mod. 1869). Mit diesem Gewehr waren im Russisch-türkischen Krieg große Teile der russischen Infanterie ausgerüstet.

Obwohl sich Baron E. v. Hohenbruck und B. Barth gegenüber mit Krnka im Jahre 1867 vertraglich verpflichtet hatten, die Konstruktion gemeinsam zu verwenden, legten sie dann Krnkas Hinterlader doch nur unter den Namen Barth und Hohenbruck vor.

Ein typischer und sehr verbreiteter Vertreter dieser Gruppe ist die Konstruktion von J. Snider aus dem Jahre 1865. Nach diesem System ließen England und Dänemark ihre Vorderlader umbauen. 1866 bestellte Ägypten bei der Firma Colt den Umbau von mehr als zwölftausend Springfield-Vorderladern nach Sniders Methode. Auch in den Balkanländern und im Orient waren die Snider-Gewehre lange in Gebrauch.

Der Klappenverschluß (die sog. Tabatière) von 1867 diente zur Umänderung der Vorderlader in Frankreich. Ebenso entstanden in Amerika derartige Klappenverschlußkonstruktionen. Patente auf sie erhielt B. F. Joslyn 1861 und 1862.

Bemängelt wurde an derartigen Klappenverschlüssen, daß sie sich schwer öffnen und schließen ließen, wenn die Patrone nicht genau in der Kammer saß, und daß ihre Ausziehvorrichtungen wenig wirksam seien. Eine Verbesserung erwartete man von weiteren Formen des Klappenverschlusses, bei denen sich der Verschluß nach vorn längs des Laufs öffnete und auf einem quer zur Laufachse gelegenem Stift befestigt war.

In den Jahren 1865—70 ließ die amerikanische Armee ihre Vorderlader nach einem derartigen System umarbeiten und führte es auch bei neu hergestellten Gewehren ein. Die Frage des Verschlusses hatte angeblich B. S. Allin in der Waffenfabrik Springfield gelöst.

Ein ähnlicher Verschluß, auch von H. Berdan patentiert, sowie die Tatsache, daß die amerikanische Regierung jahrelang an seine Angehörigen eine Apanage für die Verwendung seines Patentes zahlte, weckt Zweifel an Allins Urheberschaft. Dieser Klappenverschluß wurde lange Zeit in der amerikanischen Ausrüstung verwendet. Die Reiter, die 1876 die Sioux-Indianer bei Little Big Horn niedermetzelten, waren u. a. auch mit Karabinern M 1873 bewaffnet.

Für den Umbau der österreichischen Vorderlader M 1854 schlug der Wiener Fabrikant J. Wänzl einen Verschluß vor, der sich in der gleichen Richtung öffnete. Er verhalf so der österreichischen Armee zu der Ausrüstung mit den nicht eben geglückten Hinterladern M 1867.

Auch der unter dem Namen Berdan I bekannte russische Hinterlader M 1868 war mit einem sich nach vorn öffnenden Klappenverschluß versehen. An der Konstruktion dieses Gewehrs, das keinen außenliegenden Hahn, sondern einen Schlagbolzen mit einer Spiralfeder besaß, waren die russischen Offiziere K. I. Gunnius und A. P. Gorlov aktiv beteiligt. Es wurde in der Coltschen Waffenfabrik hergestellt.

Zu den Klappenverschlüssen dieser Gruppe gehört ferner der Typ, nach welchem man ab 1867 Vorderlader in Belgien umbaute und der auf den italienischen Obersten A. Albini sowie den Büchsenmacher E. A. Braendlin zurückgeht. Die Schweizer verwendeten 1867—68 einen Klappenverschluß, den Professor Amsler auf Grund der Konstruktion des Amerikaners J. M. Milbank vervollkommnet hatte. Auch

„Pepperbox"-Pistole mit sechzehn
Drehläufen und Perkussionsschloß;
unten befindlicher Hahn. Lüttich, um 1850

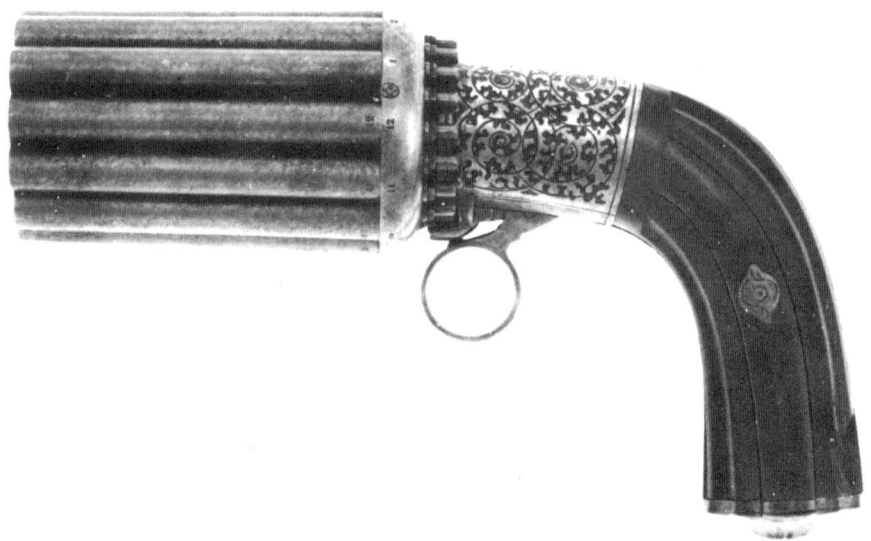

der Verschluß des belgischen Terssen- Hinterladers von 1868 öffnete sich in gleicher Richtung.

Auf verschiedene Weise wurde bei diesen Klappenverschlüssen die Frage der Verriegelung gelöst. In den meisten Fällen war es ein Bolzen, der sich längs der Gewehrachse bewegte und oft mit dem Hahn verbunden war.

Ferner gab es Versuche, die Betätigung der Klappenverschlüsse zu vereinfachen und die Zahl der Ladebewegungen zu verringern. So ergänzte S. Krnka gewisse Hinterlader mit einer Einrichtung, die durch Bewegung eines Hebels oder Hahnes den Verschluß öffnete und die entleerte Patronenhülse auswarf. Mit einer ähnlichen Einrichtung war z. B. auch der englische Hinterlader Soper-Henry von 1868 ausgestattet. Beim Hinterlader System Reilly-Comblain von 1868 wurde der Verschluß mit einem Hebel geöffnet, der gleichzeitig den Hahn spannte.

Ende der 60er Jahre des 19. Jh. wurden über dreißigtausend Sharps-Gewehre und Karabiner für die Verwendung von selbstdichtenden Einheitspatronen umgebaut. Die bereits bewährte Konstruktion von C. Sharps wurde damit zum Vertreter einer weiteren Gruppe der Hinterlader mit Vertikalblockverschluß. In den 70er Jahren des 19. Jh. wurde die Herstellung des Sharps-Gewehres in neuer Ausführung fortgesetzt. Es war die Waffe der Texas-Ranger, sie erwarb in den Händen der Büffeljäger bei der sinnlosen Vernichtung amerikanischer Bisonherden ihren zweifelhaften Ruhm.

Aus Sharps' Konstruktion ging in den 70er Jahren ein weiterer hahnloser Typ hervor, eingeführt unter dem Namen Sharps-Borchardt. Ohne Erfolg in der Militärausführung, zeichnete er sich als Scheibenbüchse aus.

Zu den an Zahl geringen, sammlerisch wertvollen Hinterladern dieser Kategorie gehört die Konstruktion Treuille de Beaulieus von 1854, das Gewehr der französischen Kaisergarde (Mousqueton des Cent Gardes). Seine Patronen ähnelten denen von Lefaucheux, hatten aber neben dem Zündstift noch einen anderen Stift zum Ausziehen. Ungewöhnlich für die damalige Zeit war auch sein Kaliber (9 mm).

Schon während des amerikanischen Bürgerkrieges wurden in geringer Anzahl die Karabiner mit Vertikalblockverschluß verwendet, die nach dem Patent von C. H. Ballard von 1861 hergestellt wurden. Diese

102

Hinterlader hatten später als sehr treffsichere Scheibengewehre besten Ruf.

Die belgische Garde civique, die belgische Reiterei und mehrere südamerikanische Staaten nahmen einen weiteren Hinterlader dieser Gruppe in ihre Ausrüstung auf, die Konstruktion des belgischen Büchsenmachers Comblain von 1871. Auch sehr bekannte Firmen verwendeten bei Jagdbüchsen und Scheibengewehren den Verschluß, den J. Farquharson 1872 patentieren ließ. Weniger erfolgreich war die 1877 vom griechischen Offizier Mylonas vorgelegte Konstruktion. Dagegen wurde die Scheibenbüchse mit Vertikalblockverschluß, die C. W. Aydt 1884 in Suhl konstruierte, häufig verwendet. Mit einem ähnlichen Verschluß nach der Konstruktion von J. M. Browning war der Hinterlader ausgestattet, den die Firma Winchester 1885 in den Handel brachte. Zu dieser Kategorie läßt sich auch der Hinterlader zählen, den Portugal nach einer Konstruktion des portugiesischen Offiziers Guedes von 1885 einführte. Der Verschlußblock dieses Gewehres macht neben der Vertikal- auch eine kurze Rückwärtsbewegung.

Wie bereits gesagt, konnten die Hinterlader mit Vertikalblockverschluß unter Jagd- und Sportgewehren einen festeren Platz erobern als unter Militärwaffen. Auf beiden Gebieten gleich hervorragend bewährte sich eine weitere Art von Hinterladern für selbstdichtende Einheitspatronen, die Gewehre mit Fallblockverschlüssen, die auf die 1862 in Amerika patentierte Konstruktion H. O. Peabodys zurückgehen. In Amerika setzte sich das Peabody-Gewehr nicht durch, obwohl es 1865 als bestes getestet wurde, doch erhielt sein Hersteller, die Firma Providence Tool Co., Bestellungen aus Kanada, der Schweiz, Rumänien und 1870 auch aus Frankreich. Weitere Peabody-Gewehre gingen nach Kuba, Mexiko und in andere Länder.

Das Peabody-System machte, allerdings unter anderem Namen und in veränderter Form, weitere Karriere. Der Schweizer Büchsenmacher F. v. Martini entwickelte den Fallblockverschluß weiter und konnte ihn wesentlich verbessern. Er konstruierte vor allem ein neues innenliegendes Schlagwerk, so daß der außenliegende Hammer wegfiel. Der Hinterlader mit einem vom Edinburger A. Henry entworfenen Lauf und mit Martini-Verschluß wurde 1871 in die Ausrüstung Englands aufgenommen, und dann führten auch die Türkei, Rumänien und andere Länder das Henry-Martini-Gewehr ein. In großem Umfang und sehr lange Zeit wurde der Martini-Verschluß auch an Scheibengewehren benutzt.

Ein weiteres Gewehr mit ähnlicher Verschlußbetätigung wurde in die Heeresbewaffnung Bayerns eingeführt. Es war die Konstruktion, die 1869 J. L. Werder vorlegte. Auch die Pistolen dieses Systems haben Sammlerwert.

Mittels eines Hebels am Kolbenhals betätigte der Schütze den Fallblockverschluß des 1871 patentierten Roberts-Hinterladers. Er wurde in Serbien in die Ausrüstung eingeführt.

Unter den Sportgewehren schließlich gewannen die Hinterlader mit ähnlicher Verschlußbetätigung große Bedeutung, die R. Stahl konstruiert hatte; auch zahlreiche andere, vom Martini-System abgeleitete Konstruktionen waren im Handel.

Noch größere Bedeutung als das Peabody-Martini-System gewann unter den Hinterladern für selbstdichtende Einheitspatronen das Gewehr, das den bekannten Namen Remington trägt. Es gehört bereits zu einem weiteren Typ — den Hinterladern mit Drehblockverschluß.

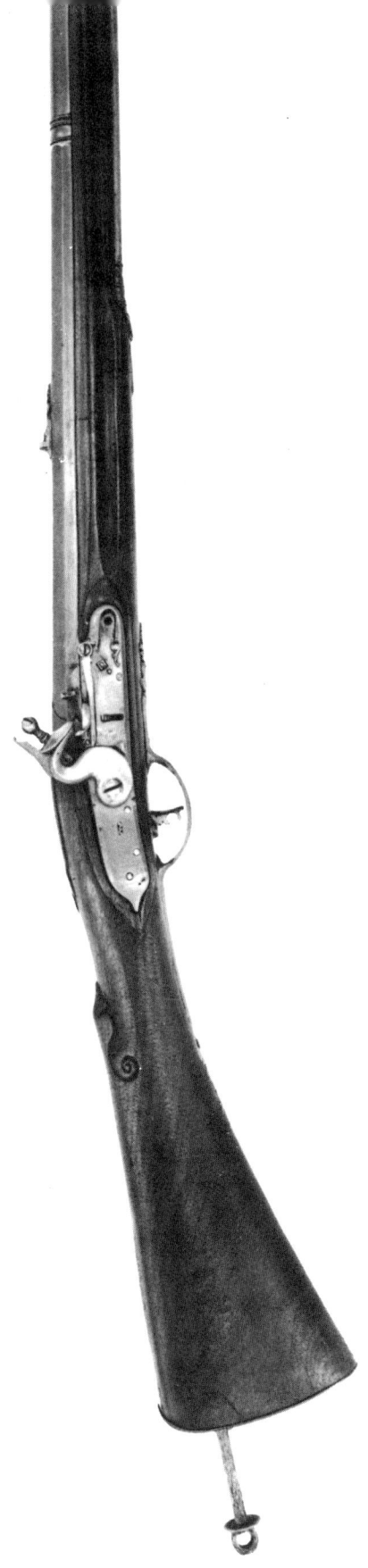

*Luftbüchse mit nachgeahmtem
französischem Flintschloß.
Druckluftbehälter in Röhre am Lauf.
Mitteleuropa?, 18. Jh.*

Es basierte auf einem Patent, das J. G e i g e r 1863 erworben hatte. In der Firma Remington fügte J. R i d e r (Patent von 1864) gewisse Verbesserungen hinzu und es entstand die gelungene Konstruktion, die schlagartigen Erfolg hatte. Später erzeugten amerikanische und europäische Waffenfabriken Millionen dieser Gewehre. Bekannt waren auch die Pistolen mit gleichem Verschluß.

Die Remington-Gewehre fanden auf Kriegsschauplätzen weite Verwendung, angefangen vom amerikanischen Bürgerkrieg bis zur Zeit des ersten Weltkrieges. Die Konstruktion überlebte die Ära des Schwarzpulvers und wurde auch für kleinkalibrige Patronen mit rauchlosem Schießpulver hergestellt.

Vom erfolgreichen Remington-Geiger-Rider-System gingen weitere, fast gleiche Konstruktionen aus. T. T. S. L a i d l e y, C. A. E m e r y, E. W h i t n e y und F. T i e s i n g erhielten in den Jahren 1866—72 Patente auf Konstruktionen, die auffallend an den Remington-Hinterlader erinnern. Die Herstellung wurde von der Firma Whitneyville Arms Co. besorgt.

Der „Rolling-Block" des Remington-Gewehres drehte sich auf einer quer durch das Verschlußgehäuse führenden Achse. Mit einem Drehblockverschluß anderer Ausführung, einer zur Laufachse parallelen Achse, war der unter dem Namen J. W e r n d l bekannte Hinterlader ausgestattet. In die Urheberschaft teilt sich Werndl allerdings mit dem Werkführer der Steyerschen Waffenfabrik, K. H o l u b. Hauptbenutzer der Werndl-Gewehre war die österreichische Armee (die älteren M 1867 und die neueren 1873 bzw. 1873/77). Auch bei Jagd- und Scheibenbüchsen wurde ein derartiger Verschluß angewandt.

Bei Hinterladern für selbstdichtende Einheitspatronen gewann schließlich auch der Drehkammer- oder Zylinderverschluß große Bedeutung, der bei Zündnadelgewehren und Perkussions-Hinterladern gebraucht worden war.

Der erste derartige, in der amerikanischen Armee verwendete Hinterlader war ein bereits im amerikanischen Bürgerkrieg hergestellter Karabiner — sein Patent hatte 1862 W. P a l m e r erhalten. Er war noch mit seitlich angebrachtem Schloß und außenliegendem Hahn versehen. Ein solcher Hahn befand sich auch auf dem um 1870 in Österreich entstandenen A n d r s -Hinterlader, er spannte sich jedoch schon beim Öffnen des Verschlusses.

Ende der 60er und zu Beginn der 70er Jahre begannen sich in der Ausrüstung der Heere weitere Konstruktionen mit verbesserten, selbstspannenden Zylinderverschlüssen zu verbreiten.

In Deutschland arbeitete P. M a u s e r an der Vervollkommnung des Zylinderverschlusses von Dreyses Zündnadelgewehr und schuf 1867—69 jenen Hinterlader, den wir unter der Bezeichnung M a u s e r - N o r r i s kennen, also auch unter dem Namen seines Partners, des Remington-Vertreters in Europa. Dieser ließ die Mausersche Konstruktion nur patentieren und bemühte sich vergeblich, sie anzubringen. Erst nach der Trennung von Norris setzte sich Mauser mit einer weiter vervollkommneten Konstruktion durch. Sein Hinterlader wurde zur ersten Einheitswaffe des unter Preußen geeinten Deutschen Reiches und wurde später auch von anderen Staaten eingeführt.

Im Jahre 1870 legte H. B e r d a n seine neue Konstruktion mit verbessertem Zylinderverschluß dem Russischen Reich vor, und die Armee des Zaren führte sie als System Berdan II in die Bewaffnung ein. Holland entschied sich 1871 für das von F. B e a u m o n t stammende System,

Frankreich nahm 1874 den Hinterlader mit Drehzylinderverschluß System Gras in die Ausrüstung seiner Armee auf. Sämtliche genannte Verschlußtypen drehten sich beim Öffnen oder Schließen um eine Längsachse. Es gab aber auch Konstruktionen mit Geradezug-Zylinderverschluß, z. B. das englische Gewehr, das T. Wilson 1868 vorlegte.

Mit dem Kipplaufsystem verbreiteten sich die Hinterlader für Einheitspatronen mit Selbstdichtung etwa von den 40er Jahren des 19. Jh. unter den Jagdgewehren und beherrschten von den 60er Jahren ab das Feld. Unter Jagd- und Sportgewehren kommt ihnen bis heute dauernde Bedeutung zu. Der Beginn der Verbreitung der Hinterlader mit modernen Einheitspatronen in der Armeeausrüstung fällt erst in die 60er Jahre, und diese stieg hauptsächlich während des nächsten Jahrzehnts. Diese Hinterlader erschienen zu einer Zeit in der Heeresbewaffnung, da die Entwicklung der Magazin-Repetiergewehre bereits wesentliche Ergebnisse gebracht hatte. In dieser Beziehung ist die Entwicklung in den Vereinigten Staaten interessant, wo die Armee in demselben Jahr einschüssige Hinterlader mit Klappenverschluß für zwanzig Jahre einführte, in welchem die Firma Winchester das berühmte Repetiergewehr M 1873 in den Handel gab. Dabei war freilich auch der Umstand ins Gewicht gefallen, große Militärpatronen verwenden zu können.

Auf militärischem Gebiet war die Herrschaft der genannten Hinterlader keineswegs von langer Dauer. In der Kriegskunst vertieften sie eigentlich nur die Erfahrungen mit den älteren Hinterladersystemen, vor allem den Zündnadelgewehren, und bald mußten sie den Repetierern Platz machen. Die 60er und insbesondere die 70er Jahre erbrachten auch Beweise der Bedeutung von Repetiergewehren im offenen Kampf.

Die technischen Grundelemente, die bei der Entwicklung der Hinterlader dieses Typs weitergeführt worden waren, hatten lange Gültigkeit. Obwohl zur Zeit des Schwarzpulvers entwickelt, konnten sie ohne besondere Schwierigkeiten in die Zeit des rauchschwachen Pulvers übernommen werden.

Zu den meisthergestellten Hinterladern für selbstdichtende Einheitspatronen gehörten sicherlich die Peabody-Martini-Gewehre, deren Lieferungszahl mehrere Millionen beträgt, ebenso wie die Remingtongewehre, von denen die Firma Remington 1868—1918 ca zwei Millionen herstellte. Auch bei einer Zählung der erzeugten Mausergewehre dieser Art müßten wir die Millionengrenze weit überschreiten. Bei dem Versuch, eine vollständige Sammlung derartiger Hinterlader zusammenzustellen, würde man freilich auch auf weniger erfolgreich vertretene Typen stoßen. Und auch auf sehr seltene, wie es etwa der Mousqueton der Cent Gardes oder die österreichische Variante des Remington-Gewehrs sind.

67
Luft-Scheibenbüchse, Balg im Schaftkolben. Mitteleuropa, um 1800

Mehrläufige und mehr – schüssige Waffen

Der Mensch ist erfindungsreich. Bald erkannte er, daß das größte Problem der damals ganz neuen — und, aufrichtig gesagt, recht primitiven — Feuerwaffen im langwierigen Ladevorgang bestand, der einer Erhöhung der Feuergeschwindigkeit enge Grenzen setzte. Freilich konnte man die ungenügende Schießgeschwindigkeit auf dem Kriegsschauplatz und auf der Jagd durch eine größere Anzahl von geladenen Gewehren wettmachen, die der einzelne Schütze griffbereit zur Hand hatte. Das war die Methode, der man sich auch im 19. Jh. noch lange bediente.

Aber schon in den ersten Jahrzehnten des Bestehens von Feuerwaffen kam man auf eine andere Methode: eine Erhöhung der Feuergeschwindigkeit konnte auch durch Vermehrung der Läufe oder durch deren Verbindung zu einer einzigen Waffe erreicht werden. Bereits in der um 1402 in Böhmen entstandenen Handschrift von Konrad Kyeser Bellifortis finden sich Abbildungen verschiedener Einrichtungen zur Erhöhung der Schießgeschwindigkeit durch Laufverbindung. Da gibt es z. B. eine horizontale Drehscheibe mit mehreren Läufen, die gegen den Scheibenumfang befestigt sind und nacheinander abgeschossen werden.

An dieser Stelle jedoch interessiert uns eine andere Methode — sie hat in der Entwicklung der Feuerwaffen eine wichtige Rolle gespielt und spielt sie eigentlich noch heute. Auf einer der Abbildungen verbindet der Zeichner drei Läufe, einen großen in der Mitte mit je einem kleineren an den Seiten, und weist im Text darauf hin, daß der Feind beim Vernehmen des ersten Schusses sicher keine weiteren erwarten werde. Doch es folgten die Schüsse aus den zwei übrigen Läufen nacheinander. Eine andere Abbildung zeigt drei gleichartige Läufe, die parallel und gemeinsam gelagert und ebenfalls nacheinander abzufeuern sind. Daß es sich bei Kyeser vorwiegend um großkalibrige Läufe handelt — er spricht von Steinkugeln, also Artilleriegeschossen — ist für uns nicht entscheidend; wichtig ist, daß hier das Prinzip der Erzielung größerer Feuergeschwindigkeit durch Laufverbindung vorliegt. Und daß dieses Prinzip nicht lange bloße Theorie blieb, beweist u. a. das aus dem Jahr 1430 stammende Inventarverzeichnis der Burg Točník in Böhmen, das neben anderen auch „Trojaniczbüchsen" erwähnt; diese Benennung läßt sich nur so erklären, daß es sich um die tschechische Benennung von dreiläufigen Büchsen, Drillingen, handelt.

Um ein Jahrhundert jünger als Kyesers Werk sind die Zeughausinventare Kaiser Maximilians I., in denen sich gleichfalls mehrere Abbildungen von Feuerwaffen befinden, die zu dritt, zu viert und sechst in einer gemeinsamen „Lage" ruhen. Uns interessiert besonders jene Skizze, die eine Waffe mit drei Läufen darstellt, von denen sich zwei Läufe unten, der dritte zwischen beiden oben befindet. Diese Skizze ist interessant, weil in den Sammlungen des Prager Militärmuseums eine kurze, mit drei auf die gleiche Weise angeordneten Läufen versehene Feuerwaffe aufbewahrt wird, die ein Luntenschloß besitzt, das freilich nur für den oberen Lauf verwendbar war. Die beiden anderen Läufe wurden ebenso wie die im Kolben des kurzen Schaftes gelagerten vier Pistolenläufe von Hand abgefeuert. Diese Waffe gehört ihrem Charakter nach ins 16. Jh., wahrscheinlich in seine erste Hälfte, und stellt wohl ein Kuriosum vor.

Häufiger waren im 16. Jh. Waffen mit zwei übereinander gestellten Läufen, die Bockdoppelwaffen. Damals waren die meisten Feuerwaffen mit Radschlössern ausgestattet; auch die Bockpistole von Wolf Danner hat ein doppeltes Radschloß (mit zwei Hähnen); das Schloß ist das Werk eines Angehörigen der Nürnberger Familie Sporer. Die Verbindung von zwei festen Läufen auf die Art der Bockflinten tritt in den folgenden Jahrhunderten relativ häufig auf und steht bei Jagdwaffen eigentlich bis in unsere Tage in Gebrauch. Schon im vorigen Jahrhundert erscheinen bei Perkussionsgewehren umstellbare Läufe. Je nach Bedarf konnte der Jäger glatte (Schrot-) Läufe durch gezogene (Kugel-) Läufe ersetzen. Oft sind es Stücke von hoher Qualität, wie z. B. die Bockflinte des Prager Meisters A. V. Lebeda aus der Zeit um 1850. Unter den Militärgewehren bildet die 1767 eingeführte Bockbüchsflinte der österreichischen Grenzjäger eine seltene Ausnahme. Erst seit Beginn des 18. Jh. erscheinen Doppelläufe mit zwei Steinschlössern bzw. späteren Perkussionsschlössern. Nach dem Charakter der verwendeten Läufe unterscheidet man Jagd-Doppelflinten (beide Läufe sind glatt), Doppelbüchsen (beide Läufe gezogen, Kugelläufe) oder Büchsflinten (ein glatter, ein gezogener Lauf). Diese Formen wurden sämtlich für die verschiedensten Hinterladersysteme des 19. Jh. übernommen und sind noch heute in Gebrauch. Dieses Prinzip fand nicht nur bei Jagdbüchsen Verwendung. In verschiedenen Sammlungen kann man sowohl doppelläufige Pistolen mit französischen Flintschlössern aus dem 18. Jh. als auch kurze Taschenpistolen zumeist englischer oder Lütticher Herkunft mit mittleren Flintschlössern aus der Zeit um 1800 finden. Bis tief in die zweite Hälfte des vorigen Jahrhunderts kamen zweiläufige Pistolen, und zwar Perkussionsvorderlader oder Hinterlader mit älteren, z. B. dem Lefaucheux-Schloß, zur Anwendung.

68
Windbüchse, Metall-Windflasche unter dem Lauf. 18.—19. Jh.

69
Windbüchse, Metall-Windflasche linkerseits. 18.—19. Jh.

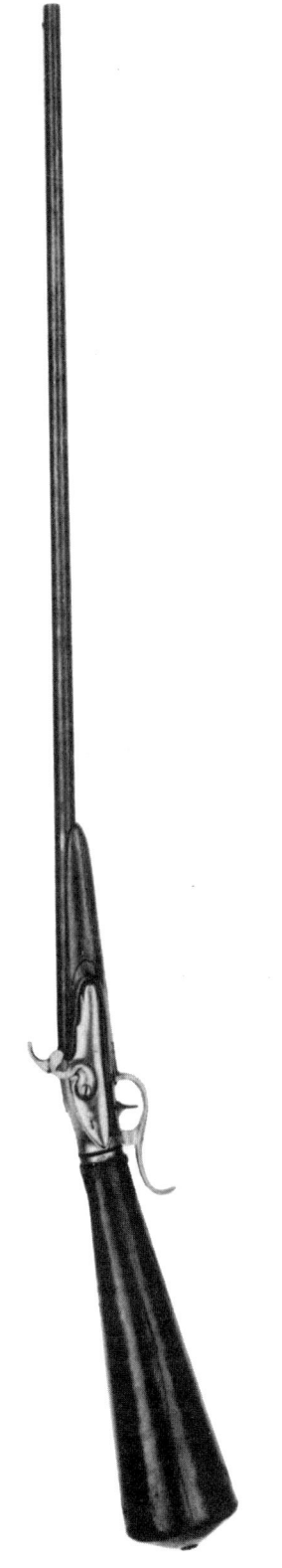

*Windbüchse, Metall-Windflasche im
Kolben. Jan Burda, Prag, nach 1821*

Weniger oft begegnet man Feuerwaffen mit mehreren festen Läufen. Der genannte A. V. Lebeda, der bekannteste Prager Büchsenmacher des 19. Jh., stellte mitunter Vorderlader-Drillinge und -Vierlinge mit Perkussionsschlössern her. Aus dem ausgehenden 19. Jh. stammt der Hinterlader Perkussions-Vierling, ein Werk des Schwarzenbergschen Hofbüchsenmachers F. Haberda aus Hluboká (Frauenberg) in Südböhmen.

Ein anderer Weg zur Erhöhung der Schießgeschwindigkeit wurde in der Möglichkeit gesehen, aus einem Lauf mehrere Schüsse hintereinander abzugeben. Und derartige Versuche sind wieder schon in den ersten Anfängen der Entwicklung der Handfeuerwaffen anzutreffen. In einem Wiener Codex aus dem ausgehenden 14. Jh. ist die Abbildung einer Feuerwaffe zu sehen, die mit mehreren, hintereinander angeordneten, Zündkanäle tragenden Zylindergeschossen geladen wurde. Jedes Geschoß hatte seine Pulvermenge, die Kanäle waren mit Knallpulver oder einem anderen Zündgemenge gefüllt. Der Schütze entzündete das erste Geschoß an der Laufmündung und erzielte damit das Abfeuern einer ganzen Reihe aufeinanderfolgender Schüsse. Auch dieses Prinzip der Espignolle erscheint in verbesserter Form zu Beginn des 19. Jh. aufs neue. Das Prager Militärmuseum besitzt in seinen Sammlungen ein Paar Perkussions-Hinterlader mit Espignolle-System. Bei ihnen lassen sich mehrere zylindrische Patronenhülsen, von denen jede eine Ladung Schießpulver sowie eine durchbohrte Kugel enthält, zu einem Zylinder zusammenschrauben, dessen acht Patronen von hinten in den Lauf geladen wurden. Und wieder bewirkte das Abfeuern der ersten Ladung eine Reihe von aufeinanderfolgenden Schüssen. Noch in den Jahren 1848—64 fand dieses Espignolle-System Gebrauch in der Bewaffnung der dänischen Armee.

Es hatte allerdings den Mangel, daß sich die einmal gezündete Espignolle nicht mehr bremsen ließ. Vorteilhafter waren die Systeme, bei denen die Schüsse einzeln abgegeben werden konnten. Auch dieses Prinzip geht in seinen Anfängen auf das ausgehende 14. Jh. zurück, wie die bereits erwähnte Handschrift-Zeichnung beweist, auf der ein Lauf mit mehreren Zündkanälen zu sehen ist. Die Erfindung der mechanischen Zündung, des Schlosses, erleichterte auch die Lösung dieser Frage. Durch Verdopplung oder Vermehrung des Schloßmechanismus war man imstande, aus einem Lauf nacheinander zwei oder mehrere Schüsse abzugeben. In allen großen Sammlungen befinden sich Radschloßwaffen dieses Systems aus dem 16. und 17. Jh., in geringerer Anzahl solche aus der 1. Hälfte des vorigen Jahrhunderts, wie z. B. die Doppelflinte mit je zwei Perkussionsschlössern für jeden Lauf in den Sammlungen des Prager Militärmuseums.

Doch mag den klugen Köpfen der Büchsenmachermeister auch diese Methode zu kompliziert erschienen sein, so daß sie auf eine Vereinfachung sannen, die das Abfeuern von mehreren Schüssen nacheinander mittels eines einzigen Schlosses gestatten würde. Als Beispiel wollen wir die 1650 datierte Pistole der Salzburger Brüder Klett nennen; sie ist mit einer frühen, zeitgemäßen Form von französischem Flintschloß versehen. Im Lauf liegen hintereinander drei Ladungen mit drei Zündlöchern, deren zwei hintere mit einem Vertikalschieber verschlossen werden konnten. So war es möglich, mittels einer verlängerten Pfanne zuerst den ersten Schuß abzugeben, hierauf aus dem im Körper des starken Feuerstahls befindlichen Vorratsbehälter weiteres Zündpulver nachzuschütten, ein weiteres Zündloch zu öffnen und den nächsten

Schuß abzufeuern. Diese Pistole ist sogar sechsschüssig; sie hat zwei auf Bockflintenart angeordnete drehbare Läufe.

Das gleiche System wird auf italienischen Radschloßwaffen des ausgehenden 17. Jh. verwendet; eine seiner Varianten ist die Flintschloßbüchse mit zwei separat zu verschließenden Pfannen für zwei hintereinander liegende Ladungen, deren Schaft die Signierung „Franciscus Spinonus fecit 1674" trägt. Sie wird in der Waffensammlung des staatlichen Schlosses Bítov in Südmähren aufbewahrt.

Eine andere Lösung war das Schiebe- oder „Wander"schloß, das sich in einer mit Sperrklappen versehenen Nut von Ladung zu Ladung rückwärts bewegte; die Sperrklappen waren so eingerichtet, daß die Pfanne jedesmal auf das betreffende Zündloch gerichtet war. Dieser Schieber erscheint bei Luntenschlössern bereits im beginnenden 17. Jh. und bei verschiedenen Konstruktionen mit Flintschlössern bis ins 1. Drittel des 19. Jahrhunderts.

Vom Begriff des Schiebeschlosses führte nur ein kleiner Schritt zu der Vorstellung, das Schloß unbewegt zu lassen und den Lauf in Bewegung zu versetzen. In den Sammlungen von Schloß Bitov befindet sich ein Paar leider nichtsignierter Kugelbüchsen mit frühem, wohl um 1650 entstandenem Steinschloß. Der achtschüssige Lauf — der Abstand der einzelnen Zündlöcher bewegt sich zwischen 33 und 35 mm — ist hinten von einem Messinggehäuse umschlossen. Eine aus dem Kolbenschuh kommende lange Schraube geht durch Kolben und Unterschaft. Wird sie gedreht, schiebt sich der Lauf so nach vorn, daß die Länge eines Schubs der Entfernung zwischen den einzelnen Zündlöchern gleich ist und daß die Stellung des Zündkanals zur Pfanne durch die betreffende Sperrklappe gegeben ist. Ähnliche Feuerwaffen aus Schleswig werden in mehreren führenden Sammlungen Europas aufbewahrt, so z. B. in Kopenhagen, Stockholm, auch im Moskauer Kreml.

Eine andere Lösung des Problems erhöhter Feuergeschwindigkeit mit Hilfe einer Verbindung von zwei oder mehreren Läufen waren die Gewehre mit drehbaren Läufen, die „Wender". Obwohl die ersten derartigen Versuche bereits im 16. Jh. und bei Radschloß- und Luntenschloßgewehren zu Beginn des 17. Jh. erscheinen, ist die Verbreitung der Wender erst mit dem französischen Flintschloß verbunden.

71
Österreichische Militär-Repetierwindbüchse System Girardoni, eingeführt 1780. Windflasche im Schaftkolben, Kugelmagazin seitlich am Lauf.

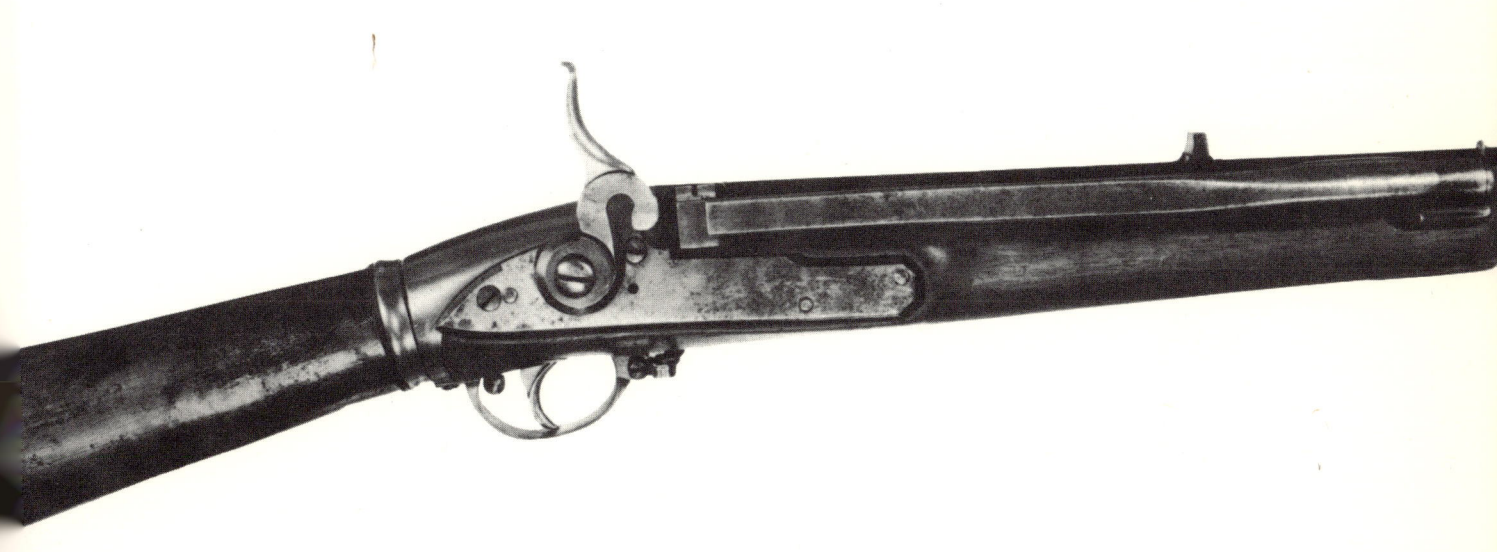

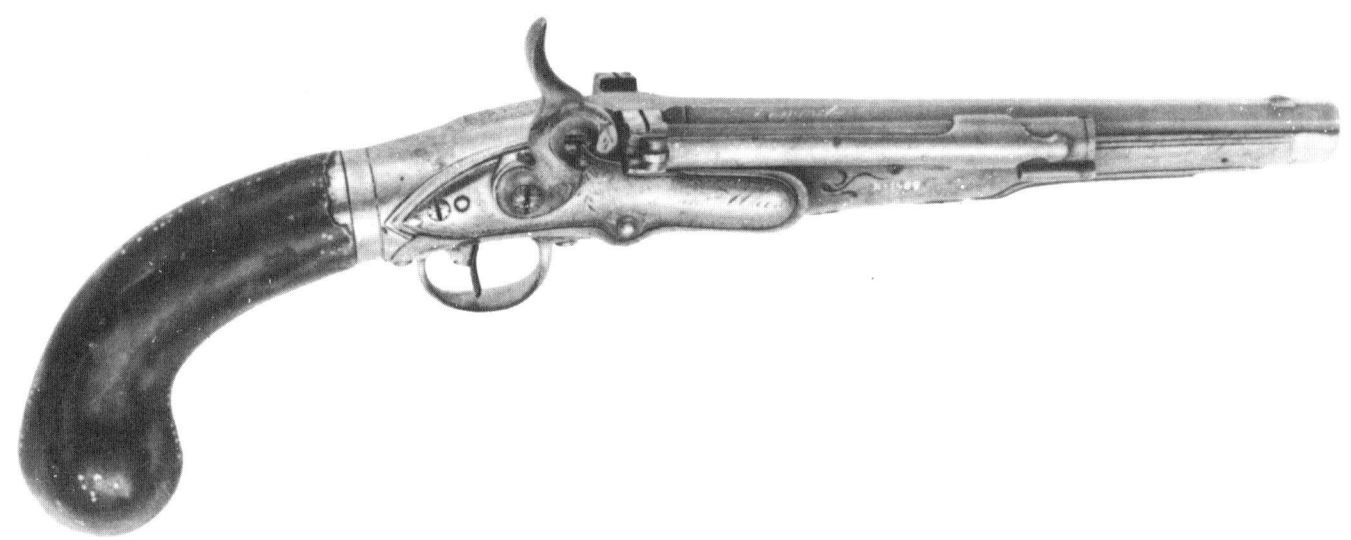

72
Repetier-Windpistole System Girardoni.
Joseph (?) Contriner, Wien, Anf. 19. Jh.

Bei diesem System ist jeder Lauf — zumeist sind es zwei — mit eigener Pfanne, eigenem Feuerstahl mit Feder versehen und hinten fest in seinem Schloßblech verankert, durch das ein Drehbolzen geht; dieser kommt aus dem betreffenden Schloßblech, das am Schaft befestigt und mit dem übrigen Schloßteil (Hahn mit entsprechendem Mechanismus) ausgestattet ist. Bei älteren Stücken wird der Lauf mittels einer stäbchenförmigen Kurbel vor dem Abzugsbügel um den Drehbolzen gedreht, bei jüngeren zumeist mit Hilfe des Vorderteils des Bügels.

Das Wender-System wurde sehr häufig bei Jagdgewehren, vor allem bei Kugelbüchsen verwendet. Während seine Entwicklung in Frankreich, seinem wahrscheinlichen Herkunftsland, in den Jahren von 1640 bis 1670 ihren Höhepunkt erreichte, dauerte diese in anderen europäischen Ländern noch im nächsten Jahrhundert an. Zu den ältesten überlieferten Drehlaufpistolen gehört die erwähnte dreischüssige Pistole aus der Werkstatt der Salzburger Brüder Klett von 1650. In den Sammlungen des Prager Militärmuseums befinden sich ferner eine Kugelbüchse mit zwei Drehläufen von dem berühmten Wiener Büchsenmacher G. Keiser aus der Zeit um 1680 sowie eine ähnliche, aus derselben Zeit stammende Waffe des Prager Meisters A. Scholz.

In Mitteleuropa wurden noch im Lauf des 18. Jh. derartige Gewehre hergestellt. Als Beweis sei der Drehlauf-Vierling des Prager Büchsenmachers F. Burkardt aus der zweiten Hälfte des 18. Jh. angeführt. Auf etwa die Mitte des 18. Jh. geht das leider unsignierte Pistolenpaar mit schönen, bläulich schimmernden Läufen und zwei Flintschlössern zurück.

Die letzte Entwicklungsstufe dieser Waffengattung sind Pistolen mit Laufbündel, „Pepperbox" genannt. Sie kamen im ausgehenden 18. Jh. in England auf und waren anfangs mit Flintschlössern versehen. Das Laufbündel mußte noch mit der Hand gedreht oder gewendet werden. Mit der Verbreitung des Perkussionsschlosses im 2. Viertel des 19. Jh. erfuhren sie durch die mechanische Drehung des Laufbündels beim Spannen des Hahns eine wesentliche Verbesserung. Diese Waffen sind in den verschiedensten Systemen amerikanischer und europäischer Herkunft mit oben oder unten befindlichem Hahn („Mariette") in Sammlungen reich vertreten. Das Prager Militärmuseum besitzt eine Pepperbox aus Lebedas Prager Werkstatt.

73
Versuchs-Zündnadelgewehr System Dreyse. Nikolaus Dreyse, Sömmerda, 1828—32

74
Preußisches Infanterie-Zündnadelgewehr System Dreyse M 1841

75
Preußisches Jäger-Zündnadelgewehr System Dreyse M 1854

Revolver

Jahrhundertelang suchten Büchsenmacher und Konstrukteure nach der Lösung, hohe Schießgeschwindigkeit ohne Ladevorgang zwischen den einzelnen Schüssen zu erzielen. Sie wandten bei Hand- und Artilleriewaffen auch das Revolver-Prinzip auf zweierlei Art an: entweder mit einer Drehwalze bzw. einem mehrere Patronenkammern enthaltenden Block bei einläufigen Waffen, oder mit einem drehbaren Laufbündel. Dabei benutzten sie sämtliche grundlegende Schloßtypen.

Revolver oder Revolvergewehr wird heutzutage vor allem jene Waffenart genannt, die mit einem einzigen Lauf und einer drehbaren Walze, der Trommel, die mehrere Patronenkammern hat, ausgestattet ist. Meistens läuft die Trommelachse parallel zur Laufachse, nur ausnahmsweise ist die Drehwalze anders konstruiert.

Es ist keine Revolverwaffe erhalten geblieben, die älter wäre als eine Waffe mit einem Laufbündel. Die ältesten Stücke beider Arten stammen aus der Wende des 16. Jh. und haben Lunten-, Flint-, auch Radschlosse.

Im 16. und 17. Jh. scheint das Revolverprinzip vor allem auf Büchsen angewandt worden zu sein. In England entstanden um 1680 auch Flintschloß-Revolverpistolen, die die Konstruktion der späteren Revolver vorwegnahmen; beim Spannen des Hahns wird bereits auch die Trommel gedreht. Diese Revolverpistolen sollen vom Londoner Büchsenmacher J. Dafte stammen.

Bemerkenswerte Exemplare von Revolverbüchsen und -pistolen mit Flintschlössern sind aus dem 18. Jh. erhalten. Der Engländer J. Puckle ließ 1718 sogar eine Revolverkanone patentieren.

Erst das 19. Jahrhundert brachte die Weiterentwicklung und große Verbreitung des Revolversystems. Es wird seitdem hauptsächlich für Faustfeuerwaffen (Feuerwaffen für einhändigen Gebrauch) mit einem Lauf und mehreren Kammern in einer Trommel benutzt. Für diese wurde allmählich die Benennung Revolver gebräuchlich.

Zu Beginn des 19. Jh. stand die Entwicklung der Flintschloß-Revolver auf ihrem Höhepunkt, gleichzeitig begann ihr Niedergang. Zu nennen ist A. Wheeler aus Concord im Staat Massachusetts, der 1818 auf sein Flintschloß-Revolversystem ein amerikanisches Patent erhielt. Die Trommel bewegte sich beim Spannen des Hahnes, im Feuerstahl befand sich der Vorratsbehälter für das Pfannenpulver, und bei jedem Abzug wurde die Trommel zwecks Abdichtung gegen den Laufboden gepreßt. Noch im selben Jahr wurden für dieselbe Konstruktion weitere Patente erteilt, in Frankreich auf den Namen C. Coolidge, in England auf den Namen E. H. Collier. Beide Herren waren aus Amerika gekommen und handelten möglicherweise in A. Wheelers Auftrag. In Zusammenhang mit der Weiterentwicklung dieser Konstruktion trat dann nurmehr E. H. Collier auf. Er ließ unter seinem Namen Revolvergewehre und -pistolen mit Flint-, später auch mit Perkussionsschlössern herstellen.

Die wahre Entwicklung der Revolverwaffen begann erst mit der Verwendung des Perkussionsschlosses. Es ist das Verdienst Samuel Colts, der darum auch Vater des modernen Revolvers genannt zu werden pflegt. Sein erstes Patent erhielt er 1835 in England, die nächsten, die zur Grundlage seiner ersten Revolver wurden, 1836 und 1839 in Amerika.

Im Jahre 1836 gründete Colt in Paterson, N. J., eine Gesellschaft, die sich der Erzeugung seiner Waffen annahm. Die Waffenfabrik in Paterson stellte drei Revolvertypen, Revolver-Kugelbüchsen und -Schrotflinten her. Die Revolver aber spielten in seinem damaligen Produktionsprogramm eine zweitrangige Rolle. Der Betrieb in Paterson war kein großer

Erfolg und ging 1843 ein, Colt-Revolver aus jenen Jahren haben hohen Sammlerwert.

Das Jahr 1847 brachte S. Colt den langersehnten Regierungsauftrag. Seine Revolver wurden nunmehr in einer Fabrik in Whitneyville hergestellt, deren Besitzer E. Whitney war. Hier kamen die ersten Stücke des neuen Revolvers heraus, der Sammlern unter dem Namen „Whitney-ville-Walker-Dragoon" bekannt ist. Schon 1848 konnte Colt mit der Erzeugung dieses Revolvers in seinem eigenen Betrieb in Hartford fortfahren. Er gründete damals die Firma, deren Namen für viele Menschen zur geläufigen Benennung des Revolvers schlechthin geworden ist. Und dort begann er auch mit der Herstellung weiterer Revolvermodelle.

Es waren wiederum in der Hauptsache Faustfeuerwaffen mit „einfacher Spannbewegung" (single action), offenem Rahmen und unter dem Lauf eingebauter Ladepresse. Insbesondere das Modell 1851, die „Navy Belt Pistol" und die „Army Holster Pistol" M 1860 wurden zu den typischen und zahlreichsten Vertretern von Colts Perkussionsrevolvern in den Armeen und Kriegen der neuen und alten Welt des 19. Jahrhunderts.

Bis Ende 1856 stand die beim Spannen des Hahns sich automatisch drehende Walze unter Patentschutz. Doch schon in den Jahren 1837—39, in denen Colt für seine Fabrik in Paterson vergeblich größere Aufträge gesucht hatte, wurden in seiner späteren Wirkungsstätte Hartford Revolver hergestellt, die D. Leavitt konstruiert hatte. Bei diesen mußte die Trommel nach jedem Schuß mit der Hand gedreht werden. Diesen Mangel konnte erst E. Wesson beheben, der für seine verbesserte Konstruktion 1849 ein Patent erhielt. Dann begann die Massachusetts Arms Co. die Wesson-Leavitt-Revolver herzustellen, mußte aber auf Grund eines zu Gunsten S. Colts gefällten Gerichtsurteils die Produktion einstellen.

Nach Ablauf der Coltschen Patente besserten sich die Chancen für andere Herstellerfirmen erheblich. In den Handel kamen auch ganz getreue Kopien von Colts Modell Navy 1851, hergestellt beispielsweise von der Metropolitan Arms Co. in New York. Von diesem Modell unterschieden sich die Revolver der Firma Manhattan Fire Arms Co. in Newark nur durch eine geringfügige Ergänzung. Im Bürgerkrieg wurden Kopien von Colts Revolvern auch in den konföderierten Staaten erzeugt. Diese Produktion war im Vergleich zu der Hartforder nicht groß, und die „Konföderations"-Nachahmungen werden von Sammlern sehr geschätzt.

Auch in Europa wurden die Colts Revolver bald nachgeahmt. So stellte die Innsbrucker Maschinenfabrik ab 1849 eine verkleinerte Variante des Coltschen Dragoon-Revolvers her, die die österreichische Marine in ihre Bewaffnung aufnahm. Mit Colts Wissen — oder Teilwissen — wurden Kopien seiner Revolver auch in Belgien erzeugt.

In England versuchte es Colt selbst, seine Revolver bekannt zu werden. Er stellte sie auf der internationalen Ausstellung in London 1851 aus und machte 1853 einen Nebenbetrieb in London auf. Anfangs konnte er nur wenig offizielles Interesse wecken. Erst als an der Schwelle des Krim-Krieges in der Times die Nachricht erschien, daß die russische Flotte Colts Revolver erhalte, gingen Aufträge von der britischen Marine und anderen Militärstellen ein.

Lange bevor Colts Patente abgelaufen waren, wurde in England die Lücke zwischen der Pepperbox und dem echten Revolver von dem in den 40er Jahren vor allem in Birmingham hergestellten sog. „improved" (dem verbesserten) Revolver ausgefüllt. Bei ihm wurde durch Druck auf

76
Dänische Infanteriebüchse mit Jessen-Perkussionsschloß, M 1850

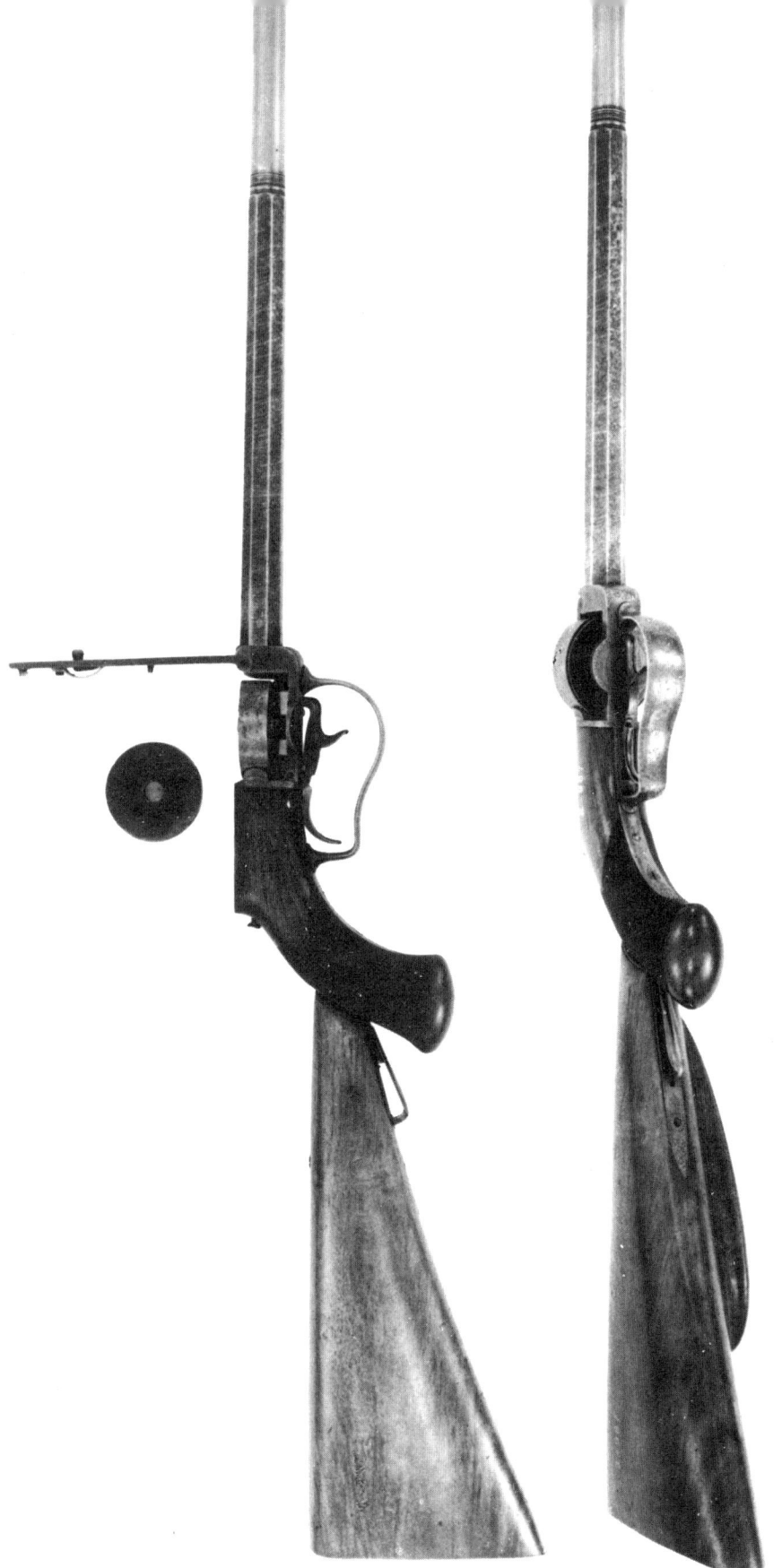

77 a b
*Perkussions-Repetierer mit waagerechtem
Magazintrommel-System Wilkinson.
London, um 1850*

XX
*Pistolenpaar mit englischem
Schnappschloß; Sicherung linkerseits.
Läufe und Schlösser mit vergoldeter
Gravur verziert, Schäfte elfenbein- und
perlmutt-inkrustiert. England, 1593
(Staatl. Schloß Konopištĕ)*

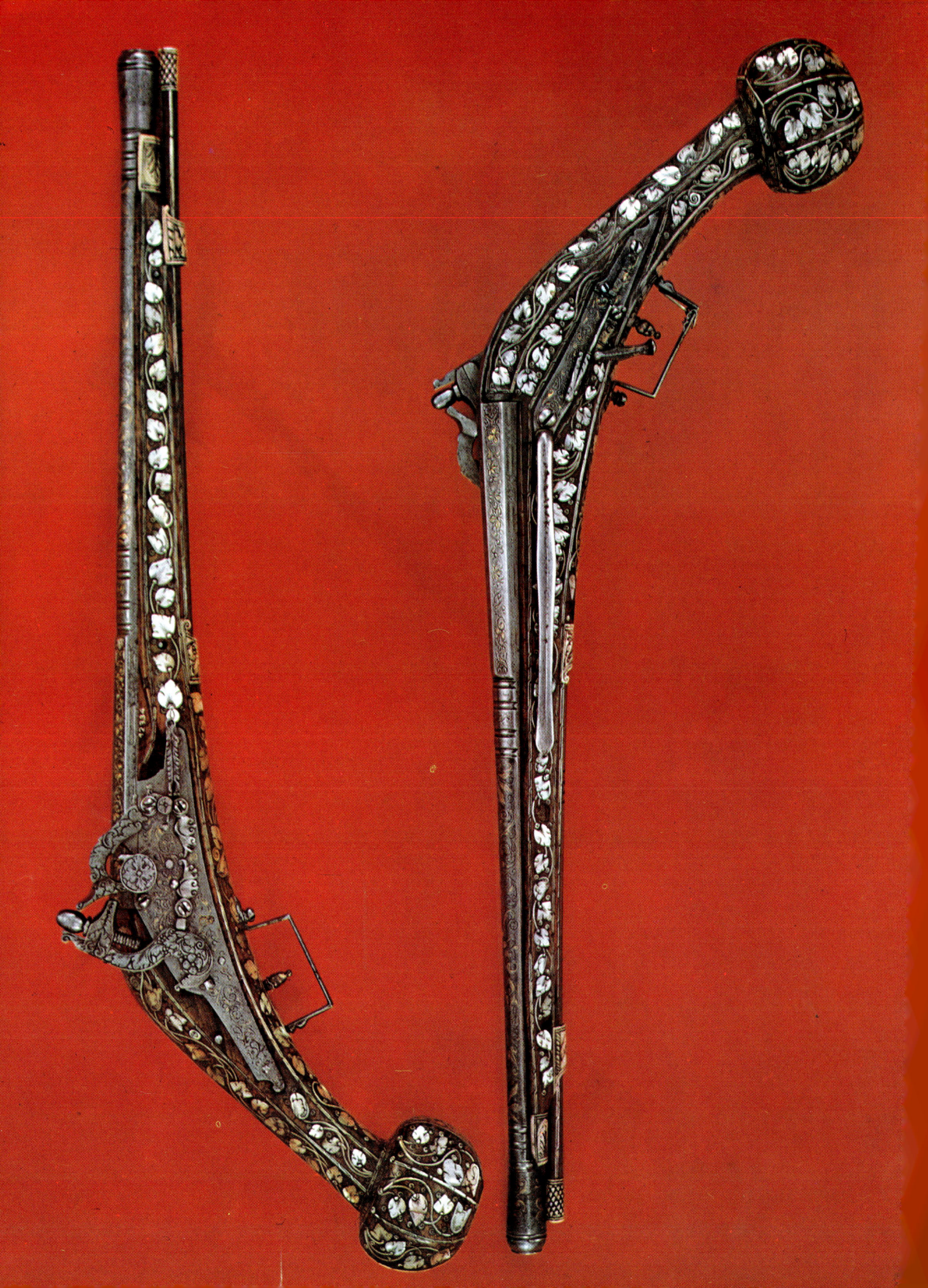

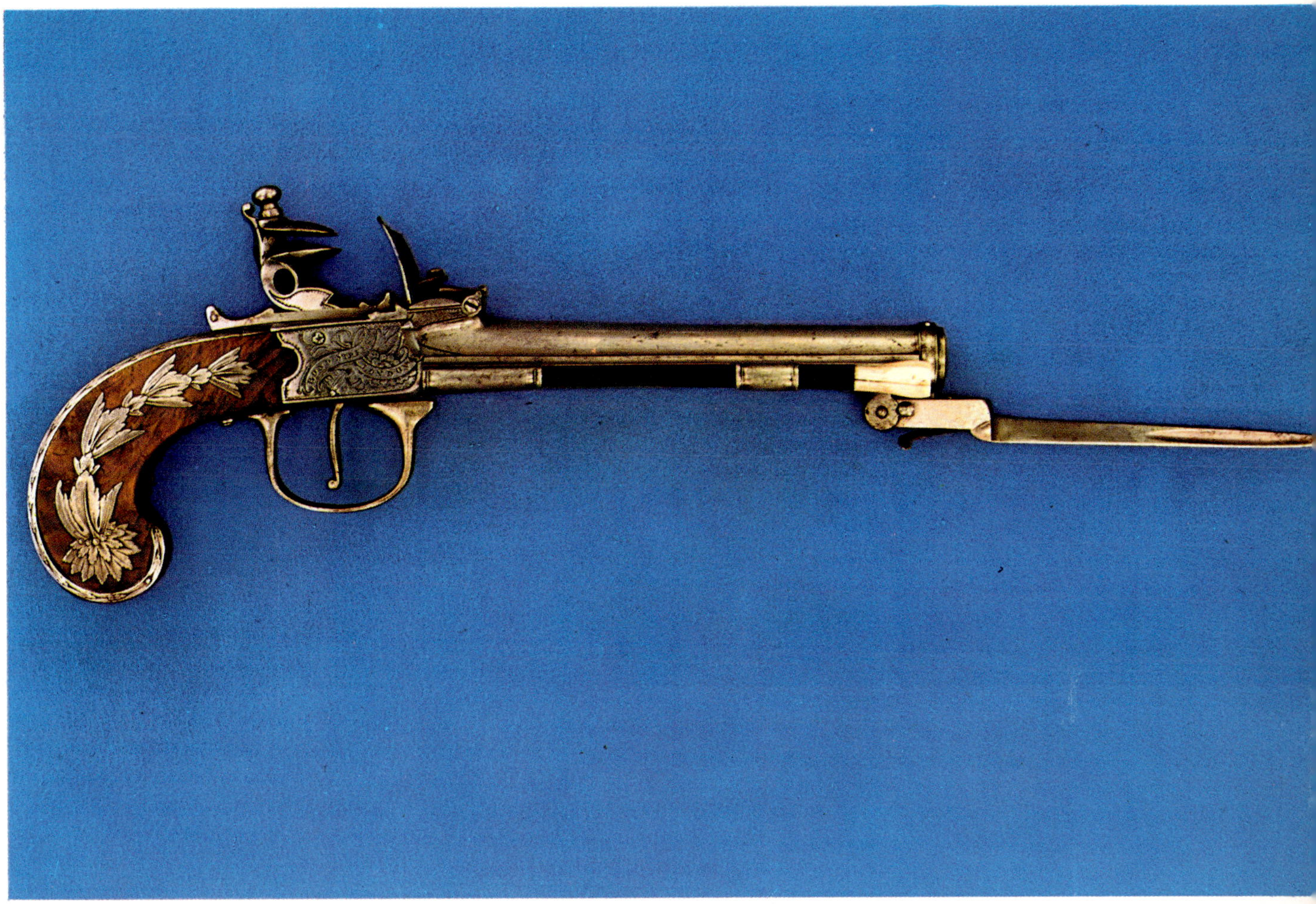

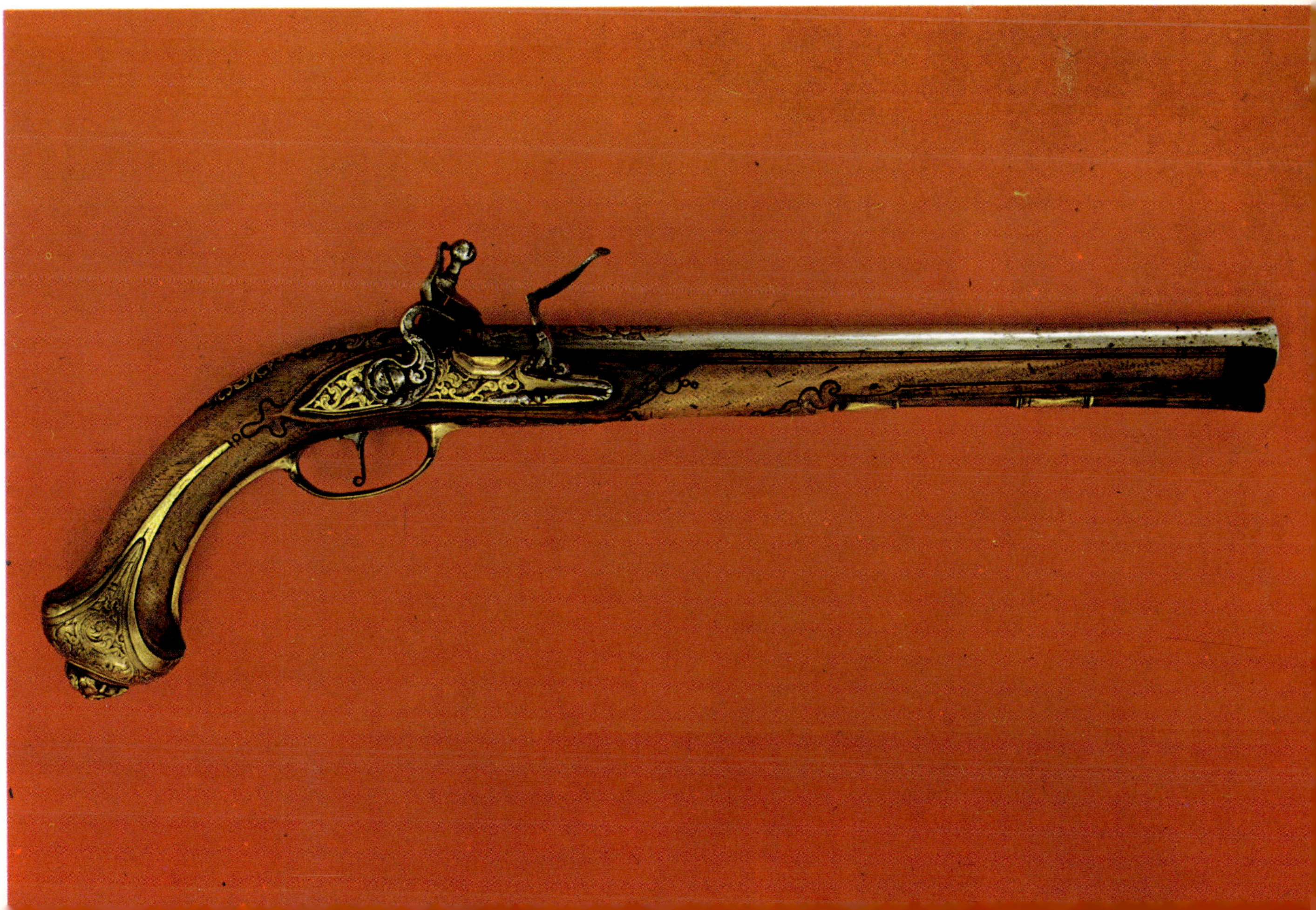

den Abzug der Hahn gespannt und die Trommel bewegt. Der Lauf war einfach auf der Trommelachse befestigt. Ein Gipfelerzeugnis dieser Art war auch auf der Londoner Ausstellung 1851 zu sehen. Es stammte vom dortigen Büchsenmacher T. Lang. In den 50er Jahren des 19. Jh. wurden derartige Revolver auch von anderen Londoner Büchsenmachern hergestellt. Einer von ihnen, R. Adams, erwarb 1851 ein Patent, das der Revolverkonstruktion neue Wege wies. Bei dem nach diesem Patent hergestellten Revolver waren Spann- und Transportbewegung der Trommel mit dem Abzug gekoppelt, er schoß sogar schneller als Colts Revolver. Seine Trommel drehte sich in einem geschlossenen Rahmen, der mit dem Lauf aus einem Stück geschmiedet war.

Allerdings war die Herstellerfirma Deane, Adams & Deane nicht imstande, das Produktionsniveau eines Coltschen Maschinensystems zu erreichen. Außerdem ermöglichte Adams' „Doppelbewegung" (double action) zwar ein schnelleres Schießen, jedoch auf Kosten der Zielgenauigkeit.

Ein anderer Engländer, W. Tranter, erhielt 1853 ein Patent auf seine Konstruktion, die zwar geringere Schießgeschwindigkeit, jedoch höhere Zielgenauigkeit hatte. Seine Konstruktion bestand aus einem zweiteiligen Abzugsmechanismus, dessen Unterteil, als Sporn aus dem Abzugsbügel hervortretend, zum Spannen des Hahnes sowie zum Drehen der Trommel diente, und dessen Oberteil zum Abziehen bestimmt war.

Kurz darauf erfuhr der Adams-Revolver durch die Einführung des „double action"-Systems nach F. Beaumonts Patent von 1855 eine wichtige Verbesserung. Bei diesem System konnte entweder der Hahn oder der Abzug das Schloß aufziehen und die Trommel bewegen. Die Herstellung der Adams-Revolver wurde 1856 von der Londoner Armoury Co. übernommen, die ihre Erzeugnisse auch mit einer neuen Ladepresse nach dem Patent J. Kerrs, eines der Firmenleiter, ausstattete.

Die günstigen Berichte über den Einsatz der Adams-Revolver im Krimkrieg und beim Aufstand in Indien waren zum Teil der Grund, warum i. J. 1856 — fast zur gleichen Zeit, da Colts Londoner Nebenbetrieb die Produktion einstellte — die englische Armee den Adams-Revolver in ihre Ausrüstung einführte.

Der Erfolg der Adams-Beaumont-Revolver ermunterte weitere britische Hersteller. Im Jahre 1856 wurde auf den Namen W. Tranter ein anders konstruiertes „double action"-System patentiert, 1857 erwarb J. Webley, der seit 1853 Revolver mit Hahn- oder Abzugsspannung hergestellt hatte, das Patent auf einen derartigen Mechanismus. Viele andere Revovertypen erschienen bis 1860 auf dem englischen Markt, ihre Patente lauten auf die Namen J. Bentley, J. Kerr, G. H. Daw, Westley Richards u. a. Doch am erfolgreichsten blieben die Adams-Revolver, sie wurden auch außerhalb Englands, z. B. in Amerika und Belgien erzeugt. In Österreich stellte die Firma Scheinig (später L. Gasser) große Adams-Revolver her.

Das alte Revolverprinzip wurde auch in Amerika von vielen Herstellern in sehr verschiedenartigen, von Colt mehr oder minder abweichenden Formen entwickelt. Colts ehemaliger Compagnon E. Whitney erzeugte in seiner Fabrik bei New Haven Marine-Perkussionsrevolver nach seinem Patent von 1854. Auch der bekannte amerikanische Pepperbox-Produzent E. Allen interessierte sich für Revolver; nach seinen Patenten von 1857—58 fertigte die Firma Allen & Wheelock Revolver mit geschlossenem Rahmen und einfacher Spannbewegung. So ausgestattet waren

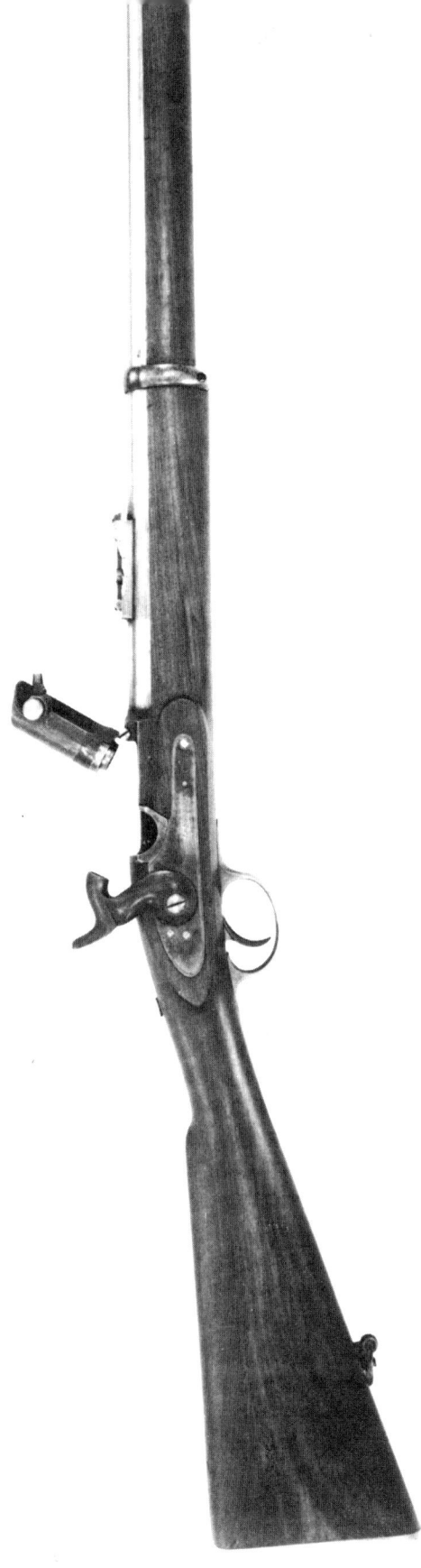

Kurzer englischer Perkussions-
Hinterlader, System Mont Storm;
Versuchsmodell. Birmingham, nach 1856

auch die Hunderttausende von Taschen-, Polizei-, Marine- und Armee-revolvern der bekannten Firma Remington, Illion, N. Y. Die von ihr ange-wandten Patente wurden 1856—1863 auf die Namen F. Beal, W. H. Elliot und S. Remington ausgestellt. Betreffs der Qualität waren die Remington-Revolver den Colts zumindest gleichzusetzen.

Weitere Konstruktionspatente auf „single action"-Revolver (solche mit einfacher Bewegung) mit geschlossenem Rahmen erwarben B. F. Joslyn i. J. 1858 und A. T. Freeman 1862. Besonders die letzteren werden von Sammlern geschätzt.

Auch in Amerika gab es „Double action"-Konstruktionen. Die etwa zweitausend Revolver mit doppelter Bewegung sowie geschlossenem Rahmen, die der amerikanischen Regierung während des Bürgerkriegs geliefert wurden, waren nach Patenten von C. S. Pettingill, E. A. Raymond und C. Robitaille aus den Jahren 1856—58 hergestellt worden. Nach Patenten von 1858—1859, mit denen J. Rider seine Erfindung schützte, erzeugte die Firma Remington ihre Taschen- und Militärrevolver mit double action und geschlossenem Rahmen.

Bemerkenswerte Armee- und Marinerevolver mit doppelter Bewegung und geschlossenem Rahmen wurden nach E. T. Starrs Patenten aus den Jahren 1856—60 von ihm selbst bzw. der Firma Starr Arms Co. in Yonkers und Binghampton im Staate New York hergestellt. Während des Bürgerkriegs lieferte er eine beträchtliche Menge von Armeemodel-len, die zum Großteil in vereinfachter Ausführung mit single action ver-sehen waren, an die Regierung.

Mit double action-Mechanismus und offenem, dem Colts auffallend ähnlichem Rahmen war der Revolver ausgestattet, der auf Grund der 1860—63 erworbenen Patente J. M. Coopers hergestellt wurde.

Die Reihe der amerikanischen Perkussionsrevolver beschließen mehrere Sonderkonstruktionen. Nach eigenen, 1856, 1859 und 1860 von H. S. North und E. Savage erworbenen Patenten erzeugten diese in ihrer Savage Repeating Arms Corp. in Middletown im Staate Connecti-cut sehr interessante Revolver mit geschlossenem Rahmen, bei denen der Hahn mittels eines Ringhebels beim Abzug gespannt und die Walze nicht nur weitergedreht, sondern zwecks besserer Dichtung im Luftspalt zwischen Lauf und Walze auch vorgeschoben wird.

Eine andere Revolverkonstruktion mit beweglicher Trommel, aber single action-Mechanismus schützte C. R. Alsop mit Patenten von 1860 und 1861.

Nach seinem Patent von 1855 stellte J. Butterfield in Philadelphia Revolver mit geschlossenem Rahmen, einfacher Spannbewegung und selbsttätigem Zündhütchen-Vorratsbehälter her.

Die New Yorker Walsh Firearms Co. stellte nach dem 1859 von J. Walsh erworbenen Patent zehn- bis zwölfschüssige Revolver mit einfacher Spannbewegung und offenem Rahmen her, die in jeder Kammer zwei Patronen und für jede Kammer zwei Pistons, zwei Hähne und zwei Abzüge hatten.

Im amerikanischen Bürgerkrieg bewährten sich ferner die Le Mat-Re-volver, in deren Konstruktion und Herstellung sich Europa und Amerika teilten. Dr. J. A. F. Le Mat lebte in New Orleans und erhielt 1856 sein Patent in Amerika. Die Produktion jedoch richtete er in Paris ein. Unter seinen Erzeugnissen befanden sich zehnschüssige Revolver, die außer dem Kugellauf einen 20 mm Schrotlauf hatten, der gleichzeitig als Trom-melachse diente. Diese sog. „grape shot"-Revolver wurden später nicht

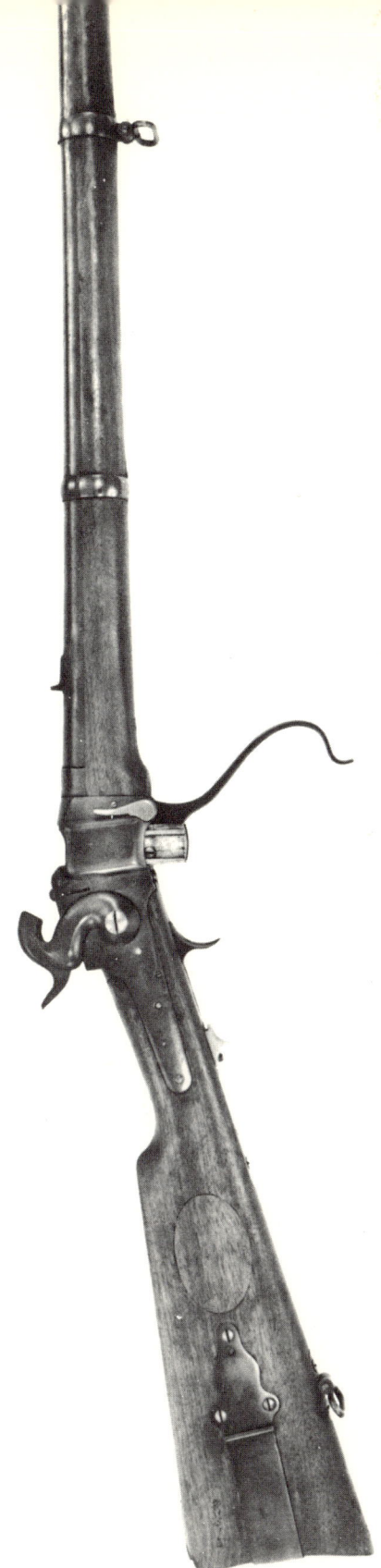

79
Kurzer amerikanischer Hinterlader mit Sharps-Blockverschluß, M 1859

nur in Frankreich, sondern auch in Belgien, England und Amerika hergestellt.

Der europäische Kontinent steht bei der Entwicklung der Perkussionsrevolverwaffen noch zurück, obwohl bereits in den 30er Jahren des 19. Jh. von P. Rasmussen in Dänemark oder J. Offrell in Schweden interessante Konstruktionen vorgelegt worden waren. In den 50er Jahren war die Mangeot-Comblain-Konstruktion mit seitlich liegendem Hahn beliebt, und um 1850 schuf F. v. Dreyse sogar einen Zündnadelrevolver.

Völlig im Hintergrund der Entwicklung der Revolverwaffen blieben diejenigen, bei denen das Drehelement eine Trommel bildet, in deren Umfang in Richtung Mittelpunkt Kammern gebohrt sind. Die Trommelachse ist entweder vertikal oder horizontal, aber quer zur Laufachse gestellt. Ein Patent für einen derartigen Perkussionsrevolver erhielten z. B. J. W. Cochran 1837 und E. W. Porter 1851.

Um 1860 hatte die Entwicklung des Perkussionsrevolvers ihren Höhepunkt erreicht, die wichtigsten, mit seiner Konstruktion zusammenhängenden technischen Fragen waren in der Hauptsache gelöst. Vergessen wir aber nicht, daß wir es immer noch mit Vorderlader-Faustfeuerwaffen zu tun haben, bei denen Pulver und Geschoß getrennt vom Zündhütchen geladen werden. Der Weg zur Hinterladung wurde auch bei den Revolverwaffen erst durch die Einheitspatrone mit Selbstdichtung mittels Metallpatronenhülse frei. Voraussetzung des Hinterladevorgangs freilich war, daß die Kammern durch die ganze Drehwalze gingen und beiderseits offen waren.

Der erste in größerem Umfang hergestellte Revolver mit derart eingerichteter Walze und Hinterladung kam aus Europa. Auf diese Weise hatte der Pariser Büchsenmacher C. Lefaucheux Einheitspatronen mit Metallhülsen und Stiftzündern auf die Pepperbox angewandt. Seine Konstruktion wurde 1846 patentiert und 1851 auf der internationalen Ausstellung in London gezeigt. Sein Sohn E. Lefaucheux ließ 1854 einen Revolver mit gleichen Patronen und gleicher Walze patentieren. Im Jahre 1856 wurde dieser Revolver von der französischen, 1858 von der italienischen Marine eingeführt, und später fand der Lefaucheux-Revolver auch in der Ausrüstung der skandinavischen Staaten Anwendung. Während des amerikanischen Bürgerkriegs wurde er von beiden Seiten benutzt, allein die Union erstand an zwölftausend Stück. Laufende Aufträge erhielten die Pariser Fertigungsstätten, und der Erfinder vergab Lizenzen auch an belgische Hersteller. Bis 1867 wurden über vierhunderttausend Lefaucheux-Revolver hergestellt.

Die in Europa bereits bekannte und eingeführte neue Methode der Trommel wurde erstaunlicherweise in Amerika zum Gegenstand langwieriger Patentrechtsfragen. Das Patent auf eine ziemlich mißglückte Revolverkonstruktion, deren Kammern durch die ganze Walze gingen, erhielt 1855 R. White in Amerika. Er bot es S. Colt an, der zwar die Fragwürdigkeit der Konstruktion erkannte, aber die Bedeutung der neuartigen Trommelkonstruktion übersah und das Patent ablehnte. Klüger verhielten sich die Herren Smith und Wesson, die das Patent kauften, statt es zu tadeln. So erwarben sie in Amerika bereits 1869 das Alleinrecht auf ein einfaches, keineswegs neues, aber wichtiges Detail. Sehr bald rentierte sich dieses Geschäft. Sie brauchten nur das Ablaufen von Colts Patent abzuwarten und konnten 1857 ihren ersten „tip up"-Revolver für Hinterladung und Einheitspatrone mit Randzündung herausbringen.

Er war eine wenig leistungsfähige, kleinkalibrige Faustfeuerwaffe (.22). Die Firmenanzeige schilderte anschaulich, wie der Lauf samt Walze nach oben aufzuklappen und wie die Walze zum Laden und Ausstoßen der leeren Patronenhülsen herauszunehmen sei. Vor jedem Schuß mußte der Hahn gespannt werden. Trotzdem hatte die Waffe Erfolg und wurde zum ersten Vertreter einer Reihe von Revolvern der Marke Smith & Wesson. Heute zählt sie zu begehrten Sammlerobjekten.

Bald erschienen Revolver mit anderen Firmenmarken, doch gleich konstruierter Walze auf dem amerikanischen Markt. Manche waren leistungsfähiger und besser als das erste Erzeugnis von Smith & Wesson. Hergestellt wurden sie z. B. bei der Firma Allen et Wheelock, bei der Smith und Wesson einst gearbeitet hatten, oder bei E. A. Prescott (Patent i. J. 1860), bei L. W. Pond, der vor allem die Patente J. Gibsons und J. P. Hales von 1860 benutzte, und bei anderen Firmen. Gegen sie machten Smith und Wesson ihre Rechte auf R. Whites Patent geltend. Laut Gerichtsspruch mußten nicht nur die Konkurrenzbetriebe eingestellt werden, sondern Smith und Wesson bekamen tausende von handelsfertigen, noch unverkauften Revolvern der Konkurrenz zu freier Verfügung.

Natürlich hörte damit die Entwicklung neuer Revolvertypen außerhalb des Betriebes von Smith & Wesson nicht auf, das Gerichtsurteil gab Anlaß zu zahlreichen, oft recht sonderbaren Konstruktionen, die ähnliche Patentschwierigkeiten zu umgehen versuchten. Aus diesen Gründen wurden die Patronen bei den nach Patenten von W. C. Ellis, J. N. White und H. Reynolds von 1859, 1863 und 1864 konstruierten Revolvern von vorne in die Trommel geladen. Sie wurden von der Plant's Mfg Co. in New Haven gefertigt, unter deren Namen sie bekannt sind, doch auch von anderen Firmen.

Neue Konstruktionen wurden wieder von L. W. Pond — nach den Patenten von J. H. Vickers und F. W. Hood, 1863 und F. W. Hood 1863 und 1864 — sowie von D. Moore, Patent 1863, vorgelegt. Auch bei dem Revolver der Connecticut Arms Co. wurde die Walze von vorn mit der Einheitspatrone geladen; er wird nach seinem Konstrukteur S. W. Wood genannt; die Patente stammen aus den Jahren 1864 und 1866. Mit einer normalen Patrone mit Randzündung, doch von der Seite, wurde die Walze des Revolvers geladen, der auf F. Slocum zurückgeht (Patent von 1863). Im Bestreben, kein gültiges Patent zu verletzen, konstruierte S. Crispin eine völlig ungewöhnliche Patronenhülse (Patent von 1865).

Colts Betrieb, 1862 durch den Tod seines Begründers und 1864 von einem Großbrand betroffen, versuchte gleichfalls gerichtlicher Verfolgung zu entgehen und benutzte F. A. Thuers Patent von 1868, blieb aber mit der Konstruktion der neuen Einheitspatronen-Revolver zurück. Erst Anfang der 70er Jahre des 19. Jh. holte die Firma Colt auf und benutzte dabei eine Reihe von Patenten, insbesondere die in den Jahren 1871—75 von C. B. Richards und W. Mason erworbenen. Der erste Revolver, ausgestattet mit neuem Lademechanismus und — zum Unterschied von den meisten früheren Colt-Modellen — mit geschlossenem Rahmen, war der „Kleeblatt'' genannte Taschenrevolver. Es folgten weiter Taschenrevolver, für Haus- oder Polizeigebrauch, aber der größte Erfolg war das Modell „P'', auch Single Action Army, Frontier oder Peacemaker genannt. Es war ein einfacher Revolver mit geschlossenem Rahmen und single action. 1873 bestellte ihn die amerikanische Armee, er wurde zur berüchtigten Waffe des amerikanischen Westens.

80
Hinterlader-Karabiner mit
Kammerverschluß-System Burnside, USA,
M 1864

81
Hinterlader-Karabiner mit Westley-Richards Kolbenverschluß. England, 1866

Wie früher während des Bürgerkriegs erstand dem Colt-Produkt auch jetzt ein Konkurrent, vor allem im neuen Remington-Revolver. Auch Remingtons „New Model 1874 Army" wurde an die amerikanische Armee geliefert, doch war seine Karriere bei weitem nicht so wie die des Colts-Modells. In den 70er Jahren brachte Remington ebenfalls eine neue Reihe von Taschenrevolvern auf den Markt, deren Konstruktion insbesondere auf das Patent W. S. Smoots von 1873 zurückging.

Inzwischen hatte der Vormarsch der Hinterlader-Revolver mit Einheitspatrone in Europa beim Lefaucheux-Typ nicht haltgemacht. Bereits in den 60er Jahren entstanden neue Konstruktionen sowohl für Rand- als auch für Zentralzündung. Die meisten hatten nicht nur den geschlossenen Rahmen, sondern auch Doppelbewegung.

In England hatte W. Tranter 1863 die Konstruktion des ersten derartigen Revolvers patentlich geschützt. Es war eine Faustfeuerwaffe für Patronen mit Randzündung. Ein ähnlicher, aber für Zentralfeuerpatronen konstruierter Revolver wurde nach dem Patent von J. Adams, dem Bruder R. Adams', aus dem Jahr 1867 hergestellt und in die Bewaffnung der britischen Armee aufgenommen. Im folgenden Jahr, 1868, kam Tranter mit einem neuen Revolvertyp. Schließlich geriet die Firma Webley mit ihrer Ende der 60er Jahre begonnenen neuen Revolverserie in die vorderste Reihe der britischen Herstellerfirmen, vor allem auf Grund des Modells 1867, das als kleine, aber äußerst leistungsfähige Taschen- und Polizeiwaffe geschätzt wurde.

Die österreichische Reiterei erhielt 1870 einen mächtigen double action-Revolver mit offenem Rahmen, eingerichtet für Werndl-Karabiner-Patronen. Er war ein Erzeugnis des Hauses L. Gasser, Wien-Ottakring, und wurde in verschiedenen Varianten, mit älterer oder neuerer Ausführung des Hülsenauswerfers, mit offenem oder geschlossenem Rahmen gefertigt. Gasser belieferte Montenegro ebenso wie den Zivilsektor mit diesem Revolver, später stellte er auch Revolver mit doppelter Bewegung und geschlossenem Rahmen für den Polizei-, Gendarmerie- und Postdienst her.

Unter den europäischen Revolvern mit double action-Mechanismus und geschlossenem Rahmen erwarb sich die von J. Chamelot und H. J. Delvigne gebaute französisch-belgische Konstruktion große Bedeutung. Diese Revolver, die 1872 Italien und die Schweiz in die Produktion einführten, wurden zuerst von Pirlot et Frères in Lüttich erzeugt. Der italienische Typ ist vorwiegend unter dem Namen der Waffenfabrik Glissenti in Brescia bekannt, die die Produktion für Italien übernommen hatte; der Schweizer Typ, der anfangs für Patronen mit Randzündung und erst ab 1878 für Patronen mit Zentralzündung eingerichtet war, wird Chamelot-Delvigne-Schmidt genannt. Der letztere hatte sich an Konstruktionsanpassungen für Schweizer Bedürfnisse beteiligt.

Auch Frankreich übernahm 1873—74 diese Konstruktion. Derartige Militärrevolver kamen aus dem Betrieb in St. Etienne.

Andere double action-Revolver mit geschlossenem Rahmen, wie der holländische M 1873, der belgische M 1878 oder der norwegische M 1883, griffen in vielem auf die Konstruktion von E. Nagant zurück. Deutschland begnügte sich mit Revolvern mit einfacher Spannbewegung; es führte den so ausgestatteten M 1879 und später den M 1883 ein. Das geschah zu einer Zeit, da auch die Firmen Colt und Smith & Wesson zum double action-System übergingen (1878 bzw. 1880).

Das Laden von Einheitspatronen mit Metallhülse von hinten brachte

auch bei den Revolvern ein Problem mit sich, das bei älteren Konstruktionen noch unbekannt war: die entleerte Patronenhülse mußte aus der Drehwalze ausgestoßen werden.

Bei den ersten Smith & Wesson-Revolvern und auch bei den weiteren Konstruktionen mußte die Walze herausgenommen und die Patronenhülsen einzeln ausgestoßen werden. Ebenso auch bei Revolvern mit festgelagertem geschlossenem Rahmen. Dazu diente ein Patronenauswerfer in Gestalt eines Hebels oder einer Stange, die längs des Laufs angebracht war bzw. in der Trommelachse lag. Natürlich mußte zwecks Auswerfens die Trommel weitergedreht werden.

Bei Revolvern mit geschlossenem Rahmen bedeutete die z. B. beim Schweizer Revolver von 1882 benutzte „Abadie"-Ladeklappe einen gewissen Fortschritt. Durch Betätigung dieser Klappe wurde die Verbindung zwischen Abzug und Hammer unterbrochen, ein Druck auf den Abzug bewirkte nur, daß sich die Walze drehte. Der Vorgang war schneller und bequemer.

Lange vorher aber hatten die Konstrukteure schon andere, radikalere Methoden erfunden, die es gestatteten, alle entleerten Patronenhülsen auf einmal auszuwerfen. Bei der 1868 patentierten Konstruktion von C. F. G a l a n d bewegten sich durch Betätigung eines Hebelsystems Lauf und Walze nach vorn, doch blieb die Walze kurz vor Beendigung der Bewegung stehen, und ein kreisförmiger Patronenauszieher zog die leeren Hülsen heraus. Der 1869 von J. T h o m a s patentierte sternförmige Patronenentferner blieb unbewegt, während sich Lauf mit Walze vorwärtsbewegten. Die Konstruktion des unter den Namen der Firmeninhaber M e r w i n und H u l b e r t bekannten Revolvers löste das gleiche Problem durch Laufdrehung, Vorwärtsbewegung des Laufs mit Walze und eine festsitzende Kralle, die die Hülsenränder festhielt. Merwin und Hulbert waren allerdings weder Erfinder noch Hersteller von Revolvern, sie besorgten nur den Vertrieb der Waffen, die die Firma Hopkins & Allen nach Patenten von 1874 und 1877 herstellte; die Patente hatte ihnen D. M o o r e verkauft.

Bei A. Spirlets Konstruktion von 1868 wurde der Lauf mit Walze nach oben ausgekippt und der in der Walzenachse befindliche Auszieher durch Druck der Hand getätigt. Beim britischen Armeerevolver von 1880—1882 hingegen schob das Auskippen des Laufs die Walze nach vorn und die Hülsen blieben im festgelagerten Auszieher hängen. Diese Methode des

83
Hinterlader-Karabiner mit
Zylinderverschluß. System Terry.
Sachsen, um 1865

Patronenausziehens gründete sich auf Patente von C. J o n e s, 1876 bis 1878.

Alle derartige Konstruktionen bildeten eine bloße Episode im Vergleich zu der bei der neuen Smith & Wesson-Revolvergeneration angewandten Lösung. Die Hersteller stützten sich dabei auf Patente, die 1865 auf den Namen W. C. D o d g e und 1869 auf den Namen C. A. K i n g erteilt worden waren. Im Jahre 1869 führten sie das „Modell Nr. 3" mit Kipplauf und Walze, sternförmigem Auswerfer und einfacher Spannbewegung in die Produktion ein. Großen Markterfolg verzeichnete besonders die für den russischen Lieferauftrag bestimmte neue Variante.

Auf das Kipplaufsystem mit Drehwalze und mechanischem Ejektor bezogen sich auch einige in Europa erteilte Patente. Ab 1876 wurde dieses System für lange Zeit zur typischen Konstruktionslösung der englischen Webley-Revolver und damit auch für die englische Armee, die 1887 diese Art der Webley-Revolver einführte. W. T r a n t e r erhielt 1879 ein Patent auf ein ähnliches System. Schließlich benutzten auch belgische Hersteller sowie die österreichische Firma Gasser das Kipplauf-System bei dem Patronenauswerfer.

Die nächste Konstruktionslösung eines schnell arbeitenden Massenauswerfers von entleerten Patronenhülsen ist wiederum bei Colt zu finden. Beim „Navy-Modell 1889" benutzte die Firma eine Drehwalze, die seitlich ausschwenkt, sowie einen von Hand getätigten sternförmigen Ejektor. Sie stützte sich dabei auf Patente von 1884 und 1888 von H. L o r d und C. J. E h b e t s. Aber auch jetzt gebührte der berühmten Firma nur das Verdienst, als erste ein neues System in die Massenerzeugung eingeführt zu haben. D. M o o r e hatte bereits schon 1860 ein ähnliches System vorgelegt, und W. M a s o n auf eine ähnliche Konstruktionslösung 1865 ein Patent erhalten. Und 1869 war ein britisches Patent auf eine Konstruktion mit Kippwalze und mechanischem Auswerfer erteilt worden, die A. A l b i n i vorgeschlagen hatte.

In den 70er und 80er Jahren des 19. Jh. versuchten mehrere Konstrukteure, eine andere Art des selbsttätigen Patronenauswerfens zu finden. Ein Ejektor, der die nach dem letzten Schuß in der Kammer verbliebene Patronenhülse herauszog und auswarf, setzte beim Niederfallen den Hahn in Bewegung. So ausgestattet waren die Konstruktionen S t e i g e r s aus Thun, E. K r a u s e r s aus Bern, T. S e d e r l s aus Wien, H. P i e p e r s aus Lüttich und H. A. S i l v e r s und W. F l e t c h e r s aus London. In der Praxis aber herrschte das System mit ausschwenkbarer Trommel vor, zu welchem 1895 auch Smith & Wesson übergingen. Revolver, bei denen die Patronenhülsen einzeln ausgeworfen werden, wurden weiter erzeugt.

Angestrengte Bemühungen galten gleichzeitig der Abhilfe eines Fehlers der Revolver von Anbeginn — dem Entweichen der Pulvergase aus dem Luftspalt zwischen Trommel und Lauf. Eine solche Verbesserung hatte schon A. W h e e l e r 1818 bei seiner Bauart im Auge, und später der Konstrukteur des Savage-North-Revolvers von 1860. Bei diesen bewegte sich die Trommel nach vorn und saß mit der verbreiterten Kammermündung auf dem verengten Laufboden auf. Eine andere Methode wird bei dem G h a y e-Revolver von 1855 angewandt. Zuerst wird der Lauf mit einem Hebel vorwärts bewegt, der Hahn gespannt und die Trommel weitergedreht, dann kehrt der Lauf zurück und sitzt in der verbreiterten Kammermündung.

Eindrucksvollere Ergebnisse wurden erst mit den Metall-Einheitspatronenhülsen erreicht. Bei D. B. W e s s o n s Konstruktion von 1878

Pulverhorn für Pfannenpulver mit Drillings-Spannschlüssel zum Aufziehen des Radschlosses. Mitteleuropa, 17. Jh.

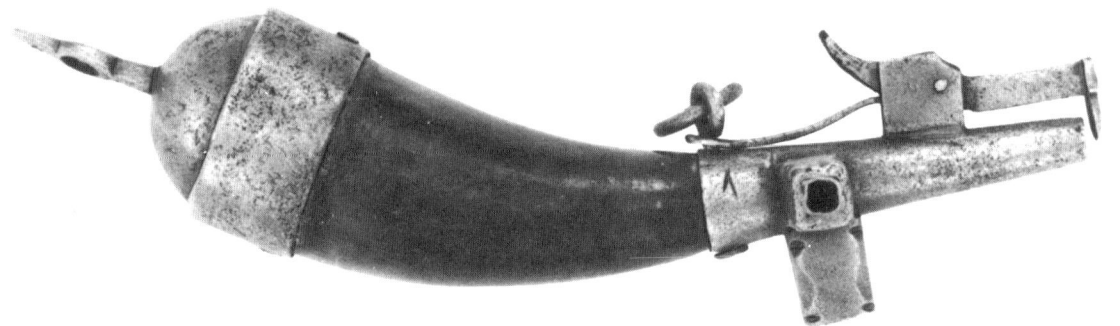

unterstützte die Hülse selbst eine bessere Gasdichtung, da auch ein Teil der Patrone beim Verschieben der Walze vom Lauf aufgenommen wurde. Eine ähnliche Methode wurde später, Ende der 80er Jahre, von H. Pieper angewandt. Verlängerte Patronenhülsen, in denen das Geschoß ganz verdeckt war, verbesserten die Gasdichtung zwischen Lauf und Drehwalze auch beim Nagant-Revolver. Als M 1895 wurde er in die russische Armee eingeführt und außer in der belgischen Fabrik auch im russischen Rüstungsbetrieb in Tula hergestellt. Die Konstruktionsschwierigkeiten, die im Zusammenhang mit den Bemühungen um bessere Gasdichtung auftraten, konnten allerdings von keinen genügend praktischen Vorteilen aufgewogen werden.

Wie wir gesehen haben, war der Höhepunkt der Entwicklung des Revolvers noch vor dem Ausgang des 19. Jh. im wesentlichen erreicht. Damals wurde das Revolverprinzip vorwiegend auf Faustfeuerwaffen angewandt. Revolvergewehre waren wenig verbreitet, obgleich sie in der 2. Hälfte des 19. Jh. von renommierten Herstellern in den Handel gegeben wurden. Dagegen entstand bis zum Ende des 19. Jh. eine lange Reihe von mannigfaltigen Revolvertypen.

Ihnen erstand im ausgehenden 19. Jh. durch die Selbstladepistolen ein harter Konkurrent, vor allem in den europäischen Ländern. Viel Erfindergeist steckt in den Konstruktionen der Selbstladerevolver. Die britischen Patente R. Paulsons von 1885 und 1886 nützten sowohl Gasdruck als auch Rückstoß. Bei der 1896 von V. G. Fosbery vorgelegten und bei Webley & Scott hergestellten Konstruktion wird Hahnspannung und Walzenumdrehung vom Rückstoß und von der Vorholfeder besorgt. Die Revolver haben auch im 20. Jh. ihre wichtige Stellung unter den Handfeuerwaffen behauptet, dank ihrer Vorzüge und ihrer Verläßlichkeit.

Magazin-repetier-gewehre

Kernstück und Hauptunterscheidungsmerkmal der Magazinrepetiergewehre ist das Magazin, aus dem der Verschlußmechanismus vor jedem Schuß die Patrone in die Kammer befördert.

Die Grundtendenzen der Magazinkonstruktion finden sich andeutungsweise bereits im 17. Jh. bei den unter dem Namen Kalthof bekannten altertümlichen Repetierern. Die wohl aus Solingen stammende Familie Kalthof war in England, Holland, Dänemark und Rußland tätig. In allen genannten Ländern beschäftigten sie sich mit Magazinrepetiergewehren und fanden an vielen Orten Nachahmer und Nachfolger.

Die meisten Repetierer des Kalthof-Systems hatten statt des Abzugbügels einen Hebel, der die jeweilige Pulvermenge enthielt und sich horizontal um etwa 180° drehte. Durch Hebeldrehung maß der Schütze das Pulver ab, schüttete es in die Pulverkammer und auf die Pfanne, lud das Geschoß, spannte den Hahn und verschloß die Pfanne.

Abgesehen von diesem gemeinsamen Merkmal, unterscheiden sich die Kalthof-Gewehre durch verschiedenartige Bauweise ihrer Magazine und Verschlüsse. Die erste, wohl älteste Gruppe besaß einen charakteristischen Verschluß mit Vertikalzylinder, ihr Pulver- und Blei-Magazin befand sich im Mittelschaft unter dem Schloß; diese Bauart stammt von Caspar Kalthof, auf den das in England aufbewahrte älteste Repetiergewehr aus der Zeit um 1630 wahrscheinlich zurückgeht.

Zu derselben Gruppe gehören auch die Erzeugnisse seines Sohnes gleichen Namens, der in Moskau arbeitete. Zwei von ihm stammende Stücke aus den Jahren 1658 und 1665 werden in den Kreml-Sammlungen aufbewahrt.

Signiert wurden um die Mitte des 17. Jh. ähnlich gebaute Gewehre auch von Harman Barne in London, im letzten Drittel des Jahrhunderts von Jan Flock in Utrecht, an seiner Wende von Francesco Berselli in Rom und zu Beginn des 18. Jh. von Cousin in Paris.

Der Nachteil dieses Systems bestand in der geringen Kapazität des Pulvermagazins. Um die Mitte des 17. Jh. versuchte Sigmund Klett in Salzburg eine Verbesserung durch Verlegung des Pulvermagazins in den Gewehrkolben und sicherte dieses noch mit einem zweiten Vertikalzylinderverschluß.

Bei einer zweiten Bauart, deren Blockverschluß mit zwei bis drei Pulverkammern charakteristisch ist, befindet sich das Pulvermagazin im Gewehrkolben und das Kugelmagazin unter dem Lauf. Sie ist vor allem auf den von Peter Kalthof signierten Gewehren zu finden. Von ihm stammen neben einem Radschloß-Repetierer von 1645 vom Jahr 1646 an dann nurmehr Steinschloßgewehre. Im 17. Jh. waren in Dänemark zwei Infanteriekompagnien und ausgesuchte Scharfschützen in Infanterieregimentern mit Repetiergewehren von Peter Kalthof ausgerüstet.

Fast gleichzeitig mit Peter Kalthof legte Hendrich Bartmans in Haag eine ähnliche Konstruktion vor, auf ihn folgten weitere Büchsenmacher.

Die letzte, an Zahl wohl geringste Gruppe dieses Systems hatte ähnlich untergebrachte Magazine und unterschied sich von den vorigen durch ein Verschlußgehäuse, das um die Gewehr-Längsachse drehbar war. Derartige Waffen wurden um die Mitte des 17. Jh. z. B. von Heinrich Habrecht signiert.

Im 1. Viertel des 18. Jh. verlegte der Danziger Büchsenmacher Daniel Lagatz das Pulver- und das Kugelmagazin in den Kolben. Er benutzte zwei Vertikalzylinderverschlüsse und fügte dem vorderen einen eigenen Schlüssel hinzu.

85
*Amerikanischer Dragoon-
Perkussionsrevolver System Colt.
Samuel Colt, Hartford 1848—50*

Vom letzten Viertel des 17. Jh. an läßt sich die Entwicklung der Magazin-repetiergewehre noch an einer anderen Gruppe verfolgen. In der Fach-literatur wird sie ,,L o r e n z o n i - System'' oder ,,C o o k s o n - System'' oder System mit der Querwalze genannt. Ein langer Repetierhebel bewegte die Ladewalze, die sich um eine horizontale Welle drehte; wurde das Gewehr gesenkt, nahm die Ladewalze aus zwei Röhrenmagazinen im Kolben Pulvermenge und Kugel in die Aussparungen der Querwalze auf und beförderte sie bei der Rückbewegung der Reihe nach in den Lauf. Gleichzeitig mit der Drehung spannte die Ladewalze den Hahn und schüttete die Pulvermenge aus dem am Schloß befindlichen Vorratsbe-hälter auf die Pfanne. Das L o r e n z o n i - System hatte ein Steinschloß.

Heute läßt sich nicht mit Sicherheit sagen, wer der wahre Erfinder dieses Systems ist und wann die erste derartige Waffe entstanden ist. Außer dem Florentiner Michele L o r e n z o n i, dessen ältestes derart gebautes Gewehr wohl aus dem Jahr 1684 stammt, signierten an der Wende des 17. Jh. auch andere italienische Büchsenmacher solche Gewehre; zu nennen sind Sebastiano C e c c h i, genannt Acquafranca, aus der Umgebung Bolognas, Antonio C o n s t a n t i n i, Angehörige der Familie B e r s e l l i u. a.

Auch außerhalb Italiens wurden damals ähnliche Gewehre gebaut, sie tragen die Namen der Meister M u n i e r, Genf, John C o o k s o n, London, Johannes K a r g, Innsbruck, und W e t s c h g i, Augsburg.

Solche Gewehre oder Pistolen werden heute von Sammlern sehr hoch geschätzt, waren aber zu ihrer Zeit weder selten noch örtlich begrenzt. Sie wurden im 18. Jh. noch lang hergestellt. Im Jahre 1756 inserierte ein jüngerer John Cookson derartige Waffen in der Presse von Boston im Staat Massachusetts. Die von Iwan P o l i n in Tula erzeugten Pistolen sind 1782 datiert. Um 1790 fertigte der Londoner Büchsenmeister H. W. M o r t i m e r ein ähnliches Pistolenpaar für Lord Nelson an. Es gibt schließ-lich auch noch ein Exemplar aus dem 19. Jahrhundert.

Mit einer ,,Lorenzoni''-Ladewalze, doch mit längs des Laufs befind-lichen Pulver- und Kugelmagazinen war ein anderes Steinschloß-Repe-tiergewehr ausgestattet, das Thierbach in die Jahre 1760—80 setzt. Eine gleichfalls Lorenzoni zugeschriebene weitere Bauart ist mit Röhren-magazinen im Vorderschaft unterhalb des Laufs versehen; sie wurde durch Drehung des Vorderschaftes betätigt. Im Pariser Louvre baute

Chirriers 1720—40 ein Repetiergewehr, dessen Pulvermagazin sich unter dem Drehlauf befand und dessen Geschoß der Schütze von Hand laden mußte. Beiderseits des Laufs liegen die Magazine des mit einem Querblockverschluß versehenen Girardoni-Repetierers von 1780.

Alte Repetiergewehre aus dem 17. und 18. Jahrhundert sind zweifellos Beweise des Erfindergeistes und der Geschicklichkeit ihrer Schöpfer und heute ein Schmuck jeder Waffensammlung. Sicher konnten sie in der Hand geübter Schützen jede damalige Feuerwaffe an Schießgeschwindigkeit übertreffen. Aber sie waren verhältnismäßig kompliziert und anfällig, verschmutzten schnell durch Pulverrückstände und waren im Vergleich zu anderen üblichen Waffen recht kostspielig. Für den Durchschnittssoldaten eigneten sie sich begreiflicherweise nicht. Auch waren spontane Explosionen des ganzen Pulvermagazin nicht ausgeschlossen, und so mancher Erfinder mußte deren Folgen am eigenen Leibe erfahren.

Die Konstruktionsprobleme der Magazinrepetiergewehre waren um die Mitte des 19. Jh. noch nicht befriedigend gelöst, obwohl sich die Waffenbauer eifrig mit ihnen beschäftigten. So erhielt 1848 W. Hunt in Amerika das Patent auf einen Repetierer, dessen unter dem Lauf befindliches Röhrenmagazin hohle Geschoße samt Pulverladung enthielt. Da es noch keine Einheitspatronen waren, gab es weitere Schwierigkeiten mit diesem Gewehr.

Das Patent auf ein besseres und einfacheres Repetiergewehr für Hunt-Geschoße erwarb L. Jennings i. J. 1849. Sein Gewehr hatte wieder ein Röhrenmagazin unter dem Lauf, ein seitlich angebrachtes Schloß mit außenliegendem Hahn und ein Magazin für Zündpillenstreifen. 1850 nahm sich die Firma Robbins & Lawrence in Windsor im Staat Vermont der Produktion dieses Gewehrs an, doch blieben ihre Erzeugnisse kompliziert und ihre Patronen gleich unvollkommen. Nicht einmal die Verbesserungen, die H. Smith 1851 patentierte, konnten die Mängel beheben.

Trotzdem bildeten alle diese Patente, zu denen noch das für einen verbesserten Verschlußmechanismus an H. Smith und D. B. Wesson hinzukam, die Produktionsgrundlage der 1855 gegründeten Volcanic Repeating Arms Co. in New Haven. Bei den Volcanic-Pistolen und Gewehren befanden sich die Röhrenmagazine unter dem Lauf, und in den Magazinen lagerten bereits Einheitspatronen, die zwar den Hunt-Geschossen sehr ähnlich waren, doch in einem Papierboden des Geschoßbodens das Zündgemenge enthielten. Gewiß waren es unvollkommene, wenig wirksame Patronen, die eine der Hauptursachen des Mißerfolges der Volcanic-Waffen bildeten. Trotzdem hatte die Entwicklung der Maga-

86
Perkussions-Taschenrevolver M 1849 System Colt. Samuel Colt, Hartford, um 1850

zinrepetiergewehre mit Volcanic die Schwelle der praktischen Problemlösung in Amerika erreicht. Und dort war man schon damals weiter als z. B. in Deutschland, wo im 3. Viertel des 19. Jh. Konstruktionen von Repetier-Zündnadelgewehren für Einheitspatronen erschienen, die L. S c h w a r t z k o p f oder F. v. D r e y s e ausgearbeitet hatten.

Wieviel Erfindergeist die verschiedenen Verschluß- und Magazinkonstruktionen auch zeigten, sie vermochten keine befriedigende Lösung zu bringen, solange sie nicht die selbststdichtende Einheitspatrone mit Metallhülse benutzen konnten. Erst mit diesen entwickelten sich die einzelnen Arten der Magazinrepetierer zu Waffen mit breiter praktischer Anwendungsmöglichkeit. Der amerikanische Bürgerkrieg war die erste große Gelegenheit zu ihrer Bewährung.

Der erste Magazinrepetierer der neuen Generation wurde der amerikanischen Föderalregierung 1861 von C. M. S p e n c e r angeboten, jenem vielseitigen Erfinder, der unter anderem durch seine Konstruktionen von Textil- und Schraubmaschinen und eines Dampf-Automobils bekannt ist. Er schützte seinen Repetierer mit Patenten von 1860 und 1862. Präsident Lincoln, der den Repetierer persönlich getestet hatte, setzte sich für Spencer ein gegen die amerikanische Kommandoführung.

Ab 1862 erledigte die Spencer Repeating Rifle Co. in Boston und mit ihr die Burnside Rifle Co., Providence, die Armeebestellungen. Der Spencer-Repetierer wurde zum meistgebrauchten und bekanntesten Vertreter der Mehrladegewehre mit Magazin im Gewehrkolben.

Ebenfalls im Kolben befand sich das Röhrenmagazin des Gewehrs, das 1876 der in Paris lebende amerikanische Konstrukteur B. B. H o t c h - k i s s in Philadelphia ausstellte und das später in drei verschiedenen Varianten von der Firma Winchester gefertigt wurde; ähnlich war das C h a f f e e - R e e c e - Gewehr gebaut, das als Hotchkiss-Konkurrent 1881 von der amerikanischen Armee mitgetestet wurde.

Während die genannten und weitere derartige Konstruktionen einander in der Unterbringung der Magazine ähnelten, unterschieden sie sich in bezug auf ihre Verschlußmechanismen. Die Spencergewehre und Karabiner waren mit Drehblockverschluß und altmodischem, seitlich angebrachtem Hahn versehen. Ein anderer Repetierer mit gleich gebautem Magazin und Kippblockverschluß wurde 1887 vom Amerikaner M. H a r t l e y vorgelegt. Die Hotchkiss- und die Chaffee-Reece-Gewehre hatten demgegenüber den selbstspannenden drehbaren Zylinderverschluß. Der ebenfalls im amerikanischen Bürgerkrieg gebrauchte und nach einem Patent von 1864 von der Meriden Mfg Co. hergestellte Triplett & Scott Karabiner war mit einem gleichartigen Magazin, aber völlig

87
Amerikanischer Perkussionsrevolver
M 1860, System Colt. Samuel Colt,
Hartford, nach 1860

130

unterschiedlichem Verschlußmechanismus ausgestattet. Bei diesem Karabiner wurden die Patronen durch Lauf- und Vorderschaftdrehung in die Kammer geladen.

Der Ladevorgang bei diesen Röhrenmagazinen war auch verschieden. Das Spencergewehr wurde durch eine Öffnung im Kolbenschuh, der Hotchkiss durch eine an der Unterseite der Verschlußhülse geladen. Ferner war der Mechanismus der Magazine verschieden. Einige (Spencer, Hotchkiss) waren mit einer Spiralfeder, andere mit verschiedenen mit dem Verschluß gekoppelten Zubringern ausgestattet.

Die Versuche, den Repetierer mit einer größeren Anzahl von Patronen auszustatten, führten zum Bau von Magazinen mit zwei und mehreren Röhren. Das 1869 von T. Cullen konstruierte Gewehr hatte vier von Hand gedrehte Magazinröhren im Kolben; 1871 versah W. Evans seinen Repetierer mit vier Kanälen in einem Drehmagazin für 26 Patronen. F. v. Mannlichers Repetiergewehr von 1880 besaß drei Röhren. Alle diese Gewehre hatten verschiedene Verschlüsse: einen Blockverschluß mit seitlich angebrachtem Hahn bei Cullen, einen Blockverschluß mit Hebel bei Evans, einen drehbaren Zylinderverschluß bei Mannlicher.

Im Kolben der Magazinrepetiergewehre waren freilich nicht nur Röhrenmagazine zu finden. Bei dem 1855 von A. T. Watson gebauten Gewehr wurde eine Patronenkette mit Papierhülsen in den Kolben gelegt und der Blockverschluß schnitt mit seiner scharfen Kante die einzelnen Patronen ab. Bei anderen Repetierern waren die Patronen nebeneinander oder übereinander paternosterartig angeordnet, so die Bauweisen von M. M. Casse, 1848, oder J. O. A. Scott, 1862, beide mit Blockverschluß.

Eine besondere Art bilden die Gewehre, in deren Kolben ein Kastenmagazin mit einem verschließbaren Klappdeckel liegt. Die Patronen

89
Österreichischer Adams-
Perkussionsrevolver. Scheinigg, Ottakring,
um 1860

90
Perkussionsrevolver, System Mangeot-
Comblain. A. V. Lebeda, Prag,
50er—60er Jahre 19. Jh.

werden aus einem oder mehreren mittels einer Röhre mit dem Verschluß verbundenen Kästen entweder durch Eigengewicht oder unter Druck verschieden ausgeführter Zubringer weitergeschoben. Viele dieser Bauweisen rechneten mit der Aptierung einschüssiger Hinterlader und hatten daher deren Verschlußmechanismen.

Derartige Magazinrepetiergewehre mit drehbaren Zylinderverschlüssen baute z. B. J. S c h u l h o f 1882 und 1883. Ähnliche Konstruktionen für das deutsche Mausergewehr M 1871 boten S p o r e r und H ä r l 1882, B o r n m ü l l e r , S i m s o n und L u c k 1884. O. M a t a legte 1883 einen derartigen Umbau des Remington-Hinterladers vor.

Bei manchen Typen füllten die Kastenmagazine den ganzen Kolben aus. Der Schulhof-Repetierer von 1882 hatte ein dreiteiliges Magazin, der amerikanische Wilson-Repetierer von 1864, eine der ältesten derartigen Konstruktionen, ein fünfteiliges.

Bei den meisten dieser Gewehrmagazine waren die Patronen parallel zur Lauf- oder Gewehrachse und übereinander gelagert. Demgegenüber sind die Patronen bei dem 1862—65 von E. M. J u d d , H u g h e s und P u s e y vorgelegten Gewehr vertikal im Magazin gelagert; durch den Drehblockverschluß erhielten die Patronen erst die zur Laufachse parallele Lagerung.

Die überwiegende Anzahl der Mehrladegewehre mit Magazin im Kolben kam über das Modellstadium nicht hinaus, so daß es für den durchschnittlichen Waffensammler ein außerordentliches Erlebnis wäre, auf ein solches zu stoßen. Die Spencergewehre und Karabiner allerdings sind zahlreicher vertreten. Während des amerikanischen Bürgerkriegs hatte die Union über hunderttausend Stück gekauft, tausende gingen später in die Türkei und mehrere tausend ältere Stücke wurden im Preußisch-französischen Krieg nach Frankreich geliefert. Auch an

Hotchkiss-Gewehren erzeugte die Firma Winchester 1878—89 fast fünf-undachtzigtausend — aber das ist für ein Militärgewehr keine besonders hohe Anzahl. Noch geringer war die Anzahl beim Triplett & Scott-Karabiner und geringer daher die Chance, auf einen zu treffen — mit fünftausend Stück war die Home Guard des Staates Kentucky beliefert worden.

Die mäßige Verbreitung solcher Repetiergewehre ist auf ihre Geburtsfehler zurückzuführen, insbesondere auf die Schwächung des Schaftes, die Verletzlichkeit des Zubringers beim Aufstoßen des Schaftes auf den Boden, die komplizierten Magazinmechanismen und die erschwerte Betätigung des mit dem Zubringer verbundenen Verschlusses.

Mangelhafte Patronen waren die Hauptursache des Mißerfolges der Volcanic-Waffen sowie des Bankrotts der Firma. Dem Nachfolger, der New Haven Arms Co., dem Hersteller des legendären Henry-Gewehres, brachte eine neue Patrone in einer alten Konstruktion die Wende zum Glück. Diese neue Patrone hatte B. T. Henry entworfen und für das Volcanic Gewehr hergerichtet. Das auf dem Lauf der Henry-Gewehre angeführte Patent von 1860 war Eigentum der Gesellschaft.

Das Henry-Gewehr war mit Röhrenmagazin unter dem Lauf, und fünfzehn 44 kalibrigen Patronen für Randzündung sowie dem Buchstaben „H" am Hülsenboden ausgestattet. Es war keineswegs die billigste Waffe und auch nicht fehlerlos. Die amerikanischen Armeeaufträge waren auch mehr als bescheiden, die gefertigte Gesamtstückzahl nicht eindrucksvoll — etwas mehr als zehntausend. Trotzdem erregte der Henry-Repetierer mit seiner Schußgeschwindigkeit große Aufmerksamkeit und wurde zum Ausgangstyp einer langen Reihe von amerikanischen Repetiergewehren mit Vorderschaftröhrenmagazin und dem charakteristischen Lever-Action-System (ein Bügelspannertyp).

Dieses System hatte auch der Nachfolger des Henry-Gewehres, der M 1866, der erste Repetierer, der den Namen der von O. F. Winchester neugegründeten Firma trug. Seine Konstruktionsverbesserung gründete sich auf N. Kings Patent von 1866. Ihm folgte ein Repetierer des gleichen Systems, aber für Patronen mit Zentralzündung, das berüchtigte Gewehr des amerikanischen Westens — Modell 1873. Eine Waffe, die in der amerikanischen Geschichte mehr Tiere und weiß- wie rothäutige Männer getötet haben soll als jede andere. Sie war es, die die führende Stellung der Firma Winchester in der amerikanischen Gewehrindustrie aufbauen half. In den Jahren 1866—98 wurden über 170 000 Stück

91
Englischer Webley-Perkussionsrevolver.
James Webley, Birmingham, um 1850

des M 1866 hergestellt, 1873—1924 über 720 000 des M 1873. Das sind sehr hohe Zahlen für ein Gewehr, das niemals in eine reguläre Armee eingeführt worden ist.

Röhrenmagazinrepetierer mit Lever-Action-System haben unter den Gewehren amerikanischer Herkunft bis heute ihre führende Stellung behauptet, vor allem auf Grund der vielen Winchester-Typen. Doch noch im 19. Jh. erschienen weitere derartige Konstruktionen auf dem Markt, die ihrem Äußeren nach den Winchester-Gewehren sehr ähnlich, aber mit einem unterschiedlichen Mechanismus versehen waren.

Ab 1879 stelle die Whitneyville Armory für kurze Zeit geringe Mengen solcher Repetierer her. Sie ging dabei von dem 1873 an A. Burgess ausgestellten Patent aus und bereicherte ihr Erzeugnis mit Konstruktionselementen, auf die S. V. Kennedy und F. W. Tiesing 1879 Patente erhalten hatten. Diese Waffen sind hauptsächlich unter dem Namen Whitney-Kennedy bekannt. Auch Colt in Hartford benutzte kurzfristig A. Burgess' Patente von 1873—82 bei der Herstellung von Röhrenmagazinrepetierern mit Lever-Action-System; der Produktionsumfang war mit etwas über 6000 Stück ebenfalls gering.

Der zweitbekannteste Hersteller von derartigen Repetiergewehren war seit Beginn der 80er Jahre des 19. Jh. die Firma Marlin. Äußerlich ähnelten ihre Erzeugnisse wieder den Winchester-Gewehren, ab 1889 aber unterschieden sie sich u. a. dadurch, daß die Öffnung für das Auswerfen der leeren Hülse nicht auf der Oberseite des Gehäuses, sondern auf seiner rechten Seite angebracht war. Zum Unterschied von den oben genannten Betrieben konnte Marlin die Fertigung dieser Repetierer aufrechterhalten.

Seit der Mitte der 80er Jahre erzeugte Colt Röhrenmagazinrepetierer, die mit dem sog. Slide-Action-Mechanismus ausgestattet waren. Die Konstruktion beruhte im wesentlichen auf Patenten, die 1883 Dr. W. H. Elliot erhalten hatte, und war mit weiteren Bauelementen nach anderen Patenten aufgebessert. Diese Repetierer wurden im 20. Jh. noch sehr lange hergestellt. Das Slide-Action-System blieb nicht auf Colt-Erzeugnisse beschränkt, Winchester baute ab 1890 Gewehre danach, und auch andere Waffenbetriebe führten es ein.

Seit Beginn der 70er Jahre des 19. Jh. waren mehrere hundert verschiedene Systeme, darunter auch viele Röhrenmagazinrepetierer, an den Qualitätsprüfungen der neuen Gewehrtypen in den USA beteiligt. Winchester bemühte sich jahrelang, die Armee als Auftraggeber anzuwerben, das gleiche versuchten die Konkurrenzfirmen. Doch die amerikanische Armee lehnte Repetiergewehre generell ab und verblieb bis 1892 beim einschüssigen Klappenverschluß-Hinterlader. Die traditionellen amerikanischen Röhrenmagazinrepetierer mit Unterhebelverschluß haben aber ihren Weg in ausländische Armeen gefunden und die Entwicklung der Militärausrüstung beeinflußt, doch sind sie nirgends zur Standardbewaffnung geworden.

Bereits 1863 gelangten mehrere Henry-Gewehre nach Preußen. Die Schweiz testete sie 1866, England 1867. Frankreich kaufte 1870 notgedrungen mehrere tausend Winchestergewehre und Karabiner M 1866. Über 50 000 Stück dieses Modells erstand die Türkei und konnte in der Schlacht bei Plewna Europa die Möglichkeiten der Repetierer im Einsatz vorführen. Einige europäische Staaten führten dann zwar Röhrenmagazinrepetierer in ihre Bewaffnung ein, benutzten dabei aber größtenteils Zylinderverschlußkonstruktionen europäischer Provenienz.

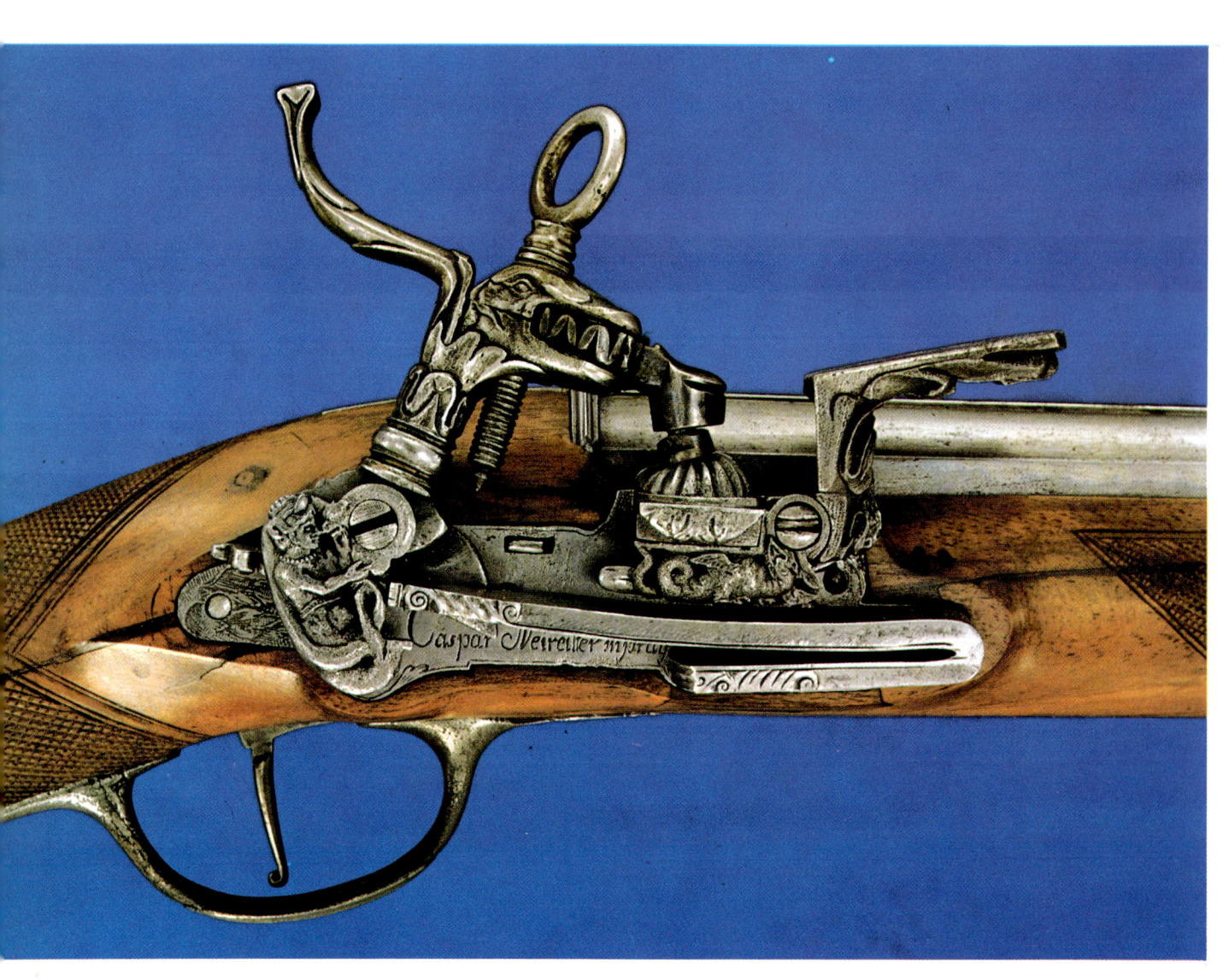

Als erster Staat entschloß sich die Schweiz für ein Repetiergewehr, und zwar für das von F. Vetterli vorgelegte; zuerst war es das Modell 1868, später verbesserte Modelle. Dasselbe System übernahm 1872 auch Italien.

Österreich, das in den 70er Jahren seine Armee auf einschüssige Hinterlader umgerüstet hatte, bewaffnete einen Teil seiner Gendarmerie mit Repetiergewehren Fruwirth M 1871, einen andern, in Ungarn und Bosnien-Herzegowina, mit den Modellen 1878—79, die der Artillerie-Offizier Kropatschek gebaut hatte. Dasselbe System wurde 1886 von Portugal und 1878 von der französischen Marine übernommen.

Die Bauweise der Vorderschaftmagazinrepetierer beschäftigte in den 70er und 80er Jahren des 19. Jh. auch so bekannte Waffenbauer wie F. v. Dreyse und F. Mannlicher. In größerem Maßstab jedoch wurde die Konstruktion P. Mausers in die deutsche Ausrüstung aufgenommen, der mit Röhrenmagazin unter dem Lauf ausgestatteten Hinterlader M 1871. Der neue Typ erhielt die Bezeichnung M 1871/84. Ein ähnliches System wurde in Serbien, und mit verbessertem Verschluß als M 1887 in der Türkei angenommen. In die gleiche Kategorie gehört schließlich der Murata-Repetierer M 1885, den Japan in die Armeeausrüstung übernahm.

In dieser Gruppe hat der französische Lebel-Repetierer M 1886 eine Sonderstellung. Er hielt sich als Armeewaffe am längsten und überdauerte zwei Weltkriege. Es war ja auch das erste Gewehr, das für Patronen mit rauchschwachem Pulver gebaut war.

In der europäischen Entwicklung nehmen die Röhrenmagazinrepetierer mit anderem als drehbarem Zylinderverschluß einen sehr bescheidenen Platz ein. Hieher gehören z. B. der „Schweizer Winchester", ein Imfanger-Gewehr von 1868, der Schweizer Flitch von 1873 mit Blockverschluß und der norwegische Krag-Peterson-Repetierer von 1877, bei dem die Fortbewegung der Patrone in die Kammer von Hand getätigt wird.

Die Versuche, in dringenden Fällen die Schußgeschwindigkeit von Militär-Hinterladern zu beschleunigen, führten zum Bau verschiedener Zusatzmagazine. Die einfacheren Ausführungen wurden entweder vom Schützen mit der linken Hand am Vorderschaft festgehalten oder waren mit einer Halterung am Gewehr befestigt. So konstruierte S. Krnka 1870—75 seine „Patronenträger" und später die „Schnellader". Andere Waffenbauer schlugen Ansteckmagazine vor, die die Patrone mittels eines mit dem Verschluß gekoppelten Mechanismus selbsttätig beförderten. Sie wurden nicht ständig am Gewehr getragen, sondern sollten nur im dringenden Notfall angesteckt werden. Aber auch so erforderten sie gewisse konstruktive Eingriffe und waren weder billig, einfach oder widerstandsfähig. Fachkenner mit klangvollen Namen wie J. Werndl, P. Mauser und F. v. Mannlicher beschäftigten sich mit diesem Problem. Doch konnten sich die „Gelegenheitsrepetierer" mit Ansteckmagazinen nicht bewähren.

Aber sie zeichneten die Entwicklung des folgenden Magazinrepetiergewehrs, des Gewehrs mit dem Magazin im Mittelschaft, vor. Die eigentliche Entwicklung der Repetierer mit Magazin im Mittelschaft beginnt mit einem System, das J. O. Lee 1879 patentierte; doch darf nicht übersehen werden, daß auch diese Konstruktion ein abnehmbares Magazin hatte, das den obengenannten zugeordnet werden könnte bzw. an diese anknüpft. Beim Lee-System hat man es nicht mit dem Umbau eines einschüssigen Gewehrs zwecks höherer Feuergeschwindigkeit in kritischen Momenten zu tun, sondern mit dem Gegenteil, dem Bau eines Repetiergewehrs, das nach Fortnahme des Magazins als einschüssiges Gewehr benutzt werden kann.

Remington nahm sich der Produktion der Lee-Repetierer an, Lee selbst vervollkommnete ihn im Jahre 1882. Beliebt bei den amerikanischen Buschjägern, blieb der Erfolg der Militärausführung in den USA sehr bescheiden und es war wieder das Ausland, das den Remington-Lee-Repetierern einen Nahmen machte. Sie wurden nach Kuba, China und anderen Ländern geliefert. Nach langen Prüfungen wurde dieser Repetierer 1888 in die englische Bewaffnung eingeführt und verblieb dort über ein halbes Jahrhundert. Die älteren englischen Modelle von 1889 bis 1895 sind unter dem Namen Lee-Metford, die jüngeren, ab 1896, als Lee-Enfield bekannt. Die englischen Lee-Repetiergewehre hatten zuerst ein einzeln zu ladendes zweireihiges Kastenmagazin sowie eine Einrichtung, die das Magazin ausschaltete, so daß das Gewehr dann als einschüssiges gebraucht werden konnte. Ähnlich waren auch andere Bauweisen mit von unten angestecktem Kastenmagazin z. B. die F. v. Mannlichers von 1881 und F. v. Dreyses von 1882 sowie der Repetierer K. Krnkas von 1886—87. Auch P. Mauser legte 1888 ein Gewehr mit von unten ansteckbarem Magazin und einem Absteller vor, das sowohl angesteckt als frei geladen werden konnte.

Abstellbare Ansteckmagazine wurden für eine Errungenschaft gehalten, doch waren nicht alle Konstrukteure dieser Meinung, so daß schon in den 80er Jahren des 19. Jh. Repetierer mit fest eingebauten Magazinen entstanden. Mit seiner Bauweise von 1885 eröffnete F. v. Mannlicher die bekannte Reihe solcher Gewehre. Sein auf der Unterseite des Schafts vorstehendes Mittelschaftmagazin verbesserte er noch mit einem Blechrahmen, der mit mehreren Patronen zusammen auf einmal ins Magazin geladen wird. Beim M 1886 und den folgenden fällt dieser Patronenrahmen aus der unteren Magazinöffnung heraus, sobald die letzte Patronenhülse ausgeworfen ist. Dieser Patronenrahmen ist nicht nur bei den österreichischen Gewehren und Karabinern M 1886—95 das typische Mannlicher-Zeichen geworden, sondern auch bei vielen anderen, z. B. dem neuen deutschen Repetierer M 1888, dem italienischen M 1891, Mannlicher-Carcano genannt, dem rumänischen M 1893, dem holländischen M 1895 und den französischen Gewehren und Karabinern ab M 1890/92.

92
Le Mat-Perkussionsrevolver. Le Mat-Ch. Girard, Paris, 60er Jahre 19. Jh.

Die Mehrlademethode von Patronen im Blechrahmen oder in blechverstärkten Papprahmen wurde auch von den Konstrukteuren von Repetierern mit abnehmbaren Magazinen angewandt, so bei den Schweizer Schmidt-Rubin-Repetierern M 1889 und anderen. Ähnlich wie bei den Typen K. Krnkas schaltete man das Magazin durch Absinken in die tiefere Lage aus. Zum Unterschied von der Mannlicher-Methode wurden diese Patronenrahmen nicht ins Magazin geladen und wurden beim Vorführen des Verschlusses ausgeworfen.

Die belgischen Waffentests von 1888 zeigten u. a. die Nachteile der Mannlicher-Rahmen auf, die kein Nachladen des Magazins vor dem Abschuß der letzten Patrone gestatteten. Daher führte die belgische Armee 1889 die neue Konstruktion P. Mausers mit Zylinderverschluß und dem aus dem Lauf vortretenden einreihigen und festsitzenden Magazin ein. Je fünf vom Ladestreifen zusammengehaltene Patronen wurden von oben in das Magazin eingeführt, bei Vorführung des Verschlusses fiel der Ladestreifen von selbst heraus. Das war ein sehr bedeutender Fortschritt in der Entwicklung der Magazinrepetierer. Auf diese Weise wurden auch die weiteren Mausergewehre geladen, als erste das türkische und argentinische M 1890.

Auch der von S. I. Mosin gebaute berühmte russische Repetierer M 1891 hat ein festsitzendes einreihiges Magazin und kann aus einem Ladestreifen geladen werden. Später bauten auch die Engländer ihre Lee-Enfield-Repetierer für Ladestreifen um.

Einen weiteren Fortschritt bedeutete das spanische Mausergewehr von 1893. Seine Patronen wurden sowohl mit Ladestreifen als auch einzeln geladen, außerdem war es mit einem zweireihigen Magazin versehen, das zur Gänze im Schaft versteckt war. Ähnlich eingerichtet waren der türkische Mauser M 1893, der schwedische M 1894 und der deutsche M 1898. Mit ihm hat der Bau von Magazinrepetierern praktisch seinen Höhepunkt erreicht. Die Mauserkonstruktion mit zweireihigem Magazin wurde zur Grundlage weiterer Gewehrtypen wie des japanischen Arisaka-Repetierers (beginnend mit dem M 1897).

Neben den unter dem Verschlußgehäuse angebrachten Kastenmagazinen konnten abweichende Bauweisen nur einen bescheideneren Platz erobern. Repetiergewehre mit Horizontalmagazinen, die mit speziellen Ladestreifen oder Einzelpatronen von der rechten Seite des Mittelschafts geladen wurden, führte man 1889 in Dänemark, 1892 in den USA und 1894 in Norwegen in die Ausrüstung ein. Ihre Konstrukteure waren O. H. Krag

93
Preußischer Dreyse-Zündnadelrevolver.
Dreyse, Sömmerda, 60er Jahre 19. Jh.

und E. Jörgensen, ihr Vorzug bestand in der Möglichkeit, das Magazin auch bei geschlossenem Verschluß zu laden.

Manche Waffenbauer, z. B. A. Špitalský, J. Werndl und F. v. Mannlicher, setzten ein Trommelmagazin mit drehbarem Zubringer in den Mittelschaft; bekannt ist die Konstruktion, die unter dem Namen Schulhof bezeichnet ist. An der Schwelle des 20. Jh. hatten die Steyrschen Waffenwerke mit einem Repetierer Erfolg, der auf der Mannlicher-Bauweise beruhte und mit zusätzlichen Konstruktionsverbesserungen von O. Schönauer versehen war. Dieser Mannlicher-Schönauer-Repetierer wurde als M 1903 in die griechische Armee eingeführt und genoß als Jagd-Kugelbüchse große Beliebtheit.

Die meisten Mittelschaftmagazinrepetierer hatten drehbare Zylinderverschlüsse. Die Geradezug-Zylinderverschlüsse blieben in der Minderheit. Man findet sie bei den österreichischen Modellen Mannlicher 1885—95, den Schweizer Schmidt-Rubin ab 1889, dem amerikanischen Lee-Marine-Repetierer M 1895 oder dem kanadischen Ross-Gewehr. Die Reihe der Verschlüsse bei Repetierern dieser Gruppe beschließt eine amerikanische Bauweise mit Horizontalblockverschluß, der Winchester M 1895 und der Savage M 1899.

Die grundlegenden Bauelemente der Mittelschaftmagazinrepetierer entwickelten sich noch im Laufe des 19. Jh. Dank ihnen beherrschten die Magazinrepetiergewehre die damalige Militärbewaffnung. Dieser Typ war unter den Repetierern am zahlreichsten vertreten, und er war die meistbenutzte Militärwaffe beider Weltkriege. Millionen wurden gefertigt, und Millionen auf Kriegsschauplätzen und in Schmelzöfen verbraucht.

Unter den Jagdgewehren erreichten die Magazinrepetierer große Bedeutung, konnten aber nicht, wie in der Militärbewaffnung, andere Gewehrtypen so ganz in den Hintergrund drängen.

In der Gegenwart, in der Militär-Magazinrepetierer eine historische Waffe geworden sind, sind nicht nur seltene Stücke aus dem 17. oder 18. Jahrhundert oder vereinzelte Entwicklungstypen Gegenstand des Sammlerinteresses, sondern auch diese Handfeuerwaffen, die vor Jahren noch gang und gäbe waren.

94
Amerikanische Volcanic-Repetierpistole. New Haven, 50er Jahre 19. Jh.

Luft-, Windbüchsen und Gasgewehre

Eine selbständige Schießwaffengattung bilden die Konstruktionen, die zum Herausschleudern des Geschosses aus dem Lauf Preßluft verwenden.

Im wesentlichen unterscheidet man zwei Grundtypen dieser Waffen: die Luftbüchsen, die die im Augenblick des Abschusses plötzlich stark komprimierte Luft benutzen, und die Windbüchsen, bei denen die vorher in einem Druckgefäß, der Windflasche, komprimierte Luft in den Lauf getrieben wird, aus dem sie im Augenblick des Schusses durch Öffnen eines Ventils entweicht. Gewehre, die zum Herausschleudern des Geschosses aus dem Lauf ein anderes Gas als Luft, z. B. Kohlensäure benutzen, heißen Gasgewehre.

Die älteste Bauart, die in verbesserter Form noch heute gebraucht wird, beruht auf dem erstgenannten Preßluftsystem. Das Wiener Kunsthistorische Museum bewahrt die um 1600 datierte älteste bekannte Luftbüchse, eine ungewöhnliche Verbindung von Radschloß- und Preßluftsystem. Eine Triebfeder in Form von sieben miteinander verbundenen V-Federn, die mit einem beweglichen Kolben gekoppelt war, wurde bei Umdrehung des Rades niedergedrückt. Bei Auslösung des Abzugs, und damit auch des Rades, schnellte die Triebfeder hoch und stieß den Kolben nach vorn. Einige Stücke aus der Zeit um 1600 sind mit einer Spiralfeder zum Vorstoßen des Kolbens versehen. Anders als diese Federdruckwaffen sind die Blasebalg-Bolzenbüchsen gebaut, die im verstärkten Schaftkolben einen Blasebalg haben, aus dem die Luft entweicht. Sie lassen sich auf den ersten Blick an dem Vierkant-Spannbolzen erkennen, der in einer Öffnung auf der Vorderschaftlängsseite zu sehen ist. Wurde auf diesen Bolzen ein Schlüssel aufgesetzt, blähte sich der Blasebalg mittels der Nuß, und gleichzeitig spannten sich die obere und untere Feder. Durch Druck auf den Abzug mittels einer langen Stange schnellten die gespannten Federn hoch und preßten den Blasebalg zusammen, die Luft entwich in den Lauf und trieb das Projektil hinaus. Dieses System war vor allem im 18. Jh. in Europa weit verbreitet und ist recht häufig in Museumssammlungen anzutreffen.

Die Windbüchsen erschienen um die Mitte des 17. Jh., die ältesten Stücke sind im Besitz des Kopenhagener Nationalmuseums; ihr Hersteller war A. Köller aus Kitzingen, ihre Entstehungsdaten sind 1644 und 1645. Gleichfalls zu den ersten Windbüchsen mit sehr ähnlicher Bauart gehören die der Livrustkammer-Sammlungen in Stockholm. Bei diesen dient eine um den Lauf gelegte Messingröhre als Druckgefäß, in die die Luft mit einer im Vorderschaft befindlichen Luftpumpe gepumpt wurde, wobei der Schütze, auf dem durch die Pumpenzugöffnung gehenden Tritteisen stehend, die ganze Windbüchse hob und senkte. Beim Schuß öffnete sich das Ventil durch Druck auf den Abzug für einen Sekundenbruchteil, und die Luft drang in den Lauf.

Zu Beginn der 2. Hälfte des 17. Jh. erschien unter dem Lauf der Windbüchse ein abschraubbares Druckgefäß in Form einer Messingkugel. Diese Bauweise gestattete das Auswechseln der geleerten Windflasche. Später, in der 2. Hälfte des 18. Jh., wurden die Windflaschen praktischer untergebracht als unter oder auf der Laufseite, nämlich im Schaftkolben.

Beide Windflaschenarten wurden mit einer Luftpumpe von Hand gefüllt. Laut überlieferten Berichten waren in den Anfängen der Verwendung von Windbüchsen etwa 2000 Pumpenzugbewegungen notwendig, um die Flasche auf etwa 200 Atm. komprimierter Luft zu füllen. Man empfahl, nach 20 bis 30 Pumpbewegungen eine Pause zu machen, um die Pumpe nicht übermäßig zu erhitzen. In einem Jägerbuch von 1779 wird nurmehr von 300 Stößen gesprochen. Die derart komprimierte Luft reichte für 20—24 Schüsse, von denen die ersten sechs eine solche Rasanz hatten, daß sie auf 50—60 m Entfernung „einen Hirsch zu töten vermochten". Die weiteren Schüsse waren etwas schwächer. Zwecks leichterer Übersicht der aus einer Windflasche abgegebenen Schüsse waren gewisse Büchsen mit einer Art Rechenmechanismus versehen.

Zur Überprüfung der Leistungsfähigkeit des genannten Windbüchsen-systems wurden 1905 Tests mit Original-Windbüchsen vorgenommen. Aus Sicherheitsgründen war die Windflasche mit Luft für nur 100 Pumpbewegungen gefüllt. Auch so betrug die Schußweite einer Bleikugel von 9,5 mm Durchmesser 500 m; sie durchschlug auf 35 m Entfernung ein 3 cm starkes Föhrenbrett. Genug, um auf 80 m Entfernung Hochwild zu erlegen. Windbüchsen mit Windflaschen dienten vor allem als Jagd- und Sportgewehre. Ihr Nachteil bestand im unregelmäßig sinkenden Druck in der Windflasche sowie in der sich daraus ergebenden Notwendigkeit, den Zielpunkt ständig zu übertragen.

Nur in einem Land wurde die Windbüchse in die Armeebewaffnung eingeführt, in Österreich. Als sie 1779 Marschall Lacy vorgeführt wurde, gab dieser unverzüglich an Kaiser Josef II. Bericht, und auf dessen Befehl wurde die Fertigung von mehreren hundert Stück an den Erfinder dieser Windbüchse, Bartholomäus Girandoni, vergeben. Laut überlieferten Verzeichnissen befanden sich i. J. 1787 noch 1000 Stück im Zeughaus. Nach der Kriegserklärung an die Türkei verteilte man die Girandoni-Windbüchsen an die Infanterie, je 22 Stück für ein Regiment. Die Windbüchsenschützen bildeten eine Sondereinheit innerhalb jedes Regiments. Angaben über Schußweite und Schußwirkung geben Auskunft über die Qualität dieser Gewehre. So hatten zum Beispiel die ersten zehn Schüsse etwa 110 m Schußweite und -wirkung, die nächsten zehn Schüsse 91 m und die restlichen zehn 73 m. Die Schußgeschwindigkeit betrug 300 Meter in der Sekunde. Diese Windbüchse war überdies ein Repetierer, denn in dem auf der rechten Laufseite angebrachten Röhrenmagazin lagerten 20 Kugeln, die mit einem einfachen Mechanismus in den Lauf transportiert werden konnten.

Die guten Eigenschaften dieses Gewehrs bewogen 1790 die österreichische Armee, das Jägercorps sowie das neugeformte Tiroler Scharfschützencorps mit Windbüchsen auszurüsten. Die ungenügende Stückzahl jedoch erlaubte nur eine teilweise Ausrüstung. Die letzte Erwähnung eines Kampfeinsatzes von Windbüchsen fällt in die napoleonischen Kriege, ins Jahr des neuerlichen Erscheinens Napoleons vor Wien, 1806. Dann wurden die Windbüchsen im Olmützer Zeughaus aufbewahrt und erst 1848 wieder hervorgeholt, um gegen die ungarische Revolution eingesetzt zu werden.

Andere bekannte Windbüchsenmacher waren an der Wende des 18. Jh. die Wiener Meister Josef Contriner und Leopold Zana. Ihre bei Zivilgewehren und Pistolen angewandten Konstruktionen gehen im wesentlichen vom Girandoni-System aus.

Dann war es für eine gewisse Zeit still um Windbüchsen, bis sie in der 2. Hälfte des 19. Jh. wieder aufkamen. Die Konstrukteure von Windbüchsen und Windpistolen nahmen damals eines der ersten Systeme wieder auf, das Federdrucksystem mit nach vorn gestoßenem Kolben. Die um vieles vollkommenere Werkstoffstruktur gestattete nun die Fertigung von elastischen, anfangs konisch geformten Spiral-Stahlfedern,

144

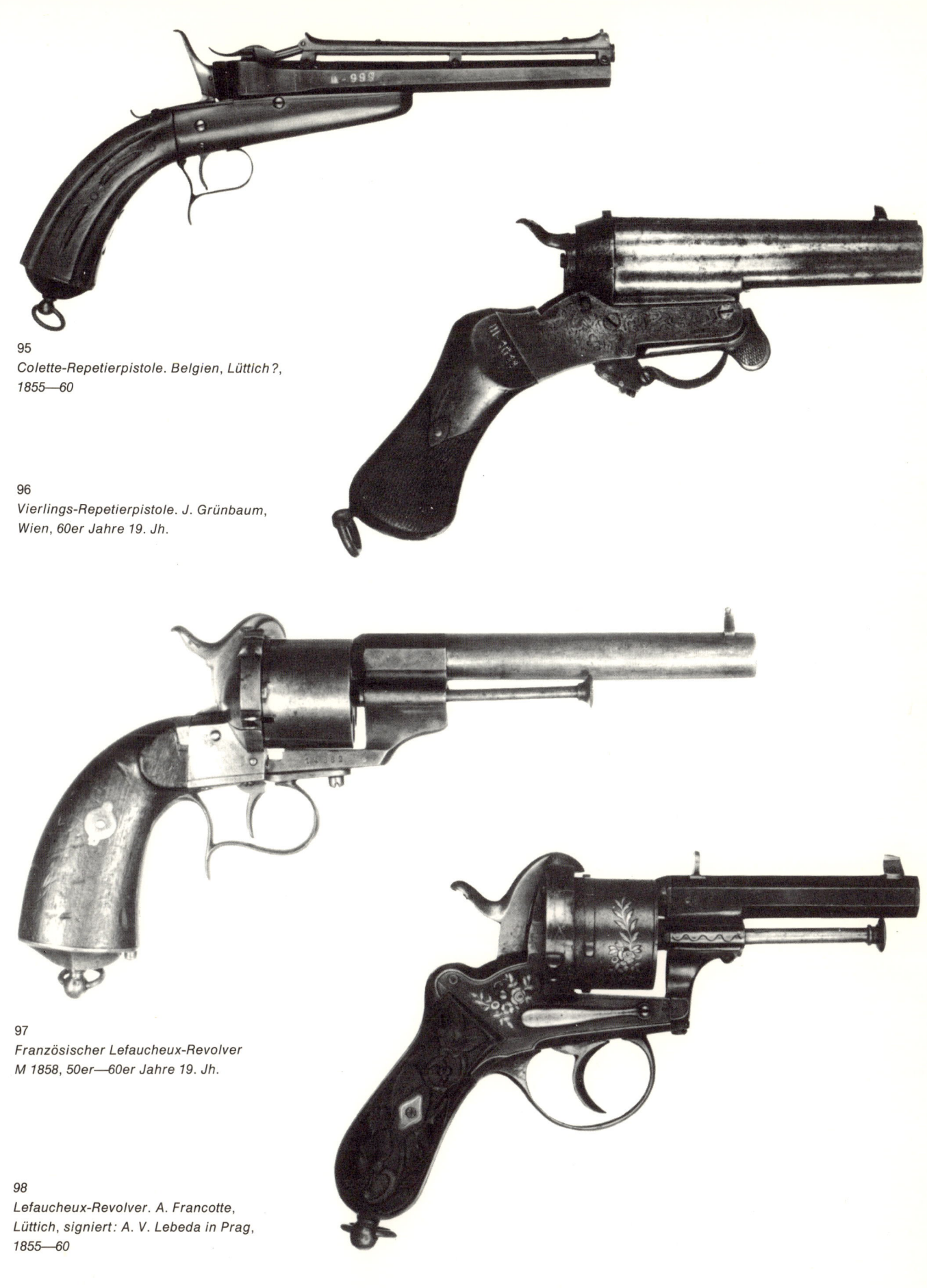

95
Colette-Repetierpistole. Belgien, Lüttich?,
1855—60

96
Vierlings-Repetierpistole. J. Grünbaum,
Wien, 60er Jahre 19. Jh.

97
Französischer Lefaucheux-Revolver
M 1858, 50er—60er Jahre 19. Jh.

98
Lefaucheux-Revolver. A. Francotte,
Lüttich, signiert: A. V. Lebeda in Prag,
1855—60

später Stahldraht-Zylinderfedern, die dem Kolben eine weitaus größere Rasanz verliehen als die Triebfedern des 16. Jh. Bei den Windbüchsen aus der Mitte des 19. Jh. wurde die Triebfeder von einem rechtsseitig liegenden Spannhebel gespannt, aber schon 1870 erschien die noch heute gängige Bauweise: durch Beugung des Schaftes wurde die Bewegung auf einen unter dem Lauf befindlichen Druckhebel übertragen, und dieser spannte die im Schaft versteckte Triebfeder. An dieser war der Kolben befestigt, der beim Auslösen nach vorn schnellte, so daß die Preßluft das Projektil aus dem Lauf stieß.

In jüngster Zeit gibt es Konstruktionen, die statt Luft komprimierte Kohlensäure in kleinen Bomben benutzen. Bei diesen Gasgewehren genügt eine Bombe für fünfzig 4 mm Schrotschüsse.

So haben die beiden Grundsysteme von Luft- und Windbüchsen im Lauf der Entwicklung ihre Rolle gespielt, sind dann von der Szene verschwunden und in besserer Aufmachung wieder gekommen; heute beschränkt sich ihre Verwendung fast nur auf das Sportgebiet.

146

Läufe und Zielvorrichtungen

Der Lauf, das Grundelement der Handfeuerwaffe, hat in Werkstoff und Fertigung, Form, Ausführung und Ausstattung eine jahrhundertelange Entwicklung durchgemacht.

Die heute als älteste angesehene Handkanone aus der 1. Hälfte des 14. Jh. hat einen Bronzelauf, ebenfalls aus Bronze sind die Läufe weiterer Handfeuerwaffen des 14. Jh. Andere aus demselben Jahrhundert stammende Handkanonen haben Läufe aus Schmiedeeisen, dem während des 15. Jh. vorherrschenden Werkstoff. Zum Unterschied von den gegossenen Bronzeläufen wurden die ältesten Eisenläufe über dem Dorn geschmiedet und durch Hämmern geschweißt. Sehr bald wurde der Fertigungsvorgang mit dem Bohren beendet. Als Werkstoff benutzte man sehr früh auch Messing, das später, vor allem im beginnenden 18. Jh., besonders in den Niederlanden beliebt war.

Das Laufinnere der ältesten Handfeuerwaffen war leicht konisch und verbreiterte sich zur Laufmündung hin. Bald ging man im Zusammenhang mit dem Laufbohren zu zylindrischen Bohrungen über. An der Wende des 16. Jh. erscheinen die Waffen, „Trombon" (engl. blunderbus) genannt, deren Laufinneres sich an der Laufmündung erweitert. Die manchmal ellipsoid erweiterte Laufmündung erleichterte das Laden. Derartige Feuerwaffen wurden noch im beginnenden 19. Jh. hergestellt.

Ein Lauf, dessen Bohrung sich gegen die Mündung verengt, wird bereits im 16. Jh. beschrieben, doch wurde er erst in der 2. Hälfte des 19. Jh. bei Schrotflinten häufiger angewandt.

Im Orient war schon im 16. Jh. die von den Damaszenerklingen her bekannte Damaszierungsmethode auch für die Fertigung von Gewehrläufen gebräuchlich. Vor allem türkische Damastläufe waren im 17. und 18. Jh. beim Bau von Waffen mit europäischen Schlössern und Schäftungen beliebt. An der Wende des 17. Jh. begannen auch die Waffenbauer in Europa Damastläufe herzustellen. Als ältester derartiger Lauf gilt der einer Büchse, deren Schloß die Jahreszahl 1724 trägt. Die ältesten Hersteller von Damastläufen waren wohl die Wiener Büchsenmacher. Aus Österreich kam diese Arbeitsmethode dann nach Deutschland und später, erst nach der Wende des 18. Jh., nach Frankreich.

In Europa gab es verschiedene Damaszierungsarten: gewundene Läufe wurden über dem Dorn geschmiedet und dann um sich selbst gewunden, später legte man dünne Stäbchen von hartem und weichem Schmiedeeisen zu einem Bündel parallel nebeneinander und schweißte sie zusammen. Die verschiedenen Arbeitsverfahren ergaben einfachere sowie reiche und kostspielige bunte Muster auf den damaszierten Läufen.

An der Wende des 17. Jh. begann man in Spanien, zur Fertigung von Gewehrläufen Werkstoff aus gebrauchten Hufeisen zu benutzen. Die durch Winden und Schweißen von Stäbchen aus solchem Material hergestellten spanischen Gewehrläufe waren in der 1. Hälfte des 18. Jh. sehr geschätzt. Man nannte sie „de herraduras". Auch Hufnägel dienten im 18. Jh. als Ausgangsmaterial für die Herstellung von Gewehrläufen.

Nach der Mitte des 19. Jh., vor allem aber nach der Einführung des rauchschwachen Schießpulvers, wurde als Werkstoff Stahl bevorzugt.

Anfangs schloß man den Laufboden mit einem noch glühend eingeführten Bolzen ab, doch schon im 15. Jh. löste diesen Bolzen eine auch bei Messingläufen eiserne Bodenschraube ab.

Der äußeren Form nach hatten die ältesten Handkanonen runde, leicht konische Läufe, die nach kurzer Zeit kantigen, insbesondere vierkantigen Platz machten. In den meisten Fällen wurden die Kantläufe mit der

Fläche nach oben in die Schäftung eingelegt. Doch erscheinen im 16.—18. Jh. auch Gewehre, deren Kantenlauf mit der Kante nach oben liegt. Bereits im ausgehenden 15. Jh. sind Läufe mit „verwechselten Kanten" bekannt, eine Form, die bald außer Gebrauch kam. Verbreitet dagegen war im 17. und 18. Jh. eine Ausführung, bei der der hintere Laufteil kantig, der vordere rund war. Der Übergang zwischen beiden Teilen wurde dann auf die verschiedenste Weise ausgeführt. Diese Form war allerdings nur bei Gewehren mit glatten Läufen häufig, bei Kugelbüchsen herrschten Kantläufe (meist Achtkantläufe) vor.

Im Laufe der Jahrhunderte entwickelte sich gleichfalls die Oberflächengestaltung der Gewehrläufe. Etwa ab Mitte des 16. Jh. wurden die Läufe von Handfeuerwaffen blau eingefärbt; die spanischen Gewehrläufe unterschieden sich durch ihr dunkleres Blau von den hellblauen französischen. Seltener war anfangs das Bräunen, das erst im 18. Jh. von den englischen Büchsenmachern stärker verbreitet wurde.

Die Laufbohrung der ältesten Handkanonen war glatt, und dank den Schrotflinten hat sich die glatte Bohrung in der Entwicklung der Handfeuerwaffen bis auf den heutigen Tag ihre Stellung bewahrt. Gezogene Läufe sind mit überlieferten Stücken aus der ersten Hälfte des 16. Jh. belegt. Seit der Mitte dieses Jahrhunderts sind sie systematisch in Gebrauch und haben besonders in Mittel-, Nord- und Osteuropa in Zusammenhang mit der Entwicklung und Verwendung der Kugelbüchsen eine führende Stelle eingenommen. Die ältesten erhaltenen Läufe mit gewundenen Zügen sind noch höheren Datums als die ältesten erhaltenen Läufe mit geraden Zügen. Nur schwerlich kann man die Rohre mit geraden Zügen als Vorgänger der gezogenen erkennen. Anzahl und Form der Züge, Parallel- oder Spiralzüge wurden ebenso wie das mehr oder weniger steil verlaufende Gewinde mit der Zeit auf die verschiedenste Weise ausgeführt. Im 17. und 18. Jh. benutzten manche Laufschmiede Laufbohrungen von besonderer Form, z. B. viereckige, dreieckige, herzförmige u. a.

Eine Entwicklung, deren Kenntnis uns bei der Datierung von Gewehrläufen behilflich ist, betrifft den Zündkanal. Die älteste Handkanone hat

99
Amerikanischer Colt-Revolver (Single Action), Bauart Hartford 1873—1941

148

ein oben befindliches Zündloch. Noch im 14. Jh. wurde das obere Ende dieser Öffnung erweitert und mit einem Rand versehen. Später, aber noch um 1400, kam in gewissen Fällen ein Deckel hinzu.

Mit der Zeit verschob sich der Zündkanal auf die rechte Seite, rückte bei Kantläufen auf die rechte Schrägfläche hinab, wo sein vortretender Rand noch notwendiger war, und endete schließlich mit der Eingangsöffnung auf der rechten Laufseite, so daß die Pfanne unbedingt erforderlich war. Diese Entwicklung ging verhältnismäßig rasch vor sich, sichtlich in Zusammenhang mit dem Auftreten der ersten Schlösser irgendwann um die Mitte des 15. Jh. Die Mündung der Zündkanäle auf der Laufoberseite erscheint allerdings erst spät im 16. Jh.

Die Anbringung des Zündkanals seitlich von der Laufkammer blieb eines der Hauptmerkmale aller von der Laufmündung her geladenen Feuerwaffen. Diese Ladeweise wurde zweifellos von dem konischen Zündkanal beschleunigt, dessen Durchmesser in Richtung Laufinneres zunahm. Durch diesen Kanal gelangte ein Teil des in den Lauf geladenen Pulvers auch auf die Pfanne. Dieser Gedanke soll schon in den ersten Jahren des 18. Jh. entstanden sein, aber die europäischen Armeen führten die Neuerung erst nach der Jahrhundertmitte ein.

Notwendige Ausbesserungen des Zündkanals, bzw. Versuche, sein Ausbrennen zu verhüten, führten dazu, die Zündkanäle mit Edelmetallen auszukleiden — das heißt, bei besseren nichtmilitärischen Gewehren. So legten die spanischen Büchsenmacher schon im 1. Viertel des 17. Jh. die Zündkanäle mit Gold aus. Diese zusätzliche Laufausstattung verbreitete sich besonders im 18. Jh. Auch andere Edelmetalle wie Platin wurden zu diesem Zweck verwendet.

Die Zielvorrichtungen nahmen eine mit der Laufkonstruktion zusammenhängende Entwicklung. Auf den ältesten Handkanonen findet man weder Visier noch Richtkorn, aber bereits im 15. Jh. erscheinen auf den Läufen beide Visierelemente, selbstverständlich in grober und festsitzender Ausführung. Sie treten allerdings nicht immer zusammen auf. Bei

149

glatten Läufen fehlt vom 16. bis zum 19. Jahrhundert die Kimme entweder überhaupt oder ist als Andeutung am Laufboden vorhanden. So haben z. B. die Infanteriegewehre des 18. Jh., bei denen mehr Wert auf Schießgeschwindigkeit als auf Treffgenauigkeit gelegt wurde, kein Visier. Anders verhielt es sich bei Büchsen mit gezogenem Lauf, bei denen — zuerst bei Jagdgewehren — ein in einer Laufschiene angebrachtes Visier erscheint, das später, im 17. Jh., von einem Standvisier mit zusätzlichen Klappen für die jeweilige Entfernung abgelöst wird. Ähnliche Visiere findet man auch auf den Läufen von Militär- und Jägergewehren des 18. Jh.

Bald erschienen weitere Visier-Sonderformen. An der Schwelle des 16. Jh. gebrauchte man besonders bei Scheibenbüchsen häufig Röhrenvisiere. Das Visier muß auch nicht immer auf der Laufoberfläche aufgesetzt sein. Im ausgehenden 17. und im 18. Jh. gibt es wenig ausgebuchtete Visiere auf dem Gewehrring, der manchmal nur auf dem Lauf, außerhalb des Vorderschaftes, aufgesetzt ist. Zur Verlängerung der Visierlinie gebrauchte man schon im 17. Jh. Diopter als Zielvorrichtungen vor allem von Scheibenbüchsen. Seit der Mitte des 19. Jh. ist in Zusammenhang mit der Erhöhung von Schußgeschwindigkeit und Treffgenauigkeit bei gezogenen Läufen, aus denen mit Kompressions- oder Expansionsprojektilen geschossen wird, eine beschleunigte Entwicklung zu verfolgen. In jenen Jahren beginnt der rasche Aufstieg der Klapp- oder Rahmenvisiere, die auf verschiedene Entfernungen eingestellt werden können.

101
Österreichisch-ungarischer Revolver
Modell 1870. L. Gasser, Wien, 1870—98

Schäfte und Beschläge

Die Schäfte der ältesten Feuerwaffen hatten eine sehr schlichte Form, die ihr Ergreifen und Festhalten sowie ein einfaches Zielen gestattete. Der Schaft wurde entweder in die mit dem geschmiedeten Lauf verbundene Tülle aufgesetzt oder hatte die Form eines grob behauenen Holzstücks, an dessen Vorderseite der Lauf mittels Gewehrringen befestigt war. Es gibt auch Feuerwaffen, deren Lauf in einen schmiedeeisernen Stangenschaft übergeht. Wie auf alten Abbildungen zu sehen ist, klemmte der Schütze entweder einen solchen Schaft unter den Arm oder, wenn die Feuerwaffe an den Schild gelehnt war, lud er sich ihn auf die Schulter.

Als Prototyp darf der Landsknechtsschaft betrachtet werden. Er war bereits zweckmäßig bearbeitet, gestattete dem Schützen, den Kolben zum Anschlag an die Wange zu legen und sicherer zu zielen. Für die Landsknechtsschäfte aus der Wende des 15. Jh. ist ein Fortsatz unter dem Vorderschaft charakteristisch, durch den die rechte Hand des Schützen die Waffe besser ergreifen und festhalten konnte; während sein Daumen den Abzugsknopf drückte, stützten sich die Finger auf diesen Fortsatz.

In Zusammenhang mit der Entwicklung der Produktion, der Verbreitung der Handfeuerwaffen und nicht zuletzt mit der Erhöhung der Treffgenauigkeit begann man im 16. Jh. nach geeigneteren Schaftformen zu suchen. In jener Zeit erschien eine ganze Reihe mannigfaltiger charakteristischer Gewehrschafttypen, die sich nach Herstellungsgebiet und Verwendungszeit voneinander unterscheiden.

Für Mitteleuropa war der sog. deutsche Schaft bezeichnend — er wird nach dem Land seiner häufigsten Herstellung und Verwendung so genannt. Sein Profil ist dem Landsknechtsschaft auffallend ähnlich. Der Kolben ist sehr leicht geschränkt, hat einen fast dreieckigen Querschnitt und einen abgeschrägten, mit einer Metallkugel versehen Kolbenschuh. Die Schaftbacke, nicht breiter als der Kolben selbst, ist leicht gerundet. An der Außenseite des Kolbens befindet sich der Verschlußkasten. Für diesen Schaft ist ferner der mit Fingerstützen versehene gegliederte Abzugsbügel typisch.

In Westeuropa wurden zwei Grundtypen von Schäften hergestellt. Der eine hat einen stark, fast rechtwinklig geschränkten Kolbenhals, den der Schütze mit der Rechten ergriff und gegen die Brust stemmte. Berichte über diesen „Pétrinal" genannten Schaft — so geheißen, da man ihn beim Schießen gegen die Brust stemmte — gehen auf die Mitte des 16. Jh. zurück. Diese Form war in Frankreich, im Westen Deutschlands und in den Niederlanden gebräuchlich. Für das damalige Spanien, Portugal und einen Teil Frankreichs ist ein anderer Schaft charakteristisch, der in der Fachliteratur als „kastilischer" bezeichnet wird. Er ist zu erkennen an dem leicht bügelförmigen Kolben mit verbreitertem Kolbenschuh und der für den Daumen bestimmten auffallenden Ausnehmung im Kolbenrücken hinter dem Lauf. Eine wenig abweichende Form mit leicht geschränktem Kolben und breiterer Kolbenklappe von ovalem Querschnitt war in Italien üblich.

Die Schäfte wurden aus dem Holz von Obstbäumen, Nußbaum-, Pappel- oder Buchenholz hergestellt. Bis zum 17. Jh. kamen weder Struktur noch Aussehen des Holzes als Dekorationselemente in Betracht. Die Schäfte der teuersten Prunkbüchsen wurden mit geschnittenen Elfenbeinplättchen bedeckt oder mit Perlmutt, Bein oder Horn eingelegt. Schon im 16. Jh. kam zur Schaftverzierung auch Silber in Gebrauch. Einige im 16. Jh. hergestellte Schäfte waren tuch- oder lederbezogen.

Im ausgehenden 16. Jh. wurde die Muskete zur meistverbreiteten Feuerwaffe in den Armeen fast ganz Europas. Bezeichnend für ihren Schaft ist der verhältnismäßig flache Kolben von Dreiecksform, mit hohem Kolbenrücken und auffallender Daumen-Ausnehmung. Die englischen Musketen aus dem Beginn des 17. Jh. hatten einen etwas anders geformten Schaft. Der bügelförmige Kolben endete in einen Kolbenschuh, der entweder an den damals bei Pistolen üblichen Fischschwanz erinnert oder den kastilischen ähnelt.

In der 2. Hälfte des 17. Jh. lassen sich zwei Entwicklungstendenzen verfolgen: zum einen das Überleben des sog. deutschen Schaftes, der sich mit Ausnahme des Kolbenrückens nicht veränderte, zum andern das Aufkommen des neuen, sog. französischen Schaftes. Ersterer wurde damals vorwiegend bei Büchsen gebraucht, die in Österreich und den böhmischen Ländern gefertigt wurden. Bis etwa in die 40er Jahre des 18. Jh. wurden auch die in Polen, Litauen und anderen baltischen Ländern hergestellten Büchsen mit ähnlich geformten Schäften ausgestattet, ferner die in der Umgebung von Teschen gefertigten leichten Jagdbüchsen, die Teschner Büchsen. In allen übrigen Gebieten Europas war der französische Schafttyp vorherrschend. Er gestattete ein festeres Aufsitzen des Gewehrs auf der Schulter und damit ein leichteres Zielen. Erste Herstellungsgebiete waren Frankreich, die Niederlande und Westdeutschland, die ersten Erzeugnisse stammen aus der Mitte des 17. Jh. Sehr bald verbreitete sich die neue Bauweise auf weitere Gebiete, in denen dann die gleichen Schäfte wie in Frankreich oder Modifikationen dieses Typs hergestellt wurden. So ist um die Mitte des 17. Jh. für Dänemark ein Schaft mit besonderem Kolbenquerschnitt typisch. Im ausgehenden 17. Jh. erschien in Spanien der sog. Madrider Schaft mit gegliedertem Kolbenquerschnitt; er verbreitete sich zu Beginn des 18. Jh. auf die wichtigsten Büchsenmachergebiete der Habsburger Monarchie, darunter auch das Karlsbader. Vom beginnenden 18. Jh. an sind ein ganzes Jahrhundert lang die sog. Kapuzinerschäfte für Mitteleuropa charakteristisch; typisch für sie der Abzugsbügel aus Holz, der in den meisten Fällen zu einer Fingerstütze verlängert ist.

Der französische Schaft erhielt mit der Zeit immer elegantere Formen und war zum leichteren Festhalten am Kolbenhals und Vorderschaft mit Kreuzrillen, der „Fischhaut" aufgerauht. Neuartiges Schnitzwerk, Beschläge aus Silber, Messing, Eisen oder Golddraht, schmückten die Schäfte, am Kolbenhals wurde ein ovales Metallschild (Griffkäppchen) angebracht.

In einigen Gebieten machte sich gegen Ende des 18. Jh. der Einfluß der Kentucky-Jagdbüchse geltend. Obwohl er bald wieder schwand und der klassische französische Schaft wieder zu Ehren kam, hinterließ dieser Einfluß seine Spuren in den typischen Gehäusebeschlägen auf der Kolbenaußenseite.

102
Pauly-Hinterlader für Metallpatronen mit Zentralzündung. Samuel J. Pauly, Paris, nach 1812

Die Sportzwecken dienenden Gewehre haben schon seit dem 16. Jh. verschieden ausgeführte Schäfte. Im 16. und beginnenden 17. Jh. waren sie zumeist mit einem unter dem Vorderschaft befindlichen Fortsatz versehen, der der leichteren Handhabung mit der Linken diente. Als im ausgehenden 18. Jh. die strengen Regeln der Schützengilden, die den Gebrauch von speziell eingerichteten Gewehren verboten, ihre Bedeutung verloren, kamen Sportbüchsenschäfte auf, die mit einem breiten und schweren Kolben, vortretender modellierter Schaftbacke und bügelförmig ausgeschnittenem Kolbenschuh ausgestattet waren. Unter den für Sonderzwecke hergestellten Schäften muß auch der häufige geschränkte Schaft genannt werden, der ein Zielen mit dem linken Auge gestattete.

Dieselbe Entwicklung ist auch bei den Pistolschäften zu verfolgen. Bei den ältesten überlieferten Radschloßpistolen ist der Griff dem Dolchgriff sehr ähnlich. Früh erkannte man den Nachteil dieses Pistolgriffes, der kein bequemes Festhalten der Waffe mit der behandschuhten Reiterhand zuließ, und entwickelte den Pistolgriff zu zwei Grundtypen weiter. Bei beiden war das Griffende zu einem Knauf verbreitert, womit ein Entgleiten der Pistole aus der Hand vermieden und ihr Hervorziehen aus der Satteltasche erleichtert wurde. Eine dieser Grundformen hat am Griffende eine Kugel oder ein kugelähnliches Gebilde, bei der zweiten ist das Griffende flach verbreitert; nach ihm wird der Pistolgriff „Fischschwanz" genannt. Von diesen Grundformen gibt es eine Reihe von Varianten. Allgemein darf gesagt werden, daß die Kugelknäufe für Mitteleuropa charakteristisch sind, während die „Fischschwänze" für die maritimen Gebiete des damaligen Europas, für Italien, Frankreich, Schottland, England u. a., typisch sind.

In Zusammenhang mit der Entwicklung der Flintschloßpistolen in der 2. Hälfte des 17. Jh. machte sich in Europa die französische Mode auch bei Gewehrschäften geltend. Dieser Schaft wurde aus einem Stück Elfenbein geschnitzt. Der Pistolgriff war mit dem Kopf eines Negers, antiken Helden, auch mit einem Türkenkopf mit Turban u. ä. gekrönt. Es gab auch Pistolgriffe aus Ebenholz, mit Elfenbeinkopf.

Für das 18. Jh. sind Pistolschäfte typisch, die bügelförmige, in eine Art Birne auslaufende Griffe haben. Der Griffsockel war zumeist durch Beschläge geschützt. Die zu Beginn des 18. Jh. in den skandinavischen

103
Russischer Nagant-Revolver Modell 1895,
Tula 1895—1945

153

Ländern hergestellten Pistolen sind mit einem abgeflachten birnenförmigen Griff versehen. Die Grundform aber bleibt vorerst; sie ändert sich erst an der Wende des 18. Jh. vom birnen- zu einem schnabelförmigen Knauf.

Um die Mitte des 18. Jh. begann in England die Herstellung kleiner Pistolen mit kurzem geschränktem Griff. Um 1750 wurden die Pistolgriffe aus Eisen oder Silber gefertigt, zu Ende des Jahrhunderts aus Holz; sie waren mit Eisen oder Silber, zuweilen mit Messing reich verziert. Für kurze Zeit, etwa die ersten zwei Jahrzehnte des 19. Jh., sind für England die sog. Säge-Pistolgriffe typisch. Von der Mitte des 19. Jh. an wirkt wieder der Einfluß Frankreichs auf die Pistolenerzeugung. Diese Stücke haben einen fast rechtwinklig geschränkten Griff, der es gestattet, die Pistole in der geschlossenen Faust in natürlicher Lage zu halten, wobei der Lauf die Unterarmlinie verlängert. Das ist wohl der Beginn der endgültigen Konstruktionslösung von Pistolgriffen. Derartige Griffe von Prunkwaffen sind mit mannigfaltigen Kannelüren und reichgegliedertem Sockel aus Metall, zumeist aus Messing, ausgestattet. Später wird der Pistolgriff so wie bei den Gewehren mit Fischhautschnitzerei verziert.

Interessant sind die Versuche, die Pistole dem Gewehr anzugleichen, d. h. den Pistolenschaft so zu gestalten, daß er sich zwecks größerer Schießgenauigkeit mit beiden Händen halten läßt. Bereits seit dem ausgehenden 16. Jh. fügte man zu diesem Behufe einen zusätzlichen Gewehrschaft, besser gesagt einen Zusatzkolben, dem Pistolengriff hinzu. Dieses System war Mitte des 18. Jh. schon relativ hoch entwickelt und erschien nach kurzer Unterbrechung in der 2. Hälfte des 19. Jh. aufs neue. Im wesentlichen wird es noch heute benutzt.

Ein unteilbarer Bestandteil von Gewehr- und Pistolenschäften sind die Beschläge. Sie bestehen aus folgenden Stücken: Widerlager, Gewehrkolbenschuh (Kolbenkappe) oder Pistolengriffkäppchen, Abzugsbügel, Ladestockringe und Laufringe, Bügel und Knopf des Tragriemens, bzw. Gehäusebeschlag auf Gewehrkolben und Daumenschild.

Die Form dieser Bestandteile machte eine Entwicklung durch, die mit der des Gewehres übereinstimmt. Alle Stücke wurden vorwiegend aus Metall gefertigt. Anfangs überwog Schmiedeeisen, Messing und Silber wurden nur ausnahmsweise benutzt; seit Mitte des 17. Jh. wurden die Schäfte immer häufiger mit Messing, bei Prunkwaffen mit Silber ausgestattet. Das war weit billiger als das früher verwendete geschnittene Eisen. In Ausnahmefällen wurden die einzelnen Beschläge aus Horn, Schildpatt und Elfenbein oder auch aus geschnitztem Bein gefertigt.

XXVIIa
*Perkussions-Doppelflinte. Detailansicht
der gold-inkrustierten Damastläufe. Anton
Legler, Nové Město pod Smrkem
(Neustadt an der Tafelfichte),
Nordböhmen, um 1850*

b
*Perkussions-Zwilling. Damastläufe,
sämtliche Eisenbestandteile mit Gold
inkrustiert. Jan Mašek, Jablonné
(Deutsch-Gabel), Nordböhmen, Mitte
19. Jh.*

XXVIIIa
*Detailansicht auf Schaftschnitzwerk.
Deutschland, Mitte 19. Jh.*

b
*Eisengeschnittener Maskaron auf
Pistolenknauf. Leopold Becher d. Ä.,
Karlovy Vary 1726—28*

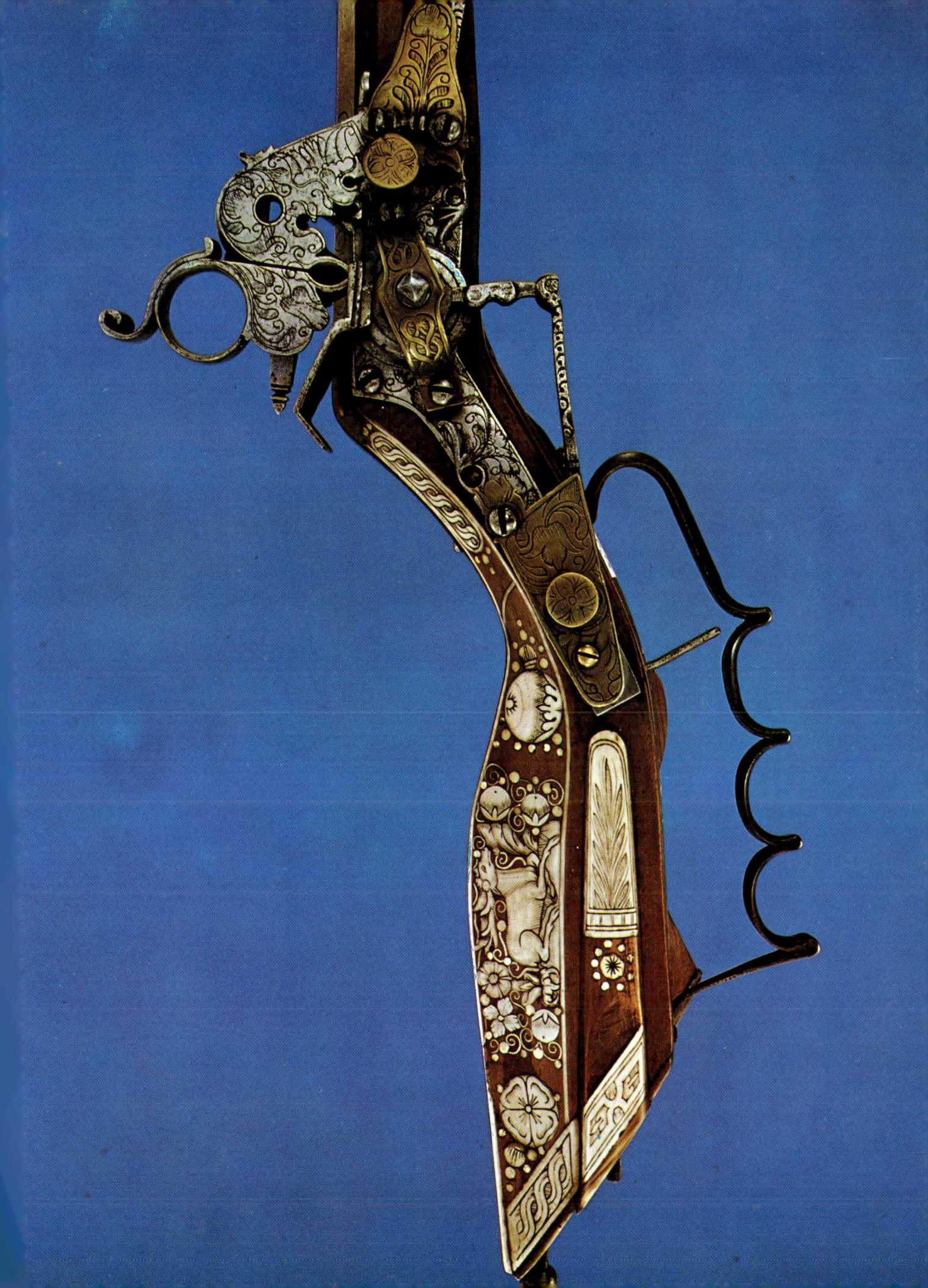

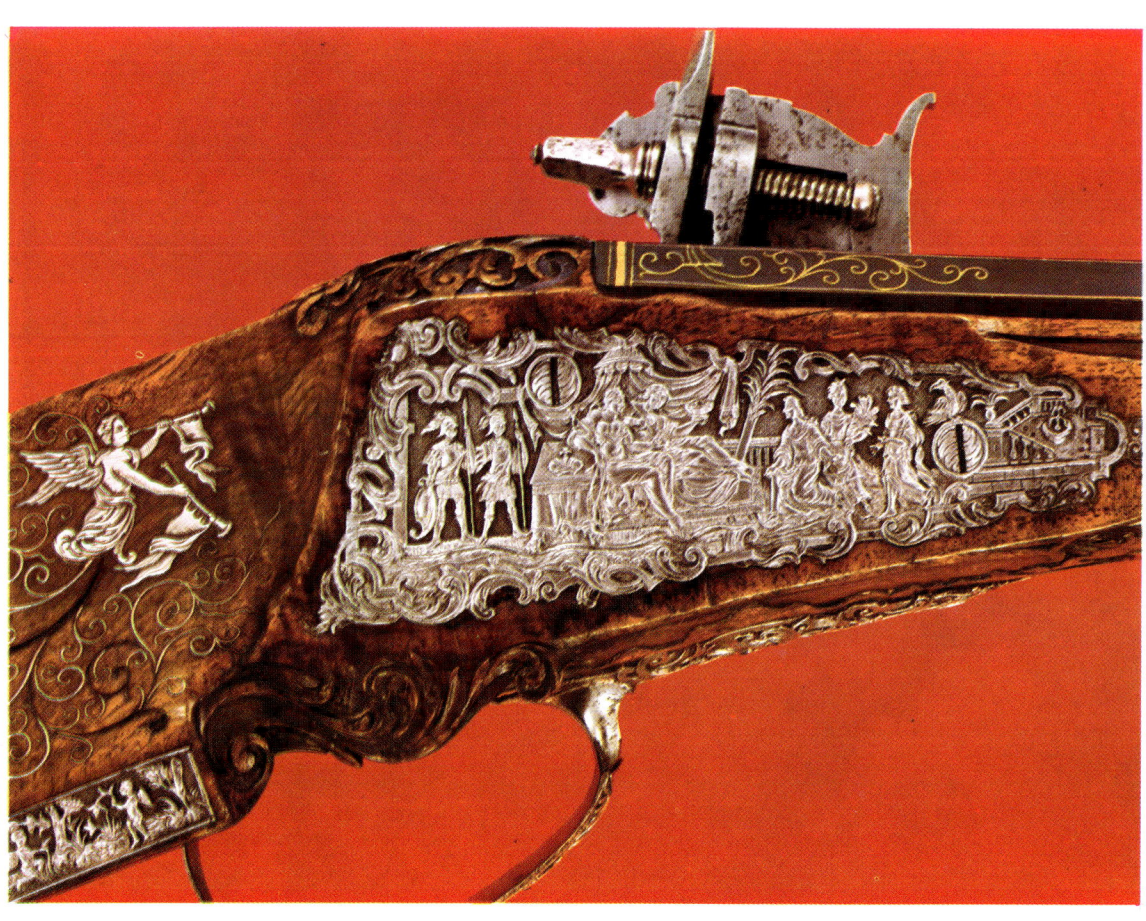

Feuerwaffen-Zubehör

XXXa
Schaftverschneidung mit Eisenschnitt und Gravur. Italien, 18. Jh.

b
Schaftverschneidung mit Silber-Inkrustation. Gegenschloßblech in Eisen geschnitten und poliert. Radschloßbüchse. Leopold Becher d. Ä., Karlovy Vary 1726—28

XXIX
Leichte Radschloßbüchse, sog. Teschner Büchse. Typische Schaftverzierung mit Intarsia aus Bein, Perlmutt und weißem Horn. Schlesien (Teschen?), Mitte 17. Jh.

Die meistverbreitete Art von Handfeuerwaffen-Zubehör ist das Pulverhorn (der Pulverbehälter). Es hat eine Reihe von Entwicklungsformen, unter denen die Renaissance-Pulverhörner am mannigfaltigsten sind, da in jenem Anfangsstadium der bestgeeignete Typ erst gesucht werden mußte.

Eine der ältesten Formen des Pulverhorns ist — wie der Name sagt — aus Rinderhorn gefertigt und hat einen geschlossenen Boden sowie einen mit Pfropfen versehenen Fülltrichter. Manche Stücke sind mit einer einfachen Gravur verziert, ebenso wie der zweite, verbesserte Typ, der eben aus Rinderhorn hergestellt wurde und abgeflacht war. In seiner Form gleicht diesem der folgende, aus Holz gefertigte, der bei Prunkstücken samt- oder lederbezogen und mit einem durchbrochenen und ziselierten Eisen- oder Messingblech bedeckt war. In Waffensammlungen findet man sehr oft Renaissance-Pulverhörner aus Hirschhorn, von unregelmäßiger, etwa gabelförmiger Gestalt, mit polierter Oberfläche und schlichter Gravur. Ein anderer weitverbreiteter Typ ist ein in der Regel lederbezogenes flaches Trapez-Holzgefäß mit leicht gebogenen Seiten. Die einfachen Militärpulverhörner sind nur mit dem nötigsten Eisenbeschlag versehen, während die Prunkstücke für Jagdzwecke mit ziseliertem Eisen- oder Metallblech verziert sind. Weitere Jagd-Pulverhörner haben eine abgeflachte runde oder ovale Form und tragen reichen Perlmutt- und Emailschmuck, auch Hornschnitzwerk. Als Material dient ebenfalls Holz, mitunter auch Perlmutt oder Schildpatt. Auf besonders luxuriösen Stücken wurden Edelmetalle und Edelsteine für das Dekor verwendet. Die letzte, äußerst seltene Art ist aus Rindsschulterbein gefertigt und sehr oft auf beiden Seiten mit prächtigen Figuralgravuren mit antiken oder Jagdmotiven verziert sowie mit herabhängenden großen Seidenquasten geschmückt.

Sämtliche Grundformen des Renaissance-Pulverhorns haben einen einfachen zylindrischen, leicht konischen Fülltrichter, dessen Federverschluß entweder am Boden oder an der Zylindermündung angebracht ist. Die kleinen Pulverbehälter enthielten das Pfannenpulver, die größeren Pulverhörner das Laufpulver.

Mit der Verbreitung von Papierpatronen verloren die Laufpulverhörner ihre Bedeutung, so daß ihre Mannigfaltigkeit und reiche Ausstattung seit Beginn des 17. Jh. allmählich schwindet. Für die folgende Periode bis zum beginnenden 19. Jh. sind abgeflacht bügelförmige, am Boden verbreiterte Pulverhörner typisch, die aus Hornmasse bestanden und zuweilen mit einem gegossenen Messingrelief verziert waren. Im 19. Jh. waren birnenförmige Messingblech-Pulverhörner beliebt, die ein gepreßtes Zierwerk sowie einen Messingendfortsatz mit dem Fülltrichter trugen. Sehr bekannt ist der Colt-Pulverbehälter mit dem Kriegsbeute darstellenden Preßdekor. Auch in diesem Jahrhundert erschienen noch Pulverbehälter aus Hornmasse, die in glühendem Zustand gepreßt wurde. Die Pulverhörner des 19. Jh. haben verschiedene Formen von kleinen Portionsbüchsen: z. B. die bereits im 17. Jh. auftretende ältere Form mit Doppelverschluß des Fülltrichters — ein Verschluß befindet sich am Trichterboden, der zweite an der Trichtermündung. Ein anderer Typ hat eine querliegende Walze mit verschiebbaren Boden für verschiedene Pulvermengen sowie bewegliche konische Fülltrichter.

Im 19. Jh. gab es ferner eine ganze Reihe von ledernen Pulverbehältern, die sich auf den ersten Blick nicht leicht von Schrot-Vorratsbehältern unterscheiden lassen. Hier hilft eine nähere Untersuchung des Verschlus-

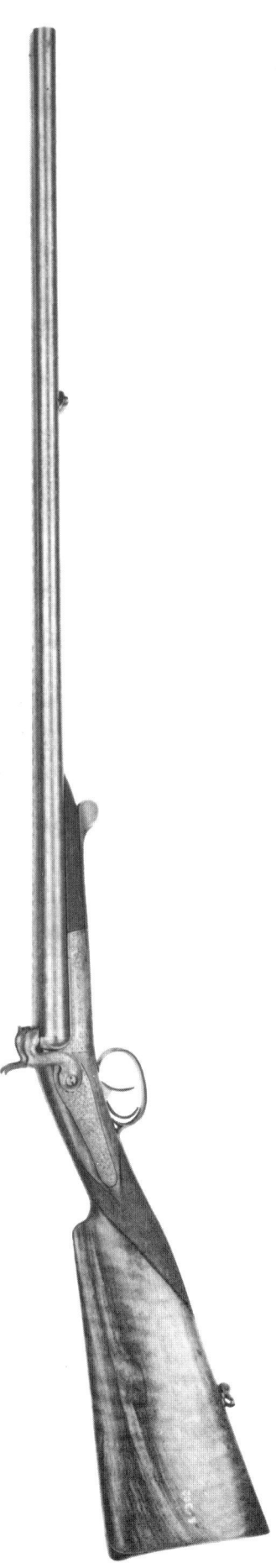

ses: dieser besitzt bei Schrotbehältern eine Art Rollenschaufel mit Federsicherung.

Ungewöhnliche Form und besonders der Schmuck so mancher Pulverhörner, die man in Sammlungen bewundern kann, verraten ihre türkische, indische, afrikanische oder balkanische Provenienz. Die Bestimmung ihrer Entstehungszeit ist sehr schwierig, nur Kennern außereuropäischer Kulturen ist es möglich, ungefähr den Entstehungsort sowie annähernd die Verwendungszeit dieser Pulverhörner zu bestimmen.

Ein selbständiges Kapitel bilden die Holz- oder Metallbüchschen für das Laufpulver, die, zusammen mit einem Leder-Kugelbeutel an einem Ledergurt, dem Bandelier, angehängt waren und von den Musketieren im ausgehenden 16. bis zum beginnenden 17. Jh. getragen wurden.

Zu dem in der Zeit des Radschlosses gebrauchten Zubehör gehört ferner der Spannschlüssel. In Waffensammlungen werden vereinzelt reichverzierte Prunkstücke bewahrt. Der Spannschlüssel ist eine kurze Sechskant-Walze mit innerer Längsöffnung, die dem Radachsenfortsatz entspricht; an ihm ist T-förmig ein Hebel befestigt, der zwei- bis dreimal so lang wie die Walze ist. Der Spannschlüssel war am Gurt oder an der Schärpe des Trägers angehängt.

Die zunehmende Verbreitung der Papierpatronen beeinflußte die Entwicklung verschiedener Formen von Gewehrkästen und Jagdtaschen. Das wohl älteste Stück ist ein Renaissance-Holzkasten mit 5—6 Längsöffnungen für das Einlegen der Patronen; er ist mit Eisenblech beschlagen. Wie aus Originalabbildungen ersichtlich, wurde er unterhalb des Laufes auf dem Vorderschaft festgemacht. Später wurden Jagdtaschen benutzt, in denen man die Papierrollen mit Pulver und Blei lose bewahrte. In Zusammenhang mit der vermehrten Benutzung von Einheitspatronen waren vom Beginn des 19. Jh. an Ledertaschen in Gebrauch, in denen die mit einem Decklatz versehenen Patronenhalter angenäht waren. Werkstoff und Fertigungsweise erlauben auf den ersten Blick, die Militär- von der Zivilpatronentasche zu unterscheiden.

Ein wichtiger Teil des Feuerwaffenzubehörs ist von allem Anfang an der Ladestock; ab Mitte des 16. Jh. war er unter dem Vorderschaft mit Haken befestigt. Die Ladestöcke wurde aus hartem oder elastischem Holz angefertigt, ihr Ende ist aus Bein, Eisen oder einem Buntmetall. Bei den Militärmusketen des 17. Jh. trifft man oft auf dreigeteilte Eisenenden; wenn die Kugel mit diesem kräftig eingestoßen wurde, zerbrach sie und bildete eine gute Laufdichtung (Verdämmung).

Mannigfaltiger als die Ausstattung der bisher genannten Feuerwaffen ist die der Flintschloßgewehre und -pistolen; vor allem die Duellpistolen, die paarweise in Kassetten bewahrt wurden, sind mit reich ausgestattetem Zubehör versehen. Neben Pulverhorn und Ladestock befand sich noch ein harter Holzschlegel in der Kassette, mit dem die Kugel samt Dichtung in den Lauf gestoßen wurde. Der Ladestock hatte einen auswechselbaren Endfortsatz und war mit dem Putzstock und Kugelauszieher kombiniert. Der Putzstockwischer war mit Rillen versehen, die das Aufwinden des Wergs erleichterten. Typisch am Auszieher sind die zwei in scharfen Zähnen endenden entgegenlaufenden Spiralfedern; sie wurden mit dem Hammer in die Bleikugel eingeschlagen und diese durch Drehen des Kugelausziehers aus dem Lauf gezogen. Dieser Vorgang war besonders dann erforderlich, wenn man beim Laden vergessen hatte, unter die Kugel im Lauf Schießpulver zu schütten.

In den Kasetten für die Revolverpaare des 18. Jh. findet man häufig

160

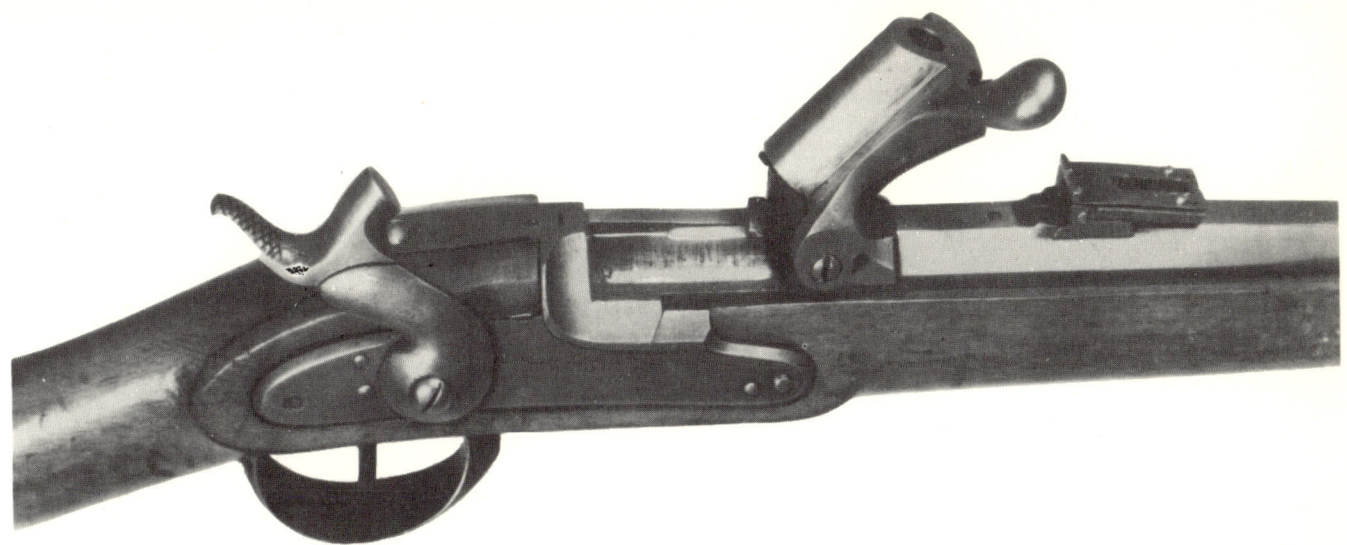

eine Zange zum Kugelgießen. In den meisten Fällen ist es eine Zange für eine einzige Kugel, aber es sind in Sammlungen auch Gießformen für mehrere Kugeln erhalten: entweder ähnliche Eisenzangen oder Holz- bzw. Steingießformen. Schrotkugeln wurden reihenweise gegossen, die Reihe dann aus der Gießform genommen und in Einzelstücke auseinandergebrochen, wozu auch die Zange diente.

Zur Ausstattung der Flintschloß-Waffenkassetten gehören ferner Beutel für die gegossenen Bleikugeln sowie für die fettgetränkten weichen Stofflläppchen, in die die Kugel vor dem Laden eingewickelt wurde; sie dienten zu deren völligem Abdichten im Lauf (Verdämmen). Schließlich durfte in den Kassetten auch ein Schraubenzieher oder Hammer nicht fehlen.

Die Duellpistolenkassetten enthielten sogar eine als Erste Hilfe gedachte Art Feldapotheke mit verschiedenen Fläschchen für Salben, Streupulver und Tinkturen sowie Verbandzeug.

Die späteren Perkussionspistolenkassetten haben in der Regel folgende Ausstattung: Ladestock, Putzstock, Kugelzieher, Schlegel, Kugelzange, Pulverhorn mit Portionsbüchschen bzw. selbständiges Pulverbüchschen mit verschiebbarem Boden für verschiedene Gewichtsmengen, Vorratsbeutel für Bleikugeln und Pflaster für die Kugeln. Neu im Vergleich zu den früheren Kasetten sind verschieden geformte Vorratsbehälter für Metallzündhütchen sowie ein Monteurschlüssel zum Ausschrauben des Zündröhrchens. Neben dieser Grundausstattung enthalten die Perkussionspistolenkassetten noch ein Metallbüchschen für Konservationsfette, eine Nadel zur Reinigung des Zündröhrchens und einen Metall-Ölbehälter, in gewissen Fällen auch Ersatzzündnippel, andere Ersatzteile, Schraubenzieher zur Einstellung der Zielvorrichtung u. ä.

Noch zu Beginn der 2. Hälfte des 19. Jh. wurden Kasetten für Perkussionsrevolver hergestellt. Ihre Ausstattung ist weit ärmlicher, außer der Waffe findet man den typischen birnenförmigen Pulverbehälter aus Messingblech, die Kugelzange und den Montierschlüssel.

Die Aufzählung des Feuerwaffenzubehörs beschließt das Montage-Gerät. In seiner einfachen Form, bestehend aus Zange, Hammer und primitivem Schraubenzieher, kann man ihm vereinzelt bereits im ausgehenden 17. Jh. begegnen. Mit dem technischen Fortschritt entwickelten sich Gewehrschlösser und Geräte, sie wurden mehr und mehr speziali-

106
Dänischer Reiter-Karabiner M 1867,
System Remington, Drehblockverschluß.
Kopenhagen 1871

107
Russisches Infanteriegewehr M 1869,
System Krnka, Klappverschluß.
Sestrorjeck 1865 (Hinterlader, Aptierung
1869—70)

siert und in besserer Qualität gefertigt. Zu den ursprünglichen Schrauben-
ziehern kommen Feilen, Bohrer usw. hinzu. Eines der wichtigsten Monta-
ge-Geräte, das auch der heutige Waffensammler unbedingt braucht, wenn
er seine Objekte selbst konservieren und restaurieren will, ist eine
spezielle Spannzange, die dem leichteren Herausnehmen der Feder aus
dem Schloßblech dient.

Herstellung und Verzierung

Waffensignierungen und deren Entwicklung

Zur Identifizierung der Herkunft und Benutzungszeit einer Waffe dienen ihre Signierungen, die eingravierten oder inkrustierten Namen der Büchsenmacher und deren Wirkungsstätte. Man findet sie auf der Außen- oder Innenseite des Schloßblechs, in manchen Fällen auch am oberen oder unteren, vom Vorderschaft bedeckten Lauf, bzw. am Bodenschraubenfortsatz, unter der Pfanne, längs des unteren Hahnrandes, in vereinzelten Fällen auch vorn auf der Laufmündung eingraviert. Seltener ist der Name des Schäfters oder Graveurs auf dem Schaft zu lesen.

Die Signierungen wurden mit Stahlstanzen in glühendes Metall geprägt oder „auf kaltem Weg" in Silber- oder Goldfolien geschlagen, die in einer Schloßblech- oder Laufvertiefung lagen. Sonderlich im 18. Jh. pflegte man vor allem bei Prunkwaffen den Namen des Büchsenmachers auf der verzierten oberen Laufffläche in Silber oder Gold zu stechen.

Schon seit dem 16. Jh. versahen auch einzelne Handwerkergilden in bedeutenden Fertigungsstätten wie Nürnberg, Suhl, Augsburg, Zella u. a. ihre Waffen mit Marken, die besagten, daß das Erzeugnis geprüft und für makellos befunden wurde. Nur Waffen, die eine derartige Qualitätsprüfung bestanden hatten, durften vom Hersteller ausgeführt werden; damit wurde der gute Name der Herstellungsstätte auf ausländischen Märkten gehütet.

Zuweilen trifft man auf mehrere völlig verschiedene Waffensignierungen bei einem Stück, auf dem Lauf oder Schloßblech können sogar zwei verschiedene Signaturen nebeneinander stehen: die eine ist in der Regel die des Büchsenmeisters, die andere betrifft die Herstellungsstätte, und beide sind ein Zeichen dafür, daß der betreffende Meister beim Zusammenstellen der Waffe einen aus einer berühmten Waffenschmiede etwa in Brescia oder Spanien eingeführten Lauf verwendet hat. Es kam auch vor, daß ein veraltetes Stück, das seinem Besitzer teuer war, mit einem neuen, mehr zeitgemäßen Schloß versehen wurde, wie es z. B. beim Übergang vom Flintschloß auf das Perkussionsschloß üblich war. In der 2. Hälfte des 17. Jh. erfreuten sich erbeutete hochwertige Damastläufe großer Beliebtheit, so daß kombinierte Waffen mit orientalischem Originallauf und -zeichen und europäischem Schloß und Schaft erscheinen. In den Balkanländern wurden im 18. und 19. Jh. sehr viele Gewehre aus erbeuteten oder gelieferten europäischen Läufen und Schlossen und einheimischen Schäften zusammengestellt. Wenn man auf Feuerwaf-

108
Bayerisches Werder-Infanteriegewehr M 1869. Fallblockverschluß. Suhl 1871

fen trifft, die aus typisch orientalischen Schäften mit reichen Messing- oder Silberblechbeschlägen, Steineinlagen, Perlmutt- oder Korallenverzierungen, dabei aber Läufen und Schlössern mit europäischen Signierungen bestehen, hat man es zumeist mit zeitgemäßen Kombinationen zu tun, die den Wert der Waffe keinesfalls herabsetzen.

Außer Büchsenmacher- und Gildenzeichen kann man auch solche von Zeughäusern finden; es sind Belege, daß die Waffe nach genauer Prüfung für die Armee übernommen wurde. Die Prüfung betraf Aussehen, Werkstoff und Fertigungsweise der Waffe, Übereinstimmung mit dem vorgelegten Modell sowie dem vorgeschriebenen Kaliber. Seit der Wende des 17. Jh. versahen gewisse Zeughäuser die übernommenen Stücke schon nach dieser äußerlichen Waffenprüfung mit ihrem „Sichtvermerk", den englischen „View marks". Nach dieser Prüfung kam das Testschießen, häufig auf mehrere Arten, und danach konnten die bewährten Waffen von den staatlichen Prüfstellen mit den entsprechenden Prüfzeichen versehen werden. Diese Praxis wird noch heute geübt, sie richtet sich nach besonderen Vorschriften von grundsätzlich allgemeiner Gültigkeit, mit geringfügigen Unterschieden je nach Prüfstelle.

Wie bereits gesagt, kann uns der Charakter, manchmal auch die Stelle der Signierung Entstehungszeit und -ort einer untersuchten Waffe verraten. Die Signaturen haben eine lange Entwicklung durchgemacht, von der schlichten Symbolbezeichnung über schüchterne Initialensetzung bis zur vollen Namenssetzung des Büchsenmachermeisters samt Angabe des Wirkungsorts, bzw. zur Waffengattung- und Fabrikationsbezeichnung bei Militärwaffen.

Die ältesten Waffensignierungen gehen auf das ausgehende 14. Jahrhundert zurück. Das älteste bisher bekannte Herstellerzeichen befindet sich auf dem Lauf einer Handkanone, die wahrscheinlich aus dem Ende des 14. Jh. stammt und in der Tschechoslowakei, in den Museumssammlungen von Moravská Třebová (Mähr. Trübau) aufbewahrt wird. Seit dem Beginn des 16. Jh. ist es üblich, die Waffen auf Lauf oder Schloßblech mit den Anfangsbuchstaben der Herstellernamen zu signieren. Solche Bezeichnungen — zumeist können wir sie nicht enträtseln — nennt man Signierung des „Monogrammisten XY". Vom 16. Jh. an erscheinen auch in ein Schildchen gesetzte symbolische Zeichen. Es gab zweierlei Stanzen: entweder prägten sie ein ganzes Motiv plastisch ins Metall oder sie stanzten nur den Hintergrund des Symbols, so daß dieses nach dem Laufschleifen dem Niveau der übrigen Schloßblech- oder Laufoberfläche entsprach. In Büchsenmacherfamilien vererbte sich die Signierung von

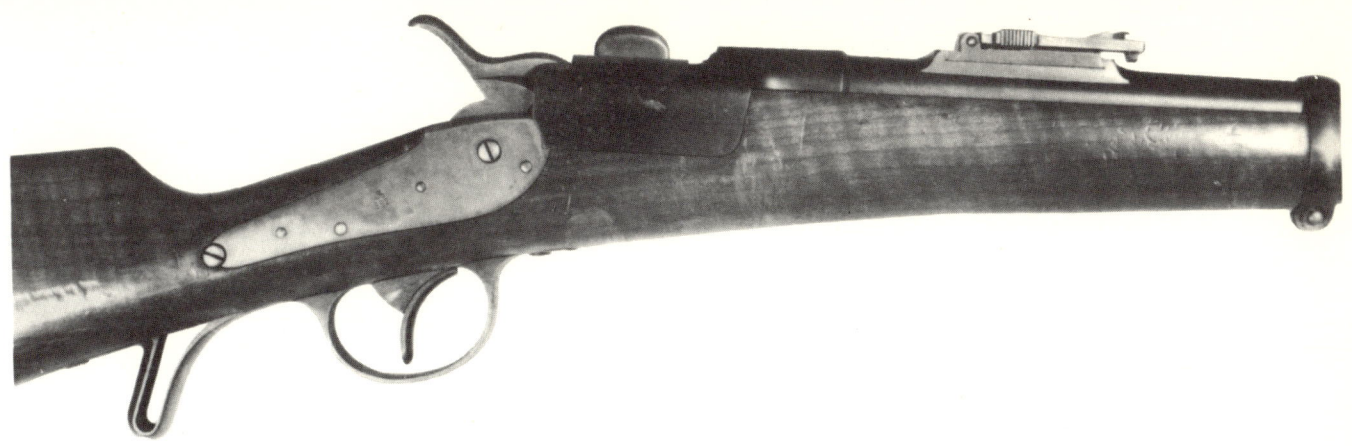

109
*Österreichisch-ungarisches
Infanteriegewehr M 1873—77, System
Werndl. Drehblockverschluß. Steyr 1882*

Geschlecht zu Geschlecht, zuweilen jedoch wechselte ein Meister während seiner Wirkungszeit sein Zeichen selbst.

Gewisse Familien gebrauchten sog. sprechende Zeichen, wie z. B. verschiedene Darstellungen eines Zeltes bei der Familie Z e l l n e r.

In der 2. Hälfte des 17. Jh. kam der Gebrauch von drei oder mehreren Buchstaben in oft nicht leicht durchschaubarer Form als Namensymbol auf. So bezeichnete der bekannte Karlsbader Büchsenmacher Hans B(P) r e i t e n f e l d e r seine Erzeugnisse mit einer Barock-Kartusche, in der neben dem Symbol die Buchstaben HPF für Hans Preiten Felder erschienen. Ein anderer, der Münchner Büchsenmacher Paulus L i e n h a r d t, gebrauchte außer dem Monogramm den Anfangsbuchstaben seiner Stadt — PLM. Eigentümlich ist die Art und Weise der Waffenbezeichnung des in der 1. Hälfte des 17. Jh. erst in Prag und später in Wien tätigen Maximilian W e n g e r : die Buchstaben MW in Renaissance-Laubwerk und der Rufname Max, in die Lauffläche gestanzt.

In Österreich und besonders in Böhmen setzte man die Buchstaben in Barock-Kartuschen, in Italien und Frankreich in rechteckige oder herzförmige Schilder. Eine Querlinie teilte diese Zeichen, in der oberen Hälfte stand Name oder Monogramm des Büchsenmachers, in der unteren der Name des Ortes, in dem er arbeitete.

Vom ausgehenden 17., besonders vom beginnenden 18. Jh. an kamen die sog. spanischen Waffenzeichen auf. Erstmals erscheinen sie auf Gewehrläufen des 16. Jh., ihre große Verbreitung fällt in das ausgehende 17. Jh. Typisch für sie ist die Aufteilung des Zunamens, mitunter auch des Vornamens des Büchsenmachers in mehrere, zumeist drei Zeilen. Im 18. Jh. kommt dann noch der Ortsname hinzu. Mit der Verbreitung der hochwertigen spanischen Gewehrläufe und deren späterer Nachahmung von europäischen Büchsenmachern, die ihre Erzeugnisse ebenso prunkvoll und vollendet ausstatten wollten, gewann diese Signierungsweise noch weiteren Boden. Eine Krone über dem Namen ließ auf die Rechte eines Königlichen Büchsenmachers deuten. Unter das Waffenzeichen auf spanische Art wurde ein weiteres gesetzt, das rechteckige Büchsenmachersymbol, zumeist ein Stück Hochwild oder den Krönungsapfel darstellend. Überdies war der Lauf in der Regel mit geprägten Symbolen in Form von Kreuzen, Rosetten, Pinienzapfen, Lilien, Granatäpfeln u. ä. verziert. Im beginnenden 18. Jh. prägte man diese Zeichen samt Symbolen in Gold- oder Silberfolien, später einfach ins Metall. In Europa erreichte diese Mode um 1740 ihren Höhepunkt, Einzelstücke erschienen noch im ausgehenden 18. Jahrhundert.

110
Russisches Infanteriegewehr M 1871,
System Berdan II, Zylinderverschluß.
Sestrojeck 1884

Eine andere Art der Bezeichnung von Gewehren und Pistolen bestand im Gravieren des ganzen Namens oder Stanzen seiner Einzelbuchstaben auf das Schloßblech oder die Laufoberfläche. Als erste hat die Familie C o m i n a z z o im norditalienischen Gardone Val Trompis nach dieser Methode signiert, von Italien verbreitete sie sich ins übrige Europa, vor allem nach Frankreich. Zur Zeit der Hochblüte der französischen Büchsenmacherkunst im 17. Jh. wurde der Name des Meisters nicht nur gestochen, sondern auch inkrustiert. Um das Dekor nicht zu stören, setzte der Büchsenmacher seine Signierung auf den Schrägrand des Schloßblechs, später in Kartuschen oder rechtwinkligen Feldern auf das Schloßblech, den Bodenschraubenfortsatz oder unter die Pfanne. Zur Zeit des englischen sog. „Brainstils" war der gestochene Name des Büchsenmachers von Bändern umrahmt. Diese Form wurde bis in die Mitte des 18. Jh. gebraucht.

In der 2. Hälfte des 17. Jh. kam aus Holland die Mode des sog. kalligraphischen Stils, zu erkennen daran, daß sich die Buchstaben des Herstellernamens in kalligraphischen Schnörkeln und Spiralen verlieren.

Bedeutende Herstellungsstätten und Waffenfabriken

Amberg (Oberpfalz): Waffenerzeugung für die bayerische Armee im 18. Jh., bekannter Büchsenmacher: H. M. Gobenhofer (18. Jh.).

Amsterdam: Waffenerzeugung seit 16. Jh., bekannte Büchsenmacher: J. Monen, C. Cont, J. v. Solingen (17. Jh.).

Arborg (Schweden): Waffenerzeugung seit ausgehendem 16. Jh. Wegen ungenügender Bedarfsdeckung weitere Rüstungsbetriebe gegründet, die größten in Sönderhamm, Nortelge, Jönköping, Norrköping.

Barcelona: Waffenerzeugung im 18. Jh. Bekannte Büchsenmacher: A. Martinez, Ferdinant (18. Jh.).

Berlin: Waffenerzeugung seit Anfang d. 18. Jh., bekannte Büchsenmacher: Familie v. Fecht.

Beroun (Böhmen): Büchsenmachergilde von der Wende des 15. bis ins ausgehende 16. Jh.

Birmingham: Büchsenmachergilde seit etwa 1683. Nach 1698 Waffenausfuhr nach Afrika, Amerika. Seit 17. Jh. Militärwaffenerzeugung, 1817—1828 abgebrochen und in neuerrichtete Rüstungsbetriebe Lewisham und Enfield verlegt.

Bratislava (Preßburg): bekannter Büchsenmacher: J. H. Fischer (18. Jh.).

Brescia: seit 16. Jh. bis heute Waffenerzeugung. Bekannte Büchsenmacher: Antonio, P. Appiano, O. Azonni, G. B. Dafino, M. Fantoni, P. Fiorentino, A. Francino, P. Manani, P. P. Panteghino, B. Rossini, G. B. Zanetti, D. Zanoni (17. Jh.); F. Beretta, D. Bonomino, die Familie Cominazzo (Anfänge im beginnenden 17. Jh.), C. Lerme, G. Mutti (18. Jh.); F. Moretti-Pedretti, E. Premoli (19. Jh.).

Charleville: Waffenerzeugung seit Anfang d. 18. Jh., damals Gründung der staatlichen Waffenmanufaktur.

Cheb (Eger): bekannte Herstellungsstätte im 16. u. 17. Jh. mit Namen wie C. Kaiser, J. Kainer, K. Hetz (17. Jh.); S. Stegher (18. Jh.).

Dublin: Waffenerzeugung seit 18. Jh.

Nižbor (Böhmen): Massenerzeugung von Militärwaffen zu Beginn d. 18. Jh.

Essen: vom 15. bis in die 2. Hälfte d. 18. Jh. ununterbrochene Waffenerzeugung; wegen mangelnden Interesses allmählicher Verfall, Produktionsabbruch 1813.

Ferlach (heute Borovlje): Beginn der Waffenerzeugung im 16. Jh. 1558 Berufung von niederländischen Handwerkern. Insbesondere Jagdwaffenherstellung. Nach 1786 allmählicher Niedergang infolge Konkurrenz der Wiener Gewehrfabrik. Jagdwaffenherstellung bis ins beginnende 19. Jh. 1878 Gründung der Büchsenmacher-Gewerbeschule, 1882 Waffenprüfstelle. Bekannter Büchsenmacher: L. Kulnik (18. Jh.).

Fiorentina: Waffenerzeugung im 17. u. 18. Jh. Bekannte Meister: G. B. Francino u. P. Fiorentino.

Gardone (bei Brescia): seit 16. Jh. bes. Laufschmiede. Wirkungsstätte der bekannten Familien Comminazzo und Beretta.

Harper's Ferry: 1796 Gründung des staatl. amerikanischen Rüstungsbetriebs zur Massenerzeugung von Militärgewehren mit auswechselbaren Bestandteilen.

Hartford: im beginnenden 19. Jh. Herstellung von amerikanischen Armeewaffen begonnen.

Herzberg: im 18. Jh. Fertigungsstätte für das Land Hannover.

Kassel: Waffenfabrik Hessens. Bekannter Meister: G. Müller (18. Jh.).

Karlovy Vary (Karlsbad): Seit dem 30jähr. Krieg bekannte Jagdwaffen-Fertigungsstätte. Produktionsgipfel a. d. Wende d. 17. Jh. Erzeugung

Doppelflinte mit nach vorn verschiebbaren Läufen. I. Wangler, Kutná Hora (Kuttenberg), 80er Jahre 19. Jh.

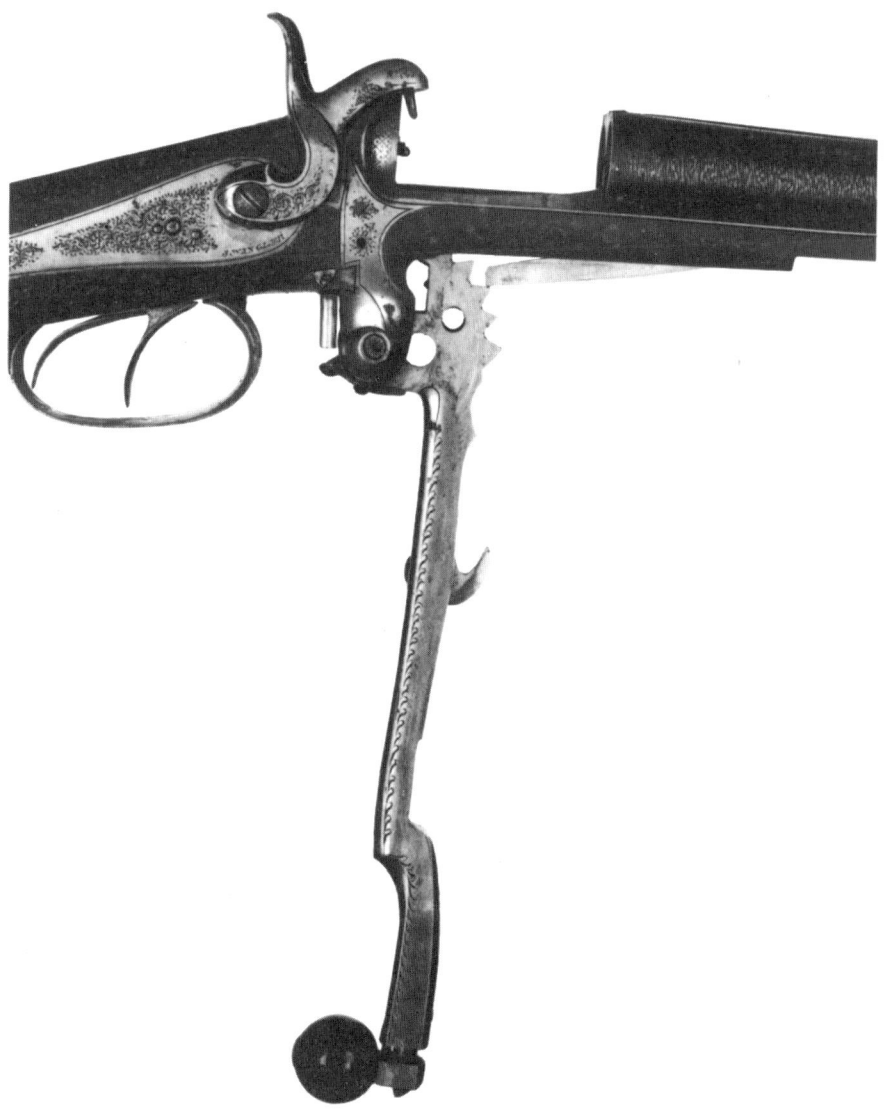

bis 1842. Bekannte Büchsenmacher (familien): Feiler, Breitenfelder, Kirchberger, Kreus, Mann (17.—18. Jh.); Peter (17.—19. Jh.); L. Becher (18. Jh.); Poltz (18.—19. Jh.).

Kirchberg (Österreich): bekannter Büchsenmacher: K. Pirko (19. Jh.).

Liptovský Hrádok (Slowakei): Militärwaffenerzeugung seit Beginn d. 19. Jh.

London: ab 1545 arbeiten Büchsenmacher für den Bedarf des Königreichs im Tower. Ab 1637 Büchsenmacherzunft. Herstellung bis ins 19. Jh. Bekannte Meister: I. Segalas, N. Travey, W. Wilson (18. Jh.); Dombert, Ch. Lancaster (19. Jh.).

Lüttich: Waffenerzeugung seit Anfang d. 16. Jh. Im 18. Jh. Massenerzeugung von Gewehrläufen charakteristisch. Vom beginnenden 19. Jh. Jagdwaffenherstellung und Ausfuhr in viele Länder Europas, nach Afrika, Südamerika. In der 1. Hälfte d. 19. Jh. ausgedehnte Waffenerzeugung, Export in die ganze Welt. Bekannte Büchsenmacher: H. u. J. Dewillers, le Comte, H. Petitjean (18. Jh.); J. Roux, F. Dewalle (19. Jh.).

Lyon: Waffenerzeugung i. d. 2. Hälfte d. 17. Jh. Bekannte Meister: O. Arthaud u. D. Pessoneau (17. Jh.).

Maastricht (Holland): Waffenerzeugung seit 16. Jh. Bekannte Büchsenmacher: P. Barroy (17. Jh.); O. Leblan (18. Jh.); de la Haye, J. V. Aertz, J. Kitzen, de la Pierre, M. Beckers, L. Cleuter (19. Jh.).

Madrid: vor allem im 18. Jh. als Fertigungsstätte bekannt, Büchsenmacher: J. Belleno (17. Jh., N. Biss, A. Bustindui, J. Bustindui, D. Esquibel, G. Fernandez, F. Lopez, A. Martinez, B. San Martin, J. Santos, M. Sutil, F. Targarona, D. Ventura (18. Jh.); de Miranda (19. Jh.).

Mauberge (Frankreich): Gründung der staatl. Waffenmanufaktur zu Beginn d. 18. Jh.

Mailand: seit 16. Jh. Waffenerzeugung. Bekannte Hersteller: Familie Cantoni, P. Appiano (17. Jh.); F. Beretta (18. Jh.); G. Colombo (19. Jh.).

Middleton: seit Anfang d. 19. Jh. Waffenerzeugung für amerikanische Armee und Zivilsektor.

Moskau: seit 16. Jh. nur Erzeugung von Prunkwaffen.

München: eine der Hauptfertigungsstätten von Jagdwaffen. Bekannte Büchsenmacher: G. Müller, P. Peck, H. Pichler, A. Vischer (17. Jh.); S. Dausch, J. Ch. Frey (18. Jh.); M. Grienwald, K. Stiegele, J. Rieger (19. Jh.).

Mutzig (Frankreich): im ausgehenden 18. Jh. Gründung der staatl. Manufaktur.

New Haven: seit Beginn d. 19. Jh. Massenerzeugung von Waffen.

Nürnberg: im 16. Jh. Mittelpunkt der Laufschmiede, alle bekannten Weltmärkte mit Gewehrläufen beliefert. Bekannte Namen: L. Danner, A. Kotte, P. Danner, M. Mann (16. Jh.); H. Hörl, H. Strauss, H. Valentin (19. Jh.).

Norwich: Armeewaffenerzeugung seit beginnendem 19. Jh.

Obernhof: seit 18. Jh. Armeewaffenerzeugung für Württemberg.

Olbernhau (Sachsen): Produktionsgipfel im 18. Jh., Verbindung mit der Karlsbader Manufaktur. Wegen veralteter Technologie Verfall i. d. 1. Hälfte d. 19. Jh., Produktionsabbruch 1857. Bekannte Büchsenmacher: T. Jung, J. J. Kellermann, S. F. Jung, Ch. F. Klaffenbach (18. Jh.); F. F. Gärtner, J. F. Klaffenbach (19. Jh.).

Paris: Produktionsbeginn, bes. von prunkvollen Jagdwaffen, i. d. 2. Hälfte d. 17. Jh., an seiner Wende vorübergehender Abstieg. Bekannte Namen: B. Piraube (17. Jh.), N. N. Boutet, C. Chasteau, La Marre, P. Gruché, La Roche, J. Lepage, K. Berain (18. Jh.); J. Hollandois, Marcou, de

112
Amerikanischer Spencer-Karabiner M 1865. Gleitblockverschluß, Röhrenmagazin im Kolben. Boston, 60er Jahre 19. Jh.

169

Selier, J. le Clerc, E. le Faucheux, S. J. Pauly, F. Prélat, A. Renette, E. G. Robin (19. Jh.).

Prag: Bedeutende Büchsenmacherstadt vom 16. bis 19. Jh. Bekannte Meister: J. Schifpentner, J. Schmidhamer, M. Kliment, J. Reita, S. Schmeller, Beneš, P. Třepický (16. Jh.); A. Brandt, F. X. Brykcy, V. Falkner, T. A. Frantz, M. Kurzweil, M. Linck, J. Mendel, K. Neireiter, B. Prochazka-Spacierer, A. Schultz, J. H. Stifter, J. Ch. Stifter, M. Wenger (17. Jh.); L. Heinrich, M. Kubik, A. Mayerhofer, F. Mazenkopf, S.Newscheta, V. Neureiter, T. Nejedlý, P. I. Poser, P. P. Heffele, J. Ebert, H. Eckart (18. Jh.); V. Brandeis, F. Burda, J. Burda, F. Burkard, I. Eckart, F. Fingeland, A. Hackenberger, J. A. Charwath, J. Jirotka, A. Kehlner, A. V. Lebeda, M. Mach, M. Miletitz, F. Novák, J. Novotný, H. Waniczek, M. Wlášek (19. Jh.).

Potsdam: Waffenerzeugung seit 1722 belegt, bes. auf Militärwaffen eingestellt. Waffenwerke 1856 nach Spandau verlegt.

Ripoll (Spanien): Bedeutende Fertigungsstätte a. d. Wende d. 17. Jh.; bekannter Büchsenmacher: G. Affiero, Laufschmiede: J. Cams u. A. Coma (18. Jh.).

Rotterdam: Waffenerzeugung seit 16. Jh.

Regensburg: P. Opel im 16., A. Prantner im 17., Familie Kuchenreuter im 18. Jh.

Saint Etienne: Massenerzeugung 1535 begonnen, vorher schon Jagdwaffenherstellung. Erste staatl. Waffenfabrik Frankreichs (1669), Produktion bis in die Gegenwart.

Salzburg: Bekannte Büchsenmacher: K. Zellner im 17. Jh., Familie Zellner, S. A. Auer, J. Gitzl, F. Mazenkopf, J. A. Neyreiter, S. Scheidegger, A. Zaruba (18. Jh.); J. Siegel im 19. Jh.

Santa Maria in Fabiago-Lugo: Anfang d. 17. Jh. Waffenherstellung von C. Zannoti.

Sardinien: Herstellung bes. im 17. u. 18. Jh., bekannter Büchsenmacher d. 18. Jh.: G. Barbutto.

Sestrorjeck: staatl. russische Waffenwerke.

Spálené Poříčí (Böhmen): Militärwaffenmanufaktur zu Beginn d. 18. Jh.

Springfield: 1794 gegründeter staatl. Rüstungsbetrieb für Militärgewehre und -pistolen. Seit 1777 auch Patronenfertigung.

Suhl: Beginn der Waffenerzeugung zur Zeit des Bauernkriegs 1524—25. Im 16. Jh. wichtige Fertigungs- und Ausfuhrstätte, im 16. u. 17. Jh. Ausfuhr bis nach Spanien und Venedig. Produktionsunterbrechung

113
Amerikanisches Winchester-Infanteriegewehr M 1866, Röhrenmagazin unter dem Lauf. New Haven, 70er Jahre 19. Jh.

114
*Amerikanisches Lee-Infanterie-
(Marine)-Gewehr M 1879.
Zylinderverschluß, Mittelschaftmagazin.
Illion, 80er Jahre 19. Jh.*

1590—1634. Vom Beginn des 18. Jh. bis in die Gegenwart Vollbetrieb. Bekannter Büchsenmacher: V. Klett (16. Jh.).

Schmalkalden: Mittelpunkt der hessischen Waffenerzeugung d. 18. Jh.

Spandau: Militärwaffenerzeugung seit 1722. Betrieb 1852 verstaatlicht, 1854 Überführung der Potsdamer Werke nach Spandau.

Steyr: Erzeugung schon im 16. Jh. bekannt, damals Sitz der „Gesellschaft für Kanonen- und Patronenhandel in Steyr". Niedergang Ende d. 16. Jh., neuer Aufstieg erst zu Beginn des 17. Jh. 1786 Errichtung des Rüstungsbetriebs durch den Staat, Produktion bis in die Gegenwart.

Teschen: Bekannte Fertigungsstätte leichter Prunk-Jagdgewehre von der Mitte d. 17. bis Anfang d. 18. Jh. Bekannte Büchsenmacher: T. Ritter, Ch. Kloss, P. Kaliwoda (17. Jh.).

Tula (UdSSR): Bedeutender russischer Rüstungsbetrieb, errichtet zu Beginn d. 18. Jh. Bekannte Namen: I. Puschkin, Lalin I. Lialin, I. Polin, Bataschwew, Djemidow (18. Jh.); Krapinzew, Goltjakow, J. Fomin (19. Jh.). Seit der Mitte d. 17. Jh. Fertigung von Gewehrläufen.

Tulla (Frankreich): Waffenerzeugung für d. französische Armee seit 1646. Militärrüstungsbetrieb 1690 errichtet.

Utrecht: Waffenerzeugung seit 16. Jh. belegt. Bekannte Büchsenmacher: Coster, J. Ceule, G. Penterman (17. Jh.).

Vejprty (Weipert, Böhmen): Militärwaffen seit Beginn d. 17. Jh. Nach kurzem Niedergang Büchsenmachergilde 1734 erneuert. Bekannt im 19. Jh. sind die Familien Bittner und Fückert.

Verneřov (Böhmen): Militärgewehrmanufaktur Anfang d. 18. Jh. gegründet, 1750 Erzeugung abgebrochen. Bekannt im 18. Jh.: P. P. Höfferle (Hefele) und W. Wolf.

Versailles: Im ausgehenden 18. Jh. Gründung der Militärgewehr- und Pistolenmanufaktur. Bekannter Büchsenmacher: Da Sainte, 18. Jh.

Wien: Bedeutende Waffenindustrie, Büchsenmachergilde 1661 gegründet. Ab 1726 von S. Penzeneter geleitet, später k. u. k. staatliche Gewehrfabrik. Bekannte Meister: Ch. Bailer, G. Entzinger, J. Entzinger (17. Jh.); J. Früwirth, B. Girardoni, F. Meier, S. Penzeneter, J. Ris, L. Zana (18. Jh.); H. Ebert, I. Fischer, J. Gasser, Hamerl, A. Kropatschek, M. Novotny, K. Pirko (19. Jh.).

Wiener-Neustadt: Ab 1657 Militärwaffenerzeugung in der „Wiener-Neustädter Armatur-Gewerkschaft". Bekannte Büchsenmacher: J. Schifter, J. Stöckl (18. Jh.).

Wolfenbüttel: Waffenherstellung seit d. I. Hälfte d. 18. Jh. Bekannter Meister d. 18. Jh.: J. S. Hauschka.

Zella-Mehlis (Thüringen): Massenerzeugung von Waffen vom 18. Jh. bis heute.

171

Rüstungs – betriebe

Colt Patent Fire Arms Mfg Co: 1836 gründete S. Colt die Patent Arms Co. in Paterson (N. I.), wo u. a. die heute seltenen „Texas-Paterson-Revolver" hergestellt wurden. Der Betrieb machte 1842 Bankrott. 1847 stellte die Fabrik in Whitneyville Revolver für S. Colt her, 1848 gründete Colt seinen eigenen Betrieb in Hartford City, wo er Revolver, Gewehre und andere Waffen mit seinem Firmenzeichen, dem sich bäumenden Füllen, erzeugte. Colts Niederlassung in London war 1853-57 in Betrieb, sie erzeugte und stellte Revolver zusammen.

N. v. Dreyse, Sömmerda: 1871 vom Erfinder des preußischen Zündnadelgewehrs N. v. Dreyse gegründet. 1899 Aktiengesellschaft, 1901 Fusion mit der Rheinischen Metall- und Maschinenfabrik.

Fabrique Nationale et à Armes de Guerre, Herstal: gegr. 1889. Allmähliches Anwachsen zu einem der größten Rüstungsbetriebe.

Luigi Franchi, Brescia: gegr. 1868. Herstellung von Jagdgewehren.

Auguste Francotte et Cie S. A., Liège: Firmengründung 1811, Herstellung von Jagd- und Sportgewehren, Pistolen und Revolvern.

Leopold Gasser, Ottakring: gegr. 1862 von Leopold Gasser, der die ältere Firma Scheinigg übernommen hatte. Erzeugte bes. Revolver M 1870. 1903 Fusion mit der 1877 von Michael Gasser und Augustin Rast gegründeten Firma Rast & Gasser. Nach dem Patent der letztgenannten Herstellung des österreichischen Revolvers M 1898.

Hopkins and Allen, Norwich (Conn.): gegr. 1868, Gewehre u. Revolver.

Ivor Johnson: 1871 gründeten I. Johnson und Martin Bye die Firma Johnson, Bye and Co., Worcester, Mass., mit Revolver- und Pistolenfertigung. 1883 Firmennamen auf Ivor Johnson and Co., und 1884 auf Ivor Johnson's Arms and Cycle Worns geändert. Verkauf der Erzeugnisse durch John P. Lowell Arms Co., Boston.

Ishewsker Rüstungsbetrieb: der bereits bestehende Betrieb wurde 1807 zu einem der wichtigsten Rüstungsbetriebe Rußlands. Anfangs Herstellung von Militärgewehren und -pistolen, später auch Jagdgewehre.

Marlin Firearms Co., New Haven City: 1870 von J. M. Marlin gegründet. Schon im 19. Jh. bekannte Fertigungsstätte von Repetierern. Erzeugung von Pistolen, Revolvern und Ballard-Hinterladern. 1880 als Marlin Firearms Co registriert.

Waffenfabrik Mauser, Oberndorf a. N.: Betrieb 1873 von Paul u. Wilhelm Mauser als „Gebrüder Mauser & Co." gegründet. 1884 Aktiengesellschaft mit P. Mauser als technischem Leiter. Schon im 19. Jh. durch ihre Hinterlader u. Repetierer berühmt. Auch Fertigung von Revolvern und Selbstladepistolen.

New Haven Arms Co, New Haven City: gegr. 1857, Hauptteilhaber O. F. Winchester, Betriebsleiter B. T. Henry. Erzeugnisse: Volcanic-Waffen, später Henry-Repetiergewehre nach Patent von 1860. Basis der Firma Winchester.

Österreichische Waffenfabrik-Gesellschaft, Steyr: 1853 von Josef Werndl begründet. Umarbeitung und Herstellung von Gewehren. 1869 Aktiengesellschaft, allmählicher Aufstieg zu einem der bekanntesten Rüstungsbetriebe Europas.

Henri Pieper, Liège: 1866 von H. Pieper gegründet. Der erste Lütticher Betrieb mit maschineller Jagdgewehrfertigung. 1898 Aktiengesellschaft „Etablissements Pieper". Nach Zusammenziehung der Fertigungsstätten von Lüttich und Nessonvaux in Herstal neuer Firmennamen „Anciens Etablissements Pieper, S. A.", Herstal. Firmenzeichen der Erzeugnisse „Bayard".

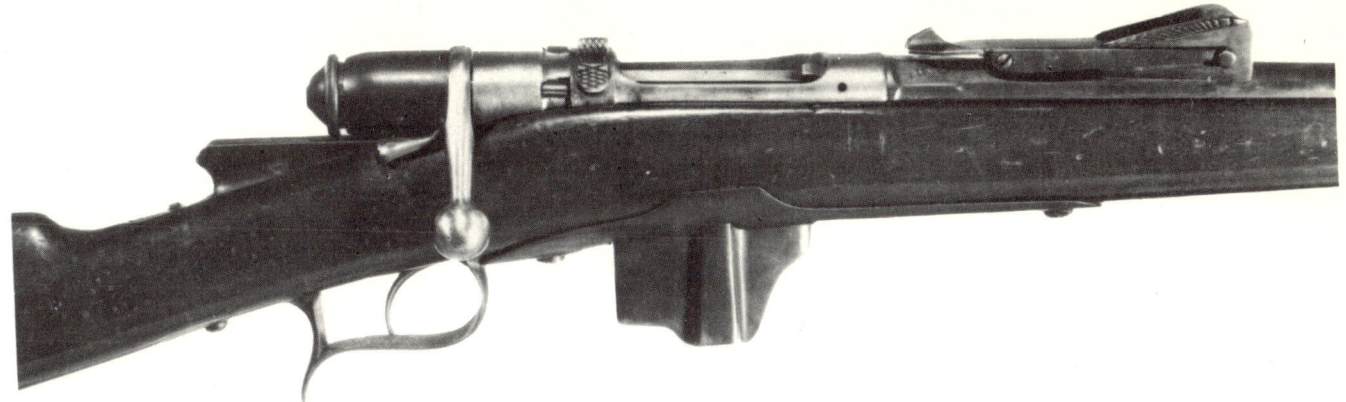

115
Italienisches Infanteriegewehr M 1871— 87
System Vetterli-Vitali. Zylinderverschluß,
Mittelschaftmagazin. Fertigung 1873.
Aptierung nach 1887

Providence Tool Co, Providence (R. I.): gegr. um 1850. Erzeugung von Springfield-Militärgewehren und bes. von Peabody- und Henry-Martini-Gewehren.

Remington Arms Co, Ilion (N. Y.): 1816 gründeten Eliphabet Remington und sein Vater die unter den Namen Eliphabet Remington & Son, Remington & Son, ab 1886 Remington Arms Co bekannte Firma. Sie begann mit Jagdgewehren, ging später auf Militärwaffen über. Berühmt geworden durch ihre Revolver und den bekannten Hinterlader mit „Rollingblock"-Verschluß.

I. P. Sauer & Sohn, Suhl: gegr. 1751, im letzten Viertel d. 19. Jh. Übergang zu maschineller Erzeugung von Jagdgewehren.

Sharps Rifle Mfg Co, Hartford (Conn.): gegr. um 1851 zur Herstellung von Hinterladern nach Christian Sharp's Patent. Firmennamen und Ort später geändert: C. Sharps & Co, Philadelphia; Sharps & Hankins, Philadelphia; um 1870 neuerlich in Hartford, seit 1874 Sharps Rifle Co, Hartford (Conn.); ab 1876, nach längerem Ortswechsel, Sharps Rifle Co, Bridgeport. 1881 erloschen.

Springfield Armory, Springfield: staatl. Rüstungsbetrieb, gegr. 1794. Herstellung von Militärgewehren und -pistolen.

J. Stevens Arms & Tool Co, Chicopee Falls (Mass.): gegr. 1864, Scheibengewehre und Pistolen. 1926—36 im Besitz der Savage Arms Co.

Volcanic Repeating Arms Co, Norwich City: gegr. 1855, 1856 von Norwich nach New Haven verlegt. 1857 erloschen. Herstellung von Volcanic-Repetierern und Pistolen.

Waffenfabrik Walther, Zella-Mehlis: gegr. 1886 von Carl Walther.

Whitney Arms Co, Whitneyville (Conn.): 1798 vom bekannten Pionier moderner Fertigungsmethoden Eli Whitney gegründet. 1864 unter neuem Firmennamen als Gesellschaft registriert. Erzeugte Kriegs- und Jagdgewehre und -revolver. 1888 von Winchester angekauft.

Winchester Repeating Arms Co, Bridgeport (Conn.) — New Haven (Conn.): gegr. 1866—67, Betrieb zuerst in Bridgeport, ab 1871 in New Haven. Schon im 19. Jh. mit ihren Repetierern berühmt. Der erste Typ mit diesem Firmennamen war der M 1866. Allmähliche Beherrschung oder Ankauf weiterer Gesellschaften, so Whitney Arms Co (1888), Spencer Repeating Arms Co (1868) u. a. Einer der mächtigsten Rüstungsbetriebe.

Waffenwerke Tula: auf Peter I. Befehl 1712 zur Herstellung von Militärgewehren und -pistolen gegründet. 1871-73 auf maschinelle Erzeugung umgestellt. Neben verschiedenen Mustern von Militärgewehren und -pistolen Erzeugung des russischen Modells von S & W (Smith & Wesson) -Revolvern im 19. Jh.

173

Handfeuer – waffen — Schöpfungen des Kunst – handwerks

Klingt es nicht etwas paradox, todbringende Waffen als Kunstwerke anzusprechen? Aber es ist eben so: seit der Bronzezeit gibt es Jahrtausende alte Belege dafür, daß der Mensch nicht nur sich selbst, sondern stets auch seine Waffe zu schmücken bemüht war. Das betrifft auch die Feuerwaffen. Wir haben dieses Bemühen schon bei den ersten Anfängen der Handfeuerwaffen am Beispiel der kurzen Stockholmer Büchse sehen können: der kombinierte Charakter von Streithammer und kurzer Feuerwaffe verleiht ihr allerdings eine gewisse Sonderstellung. Aber ist die vollendete Form der Bronze-Hakenbüchse aus der Zeit um 1500 nicht ein echter Beweis für das ästhetische Empfinden der mittelalterlichen Spätgotik? Dabei gehören die eigentlichen Anfänge der künstlerischen Gestaltung von Feuerwaffen erst ins 16. Jh., in die Blütezeit des Renaissance-Stils. Das ist sicher kein Zufall, und die Ursachen sind natürlich nicht nur in der Veränderung ästhetischer Werte zu suchen. Die Handfeuerwaffen hatten eine gewisse Entwicklungstufe erreicht, man erzeugte sie, je nach Zweck und Bedarf, in den mannigfaltigsten Arten und Typen.

Selbstverständlich brauchten die Kriegswaffen des Militärs keinen Schmuck; ihre Bestimmung erforderte im Gegenteil größte Einfachheit der Ausführung und damit einen relativ niedrigen Preis. Anders verhielt es sich mit Jagd- und Scheibengewehren, vor allem denen im Individualbesitz; in den vermögenden Schichten der Feudalgesellschaft dienten sie neben ihrem Zweck auch der Repräsentation.

Da die Handfeuerwaffen mindestens aus zwei Teilen, dem metallenen Lauf und dem Holzschaft, bestanden, boten sie ganz besondere Möglichkeiten zur Ausnutzung des Kontrastes beider Werkstoffe und zu deren adäquater Verzierungsweise.

Die praktische Notwendigkeit, die Eisenteile vor Korrosion zu schützen, gab zweifellos den Anlaß dazu, ihre Oberfläche mit Hilfe verschiedener Chemikalien widerstandsfähiger zu machen; wenn diese auf den Gewehrlauf aufgetragen, erhitzt und zuletzt verrieben wurden, verliehen sie dem Metall ein Schutzhäutchen von interessanter blauer bis blauschwarzer Tönung. Leider haben sich diese mit ihren Anfängen bis tief ins 16. Jh. reichenden Konservierungsmethoden nur sehr selten und nur spurenweise erhalten, obgleich sie lange Zeit stark verbreitet waren. Auch das Schwarztönen geht anscheinend auf die Erfahrungen der Plattner zurück. Als Beispiel möge die Bockpistole mit zwei Radschlössern aus dem ausgehenden 16. Jh. angeführt werden, die in den Sammlungen des Prager Militärmuseums aufbewahrt wird; ihre vergoldeten durchbrochenen Raddeckel ergeben einen reizvollen Farbkontrast.

Den Plattnern sind gleichfalls die verschiedenen Technologien zu verdanken, die beim Verzieren der Plattenharnische gebraucht wurden, nämlich das Ziselieren, Stechen und Ätzen. Die reichen Ornamente mit Tier- und Figuralmotiven, wie sie etwa die aus der Zeit um 1560 stammende Hinterladerpistole in den eben genannten Sammlungen zeigt, wurden zur effektvollen Kontrasterhöhung durch Schwarz- oder Goldtönung des Ornamentgrunds noch mehr hervorgehoben. In der 2. Hälfte des 16. Jh. kommt bei der Laufverzierung der Eisenschnitt hinzu, der Hochreliefs ergibt, die oft zwischen Tiermotive und Figuralornamente gesetzt werden, wie z. B. bei der langen Radschloß-Handbüchse vom Ausgang des 16. Jh., die in den Sammlungen von Schloß Bítov zu sehen ist und sichtlich ein Werk des Dresdner Meisters H. Beer ist.

Während des 16. Jh. hatte das Holz des Schaftes keine große ästhetische Bedeutung. Darum kann man vereinzelte Feuerwaffen finden, deren

XXXI
Büchsenschaft, Bein eingelegt, Gravur eine Genre-Szene darstellend. Slowakei (?), Ende 17. Jh.

174

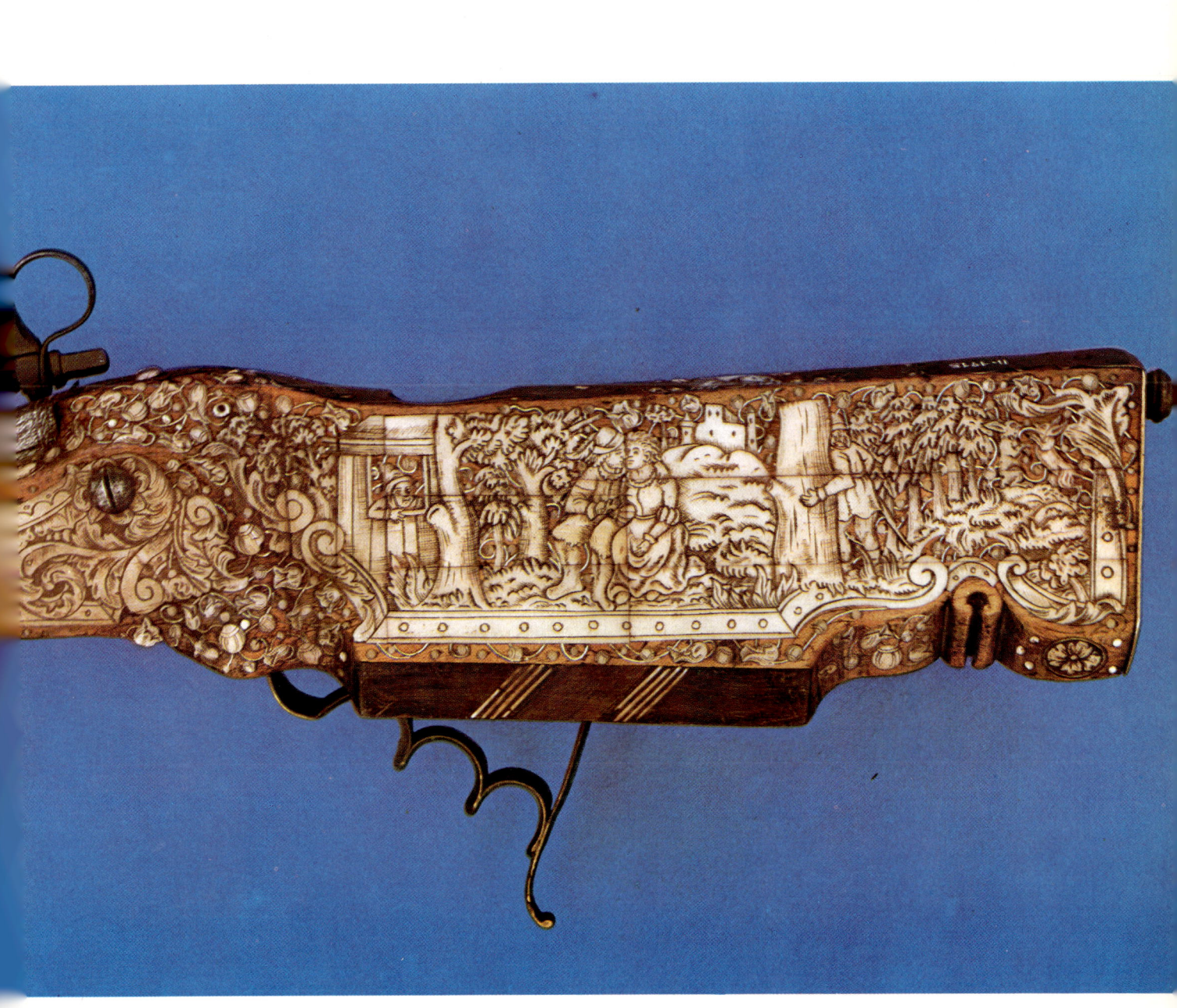

Schäfte mit Textilien, in Nordeuropa auch mit Leder bezogen waren. Später entdeckte man die außerordentlichen Möglichkeiten zu verschiedensten Verzierungsarten, die die relativ großen Flächen des Schaftes enthielten. In europäischen Sammlungen kann man Gewehre finden, deren ganzer Schaft mit Messing plattiert ist. Häufiger wurden ganze Schäfte mit elfenbeingeschnitzten figürlichen und ornamentalen Reliefs eingelegt, wie mehrere Stücke in den Sammlungen des staatlichen Schlosses Konopiště in Mittelböhmen zeigen. Bei anderen Stücken ist der Elfenbeinbelag des ganzen Schaftes mit prächtigen gestochenen Tier- und Vogeldrolerien verziert. Eine solche lange Handbüchse befindet sich auf Schloß Bítov, wo auch eine Radschloßbüchse zu sehen ist, deren Schaft ein zu breiten Bändern hervortretendes Hochrelief von Jagdszenen zeigt, die aus dunkler Hornmasse geschnitzt und von weißen beingeschnitzten Bändern mit reicher Ornamentalgravur umrahmt sind.

Ebenfalls in die Renaissance gehören ihrem Stil nach die Schäfte des Münchner Meisters H. Borstorfer, deren Gesamtfläche in der Regel mit Elfenbein oder weißem Bein bedeckt ist, dessen Felder wiederum von schwarzen Ebenholzstreifen sowie feinen Ornamenten aus dem gleichen Material umrahmt sind. Aus seiner Werkstatt stammt die Kugelbüchse, deren Radschloß ebenso wie der Lauf im Relief auf Goldgrund wahrscheinlich von D. Sadeler geschnitten wurde; die Büchse ist 1630 datiert und wird auf Schloß Bítov aufbewahrt. Ihr typischer Borstorfer-Schaft hat eine Eigentümlichkeit: auf der Schaftbacke ist ein ovales Medaillon ausgespart, in dem das braune Birnbaumholz des Schaftes sichtbar wird, der selbst zur Gänze von Beinintarsien und feinen weißen Hornranken bedeckt ist.

Intarsia aus Bein, Elfenbein oder weißer Hornmasse haben während des ganzen 16. und noch lange im 17. Jh. als Schaftverzierung von Handfeuerwaffen eine bedeutende Rolle gespielt. Sie belebten die Schaftfläche mit Ornamenten und Figuralmotiven, häufig mit ganzen Jagdszenen. Aus dem ausgehenden 16. Jh. sind Exemplare bekannt, deren Schaftflächen mit ganzen Jagdszenen aus weißer Beinmasse bedeckt sind. Der Schaft der Radschloß-Kugelbüchse auf Schloß Bítov stellt auf der einen Seite mehrere Kampfphasen einer Türkenschlacht dar, auf der anderen, in sehr realistischer und lebendiger Weise, einige Genrebilder aus dem Lagerleben der Soldaten. Sehr oft wurden ferner Bein-Inkrustationen zur Verzierung von Radschloßpistolen gebraucht, wie z. B. bei der Bockpistole und mehreren ähnlichen Stücken in den Sammlungen des Prager Militärmuseums. Als schönes Beispiel einer Bein-Inkrustation nennen wir die ebenfalls dort befindliche lange Handbüchse mit Schnappschloß holländischer oder schottischer Herkunft; ihr Musketenschaft ist mit prächtiger Bein- und Perlmuttintarsien bedeckt, deren Wirkung durch den Kontrast zwischen mattem und leuchtendem Weiß auf unnachahmliche Weise erhöht wird.

Diese Verbindung von Bein und Perlmutter ist charakteristisch für die Verzierung der leichten Kugelbüchsen mit außenliegendem Radschloß, die sog. Teschner Büchsen, sowie ähnlichen, im schlesischen Raum und wohl auch in den angrenzenden Gebieten Osteuropas hergestellten Gewehren. Die Teschner Büchsen zeichnen sich ferner durch ihre spezifische Laufverzierung und die sehr feine, häufig vergoldete, in Punktiermanier ausgeführte Gravur aus sowie durch die durchbrochenen oder gold- bzw. silberinkrustierten Deckplättchen der außenliegenden Schloßfedern.

XXXII
Figuralrelief auf Pistolenlauf. Leopold Becher d. Ä., Karlovy Vary, 1. Drittel des 18. Jh.

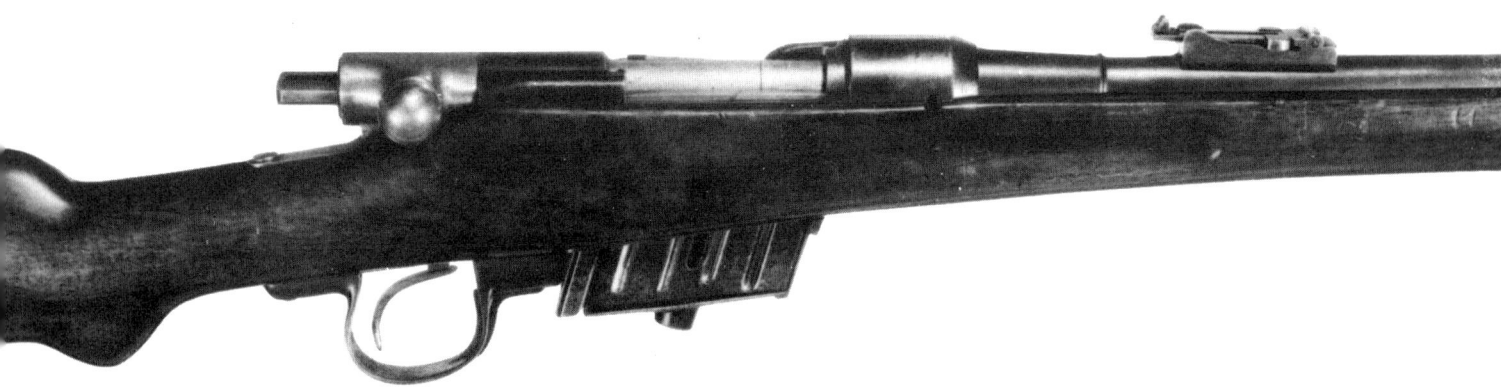

116
Infanteriegewehr, Versuchsmodell
Karl Krnkas 1889—90. Zylinderverschluß,
Mittelschaftmagazin

An der Wende des 16. Jh. beginnt auch das Schaftholz mit den sog. Schaftverschneidungen in der kunstgewerblichen Waffenausstattung seine Rolle zu spielen. Französischen Erzeugnissen jener Zeit verleiht das in Flachreliefs feingeschnitzte Edelholz des Schaftes eine neuartige ästhetische Wirkung. Als Beispiele mögen die mit zwei Radschlössern versehene Büchse und das bereits erwähnte Lafontaine-Pistolenpaar mit wasserdichtem Radschloß von 1642 in den Sammlungen des Prager Militärmuseums angeführt werden.

Einen Höhepunkt der mitteleuropäischen Holzschnitzerei als Gewehrschaftschmuck stellen die Schöpfungen des bisher nichtidentifizierten „Meisters der Tierkopfranke'' dar. Das Radschloß-Kugelbüchsenpaar in den Sammlungen von Schloß Bítov läßt in seinen zum Großteil mit einem Halbrelief von Pflanzenranken und Tiermotiven (nicht nur Tierköpfen, sondern ganzen Tiergestalten) bedeckten Schäften die Hand dieses Meisters erkennen; auch ihre Läufe und Schlösser weisen eigenartigen Dekor auf: auf blauschwarzem Grund sind zarte Silberblumenornamente appliziert.

Die Schnitzwerke der Egerer Schäfter des 3. Viertels des 17. Jh. bilden eine weitere Gruppe. H. Keiners Kugelbüchsenschaft im Museum von Děčín ist auch auf der Schaftbacke in Figural-Hochrelief geschnitzt. Auch das Blumenranken-Flachrelief auf dem Schloßblech ist typisch für die Egerer Verzierungsweise. Das Schaftschnitzwerk wurde zuweilen wohl auch polychromiert, doch ist die Radschloßbüchse des Prager Meisters A. Brandt im Münchner Jagdmuseum der vorläufig einzig bekannte Beleg dafür.

Im Verlauf des 17. Jh. wird das Schaftholz immer mehr in die Ausschmückung miteinbezogen. Die Bein-Intarsien beschränken sich auf kleine Flächen wie Schraubenunterlagen u. a., auf der Schaftbacke finden sich etwas größere Ziermotive. Häufig wird Hornmasse verwendet; sie ist typisch für die Arbeiten eines M. Wenger oder des Pragers H. Stifter.

Bei einigen Werken des Meisters der Tierkopfranke erscheinen auf der Schaftbacke Medaillons mit Messingdraht-Intarsia (statt des üblichen weißen Hornornaments). Die Verwendung dieses Metalls ist eher für Nordeuropa, für Norddeutschland und die Ostseeländer typisch, wo während des ganzen 17. Jh. Büchsenschäfte mit Messingdraht und -plättchen eingelegt wurden. Das Prager Militärmuseum besitzt eine kleine Kugelbüchse mit baltischem Schloßtyp, die nach der Mitte des 17. Jh. entstanden ist.

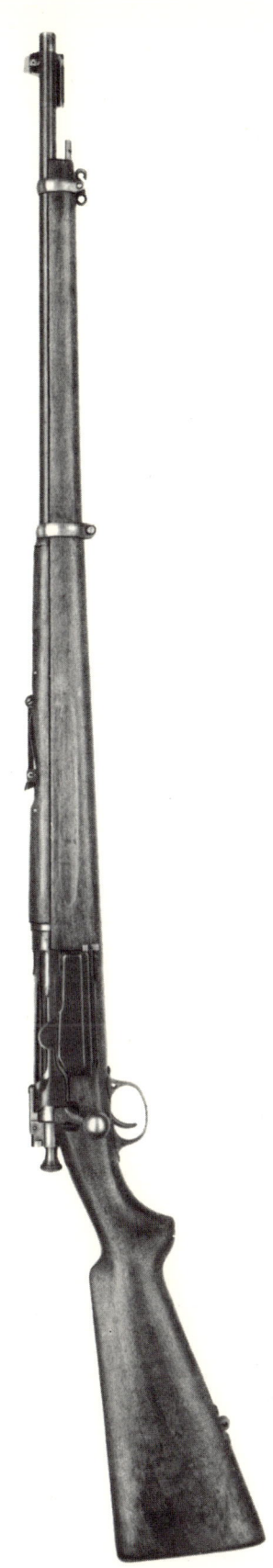

117
Norwegisches Infanteriegewehr M 1894
System Krag-Jörgensen.
Zylinderverschluß, Mittelschaftmagazin.
Steyr 1897

Auf eigenartige Weise sind die Gewehrschäfte italienischer Herkunft aus dem 17. und 18. Jh. verziert. Im Raum von Brescia wurden auf Gewehren und Pistolen durchbrochene oder spitzenartig durchschnittene Eisenbeschläge angewandt, während in den mehr südlich gelegenen Gebieten Italiens auf ähnliche Weise Messingblech, das oft den ganzen Schaft bedeckte, zur Verwendung kam. Als Beispiel für diese Art sei die lange Steinschloßbüchse in Schloß Bítov angeführt, die auf dem Vorderschaft die Signierung „Franciscus Spinonus 1674" trägt. Hier soll bemerkt werden, daß besonders messing- oder silberplattierte Pistolenschäfte für die Balkanländer und gewisse Nahostgebiete typisch sind. Diese Techniken wurden ebenso wie das Silberfiligran noch spät im 19. Jh. in Bosnien geübt.

Der europäische Barockstil hat natürlich auch das Schaffen der Büchsenmacher und Schäfter geprägt. Stärker noch als früher tritt die auf Farbkontrasten, auf dem Wechsel von Licht und Schatten aufgebaute optische Gesamtwirkung des kunstgewerblichen Erzeugnisses in den Vordergrund. Der Reliefdekor auf Läufen und Schloßteilen wird ebenso weiterentwickelt wie die Lauf-Oberflächengestaltung, bei der das ältere Blautönen immer mehr dem Bräunen weicht. Auf blauschwarzen und braunen Laufflächen heben sich inkrustierte Gold- und Silberornamente ab, auch die Signatur des Meisters dient als Schmuckelement und wird in glänzendem Metall eingelegt. Mit Vorbedacht wählt man das Schaftholz, dessen Struktur, Farbe und Zeichnung vollgültige Faktoren höchster ästhetischer Wirkung geworden sind.

Hier ist die Radschloß-Kugelbüchse des Karlsbader Meisters L. Becher von 1726—28 zu nennen, deren gebräunter Lauf maßvolle Goldinkrustierung und -signatur trägt; Schloß und Beschläge aus poliertem Schmiedeeisen mit reichem Figuralrelief kontrastieren mit dem Schaft aus schön gezeichnetem Nußbaumholz, der überdies noch mit Silberranken und figürlichen Motiven eingelegt ist. Auch hier wird wie in vielen anderen Gebieten der Ton von den zu Ende des 17. Jh. vom Hof Ludwigs XIV. in Frankreich ausgehenden modischen Strömungen angegeben. Exotische Hölzer wie Ebenholz, Palisander u. ä. sind beliebt, und die Beschläge, die entweder im Hochrelief aus Eisen geschnitten oder aus Silber bzw. vergoldetem Messing gegossen sind, bilden einen eindrucksvollen Gegensatz zu den dunklen Farben von Läufen und Schäften.

Typische Zeugnisse des damaligen Stils sind die Pistole F. Breitenfelders oder die einläufige Revolverflinte J. Haetischweilers; die Karlsbader und Prager Werkstätten gleichen denen anderer mitteleuropäischer Meister. Dieser üppige Reliefstil war sehr lange Zeit in einigen Provinzen Italiens lebendig, besonders in der Toskana und Emilia, wo bis ins beginnende 19. Jh. mit Florentiner Schlössern versehene Pistolen und Gewehre hergestellt wurden, die auf Lauf und Schloß überreichen Reliefschmuck trugen. Die Sammlungen des Prager Militärmuseums besitzen ein solches Pistolenpaar sowie ein Gewehr, beide aus dem ausgehenden 18. Jh.

Um vieles nüchterner sind die Arbeiten der englischen und holländischen Meister des 17. Jh. gehalten; für letztere sind die feinen Gravuren der Schloßteile typisch. Im ausgehenden 18. Jh. bringt der Klassizismus eine entscheidende Wende mit sich. Als wichtigstes Schmuckelement erscheint die vollendete Oberflächengestaltung des Laufs, die ergänzt wird durch eine schlichte Gold- oder Silberfädeninkrustierung auf dem Lauf-Unterteil und eine äußerst feine Akanthus-, Ranken- oder Feston-

179

gravur auf den übrigen Metallteilen der Waffe. Damastläufe, die die durch die Technologie des Damaszierens erzielte Oberflächenstruktur des Laufs besonders hervortreten lassen, erfreuen sich großer Beliebtheit. Die etwas bombastische Rückkehr zum üppigen Prunk der französischen Spitzenerzeugnisse aus der Kaiserzeit ist nur vorübergehend.

In der 1. Hälfte des 19. Jh. gilt die Schönheit des in vollendeter Weise bearbeiteten Werkstoffs, die durch Damaszieren oder eine andere Oberflächengestaltung des Laufs erreicht wird, auch weiterhin als erstes ästhetisches Kriterium einer Waffe. Mit der Entstehung der sog. Prager Gravur, die sehr fein ausgearbeitete Jagd- und Tiermotive auf den Eisenflächen verwendet, erhalten die Schloß- und Garniturgravuren einen neuen Charakter, der die in Gestalt von Löwenhäupten oder anderen Tierköpfen geschnittenen Hähne und die schön modellierten Nüsse noch mehr hervorhebt. Die Gewehrschäfte werden zumeist streng zweckbestimmt gestaltet, womit Holzstruktur und Zeichnung unterstrichen werden. Wichtigstes Schmuckelement sind Tierköpfe u. ä. unterhalb des Übergangs vom Kolbenhals zur Kolbennase. Der vom Historismus beeinflußte künstlerische Zeitgeschmack kommt nur in der komplizierten Profilierung von Pistolenschäften und -läufen stärker zum Ausdruck.

Als Ausnahme betrachten darf man wohl die aus den Jahren um 1850 stammende Leipziger Kugelbüchse in den Sammlungen des Prager Nationalmuseums, deren Schloßblech Fischgestalt hat, deren Hahnplastik in einer Biberfigur geschnitten ist und deren Gegenplatte ein Fischotternrelief darstellt.

Die wachsende industriemäßige Erzeugung von Militär-, Jagd- und Sportwaffen führte zu deren größter Vereinfachung, Prunk und Zierrat entfielen. Gravuren sowie Gold- und Silberinkrustationen sind bis heute die häufigste Verzierung der besonders nach Einzelaufträgen gefertigten Luxuserzeugnisse geblieben.

118
Österreichisch-ungarisches Mannlicher
Infanteriegewehr M 1895.
Zylinderverschluß, Mittelschaftmagazin.
Fertigung Steyr

Bedeutende Sammlungen altertümlicher Handfeuerwaffen

Die militärische, jagdliche, sportliche Betätigung und Sammlertätigkeit von Personen, Städten, Staaten, Betrieben, Museen und anderen Institutionen hat zahlreiche, reich ausgestattete Sammlungen von Kriegs- und Zivil-Handfeuerwaffen, von einfachen und Prunkstücken ins Leben gerufen. Auch die kürzest gefaßte Übersicht kann ihre Menge und Reichhaltigkeit nur andeuten.

Österreich: weltberühmte Sammlungen werden vom Wiener Kunsthistorischen Museum verwaltet. Ihren Grundstock bildet der Großteil der jahrhundertelang von österreichischen Habsburgern zusammengetragenen Sammlungen. Den Kern der im Besitz des Historischen Museums der Stadt Wien befindlichen Sammlungen mit Stücken aus dem 15.—19. Jh. bilden Teile des ehemaligen Wiener städtischen Zeughauses. Das Steiermärkische Landeszeughaus in Graz ist das einzigartige Beispiel eines vollständig erhaltengebliebenen Landeszeughauses mit über 8000 Feuerwaffen aus dem 16.—18. Jh. Das Heeresgeschichtliche Museum in Wien besitzt in seinen Sammlungen noch heute wertvolle Handfeuerwaffen, obgleich es am Ende des Zweiten Weltkriegs schwere Verluste erlitt. Weitere Sammlungen sind in anderen österreichischen Museen und Schlössern zu finden.

Belgien: in der Brüsseler Porte de Hal stellt das Musée Royal d'Armes et d'Armures seine Sammlungen aus, die auch altertümliche Feuerwaffen umfassen. Der Plan, Belege zur Gesamtentwicklung derartiger Waffen zu sammeln, führte zur Entstehung des Musée d'Armes in der bekannten belgischen Rüstungszentrale Lüttich.

Bulgarien: das Centralen Voennen Muzej in Sofia kann dem Waffenliebhaber in seinen Depositorien viele wertvolle Kenntnisse vermitteln.

Tschechoslowakei: eine ausgezeichnete Sammlung mit ältesten Stücken aus dem 14. Jh. wird vom Westböhmischen Museum in Plzeň (Pilsen) verwaltet. Es enthält zahlreiche wertvolle Stücke aus dem ehemaligen Stadtzeughaus. Das Prager Militärmuseum besitzt Sammlungen von Handfeuerwaffen, die einen außerordentlichen Umfang und Wert erreicht haben und zahlreiche Einzelstücke aus dem 14.—19. Jh. enthalten. Berühmt sind die Waffensammlungen der tschechoslowakischen Schlösser wie Konopiště, Opočno, Frýdlant, Žleby, Bítov, Červený Kameň und Krásna Hôrka.

Dänemark: besitzt gleichfalls Sammlungen, die oft in der Fachliteratur genannt werden. Das Tøjhusmuseet in Kopenhagen verwaltet die größte. Ihre Grundlage bildet das königl. Zeughaus der dänischen Herrscher, ihre ältesten Stücke gehen auf die Zeit um 1400 zurück.

Frankreich: hervorragend ist die Sammlung von Handfeuerwaffen im Musée de l'Armée in Paris, in das Waffen aus Arsenalen und Privatsammlungen zusammengezogen wurden. Es besitzt einige Stücke des einst berühmten „Cabinet d'Armes" Ludwig XIII. Im Musée International de la Chasse à Tir et de la Fauconnerie in Gien werden wertvolle Jagdwaffen ausgestellt. Das Musée d'Art et d'Industrie in St. Etienne zeigt Waffen vom Mittelalter bis zur Gegenwart sowie historische Belege zur dortigen Waffenerzeugung.

Deutsche Demokratische Republik: Das Museum für Deutsche Geschichte (ein Teil der Sammlungen des ehemaligen Berliner Zeughauses) verwaltet hervorragende Sammlungen altertümlicher Feuerwaffen. Der Reichtum der weltbekannten Sammlungen des Historischen Museums in Dresden beruht vor allem auf den von führenden Büchsenmachern Europas im 16.—18. Jh. für das sächsische Herrscherhaus gefertigten

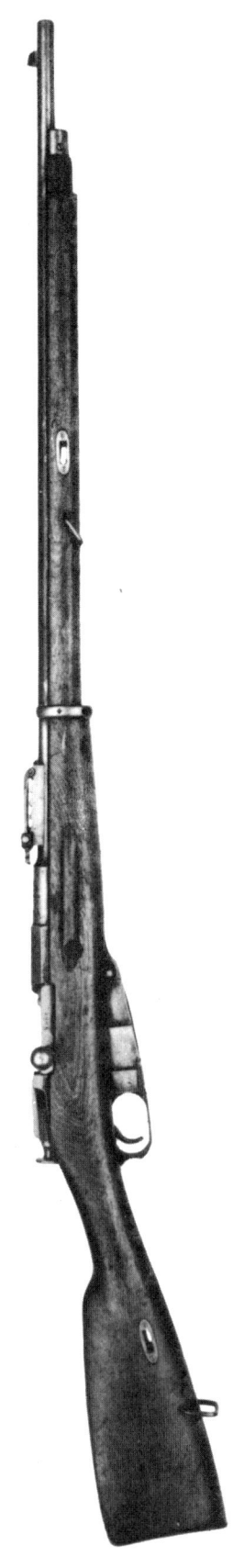

119
*Russisches Mosin-Infanteriegewehr
M 1891. Zylinderverschluß,
Mittelschaftmagazin. Sestrojeck 1896*

Waffen. Zahlreiche Belege zur Entwicklung der Büchsenmacherkunst in Form von Waffen, Werkzeug und Maschinen findet man im Waffen- und Heimatmuseum des bekannten Waffenindustrie-Mittelpunkts Suhl. Sehenswert sind ferner die Schwarzburger Sammlung im Staatlichen Museum Heidecksburg-Rudolstadt oder Schloß Falkenstein mit seinen Jagdwaffen.

Bundesrepublik Deutschland: Nürnberg, die Stadt der alten Büchsen- machertradition, besitzt im Germanischen Nationalmuseum eine impo- sante und bekannte Sammlung altertümlicher Waffen. Das Ingolstädter Bayerische Armeemuseum enthält vor allem Kriegswaffen der bayeri- schen Armee. Das Deutsche Jagdmuseum in München sammelt und stellt hauptsächlich deutsche Jagdgewehre aus. Wichtig sind ferner die vielen Schloßmuseen, von denen wir wenigstens die Veste Coburg nennen wollen. In einem erneuerten Bau ist die Rüstkammer der Stadt Emden untergebracht.

Großbritannien: An erster Stelle, auch in bezug auf Handfeuerwaffen, stehen zweifellos The Armouries H. M. Tower of London mit den bis auf Heinrich VIII. zurückgehenden Sammlungen. Das Londoner Victoria and Albert Museum sammelt besonders Belege zur Geschichte der Ver- zierung von Feuerwaffen. Die bekannte Wallace Collection im Londoner Hertford House besitzt auch Prunkwaffen aus dem 16.—19. Jh. Im Tower und den beiden genannten Museen befinden sich u. a. auch Teile der ehemaligen Sammlung Ludwigs XIII. Anhand der Exponate des Museum of Science and Industry in Birmingham oder des National Museum of Antiquities of Scotland in Edinburg läßt sich das Schaffen der alten Büchsenmacher verfolgen; das letztere besitzt die größte Sammlung schottischer Pistolen.

Ungarn: zu nennen sind vor allem die Sammlungen, die das Hadtör- ténelmi Museum und das Magyar Nemzeti Museum in Budapest verwal- ten.

Italien: verfügt über eine ganze Reihe hervorragender Sammlungen altertümlicher Handfeuerwaffen. Zu den wichtigsten gehören in Florenz das Museo Stibbert mit europäischen und orientalischen Waffen und das Museo Nazionale (Bargello) mit den Sammlungen der Mediceer, der Herzöge von Toskana, von Urbino u. a. Das Institut Museo e Gallerie Nazionali di Capodimonte in Neapel gründet seine Sammlungen auf den Waffen des Geschlechts der Farnese von Parma und der Bourbonen von Sizilien und Neapel. Die Collezione Nazionale Odescalchi in Rom war noch im ausgehenden 19. Jh. die wichtigste italienische Privatsamm- lung; weitere Kollektionen altertümlicher Waffen sind im Museo Nazio- nale di Castel Sant'Angelo sowie im Museo di Palazzo Venezia zu sehen. In Venedig ist die Sala d'Armi Palazzo Ducale zu nennen, von nicht geringerer Bedeutung sind das Museo Nazionale Storico d'Artiglieria und die Armeria Reale in Turin.

Holland: Wertvolle Stücke zur Entwicklung der Handfeuerwaffen ent- hält Het Nederlands Leger- en Wapenmuseum „General Hoefer" in Leyden.

Jugoslawien: obwohl es durch den Krieg unersetzliche Verluste erlit- ten hat, besitzt das Vojni Muzej Jugoslovenske Narodne Armije in Bel- grad in seinen Sammlungen auch altertümliche Feuerwaffen.

Norwegen: zu den bedeutenderen Sammlungsstätten gehört das Haermuseet in Oslo mit seiner Zweigstelle Rustkammeret in Trondheim.

Polen: als bedeutende Sammlungen von Handfeuerwaffen sind u. a.

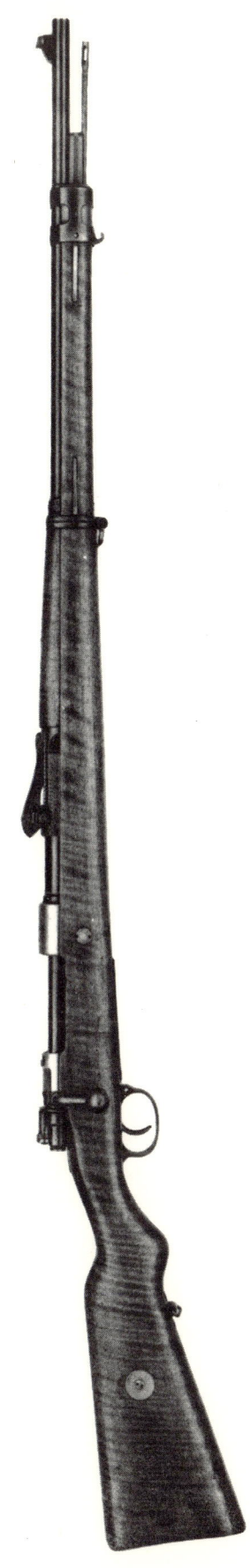

das Muzeum Narodowe in Krakau, in dessen Bestände die Czartoryski-Sammlung übergegangen ist, sowie das Muzeum Wojska Polskiego in Warschau zu nennen.

UdSSR: die weltbekannte Gosudarstvennyj Ermitash (Eremitage) in Leningrad verwaltet eine Sammlung russischer, westeuropäischer, amerikanischer und orientalischer Waffen und beherbergt die Sammlungen des ehemaligen Zeughauses in Carskoje Selo sowie Privatkollektionen mehrerer Zaren und Adeliger. Teilweise ausgestellt werden die reichen Sammlungen des Leningrader Voennoistoritscheskij Musej Artillerii inshenernych vojsk i vojsk svjasi. Die Moskauer Sammlungen stehen nicht zurück, das Gosudarstvennyj Istoritscheskij Musej z. B. besitzt Kriegs- und Zivilwaffen und hat auch mehrere Sammlungen aus anderen Museen und Privatsammlungen übernommen. Das Gosudarstvennyj Musej Moskovskogo Kremlja besitzt russische, westeuropäische und orientalische Waffen, von denen viele aus dem Eigentum der Zaren stammen. Auch das Tulskij Musej Orushija zeigt viele Beweisstücke des hohen Niveaus und der langen Tradition der Büchsenmacherkunst in der alten Waffenindustriestadt Tula.

USA: die Kollektionen enthalten nicht nur amerikanische, sondern auch europäische und orientalische Waffen. Die Entwicklung der ersteren ist insbesondere in den Sammlungen zu verfolgen, die von der Smithsonian Institution in Washington, bzw. ihrem National Museum of History and Technology verwaltet werden. The Metropolitan Museum of Art in New York zeigt hauptsächlich zivile Prunkwaffen, während The West Point Museum amerikanische und andere Kriegswaffen, größtenteils seit dem 18. Jh., ausstellt. Colts Waffen sowie Samuel Colts Privatsammlung sind heute in der Verwaltung des Wadsworth Atheneum in Hartford. Das Winchester Gun Museum in New Haven dokumentiert die Entwicklung der Winchester Gewehre und deren Vorgänger.

Spanien: einst haben die spanischen Könige den Grundstein der reichhaltigen Sammlung gelegt, die heute das Museo de la Real Armeria in Madrid besitzt. Das Museo de Ripoll in der gleichnamigen Stadt stellt Muster der althergebrachten örtlichen Feuerwaffenerzeugung aus, das Museo del Ejercito Español in Madrid zeigt Militärwaffen.

Schweden: neben dem Statens Historiska Museum, dessen Sammlungen die wohl absolut älteste Handbüchse zeigen, ist die Stockholmer Kungl. Livrustkammaren mit den vor allem auf das Herrscherhaus zurückgehenden reichen Feuerwaffensammlungen zu nennen. Das Kungl. Arméemuseum, ebenfalls in Stockholm, verwaltet eine Kollektion schwedischer Armeewaffen. Bekannt ist ferner die Sammlung auf Schloß Skokloster.

Schweiz: historische Feuerwaffen befinden sich in den Sammlungen des Historischen Museums in Basel, das u. a. die Bestände des alten Stadtzeughauses geerbt hat, ferner im Schweizerischen Landesmuseum in Zürich und im Alten Zeughaus in Solothurn.

Türkei: das T. C. Askeri Museum in Istanbul stellt einen Teil seiner Sammlungen von türkischen und europäischen Feuerwaffen aus. Seltene Stücke sind in den Sammlungen des Hagia Sqhia-Museum und des Topkapi Serail Museum zu sehen.

120
Deutsches Mauser-Infanteriegewehr
M 1898. Zylinderverschluß,
Mittelschaftmagazin. Amberg 1917

183

Grundsätze
der Instandhaltung
und äusseren Pflege

Unter den für eine Sammlung erworbenen Waffen können sich Stücke befinden, die einen gründlichen Konservierungseingriff erfordern. Nicht immer steht ein gelernter Konservator zur Verfügung, aber ein geschickter Waffensammler mit Grundkenntnissen der Konservierungsmethoden und mit der notwendigen Ausrüstung wird imstande sein, so manches für die Instandhaltung seiner Waffen selbst zu tun.

Die ärgsten Feinde der Feuerwaffen sind Korrosion (Rostung) der Metallteile und der Holzwurm. Wird die Waffe feucht gelagert, kommt es zu atmosphärischer Korrosion: durch Kondensierung von Wasserdämpfen in Form von Tropfen oder Dunst auf einem Metallgegenstand wird seine Struktur beschädigt. Viel gefährlicher ist die Bodenkorrosion, die bei der Lagerung eines nichtgeschützten Gegenstands in der Erde entsteht: die Eisenteile werden von einer Tiefenkorrosion angegriffen, die seinen Zerfall und völlige Zerstörung verursachen kann. Außerdem können sowohl in feuchter Umgebung als auch im Boden verschiedene Mikroorganismen Korrosion bewirken.

Holzwürmer können aus nahe befindlichen und ungeschützten Holzgegenständen die Schäfte befallen; ebenso Mikroorganismen, die das Holz an der Oberfläche verschimmeln lassen. Der Holzwurm ist weit aggressiver als die Mikroorganismen, ungeschütztes Holz wird porös und kann zerfallen, womit der Schaft rettungslos verloren ist.

Es muß also nicht nur die Feuerwaffe selbst, sondern auch ihr Aufbewahrungsort peinlichst instandgehalten werden. Aber auch an trocken gelagerten Stücken kann es zu Rostansätzen kommen. Die Ursachen sind entweder in ungenügender Pflege zu suchen — wenn eine Tiefenkorrosion nicht beseitigt und der Rostungsprozeß auch unter den aufgetragenen Vorbeugungsmitteln fortgeschritten ist —, oder in der Wirkung der Schweißdrüsenausscheidungen der Hand beim unsachgemäßen Umgang mit der Waffe. Weitere Ursachen können Konservierungsmittel von schlechter Qualität oder Nachlässigkeit bei der Instandhaltung sein.

Rost auf Metallgegenständen wird chemisch und elektrolytisch entfernt. Als erstes muß die Büchse oder Pistole von jeder äußeren Verunreinigung gesäubert werden, am besten mit einem trockenen Wisch- oder Wergtuch, bzw. Pinsel. Dann wird die Waffe fachgerecht zerlegt, die Holzteile werden von den metallenen getrennt, letztere je nach Metallart gesondert. Achtung auf die Teile, die aus mehreren Metallarten bestehen — der

Lauf kann z. B. einen Dekor aus Gold-, Silber- und Messinginkrustationen haben!

Vor der Konservierung müssen die Bestandteile entfettet werden. Das geschieht in reinem Petroleum, Benzin, Tetrachlormethan, Trichloräthylen u. ä. Als Entfettungsbad kann auch eine 10%ige Hydroxydlösung, bzw. eine wässerige Lösung von Natrium- oder Kaliumkarbonat bei einer Temperatur nahe dem Siedepunkt verwendet werden. Danach wird mit warmem Wasser gespült. Bei der Entfettungsprozedur ist größte Geduld geboten, unvollständige Entfettung kann dazu führen, daß bei der Rostentfernung (davon später) nicht alle Stellen der Metallteile erreicht werden können. Gegenstände, die aus verschiedenen Gründen nicht ins Entfettungsbad getaucht werden können, werden mit einer Roßhaar- oder Borstenbürste mechanisch entfettet, unter Hinzunahme von Reinigungsmitteln wie Schlemmkreide und dem gleichen Teil gebranntem Kalk. Die Rückstände werden unter reinem fließendem Wasser entfernt. Eine gründlich entfettete Metalloberfläche erkennt man daran, daß sich das Wasser nicht in Tropfen niederschlägt, sondern eine zusammenhängende hauchdünne Schicht bildet. In gut ausgestatteten Konservierungsstätten wird auch mittels Elektrolyse oder Ultraschall entrostet.

Rostfreie, gründlich entfettete Metallteile können mit Konservierungsmitteln behandelt werden, bei bereits angegriffenen muß der Rost entfernt werden, auf chemischem oder elektrolytischem Wege. Bäder zur Rostentfernung bestehen aus Phosphorsäure, Inhibitor und Lösungsmittel; am besten hat sich bisher folgende Zusammensetzung bewährt: 40—46 % Phosphorsäure, 3,7 % Butylalkohol und 50,3 % destilliertes oder überkochtes Wasser. Als Inhibitor muß zu je einem Liter fertiger Lösung 0,2 g Thioharnstoff oder Dybenzilsulphoxyd hinzugefügt werden. Steht Phosphorsäure von höherer Konzertration als 60—85 % zur Verfügung, wird sie entsprechend verdünnt. Reine 15—20%ige Phosphorsäure kann zur Rostentfernung bei Eisen-, Stahl-, evtl. Gußeisenteilen benutzt werden. Für große Metallgegenstände, wie z. B. die Läufe von Haken- und Wallbüchsen, werden spezielle Rostentfernungsmittel hergestellt. Die Gefäße für die Bäder können aus Steingut, widerstandsfähigem Kunststoff oder Glas sein.

Bevor Dekorteile aus Buntmetallen auf Eisen- und Stahlteilen in die Lösung getaucht werden, müssen sie sorgfältig mit Wachs, Asphaltlack u. ä. bedeckt werden. Die normale Rostentfernung dauert in der Regel 15—60 Minuten, längere Zeit, wenn ihr nicht auf mechanischem Weg, z. B. mit einer Stahldrahtbürste, nachgeholfen wird.

Nach dem Bad werden die gesäuberten Gegenstände unter fließendem Wasser gespült und für 5 Minuten in ein reines Wasserbad gelegt, mit einem trockenen Lappen abgewischt, um alle chemischen Reste zu entfernen, und in einen warmen Trockenraum gelegt, wo sie bei einer Temperatur von 120 ° vier Stunden lang getrocknet werden. Steht kein Trockenraum zur Verfügung, wird unter warmem Luftstrom getrocknet.

Auf Messingteilen, wie z. B. Schaftbeschlägen, muß etwaiger Grünspan entfernt werden, da er störend wirkt und den Dekor schädigt. Hier hat sich ein 5%iges Phosphorsäurebad bewährt, auch eine 5—10%ige Lösung von Zitronen- oder Ameisensäure. Grünspan, die „wilde Patina", läßt sich ebenfalls durch Elektrolyse und Ultraschall entfernen. Sind Messing- oder Bronzegegenstände mit Gold oder Silber verziert, dürfen sie nicht in die Säuren gelegt werden; der Grünspan wird mit getränkten Wattebauschen entfernt, nachdem die Dekorteile mit Wachs oder Asphaltlack

185

bedeckt worden sind. Die Reste der Chemikalien werden nach dem Bad durch Spülen mit chemisch reinem Wasser entfernt. Auf gleiche Weise kann man unerwünschte Patina von Bronze- und Kupferteilen entfernen. Getrocknet wird zuerst mit Wattebauschen, dann 3 Stunden lang in einem Trockenraum, der vorher auf eine Temperatur von 80 °C gebracht worden ist, bzw. mit einem Heißluftstrom.

Edelmetallteile von Büchsen und Pistolen werden mit den bei Goldmachern üblichen Reinigungsmitteln behandelt.

Die trockenen und rostfreien Metallteile werden blank gerieben, zuerst auf feinen Messing- oder Stahldrahtscheiben von ca. 2500 Umdrehungen (Drahtstärke 0,10—0,20 mm), dann auf Stoffpolierscheiben. Auf keinen Fall darf Schmirgelpapier benutzt werden. Danach wird die sog. Passivierung vorgenommen, d. i. kurzes Eintauchen der Metallteile in 3%ige Phosphorsäure H_3PO_4. Sofort nach dem Passivierungsbad werden die Bestandteile trocken gewischt und aufs neue in den Trockenraum gelegt. Bessere Erfolge erzielt man mit Passivierungen in wässerigen Lösungen allkalischer Salze der Chromsäure, die auf der Metalloberfläche dauernde Schutzschichten bilden.

Mit diesen Prozeduren ist die Patina- und Rostentfernung beendet und die Metallteile sind konservierungsfertig.

Zur Instandhaltung nimmt man Waffenöl, für das Schloßinnere von Büchsen und Pistolen feine Waffenvaseline. Metallteile können auch mit Acryllack oder einem Konservierungswachs geschützt werden. Man trägt sie in dünnen Schichten mit einem Pinsel auf. Sind die Objekte in Waffenschränken untergebracht, genügt eine Behandlung mit Waffenöl, hängen sie an der Wand, müssen sie mit Konservierungswachs bestrichen und dieses mit einem weichen Lappen verrieben werden. Nicht die Handschuhe vergessen! Bei der Abschlußprozedur muß in vorgewaschenen Zwirnhandschuhen gearbeitet werden. Instandgesetzte Gewehre und Pistolen beim Heraus- oder Herunternehmen nur behandschuht anfassen! So verhütet man Rostung durch Exsudation.

Stark verunreinigte Schäfte werden mit einer Wasser- oder Saponatlösung unter Hinzufügung einiger Tropfen Ammoniak gesäubert, indem man einen Wattebausch mit dieser Lösung tränkt und die Schäfte damit abreibt. Bei leicht verunreinigten genügt Benzin. Sind die Schäfte vom Holzwurm befallen, empfiehlt sich, sie in einem marktgängigen Vertilgungsmittel zu baden; auch Injektionsspritzen haben sich bewährt.

Die völlig gesäuberten Schäfte kann man imprägnieren oder petrifizieren, am besten, in dem man sie in Natur- oder Kunstharzlösungen taucht. Vor dem Imprägnieren müssen die Holzschäfte längere Zeit in einem Raum mit gleichbleibender Temperatur von 18—20 °C und einer Luftfeuchtigkeit von 55—65° belassen werden. Die Wahl des Imprägnierungs- oder Petrifizierungsmittels geschieht je nach Charakter des Holzes. Diese Bäder kann man aus einer Dammarharz- und Terpentin-, bzw. stark verdünnter Acryl-Lacklösung bereiten. Herausgenommen und getrocknet, sollen die Gewehr- und Pistolenschäfte mit Bienenwachs eingerieben werden. Rauh gewordene und erneuerungsbedürftige Schäfte kann man mit feinem Sand- oder Schmirgelpapier abschleifen, dann mit Leinöl einölen und zuletzt eine Schellack-Alkohollösung verreiben, um sie blank zu putzen. Das Schaftöl muß vorher mindestens zwei Tage trocknen.

Soviel als grundlegende Information über die Instandhaltung von Sammlerwaffen. Konservierungsstätten, die mit Fachleuten und Spezialausstattungen arbeiten, können im wesentlichen auch keine anderen Ergebnisse erzielen. Das wichtigste ist sorgfältige, geduldige Arbeit.

Bei der Instandhaltung und Erneuerung von Waffen stellt sich häufig die Frage, ob fehlende Teile durch neue ersetzt werden sollen. Man wird sich hier wohl nach dem Grundsatz richten, daß solche Ersatzteile zu wählen sind, die der Waffe ein kompaktes Aussehen verleihen. Die neuen Ersatzteile müssen aber bei einer genaueren Prüfung der Waffe ganz klar von den Originalteilen unterschieden werden können. Wäre ein in bester Ausführung neu gefertigter Ersatzteil nicht als solcher erkennbar, könnte dies bei einer späteren Untersuchung und Schätzung zu Irrtümern führen, die erst eine Metallstrukturanalyse an den Tag brächte.

Im Verlauf seiner Sammlertätigkeit wird wohl jeder Waffenliebhaber auf verschiedene Arten von Falsifikaten treffen. Eine Art, die Replika, die von verschiedenen Firmen als Wandschmuck oder Ergänzungsstück an Sammler verkauft wird, ist ihrem Äußeren nach die genaue Kopie eines Originals. Sie wird aus farbigen Kunststoffen, Metall oder Holz hergestellt, um der Originalwaffe so stark wie möglich zu ähneln. Jeder Sammler weiß, daß es sich um eine billige Kopie handelt, die nichts vortäuscht, die ihren Besitzer nicht hinters Licht führen will. Das gleiche gilt für die groben Repliken, die zumeist für Filmzwecke hergestellt werden, nur die Grundgestalt des Originals haben und womöglich, zumindest für den Filmeffekt, gebrauchsfähig sind; innerer Mechanismus und Äußeres verraten jedoch auf den ersten Blick Art und Bestimmung der Nachahmung. Für den Sammler hat eine solche Kopie selbstverständlich einen viel geringeren Wert als die vollkommene Replika. Nicht selten geschieht es, daß dem Sammler eine Kopie zum Preis des Originals angeboten wird. Eine solche Kopie ist gewöhnlich von bester Ausführung, aus dem richtigen Material gefertigt, verschiedene technische Verfahren haben ihr alte, „echte" Patina gegeben. Da darf man sich nicht durch das äußere Aussehen noch durch gefälschte Signatur oder Firmenzeichen verleiten lassen, sondern muß das Waffeninnere genauest untersuchen. Es wird wohl kaum einen Fälscher geben, der imstande wäre, die alte Gewindebohrweise, die perfekte Handarbeit eines alten Schäftermeisters nachzuahmen, der Lauf, Bodenschraubenfortsatz, Beschläge und Schloß genauest einzusetzen verstand. Nur selten gelingt es einem Fälscher, Originalcharakter und Technologie der Gravur, Inkrustation u. ä. nachzuahmen. Noch einmal: kann man sich nicht entscheiden, ob man ein Original oder eine Kopie vor sich hat, wird man Material und Fertigungstechnologie aufs genaueste prüfen und sich dabei auf seine erworbenen Kenntnisse von Originalstücken stützen.

187

Vademekum
des Waffensammlers

Hauptbestandteile von Gewehren und Pistolen

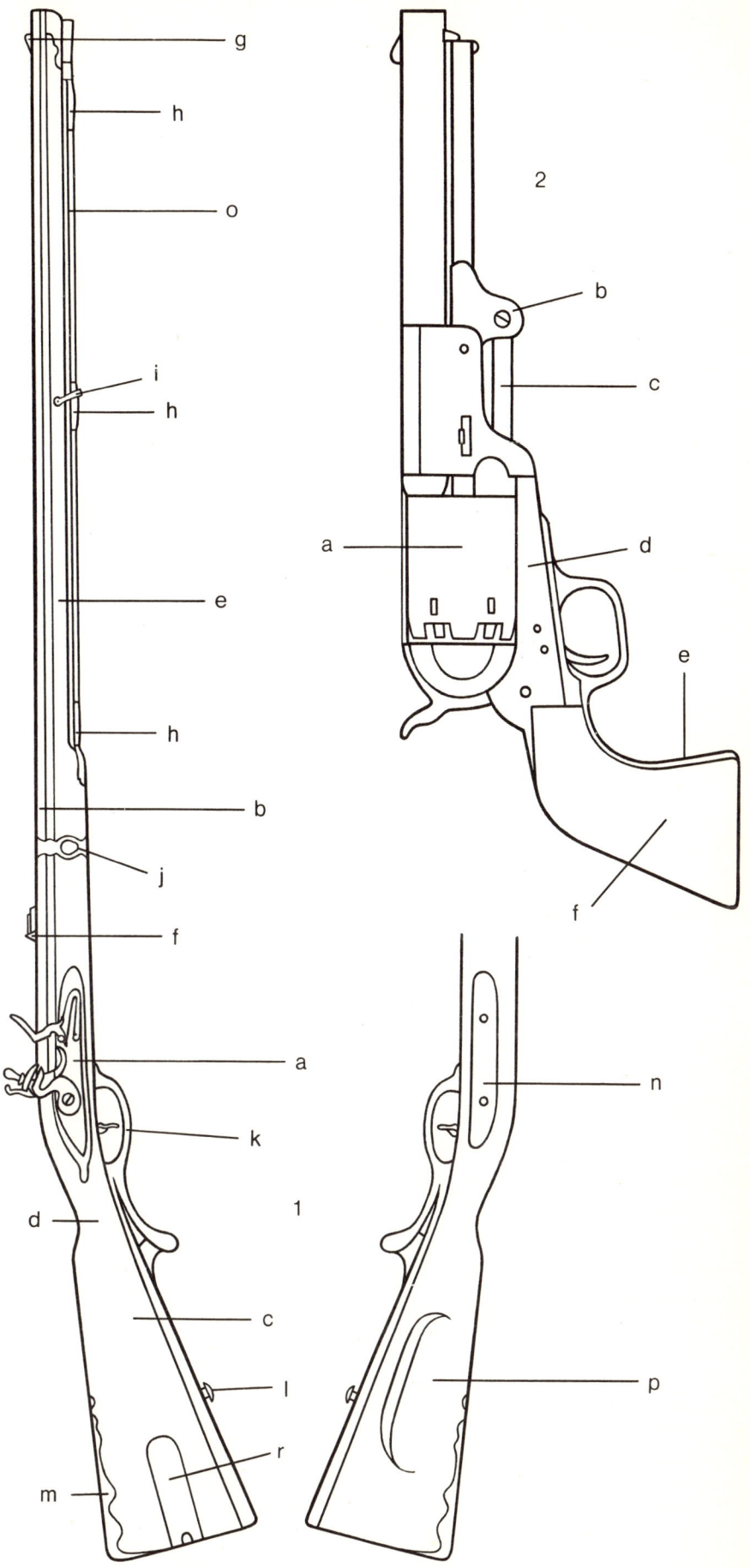

GEWEHR-HAUPTTEILE

a   *Schloß, bei Hinterladern Verschluß*
b   *Lauf*
c   *Kolben*
d   *Kolbenhals*
e   *Vorderschaft*
f   *Kimme (Visier)*
g   *Richtkorn*
h   *Röhrchen zur Befestigung des Ladestocks*
i   *vorderer Riemenbügel*
j   *Gewehrring*
k   *Abzugsbügel*
l   *Gewehrriemenknopf*
m   *Kolbenkappe*
n   *Seitenblech*
o   *Ladestock*
p   *Schaftbacke*
r   *Kolbenkasten*
    Visiervorrichtungen: Kimme und Korn (g, f)
    Beschläge: Seitenblech, Kolbenkappe, Gewehrringe, Metall-Abzugbügel, Ladestockbefestigung, Gewehrriemenbügel und -knopf n, m, j, k, h, i, l,)
    Schaft: Kolben, Kolbenhals, Vorderschaft (c, d, e)

REVOLVER-HAUPTTEILE

a   *Trommel*
b   *Ladestock-Hebelachse (bei Perkussionsrevolvern; bei Metallpatronenrevolvern Auswerfer)*
c   *Ladestock (bei Metallpatronenrevolvern Auswerfer)*
d   *Rahmen*
e   *Griffrücken*
f   *Griffschalen*

189

Waffenarten nach Lauf-Anordnung

1 *Flinte*
2 *Büchse*
3 *Doppelflinte*
4 *Bockflinte*
5 *Doppelbüchse*
6 *Schrotdrilling*
7 *Kugeldrilling*
8 *Büchsflinte*
9 }
10 } *Bockbüchsflinte*
11 *Bockbüchse*
12 }
13 } *Drilling*
14 *Doppelbüchsdrilling*

Läufe und Ziel-vorrichtungen

LÄUFE

Zylinderlauf rund und leicht konisch (typisch v. a. für Militärwaffen, bei Jagdgewehren für Schrotläufe charakteristisch)	A) mit abgeschrägten Seitenflächen und Schiene zwischen Visier und Richtkorn	Beginn d. 17. Jh. bis ins späte 18. Jh.
	B) Mündung vorne verbreitert (auch bei vorne zylindrischen und hinten kantigen Läufen benutzt)	a) kreisförmig verbreitert — bei Nahkampfwaffen — vom Ende d. 16. bis 2. H. d. 17. Jh.
		b) oval — von d. I. Hälfte d. 18. Jh. in Südeuropa verbreitet
Kantlauf	A) achtkantig	typisch für Jagdbüchsen u. Sportgewehre
	B) sechskantig	im 16. u. 17. Jh. in Gebrauch, i. d. I. Hälfte d. 17. Jh. in Dänemark verbreitet
Lauf im Kammerraum anders gestaltet als an der Mündung	A) hinten kantig, vorne zylindrisch	typisch für einläufige Jagdflinten mit Flintschloß. Verbindung der Formteile durch
		a) Ring: 17.—18. Jh., bes. Spanien
		b) Dornlauf; Ende d. 16.—Anf. 17. Jh., Sachsen, Norddeutschl., Dänemark
		c) 16—32kantigem Glied; bes. Frankreich, Ende 17. Jh.
	B) hinten vierkantig, vorne zylindrisch oder achtkantig	Besonderheit Antwerpens im 16. Jh. Norwegen u. Schweden im 17. u. 18. Jh.

ZIELVORRICHTUNGEN

beim Schießen auf schnellbewegliche Ziele	der Lauf selbst	bzw. Zielrinne zwischen Visier und Richtkorn, bei Jagddoppelflinten Mittelschiene
beim Schießen auf feste oder wenig bewegliche Ziele	Visiervorrichtungen Visier und Richtkorn*)	
*) Richtkorn (zumeist aus Messing)	fest eingesetzt	a) in den Lauf
		b) auf verstellbarem flachen Fuß
		c) in Gewehrring bes. bei Militärgewehren vom Ende 18. bis Mitte 19. Jh.

Visier (Kimme)	A) Block mit ausgefeilter Richtspalte	a) nichtverstellbar im Lauf, im Gürtelvisier: bes. Spanien u. Frankreich, Wende 17. Jh.
		b) Kulissenvisier — Platte mit Richtgarbe eingeschoben zwischen zwei Wänden in der Längsrichtung des Laufs; bekannt seit d. 16. Jh., bei Vetterli-Militärgewehren, Carcano usw. benutzt nach 1850
		c) Klappvisier — mehrere verschieden hohe umklappbare Blätter mit Einschnitt, jedes entspricht einer anderen Entfernung
		d) Rahmenvisier, mit beweglicher Richtgarbe
		e) Gleitvisier, bügelförmig
	B) Lochvisier	für Scheibenschießen im 16. Jh., bei türkischen Büchsen 18. Jh.
	C) Diopter	feines Richtloch in verstellbarer Platte oder Scheibe der Scheibenbüchse (seit Mitte 19. Jh.)
	D) Röhrenvisier	Röhre bzw. Längsöffnung auf Gewehrlauf (seit 16. Jh.)

Umrechnungstabelle amerikanischer und europäischer Kaliberangaben

Amerikanische Kaliberangabe	Europäische Kaliberangabe
.25 cal	6,35 mm
.276 cal	7,00 mm
.30—.06 cal	7,62 mm
.30 cal	7,63 mm
.32 cal	7,65 mm
.315 cal	8,00 mm
.380 cal	9,00 mm

Schloßarten

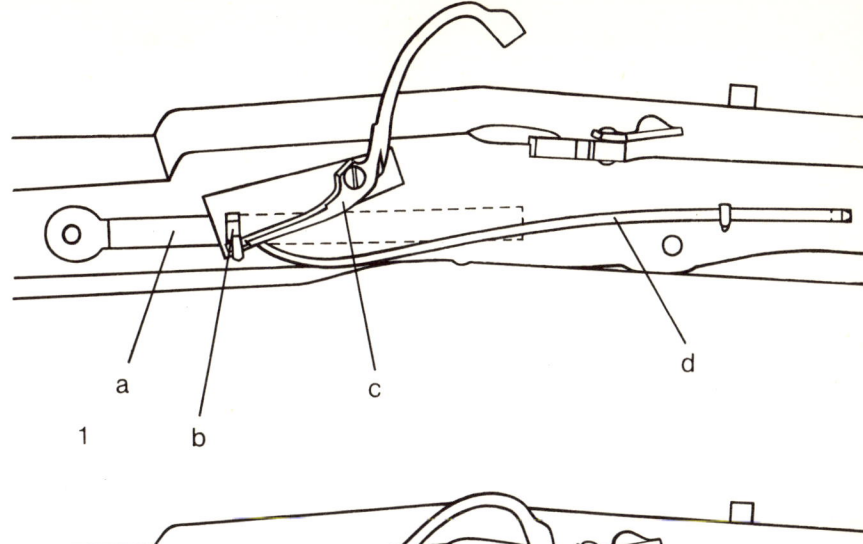

LUNTEN- UND SCHWAMMSCHLÖSSER
MIT FEDERABZUG

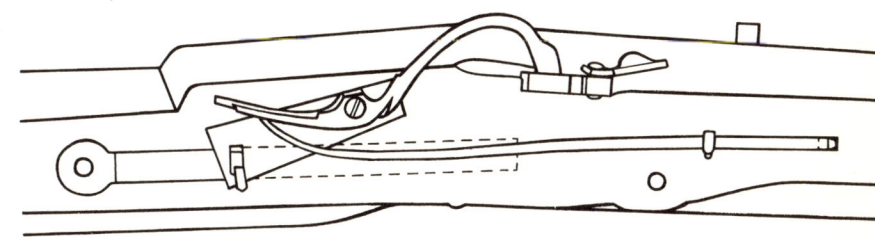

1 *Schwammschloß, Ende 15. Jh.*
   a *Abzug*
   b *Abzugstangenzahn*
   c *Hahn*
   d *Hahnfeder*

2 *Schwammschloß, Anf. 16. Jh.*
   a *Stangenfederknopf*
   b *Stangenfederzahn*
   c *Hahn*
   d *Nußfeder*
   e *Nuß*

3 *Japanisches Luntenschloß, Anf. 18. Jh.*
   a *Spiralhahnfeder*
   b *Stangenzahn; durch Schloßblech*
   greifend; sichert gespannten Hahn
   c *Stangenfeder*
   d *Stange*

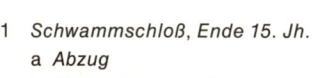
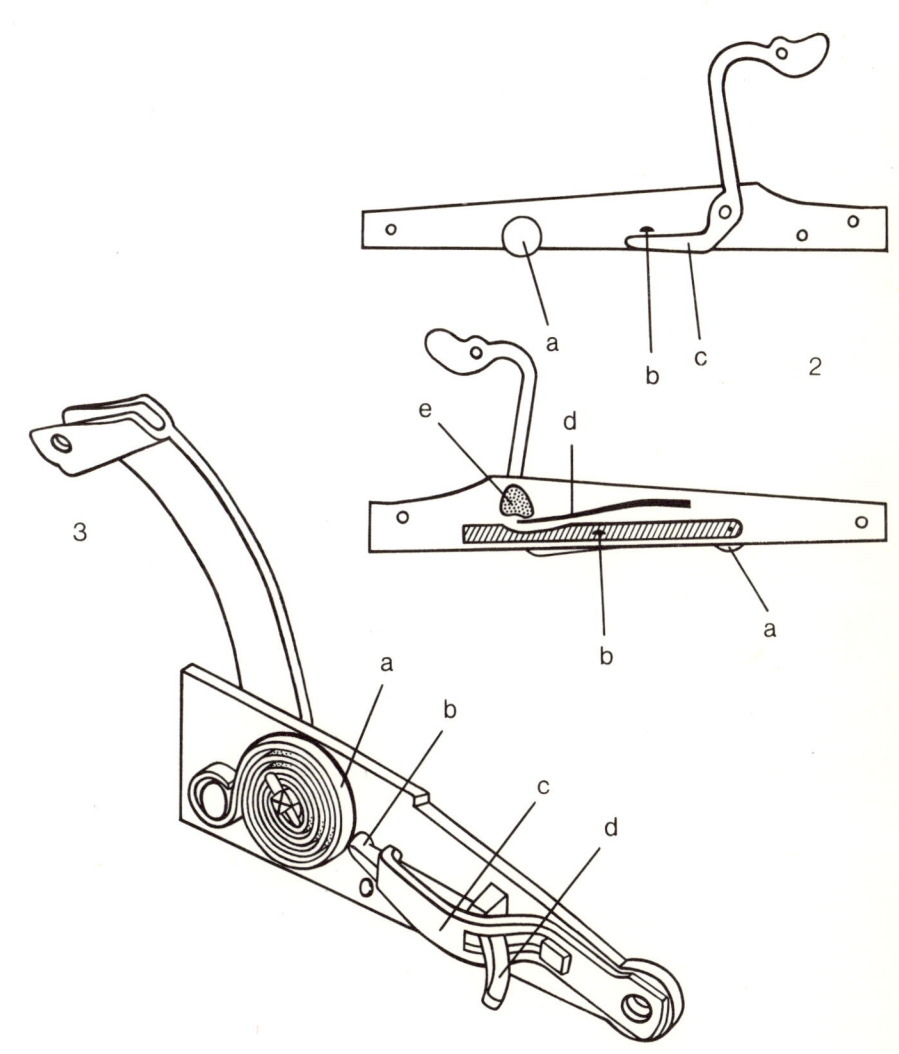

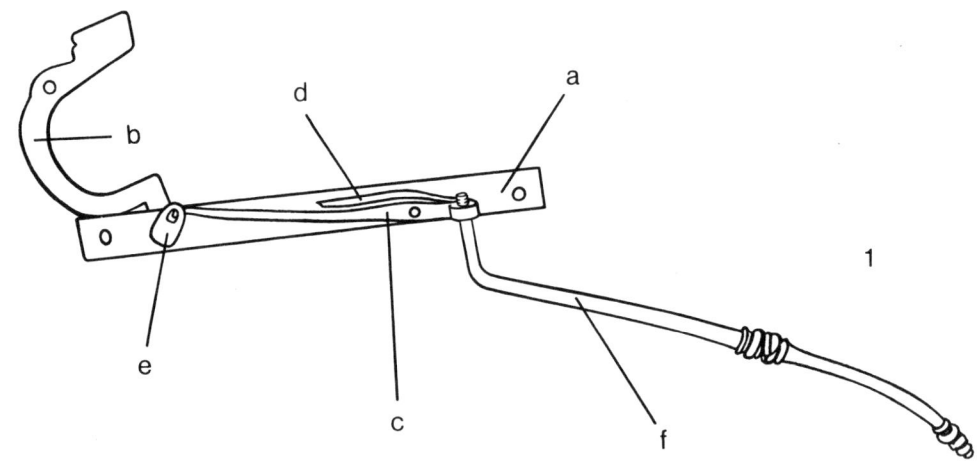

1

LUNTENSCHLÖSSER

MIT STANGENABZUG

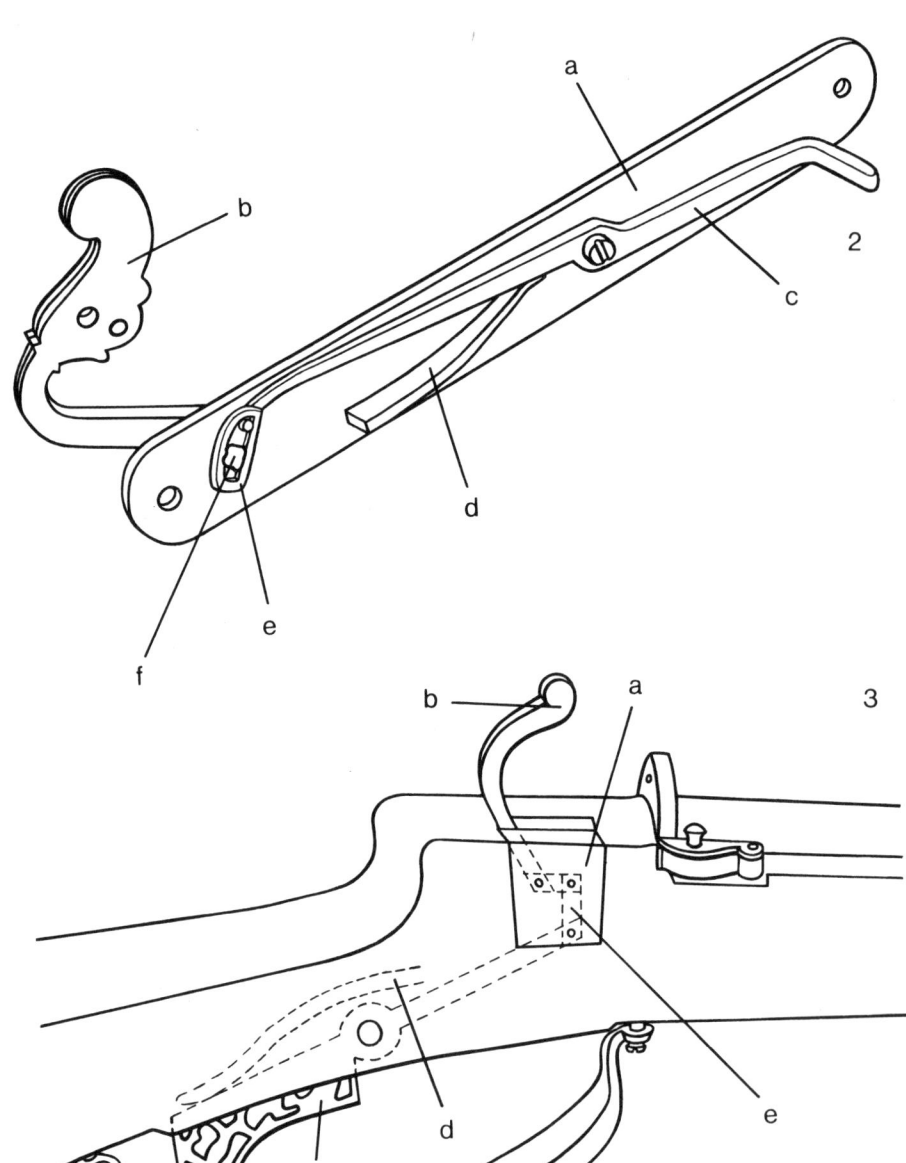

2

3

1 Luntenschloß, Wende 16. Jh.
  a Schloßblech
  b Hahn
  c Stange
  d Stangenfeder
  e Nuß
  f Hebel

2 Luntenschloß, 17. Jh. (ab ca. 1630)
  a Schloßblech
  b Hahn
  c Stange
  d Stangenfeder
  e Nuß
  f Hahnachse

3 Orientalisches (türkisches)
    Luntenschloß
  a Holzdeckel d. Abzugmechanismus
  b Hahn
  c Hebelabzug
  d Stangenfeder
  e lose verbundene Stangen

194

DAS RADSCHLOSSYSTEM

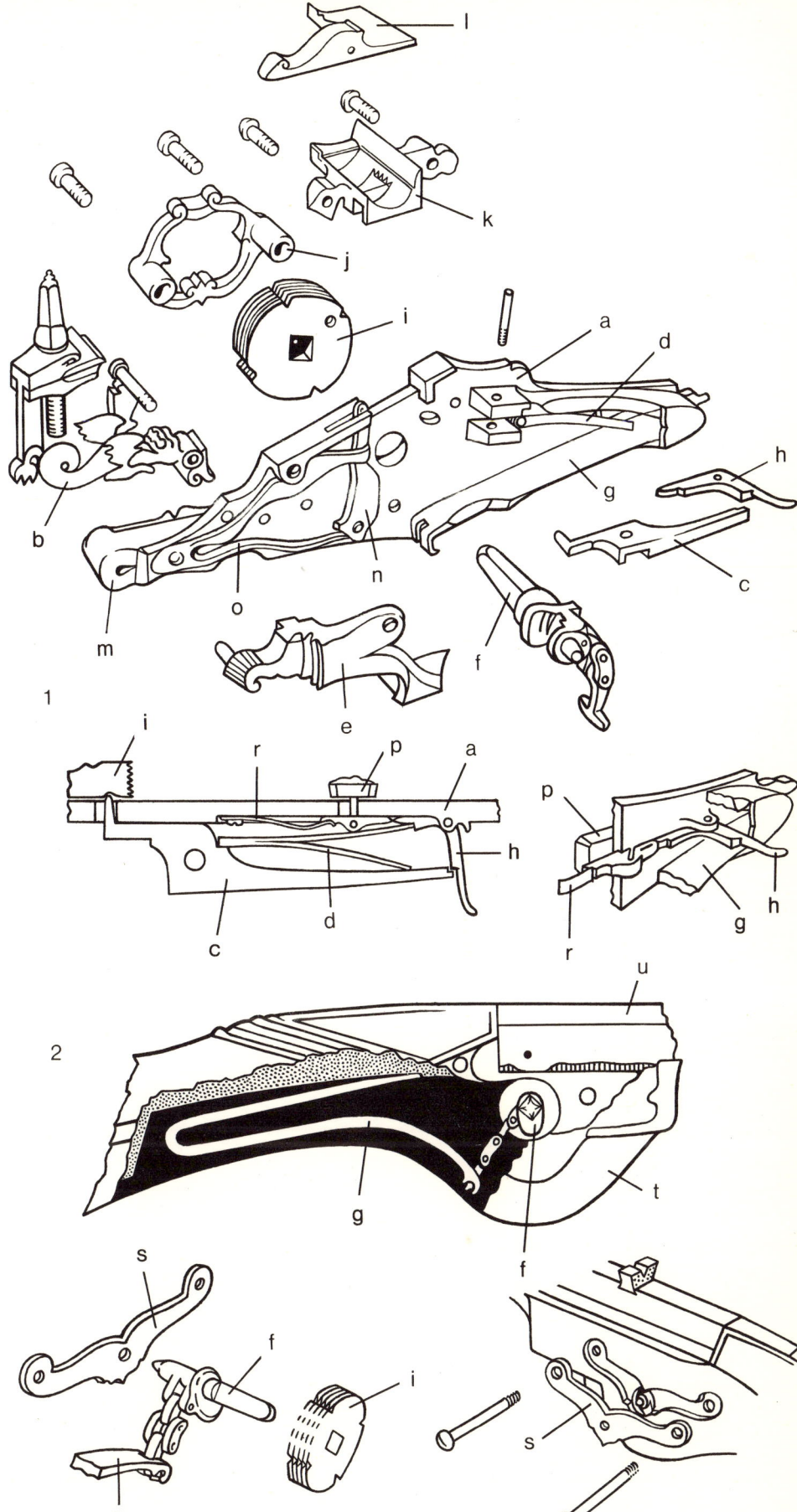

1 Radschloß mit außenliegendem
   Reibrad, 16. u. 17. Jh.
   a Schloßblech
   b Hahn
   c Stange
   d Stangenfeder
   e Studel
   f Radachse und Kette
   g Hauptfeder
   h Abzugstange
   i (Reib) - Rad
   j Radring
   k Pfanne
   l Pfannendeckel
   m Hahnfeder
   n Pfannendeckelarm
   o Pfannendeckelfeder
   p Abzugstangensicherung
   r Abzugstangen-Sicherungsfeder
2 Französisches Radschloß
   i Rad
   f Radachse mit Kette u. Anker
   g Schlagfeder
   s Gegenplatte
   t Schaft
   u Lauf

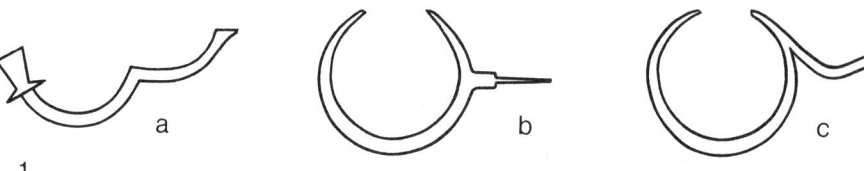

RADSCHLÖSSER

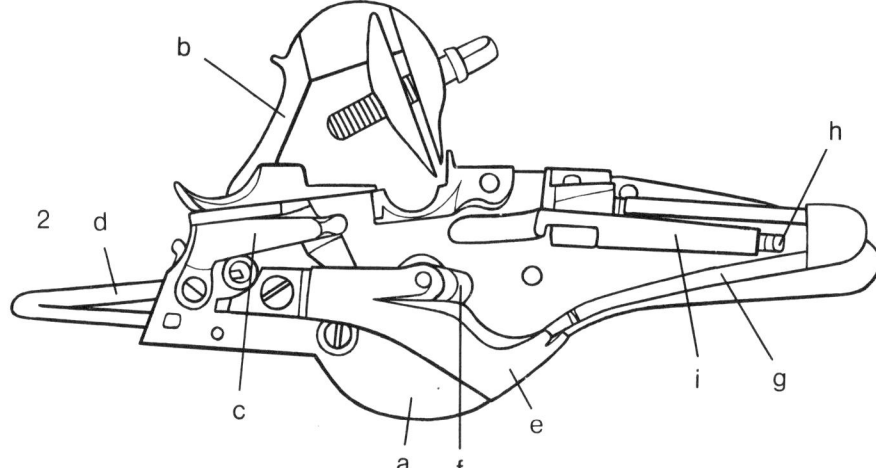

1   *Entwicklungsstadien der sog.*
    Sichelfedern bei älteren Radschlössern
    a   *annähernde zeitliche Grenzen*
        1520—35
    b   *annähernde zeitliche Grenzen*
        1535—45
    c   *annähernde zeitliche Grenzen*
        1545—60
2   *Radschloßtypus d. 17. Jh.*
a   *Schloßblech*
    b   *Hahn*
    c   *Pfannendeckelfeder*
    d   *Hahnfeder*
    e   *Studel*
    f   *Radachse mit Kette u. Anker*
    g   *Hauptfeder*
    h   *Stangenfeder*
    i   *Stange*

3   *Kombiniertes Lunten- u. Radschloß,*
    2. Hälfte 17. Jh.
    a   *Schloßblech*
    b   *Hahn*
    c   *Abzug (d. Hahns mit Lunte)*
    d   *Nußfeder (für Hahn mit Lunte)*
    e   *Studel*
    f   *Radachse mit Kette u. Anker*
    g   *Hauptfeder*
    h   *Radschloß-Stangenfeder*
    i   *Radschloßstange*
    j   *Nuß (d. Hahns mit Lunte)*
    k   *Hahnlippen*
    l   *Pfannendeckel*
    m *Pfannendeckelfeder*
    n   *Pfannendeckelarm*

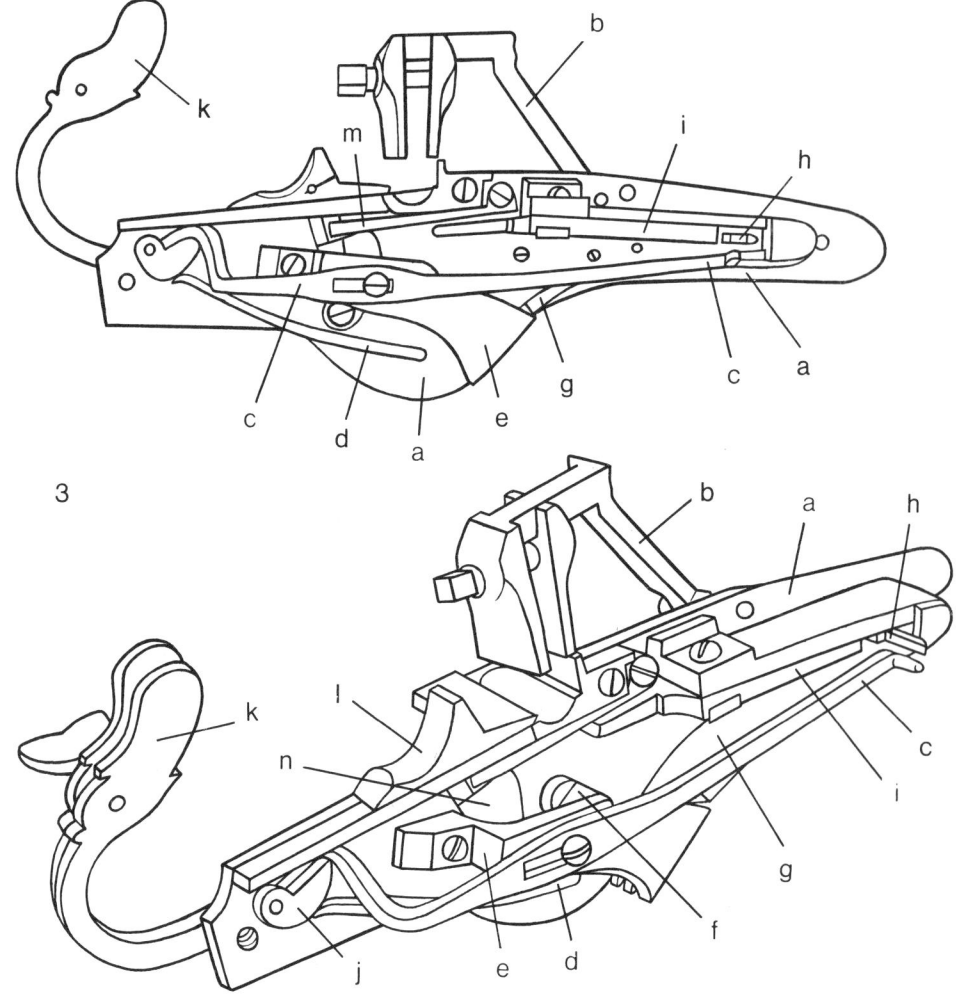

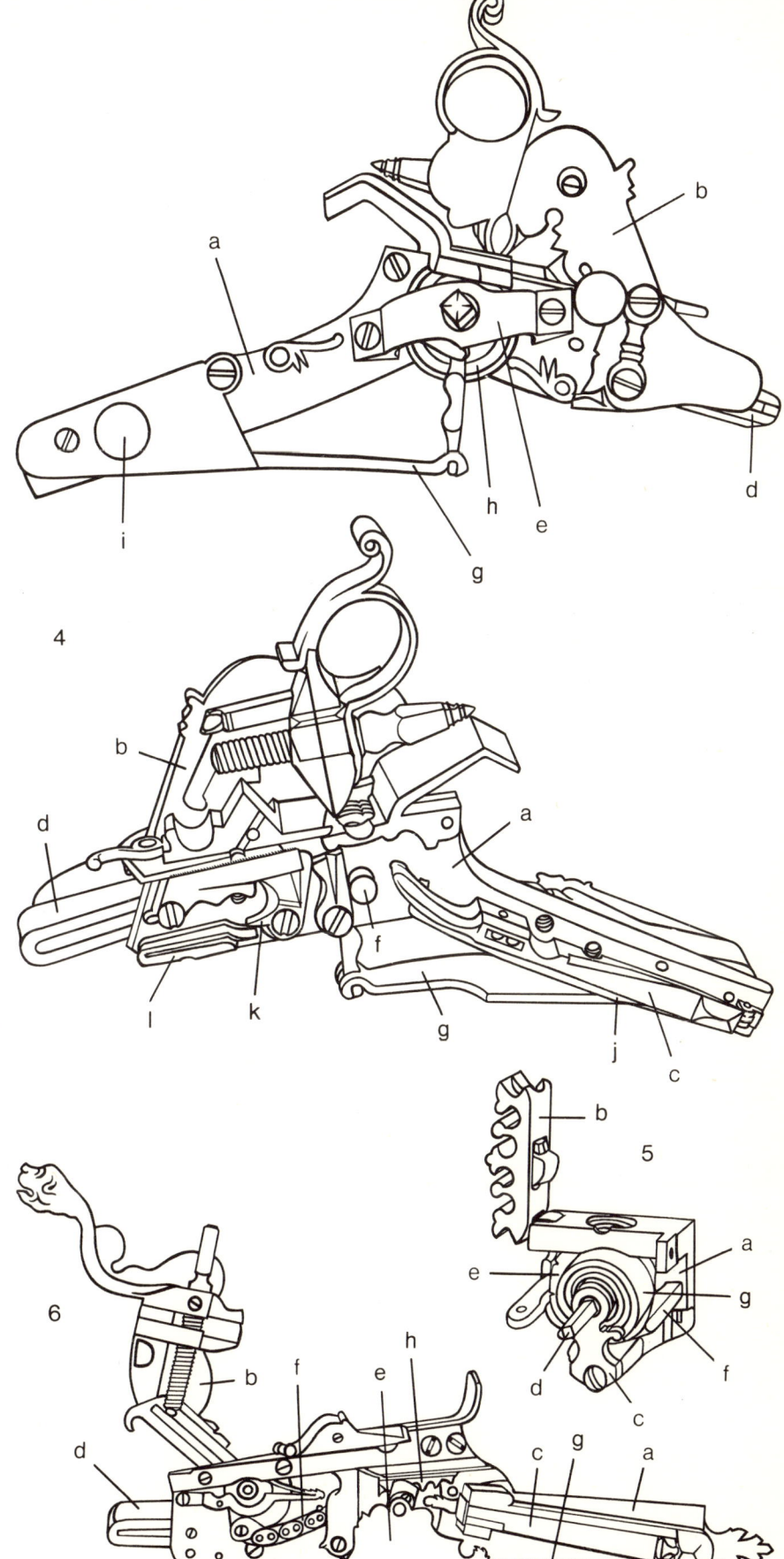

4 *Radschloß d. Teschener Jagdbüchse,*
  1. Hälfte 17. Jh.
  a *Schloßblech*
  b *Hahn*
  c *Stange*
  d *Hahnfeder*
  e *Studel*
  f *Radachse*
  g *Schlagfeder*
  h *Reibrad*
  i *Scheibe, zeigt an, ob Schloß*
    aufgezogen
  j *Stangenfeder*
  k *Pfannendeckelarm*
  l *Pfannendeckelfeder*

5 *Wasserdichtes Radschloß, 1642*
  a *Schloßblech*
  b *Pfannendeckel, gleichzeitig*
    Pyritbehälter
  c *Studel*
  d *Radachse*
  e *Reibrad*
  f *Stange*
  g *Hauptfeder*
6 *Radschloß mit selbsttätigem*
  Hauptfederaufzug bei Niederschwenken
  d. Hahns
  a *Schloßblech*
  b *Hahn*
  c *Stange*
  d *Hahnfeder*
  e *Studel*
  f *Verbindungskette von Nuß u.*
    Zahnkamm
  g *Hauptfeder*
  h *Zahnkamm, dessen Verschiebung*
    das Rad dreht (Bewegung wird auf
    Hauptfeder übertragen)

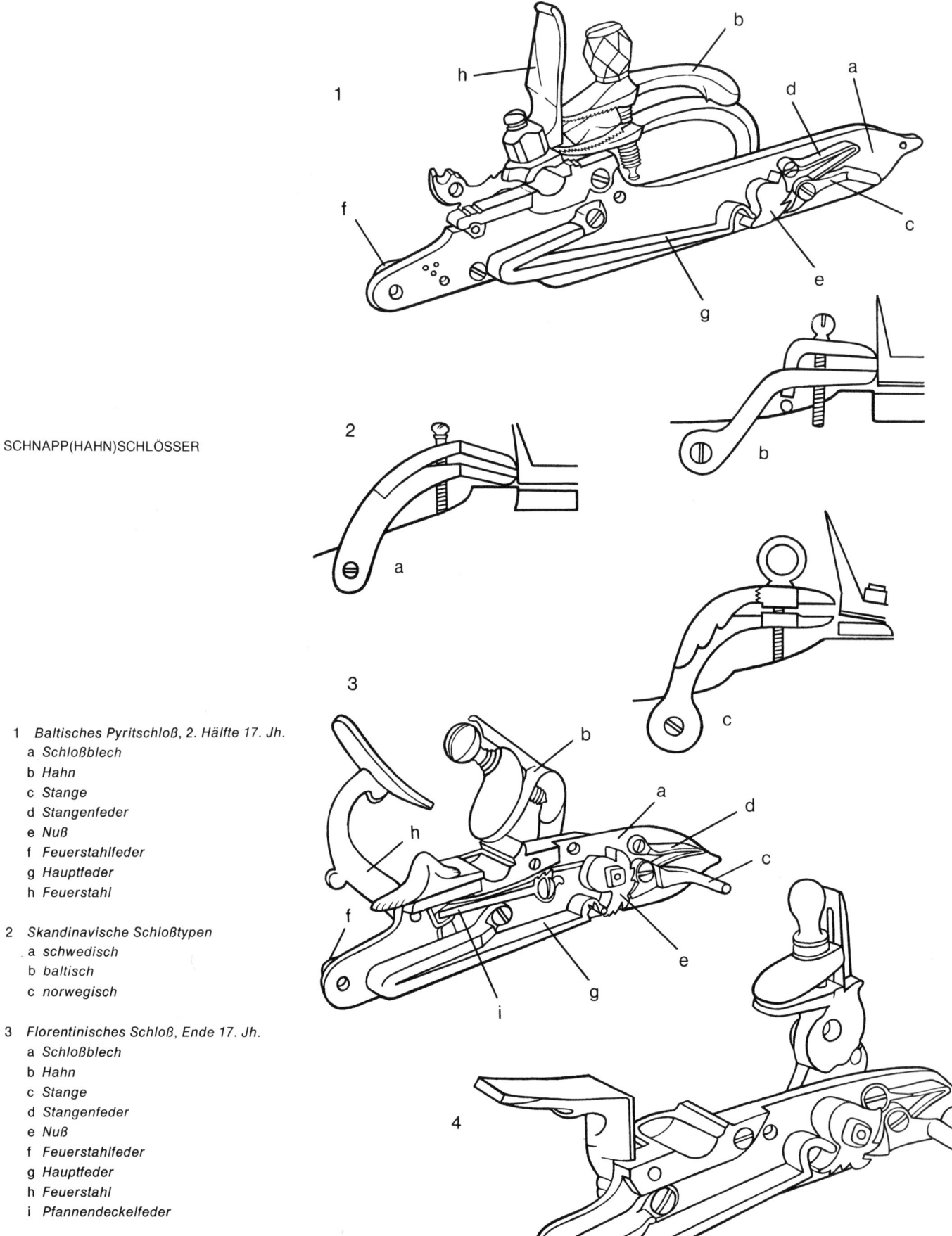

1

2

3

4

SCHNAPP(HAHN)SCHLÖSSER

1 Baltisches Pyritschloß, 2. Hälfte 17. Jh.
 a Schloßblech
 b Hahn
 c Stange
 d Stangenfeder
 e Nuß
 f Feuerstahlfeder
 g Hauptfeder
 h Feuerstahl

2 Skandinavische Schloßtypen
 a schwedisch
 b baltisch
 c norwegisch

3 Florentinisches Schloß, Ende 17. Jh.
 a Schloßblech
 b Hahn
 c Stange
 d Stangenfeder
 e Nuß
 f Feuerstahlfeder
 g Hauptfeder
 h Feuerstahl
 i Pfannendeckelfeder

4 Mitteleuropäisches Schnappschloß,
 Mitte 17. Jh.

198

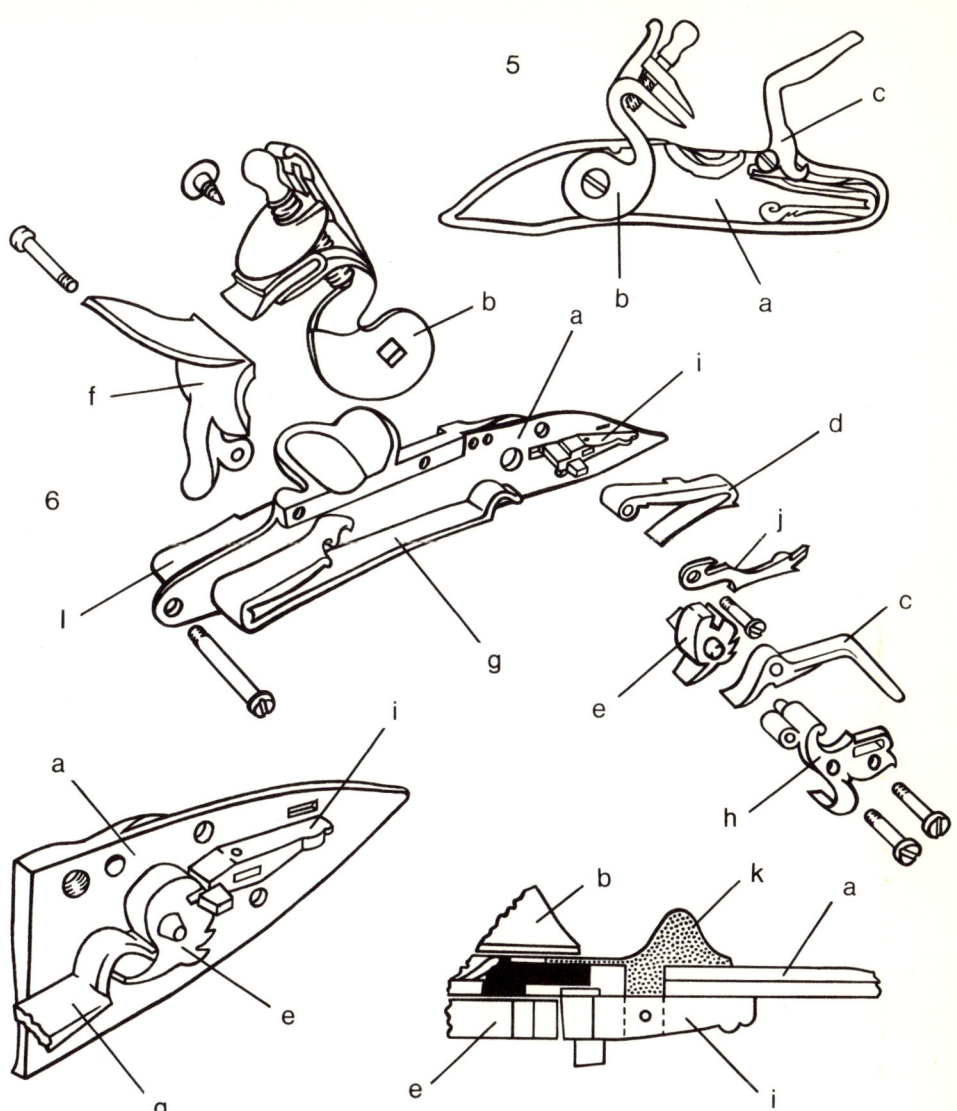

5 Außenansicht d. klassischen französ.
   Flintschlosses d. 18. Jh.
   a Schloßblech
   b Hahn
   c Feuerstahl mit Pfannendeckel

6 Flintschloßsystem mit Innensicherung
   a Schloßblech
   b Hahn
   c Stange
   d Stangenfeder
   e Nuß
   f Feuerstahl mit Pfannendeckel
   g Hauptfeder
   h Studel
   i Sicherung
   j Sicherungsfeder
   k äußerer Sicherungsknopf
   l Feuerstahlfeder

7 Entwicklung der Studel; Formen von
   1660—83

8 Flintschloß, Wende 18. Jh.;
   charakteristische Hahnform u. Einsatz
   d. Feuerstahlbolzens in Pfannenzahn

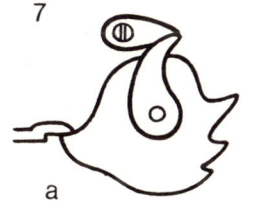
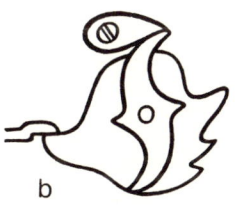
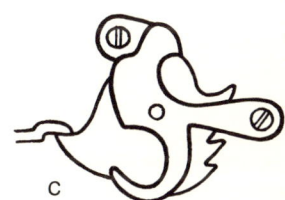

a   b   c

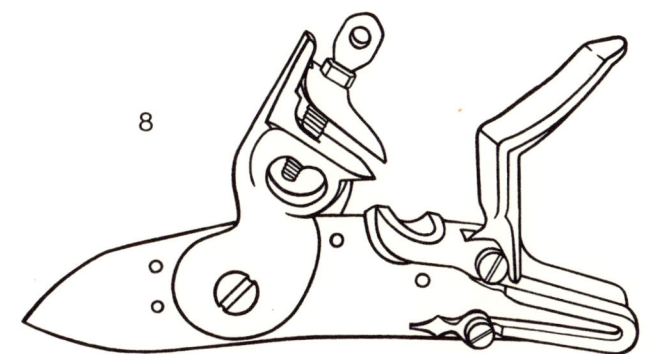

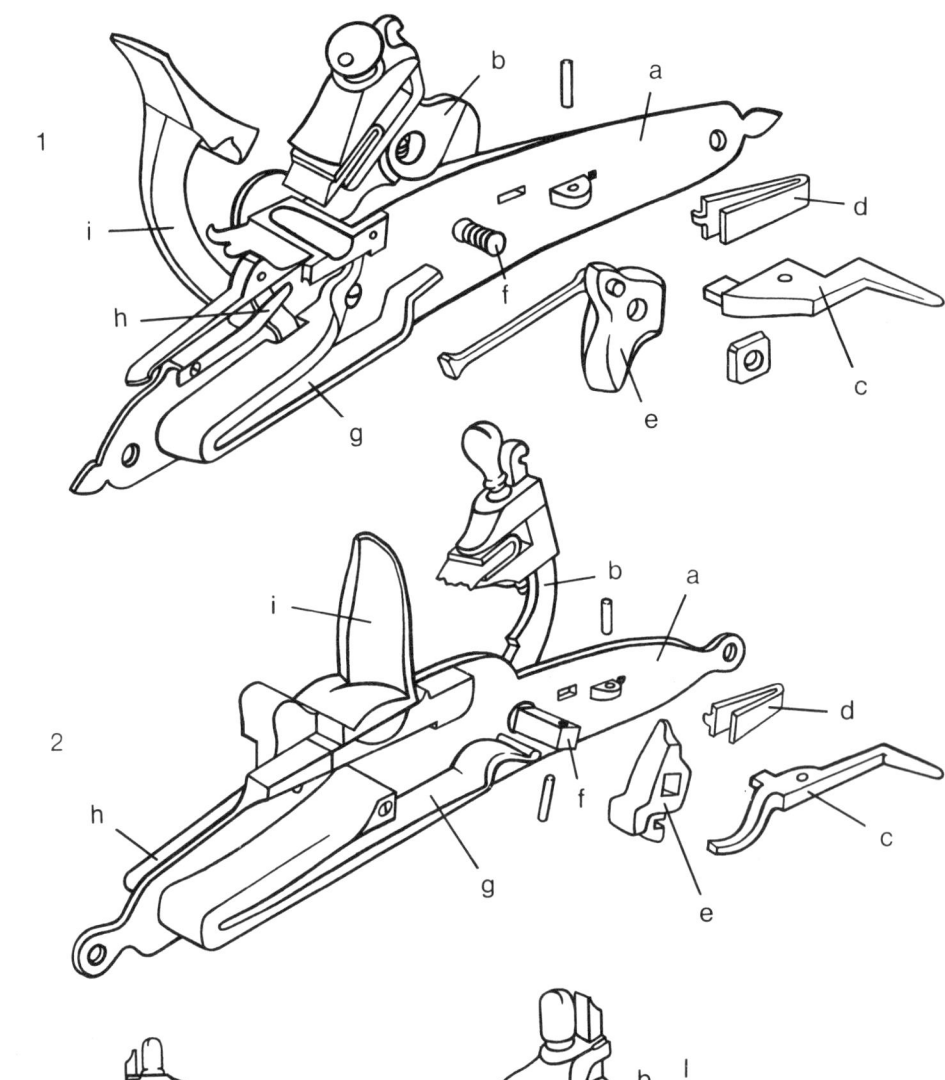

1 Ein früher Schnappschloßtyp
  a Schloßblech
  b Hahn
  c Stange mit Stangenfortsatz
  d Stangenfeder
  e (Hahn)-Nuß mit Arm, der beim
     Niederschwenken d. Hahns den
     Pfannendeckel wegschiebt
  f Hahnachse
  g Hauptfeder
  h Pfannendeckelfeder
  i Feuerstahl

2 ,,Englisches'' Flintschloß
  a Schloßblech
  b Hahn
  c Stange mit Fortsatz
  d Stangenfeder
  e (Hahn) -Nuß
  f Hahnachse
  g Hauptfeder
  h Feuerstahlfeder

3 ,,Englisches'' Schnappschloß — Dog
   lock, 1650 — Anfang 19. Jh.
  a Schloßblech
  b Hahn
  c Stange
  d Stangenfeder
  e (Hahn) -Nuß
  f Hauptfeder
  g Feuerstahl
  h Feuerstahlfeder
  i Feuerstahlnuß
  j Hahnsicherung

4 Schottisches Flintschloß, 1630 — 18. Jh.
  a Schloßblech
  b Hahn
  c Stange mit Fortsatz
  d Stangenfeder
  e (Hahn) -Nuß
  f Hauptfeder

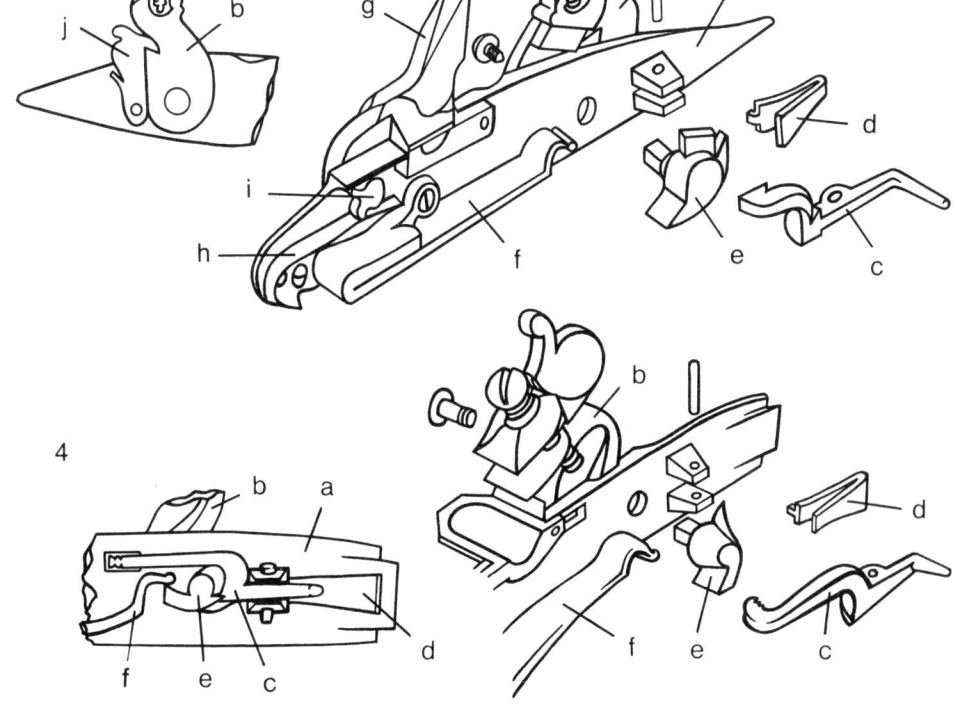

200

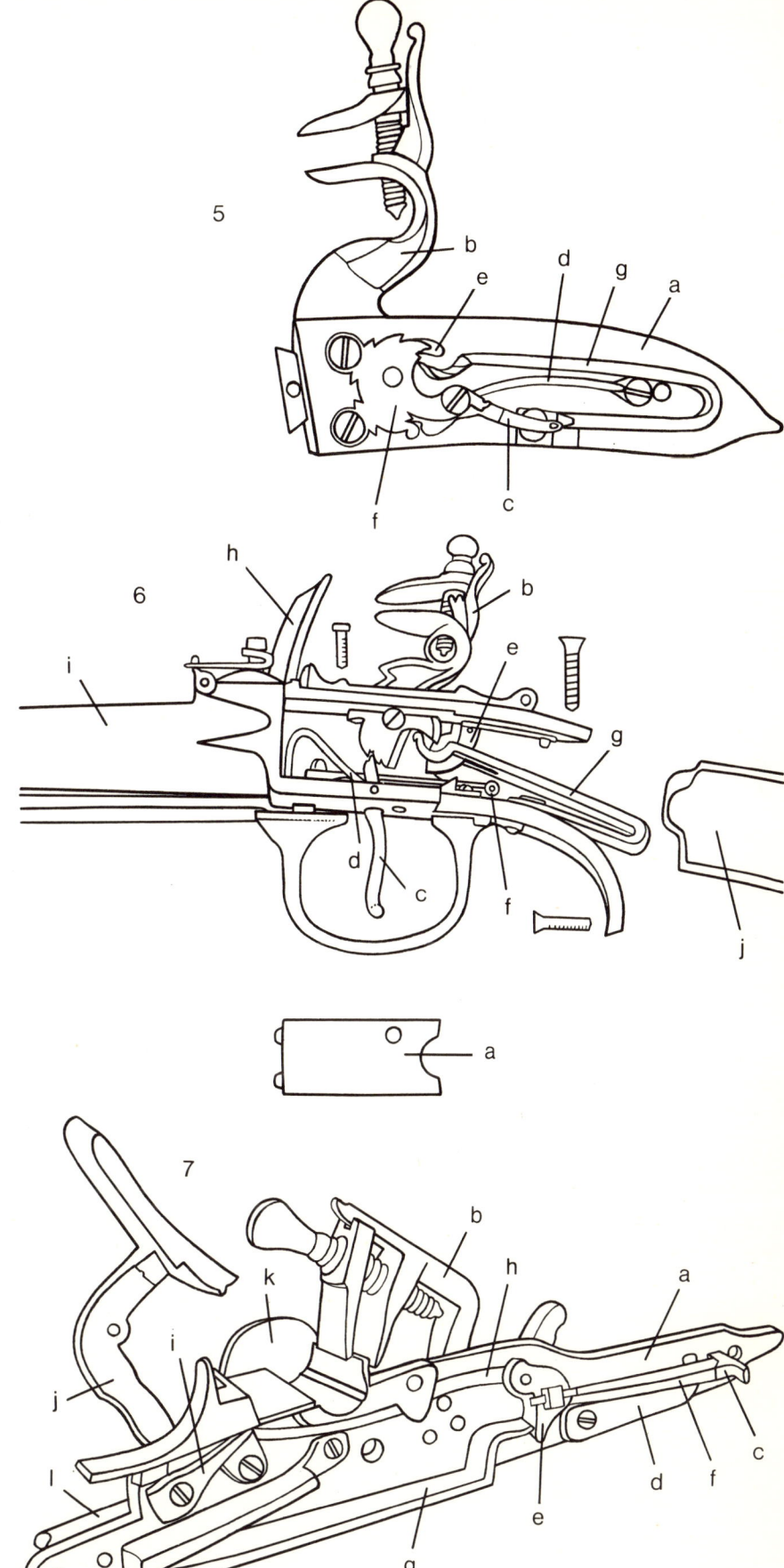

5 Hinterlader-Flintschloß, 18. Jh.
  a Schloßblech
  b Hahn
  c Stange
  d Stangenfeder
  e Nuß
  f Studel
  g Hauptfeder

6 Mittleres Flintschloß, 1750 — Anfang
  19. Jh.
  a Schloßblech
  b Hahn
  c Stange
  d Stangenfeder
  e Hahnsicherung
  f Stangensicherung
    Hauptfeder
  h Feuerstahl
  i Lauf
  j Schaft

7 Urspr. ,,holländisches'' Schnappschloß
  v. Ausgang d. 16. Jh., häufig auf
  nordafrikanischen (algerischen,
  kabylischen) Gewehren
  a Schloßblech
  b Hahn
  c Transmissionsstange
  d Stangenfeder
  e (Hahn) -Nuß
  f Abzughebel
  g Hauptfeder
  h Pfannendeckelarm
    (Pfannendeckelschieber bei
    Niederschwenken d. Hahns)
  i Pfannendeckelfeder
  j Feuerstahl
  k Pfannendeckel
  l Feuerstahlfeder

201

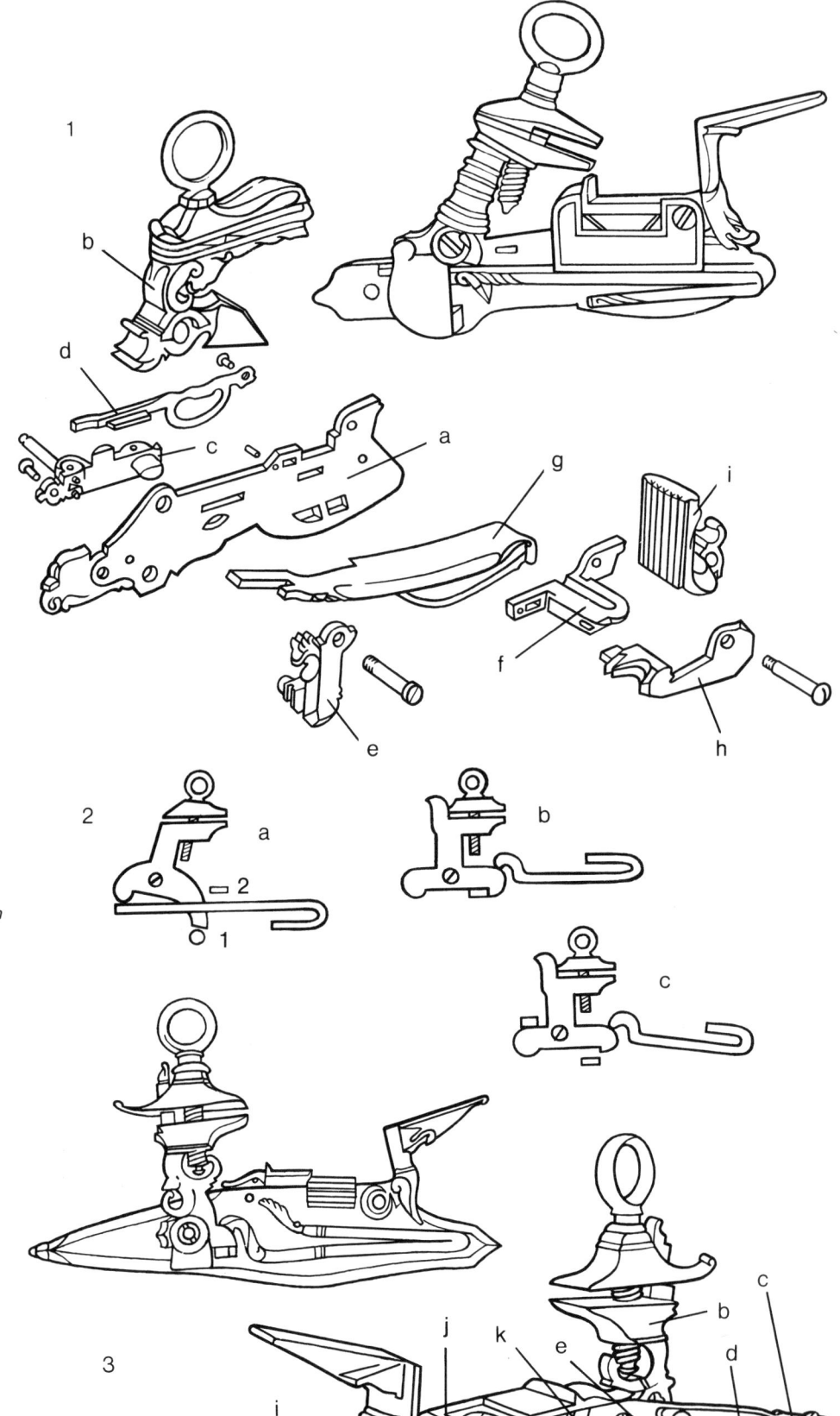

1 Katalanisches Schnappschloß
a Schloßblech
b Hahn
c erste Sicherungsklappe
d zweite Hauptklappe
e Hauptfeder- u. Hahndeckel
f Pfanne
g Hauptfeder
h Pfannen- u. Feuerstahlachsen-
Seitendeckel
i Feuerstahl

2 Schematische Darstellung der Funktion
von katalan. u. römischen Schlössern
a Hahn d. katal. Schlosses in
Sicherungslage; vor dem Feuern
wird der Hahn rückwärts gezogen
und der Hahnsporn springt
von Klappe 1 auf Klappe 2
b Hahn d. römischen Schlosses in
c Hahn d. römischen Schlosses vor
Sicherungslage
dem Schuß

3 Römisches Schnappschloß, 1. Hälfte
17. Jh., Nordafrika bis 1900 in
Gebrauch
a Schloßblech
b Hahn
c Stangensicherung
d Stangenfeder
e Hahn-Nuß
f Stange
g Hauptfeder
h Nuß d. Pfannendeckelarms
i Feuerstahlnuß-Innenfeder
j Feuerstahlnuß
k Pfannendeckelarm
l Nußfeder von Pfannendeckelfeder

202

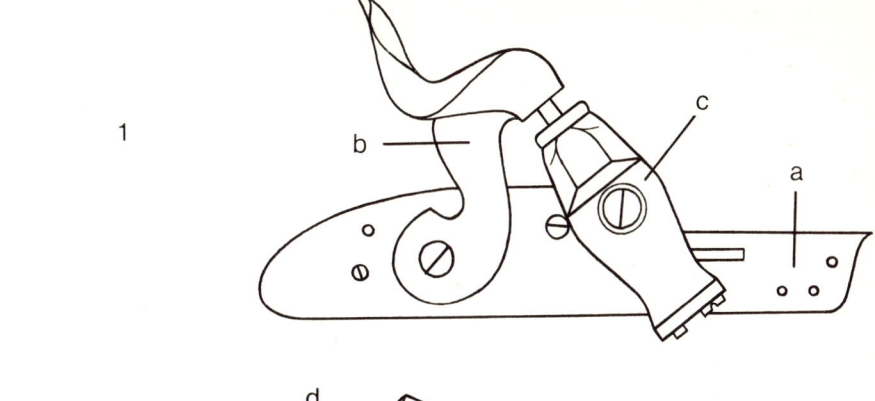

1 *Chemisches Forsyth Schloß, 1810—15*
  a *Schloßblech*
  b *Hahn oder Hammer*
  c *Knallpulver-Flacon (,,scent-bottle'')*

2 *Außenansicht eines chemischen*
  Schlosses mit Schienen-Pulverbehälter
  a *Schloßblech*
  b *beweglicher Pulverbehälter*
  c *Zugstange (verbindet Hahn mit*
    Knallpulverbehälter)
  d *Hahn (Hammer)*
  e *Knallpulverbehälterschiene; in ihr*
  f *Ausnehmung für Knallpulvermenge*

3 *Innenansicht d. chemischen Schlosses*
  mit Schienen-Pulverbehälter
  a *Schloßblech*
  b *Knallpulverbehälter*
  c *Zugstange (verbindet Hahn mit*
    Knallpulverbehälter)
  d *Hahn (Hammer)*
  e *Schiene d. Knallpulverbehälters*
  f *Studel*
  g *Hauptfeder*
  h *Hauptfederarm (verbindet*
    Schlagfeder mit Nuß)
  i *Stange*
  j *Stangenfeder*

4 *Perkussionsschloß System Augustin,*
  Österreich 1842
  a *Schloßblech*
  b *Hahn (Hammer)*
  c *Stange*
  d *Stangenfeder*
  e *Nuß*
  f *Studel*
  g *Hauptfeder*
  h *Zündröhrchen-Schirmfeder*
  i *Amboßdorn*
  j *Amboßkopf*
  k *seitl. Zündröhrchenschirm*
  l *Zündröhrchenlager*

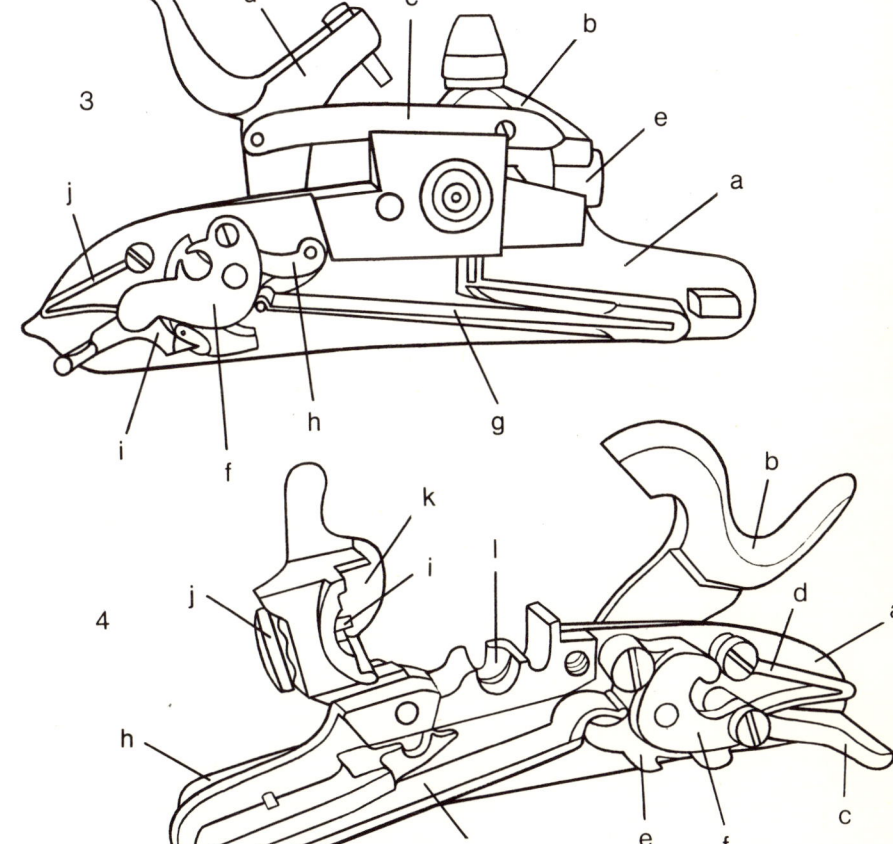

203

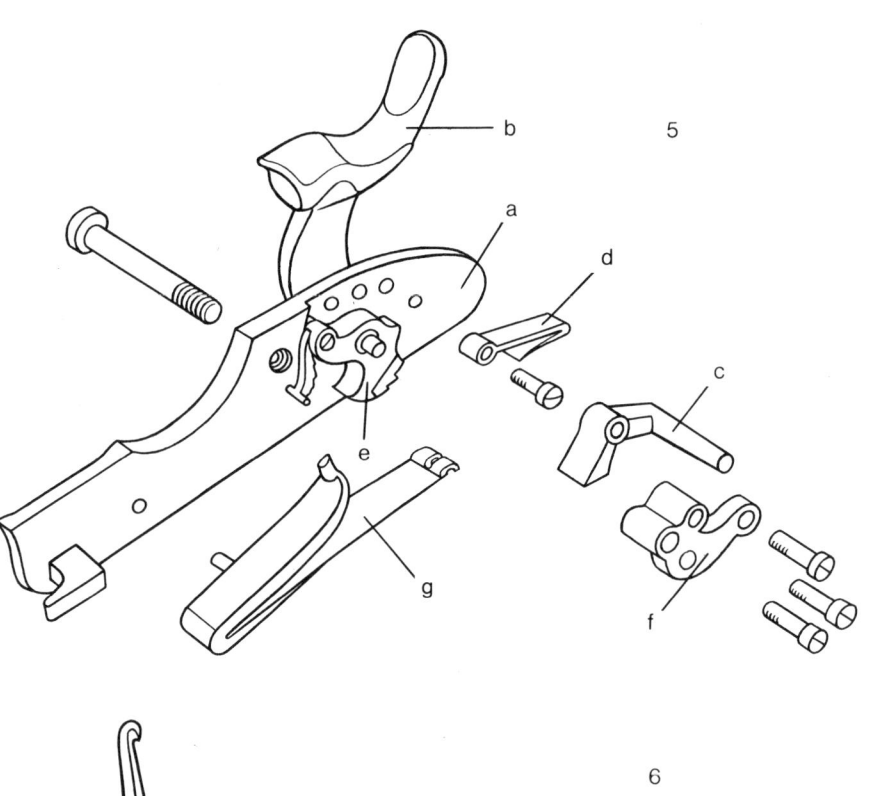

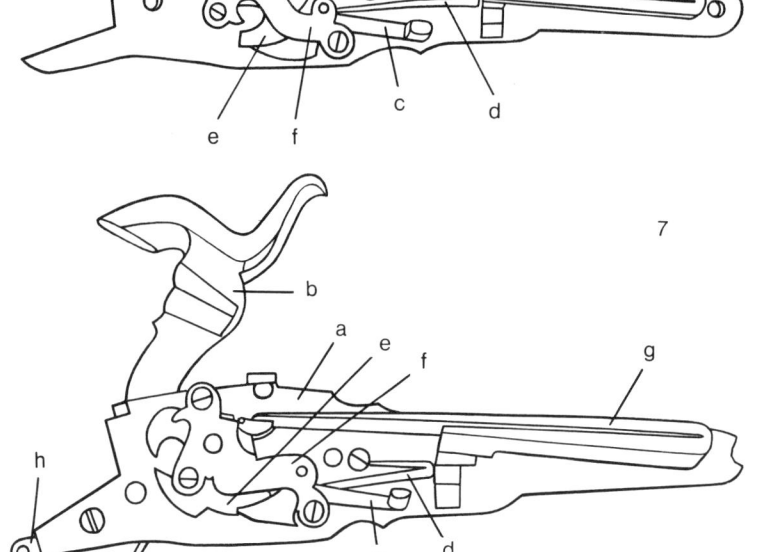

5 *Perkussionsschloß — 1. Hälfte 19. Jh.*
   a *Schloßblech*
   b *Hahn (Hammer)*
   c *Stange*
   d *Stangenfeder*
   e *Nuß mit Anker*
   f *Studel*
   g *Hauptfeder*

6 *Perkussionsschloß — 2. Drittel 19. Jh.*
   a *Schloßblech*
   b *Hahn (Hammer)*

   c *Stange*
   d *Stangenfeder*
   e *Nuß mit Anker*
   f *Studel*
   g *Schlagfeder*

7 *Lefaucheux-System*
   a *Schloßblech*
   b *Hahn (Hammer)*
   c *Stange*
   d *Stangenfeder*
   e *Nuß mit Anker*
   f *Studel*
   g *Hauptfeder*
   h *Hahn-Außensicherung*

204

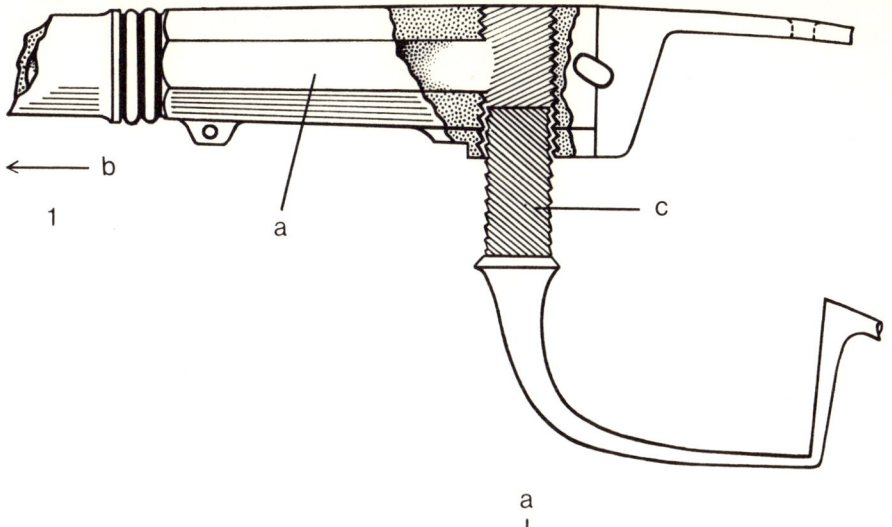

ÄLTERE HINTERLADER-
UND REPETIERGEWEHRSYSTEME

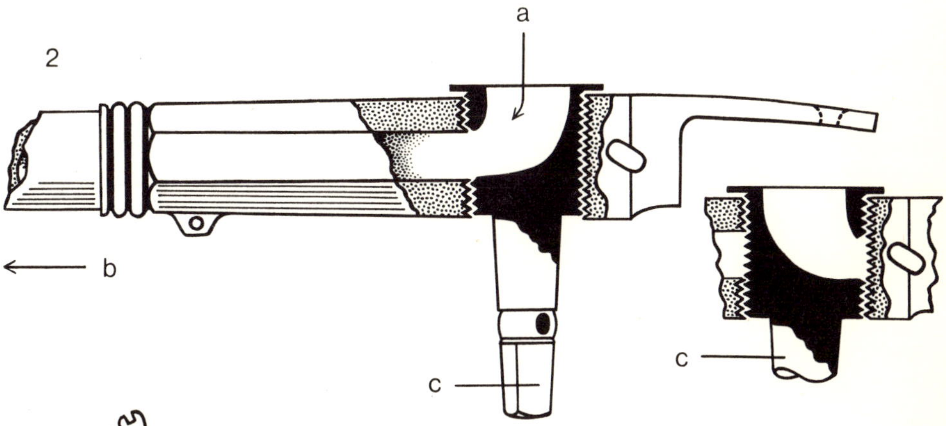

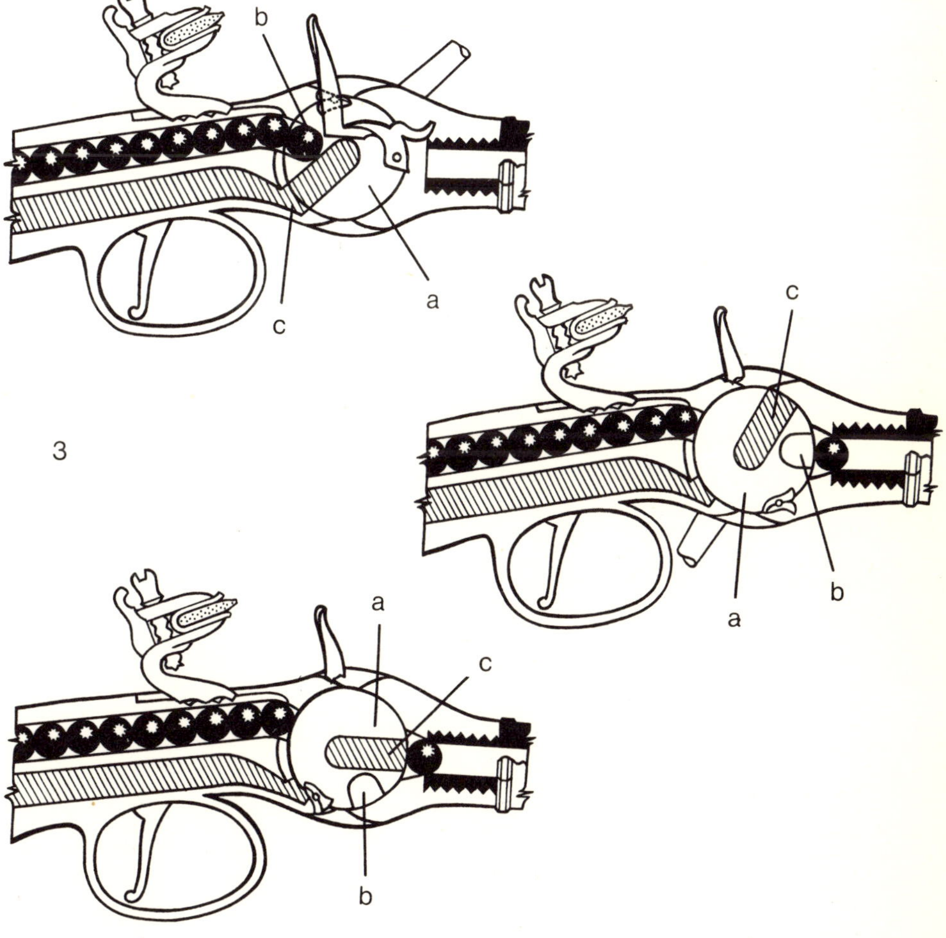

1 *Vertikalschraubenverschluß, System*
  La Chaumette-Ferguson
  a *Lauf*
  b *Laufmündung*
  c *Vertikalschraube mit Hebel*
    (gleichzeitig Abzugsbügel)

2 *Vertikalschraubenverschluß, System*
  Knot-Peter
  a *Öffnung in Vertikalschraube zur*
    Aufnahme von Pulver und Kugel
  b *Laufmündungsrichtung*
  c *Drehschraubenachse*

3 *Lorenzoni-Repetierer-Verschlußsystem*
  a *Querwalzenverschluß mit*
    Repetierhebel
  b *Kugeltransporthöhlung*
  c *Pulvertransporthöhlung*

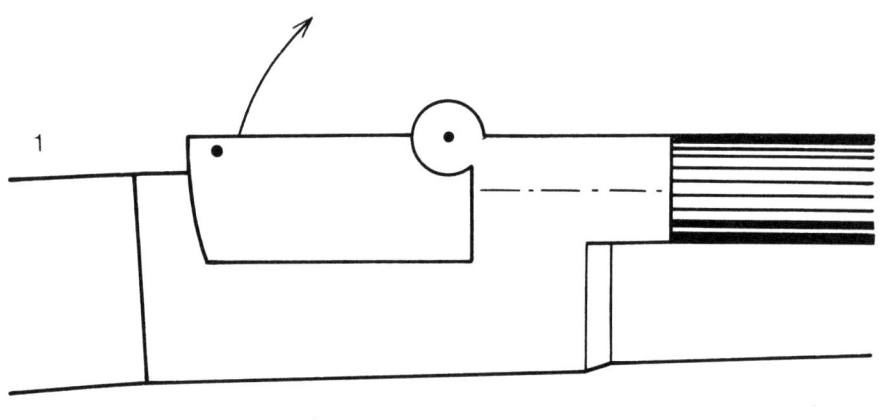

HINTERLADER- UND
REPETIERGEWEHRSYSTEME
DES 19. JH.

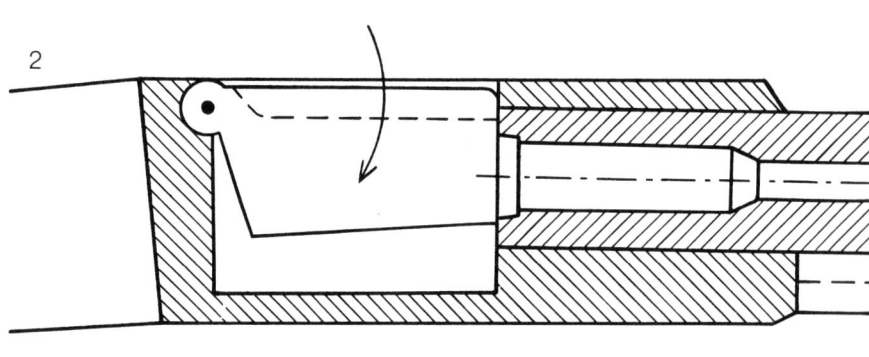

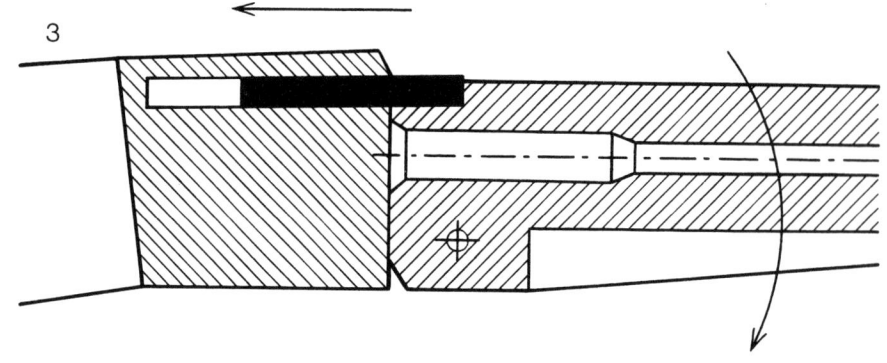

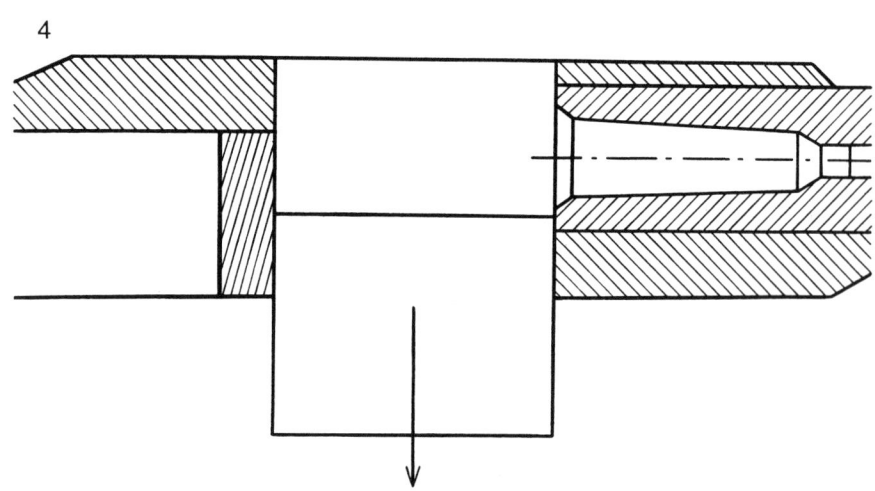

1 Klappenverschluß
2 Fallblockverschluß
3 Kipplauf- (Basküll) -Verschluß
4 Vertikalblockverschluß

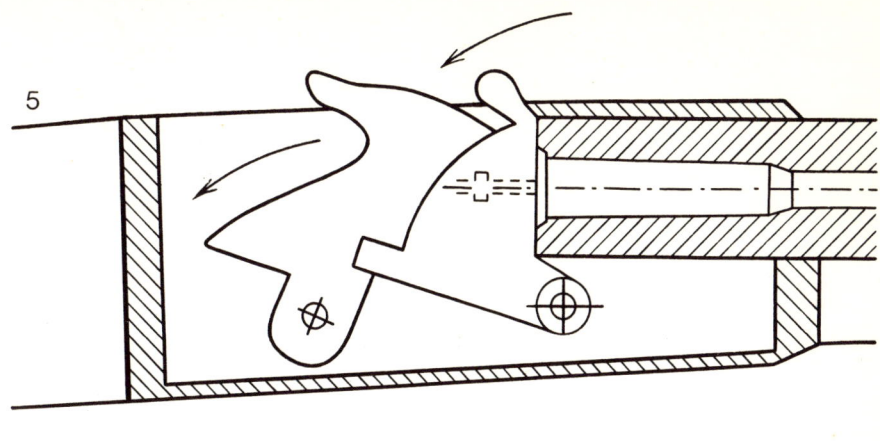

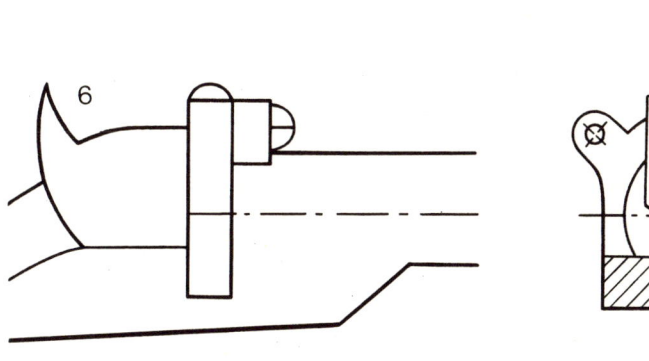

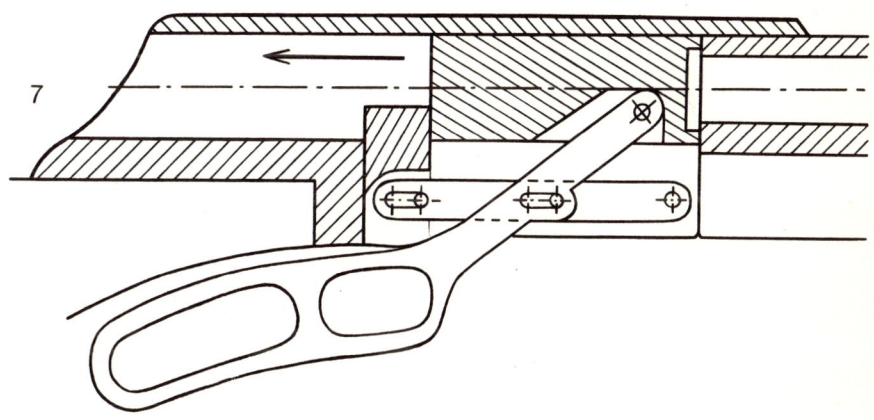

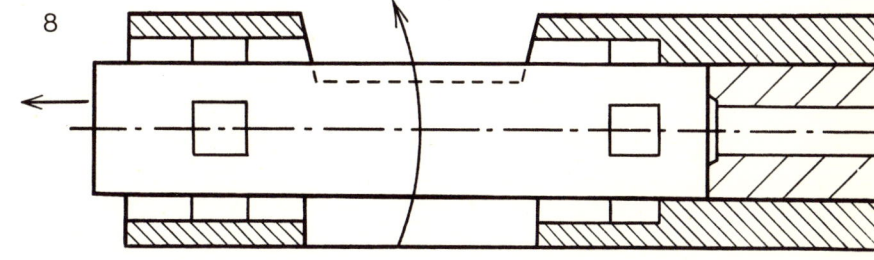

5 Blockverschluß
6 Drehblockverschluß
7 Geradezug-Riegelverschluß
8 Zylinder-Verschluß

Schäfte und Beschläge

HAUPTARTEN
EUROPÄISCHER UND
AMERIKANISCHER
SCHÄFTE

„DEUTSCHER" SCHAFT

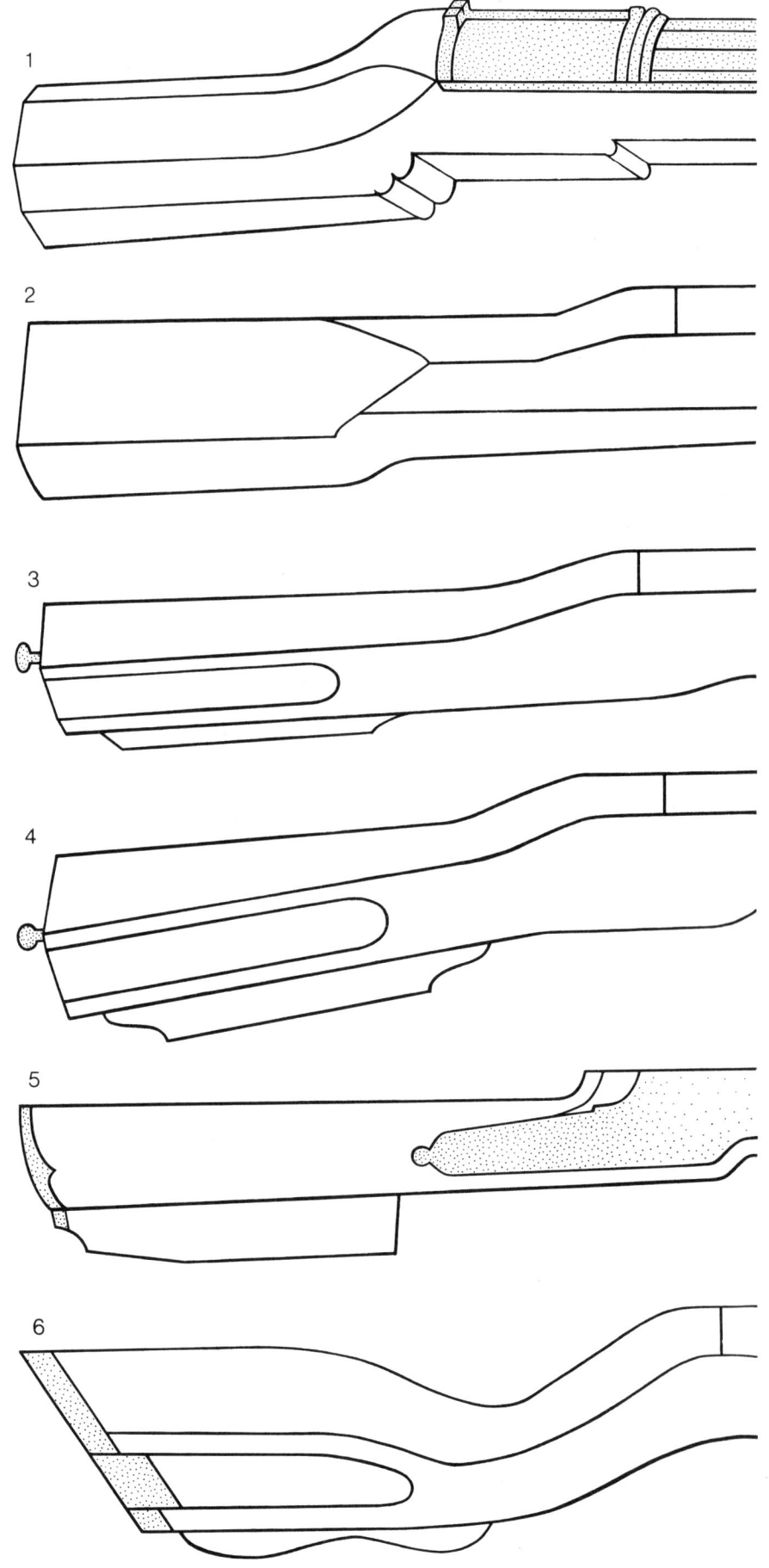

1 Landsknechtsschaft, um 1500. Die
   unteren Randfortsätze gestatteten
   dem Schützen, die Waffe fest zu
   halten und an die Wange zu stemmen
2 Eine andere Schaftart, Deutschland,
   um 1500
3 Sog. deutscher Schaft, typisch f. d.
   16. Jh.
4 Spätere Form des „deutschen"
   Schafts, 2. Hälfte 17. — Anf. 18. Jh.
5 Typisches baltisches Jagdgewehr,
   Mitte 17. Jh.
6 Charakteristischer Kolben der
   leichten Teschner Jagdbüchsen,
   Schlesien, 1620—60

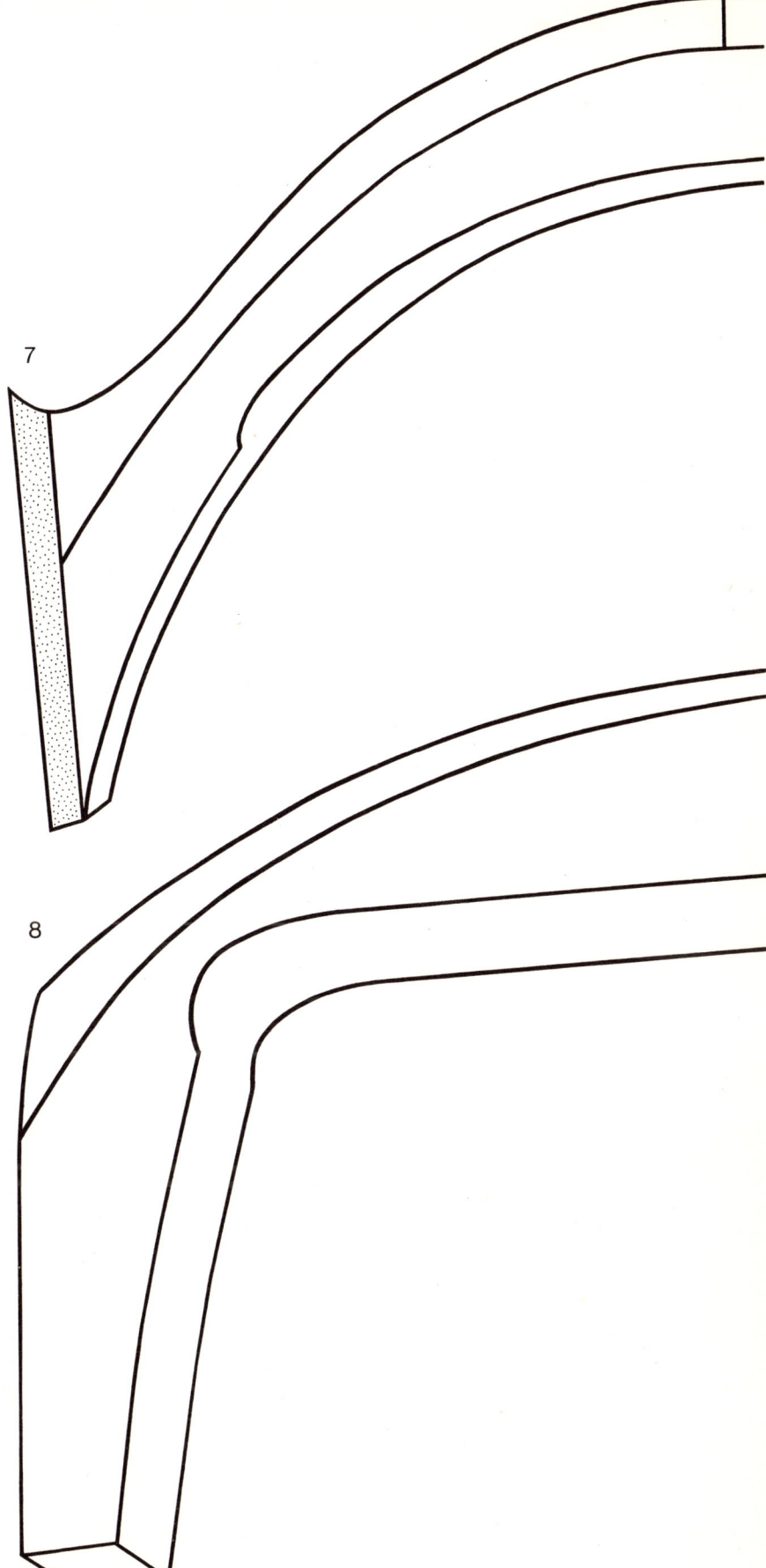

GEKRÜMMTE,
UNGEWÖHNLICHE SCHÄFTE UND
MUSKETENSCHÄFTE
DES 16. JH.

7   „Petronel''-Schaft, englischer Typ,
    um 1584
8   „Petronel''-Schaft, gebraucht in
    Frankreich, Deutschland und den
    Niederlanden, bes. um 1580.
    Die starke Schaftkrümmung
    ermöglichte dem Schützen, den
    Kolben gegen die Brust zu stemmen
    und damit die Waffe im Augenblick
    des Schusses zu stabilisieren.

209

9

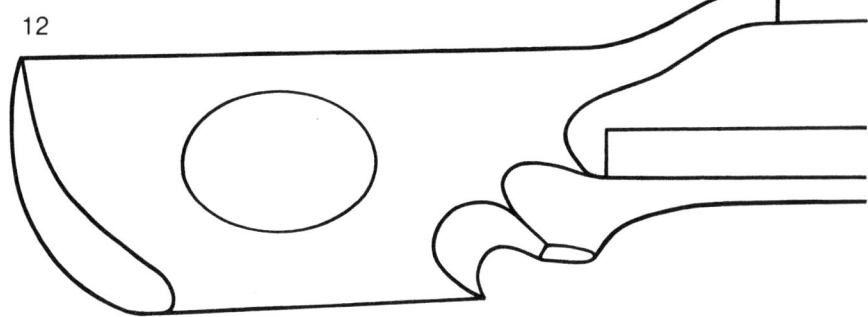

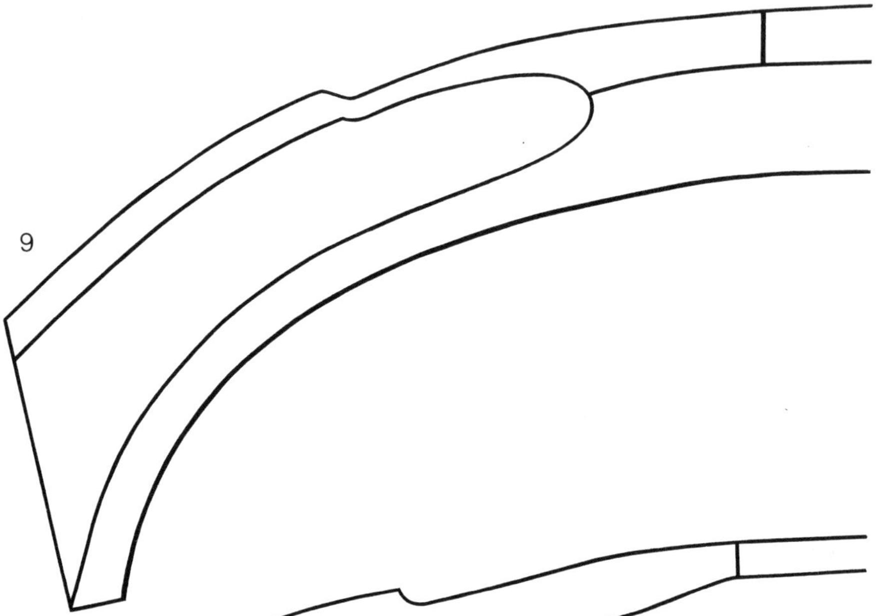

10

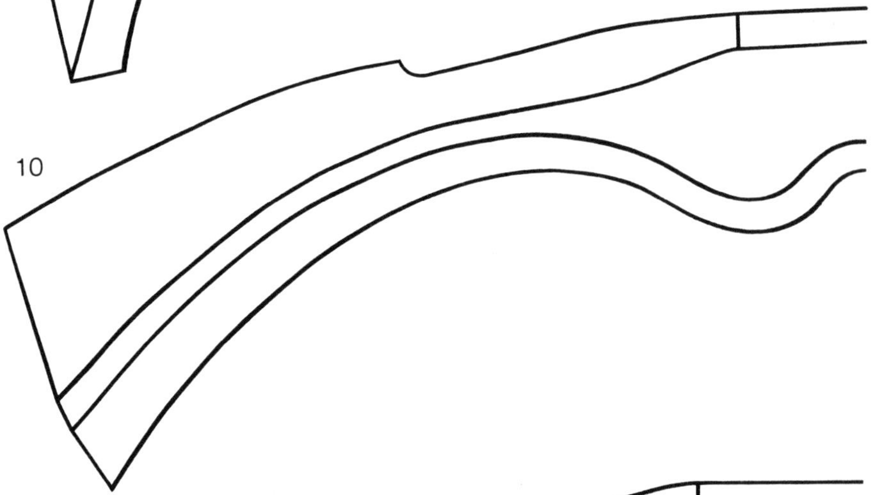

11

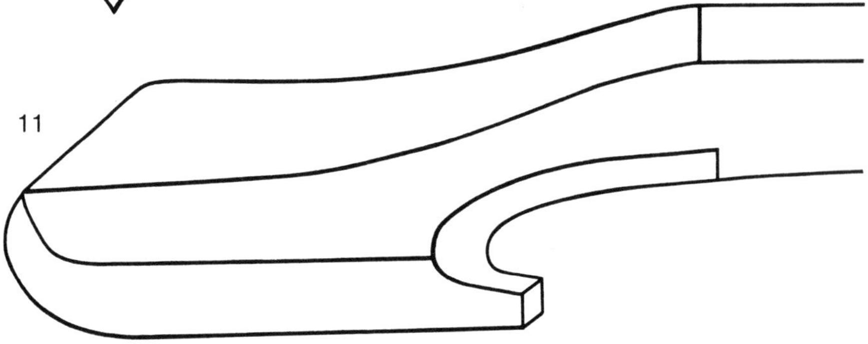

12

9 *„Petronel"-Schaft, Schweiz, um 1590; zur gleichen Zeit auch in Deutschland in Gebrauch*

10 *Gekrümmter Schaft, Frankreich und Italien, um 1600—1620*

11 *Ungewöhnliche Schaftart, Nordeuropa, beginnendes 16. Jh.*

12 *Jüngere Form von 11/, um 1600*

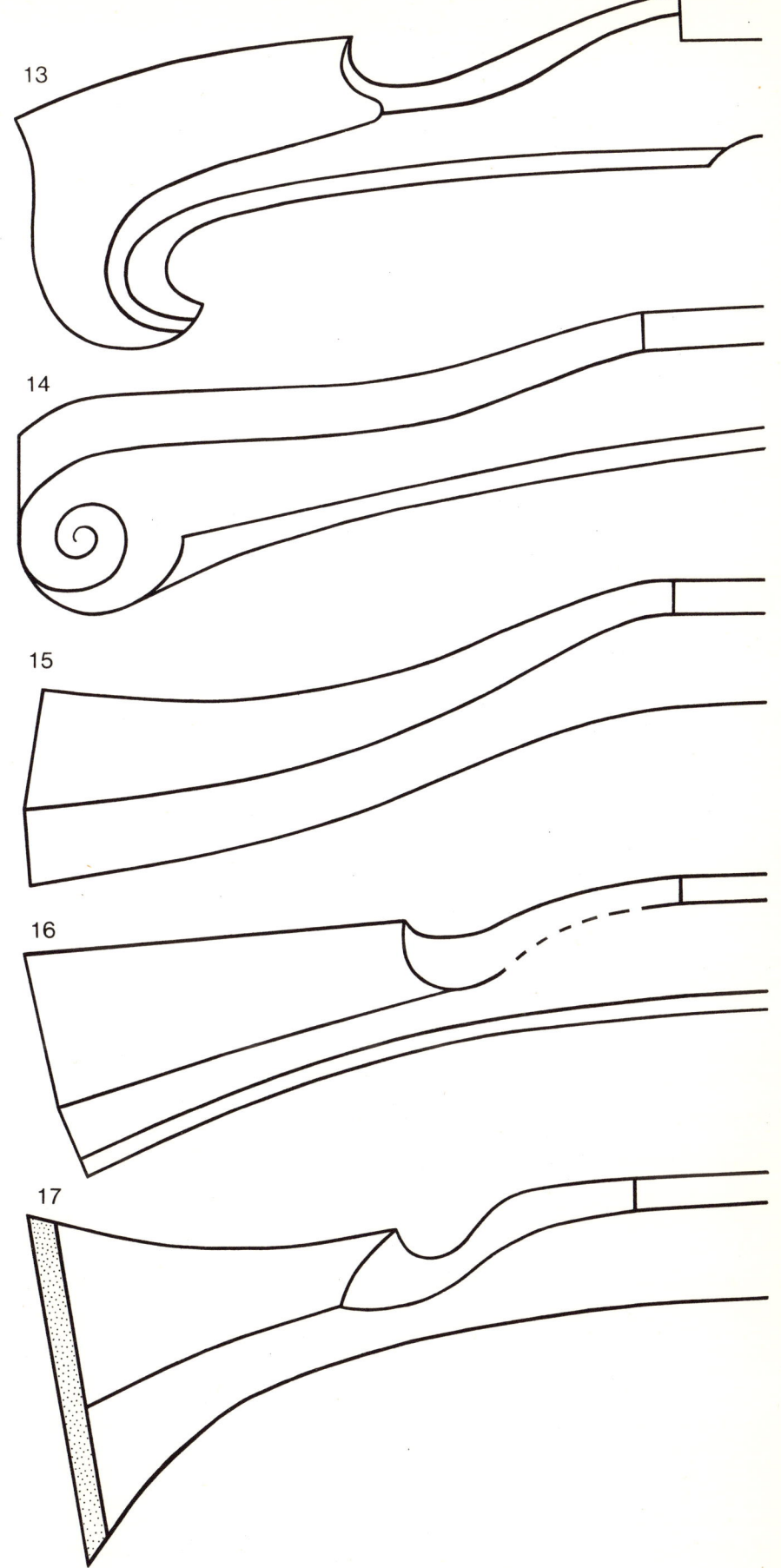

13 Ungewöhnliche Schaftart, benutzt bei
    Radschloß-Kugelbüchsen in
    Deutschland um 1620
14 Schaftkolben mit charakteristischer
    Spiralverzierung, Deutschland,
    um 1540
15 Schaftkolben, benutzt bei häufig
    samtbezogenen Luntenschloß-
    Jagdbüchsen; wahrscheinlich Italien,
    um 1530—40
16 Typischer Musketenschaft,
    ausgehendes 16. Jh.
17 Niederländischer Musketenschaft,
    ausgehendes 16. Jh.

MUSKETENSCHÄFTE
D. 17. JH.,
DIE ANFÄNGE DES
„FRANZÖSISCHEN"
SCHAFTS

18

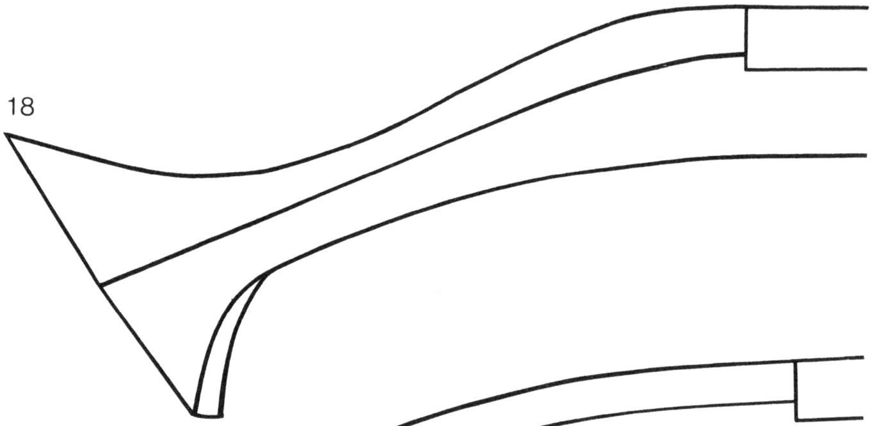

19

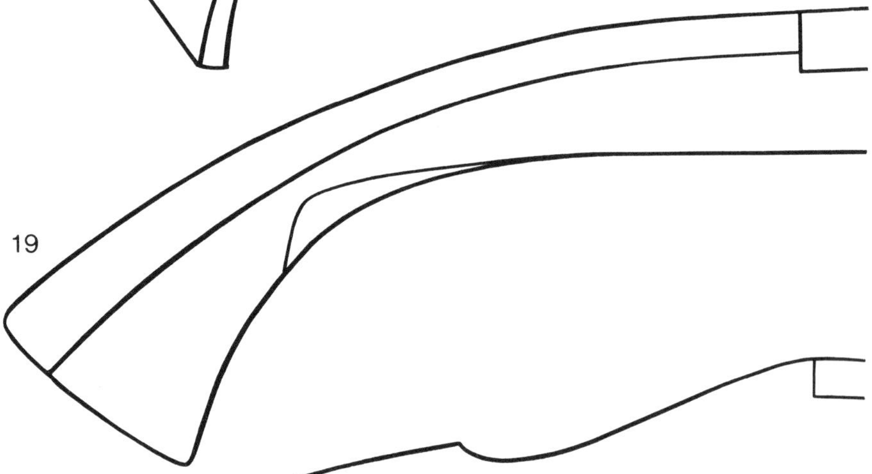

20

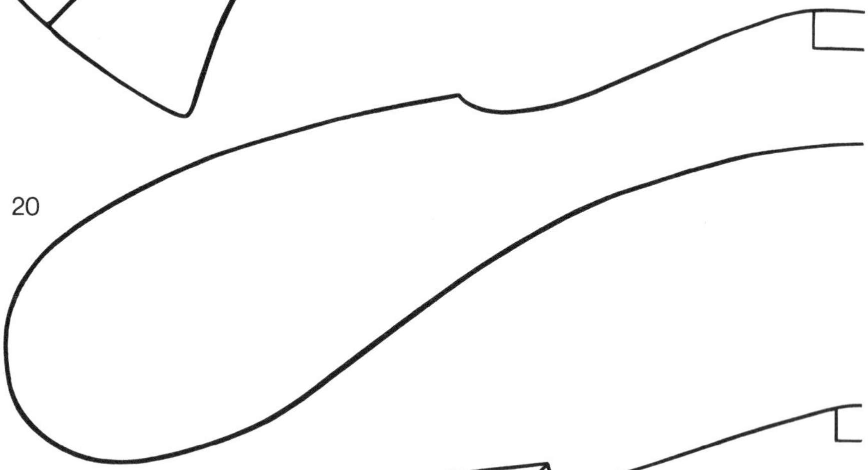

21

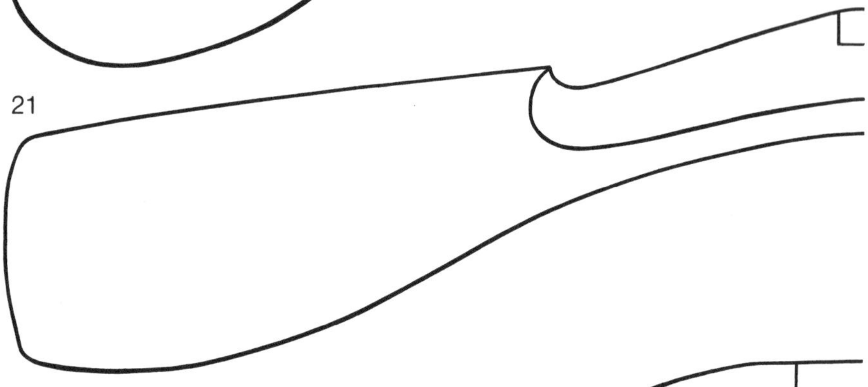

22

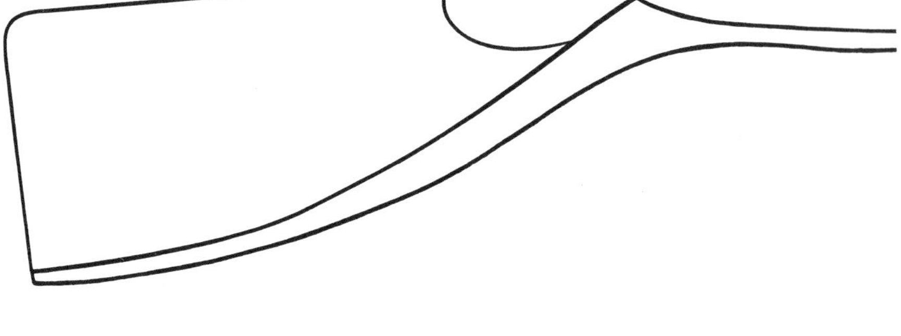

18 *Englischer Musketenschaftkolben, beginnendes 17. Jh.*

19 *Andere englische Kolbenform, beginnendes 17. Jh.*

20 *Paddelförmiger Musketenschaftkolben, Nordeuropa, um 1620—60*

21 *Anfangsform des „französischen" Schafts, Frankreich, um 1640. Prunkschäfte waren mit Elfenbein und Messingdraht eingelegt*

22 *Englische Variante von 21), weniger gebräuchlich, um 1640—60*

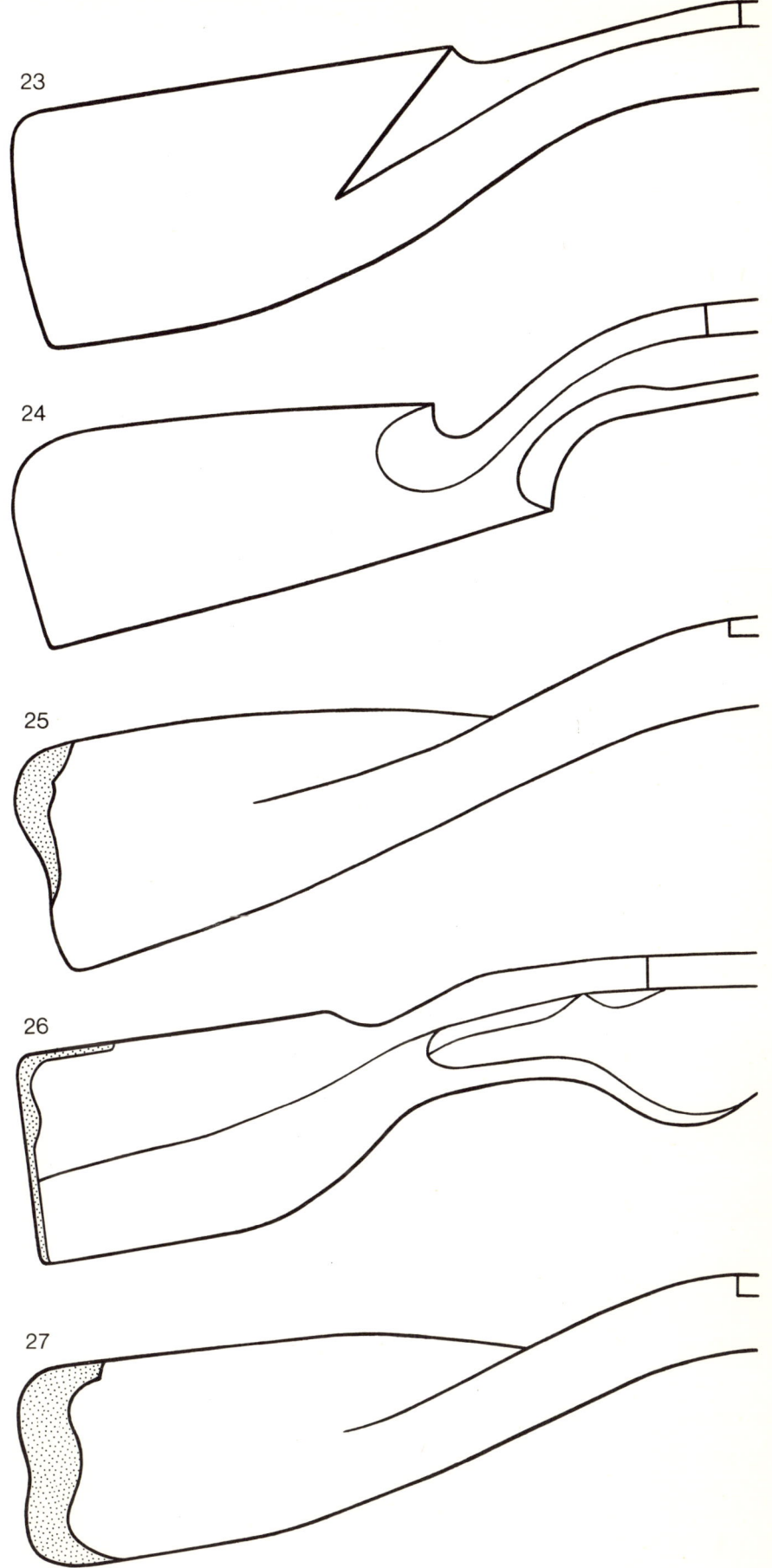

23 Schweizer Schaft, beeinflußt von den
    Anfangsformen des „französischen"
    Schafts, um 1650
24 Ungewöhnliche Kolbenform d.
    „französischen" Schafts, um 1675
25 Anfangsformen von Schäften mit
    walzenförmigem Kolbenhals und
    hohem Kolbenrücken, England,
    Dänemark, um 1680—90
26 Anderer Typ des frühen
    „französischen" Schaftes mit
    charakteristischem, einem Haus
    ähnelndem Kolbenquerschnitt,
    Dänemark, um 1660
27 Weiterentwickelte Schaftform mit
    walzenförmigem Kolbenhals und
    hohem Kolbenrücken, gebraucht in
    Europa um 1680—1700

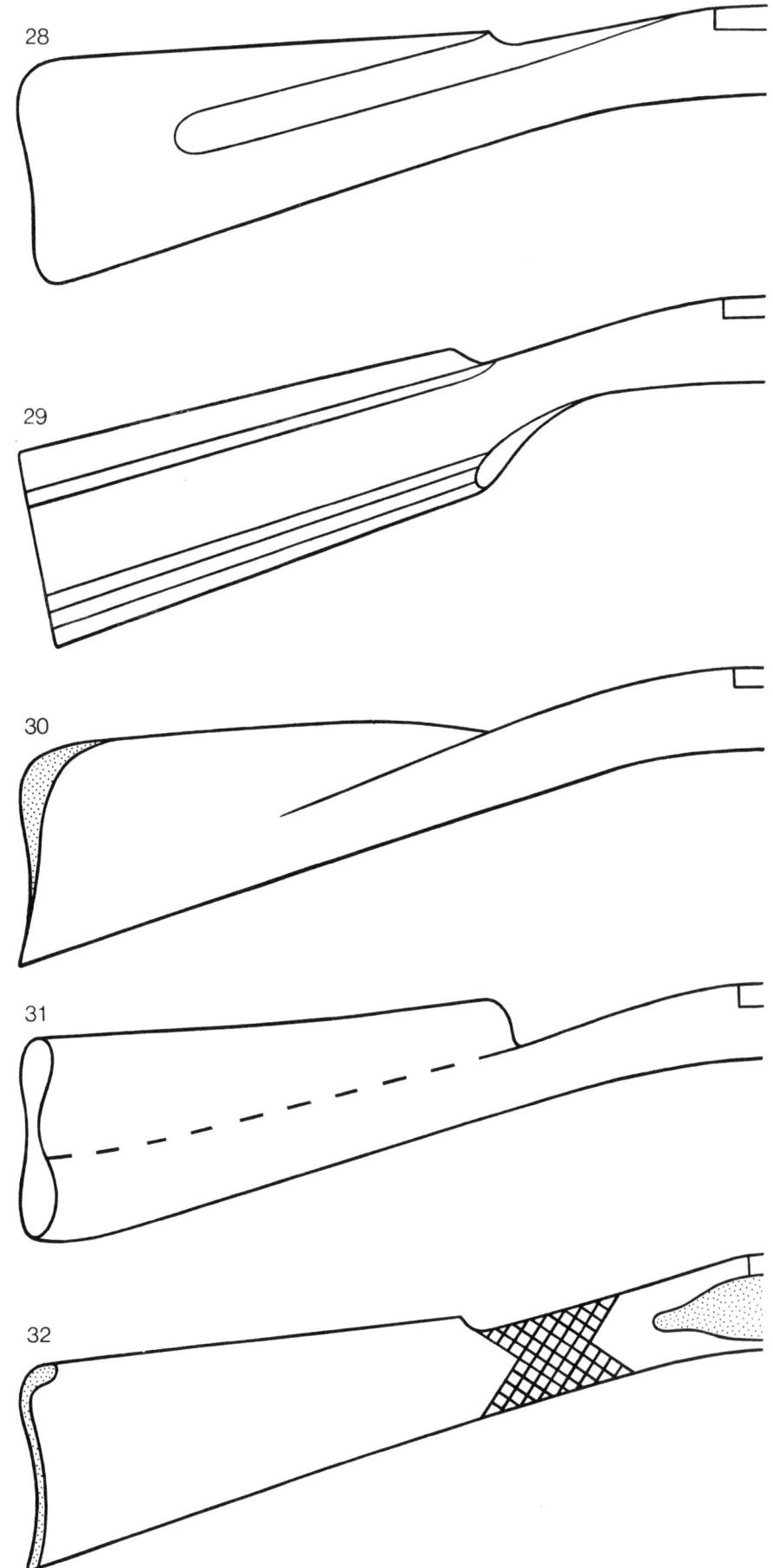

28   *Relativ flacher Schaftkolben, um 1680*

29   *„Madrider" Schaft, Spanien*
     18.—19. Jh., derartige Schäfte fertigten
     die Schäfter zu Beginn des 18. Jh. in
     der österreichischen Monarchie, bes.
     in Wien u. den böhmischen Ländern
     (Karlovy Vary)

30   *Weiterentwickelte Kolbenform mit*
     walzenförmigem Kolbenhals und
     hohem Kolbenrücken, Europa,
     1740—90, typisch der langgezogene
     Kolbenrand, der mit dem Kolbenschuh
     einen spitzen Winkel bildet.

31   *Französischer Gewehrkolben, um 1780*

32   *Französischer Kolben, sehr oft am*
     Kolbenhals mit „Fischhaut" versehen;
     typisch für nach 1780 hergestellte
     Jagdwaffen

KENTUCKY-SCHAFT,
SCHÄFTE MIT
PISTOLENGRIFF

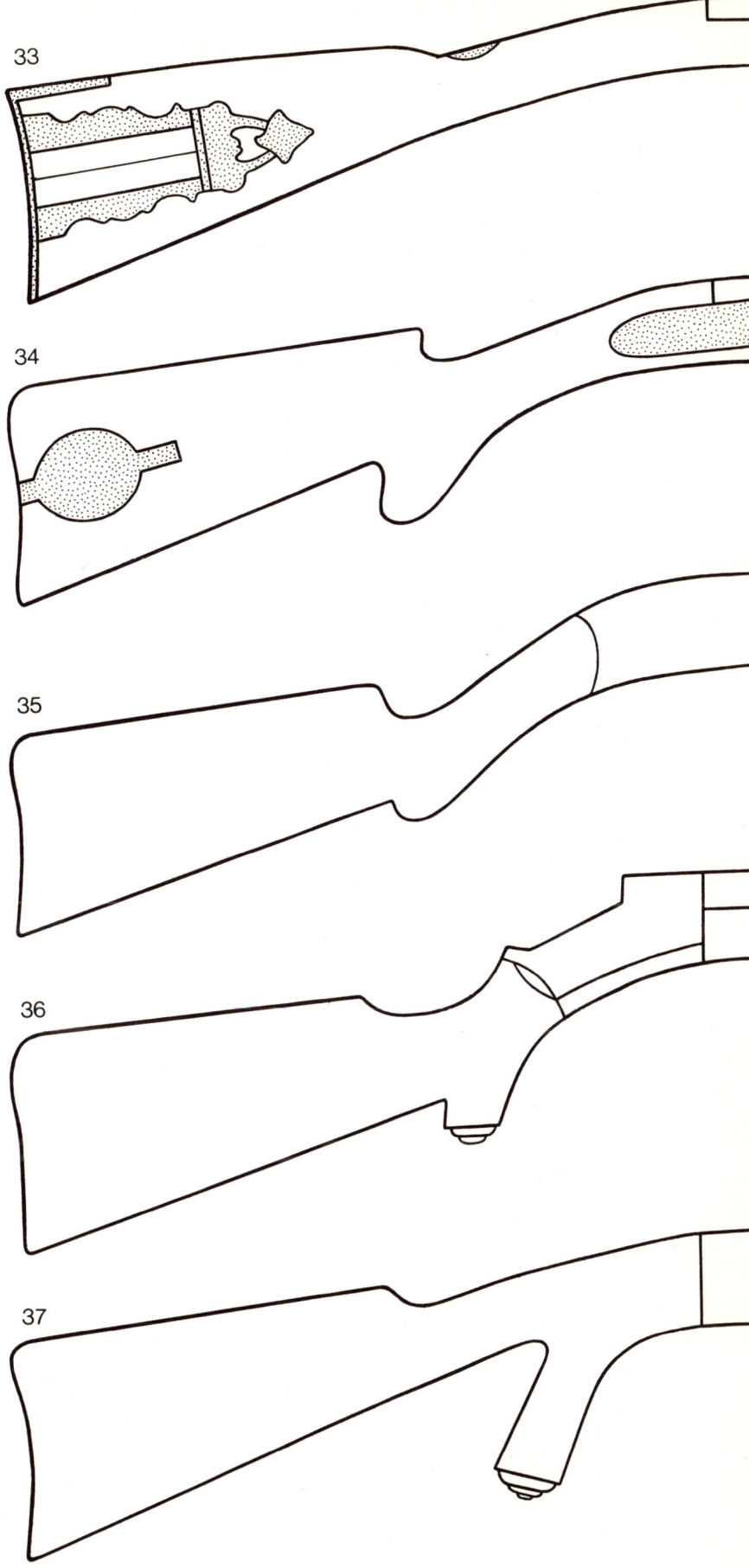

33 Typischer ,,Kentucky''-Gewehrkolben,
    um 1800, typisch auch die Form des
    Metallgehäuses an der
    Kolbenaußenseite
34 Anfangsform des Schafts mit
    Pistolengriff, Europa (Mitteleuropa),
    um 1850
35 Andere Form von 34), Nordamerika,
    um 1880
36 Variante des amerikanischen
    Pistolengriffs
    (Remington-Sportgewehr, um 1880)
37 Ungewöhnliche Form dieser
    Pistolengriffart, auf französischen
    Gewehren um 1850

215

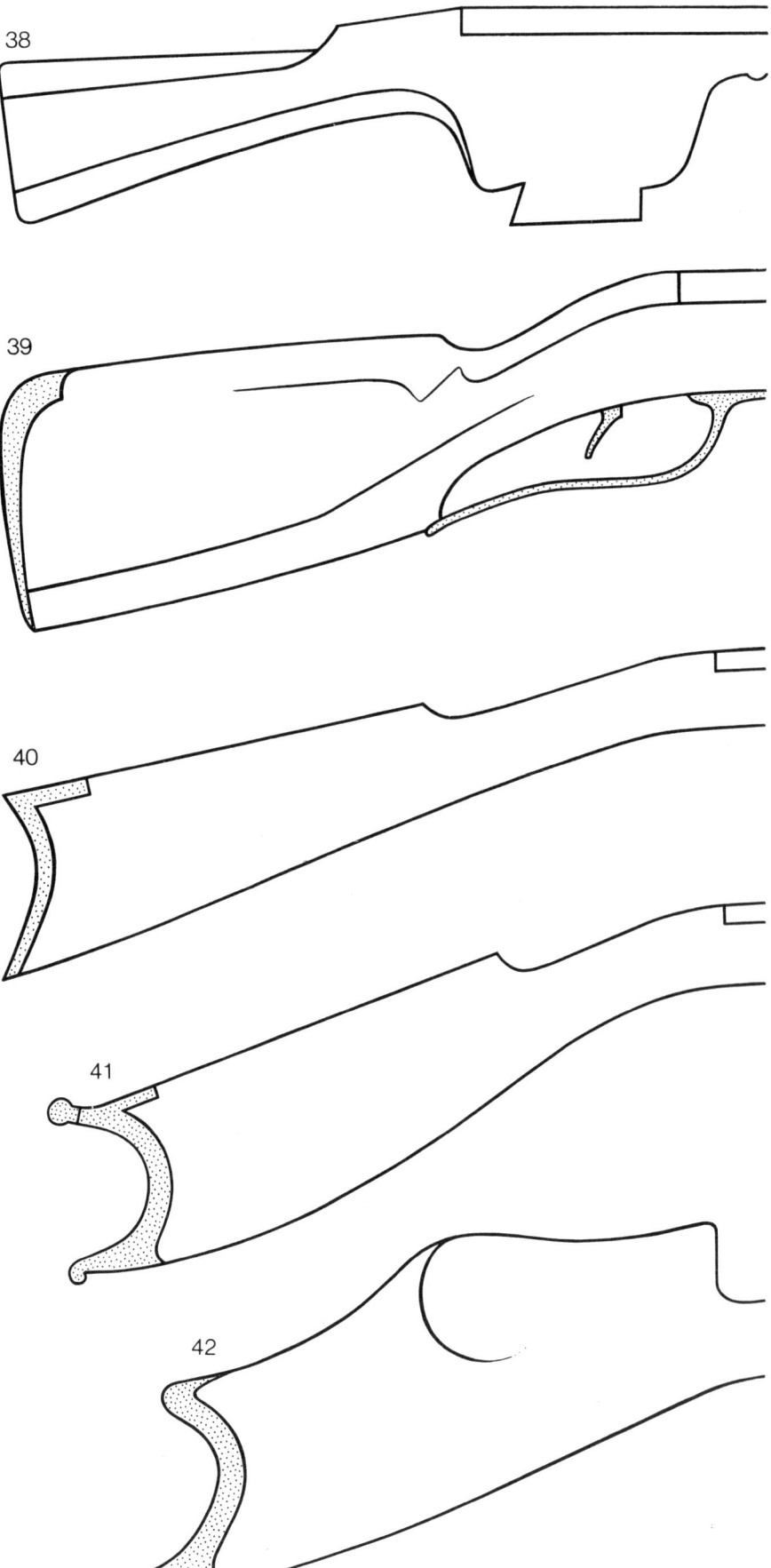

ENTWICKLUNG
DER SCHEIBENBÜCHSENSCHÄFTE

38 Scheibenbüchsenschaft, Beginn
    d. 17. Jh.
39 Dänischer Scheibenbüchsenschaft,
    um   1690
40 Kolben mit stark ausgeschnittenem
    Kolbenschuh, der ein festes Aufsitzen
    des Gewehrs auf der Schulter
    gestattet. Nordamerika, nach 1780
41 Verbesserter Scheibenbüchsenkolben
    mit Stützhaken, Nordamerika, nach
    1850
42 Scheibenbüchsenschaft mit stark
    hervortretender Schaftbacke und
    stark ausgeschnittenem Stützhaken,
    Schweiz — Tirol, um 1870

216

Mediterrane und
orientalische
Schaftformen

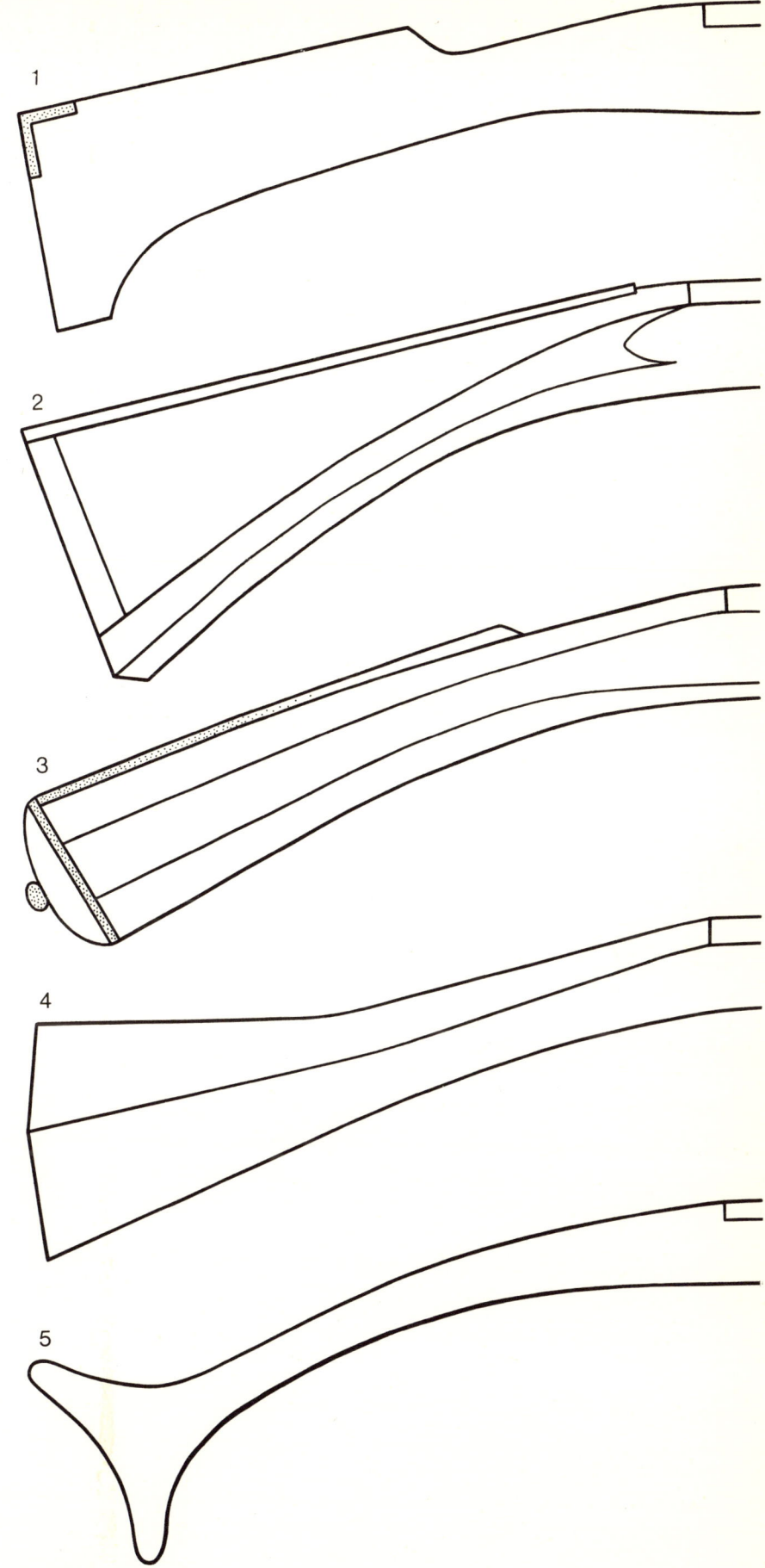

1 Spanien — Katalanien, 18. u. 19. Jh.
2 Sardinien, 17. u. 18. Jh.
3 Italien, 17. Jh. (orientalischer Typus)
4 Albanien, 18. u. 19. Jh.
5 Albanien, 18. u. 19. Jh.

217

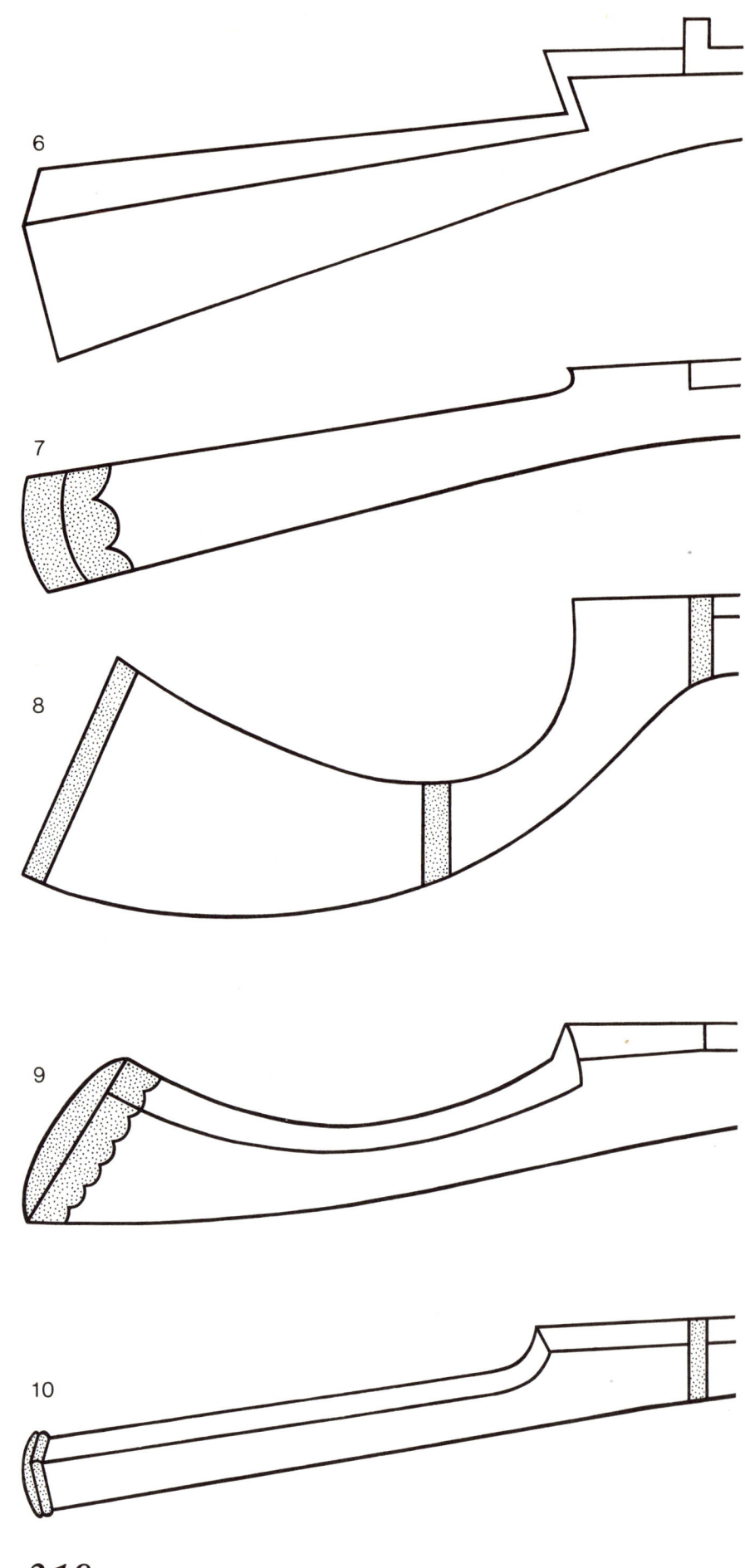

6   Türkei, 18. u. 19. Jh.
7   Kirgisien, 18. u. 19. Jh.
8   Afghanistan, 18. u. 19. Jh.
9   Indien, 18. u. 19. Jh.
10 Indien (Dekhan), 18. u. 19. Jh.

218

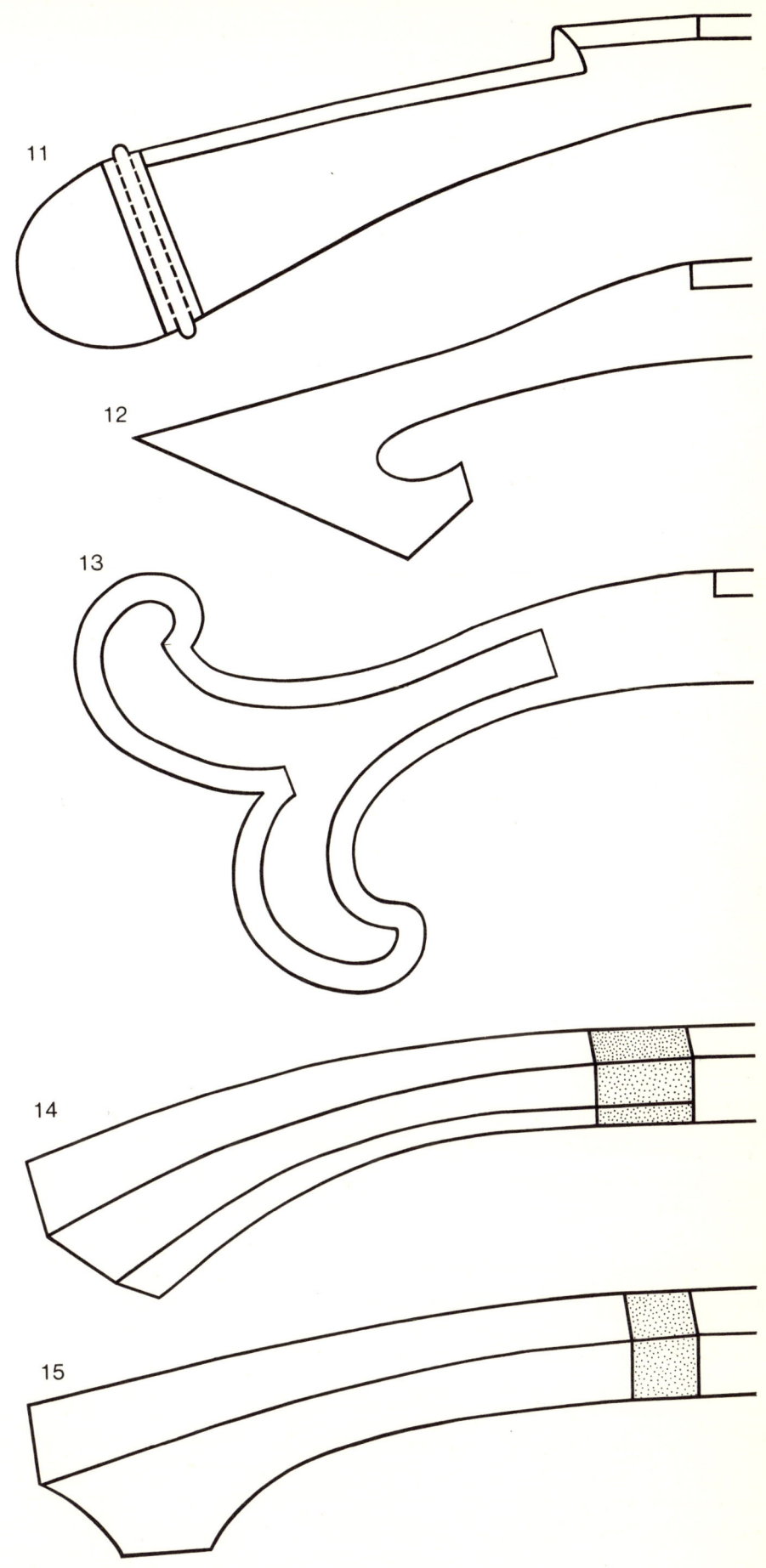

11 *Südindien (Coorg), 18. u. 19. Jh.*
12 *Südindien (Coorg), 18. u. 19. Jh.*
13 *Ceylonesisch (Ceylon), 17. u. 18. Jh.*
14 *Indonesien, 18. Jh.*
15 *Japan, 18. u. 19. Jh.*

219

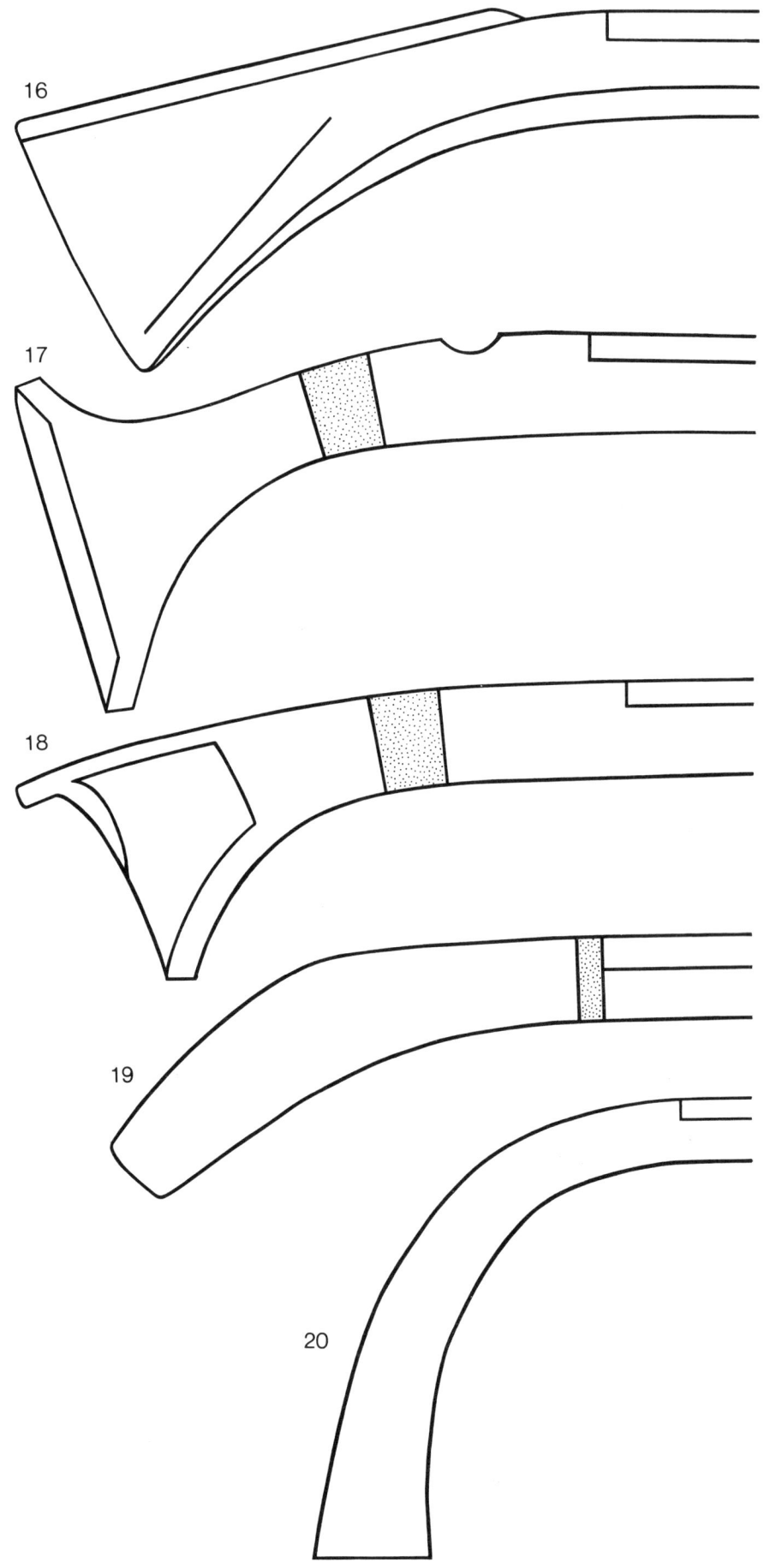

16 Sardinien, Ende 18. Jh.
17 Nordafrika — Kabylien, 19. Jh.
18 Nordafrika — Kabylien, 19. Jh.
19 China, 18. u. 19. Jh.
20 Formosa, 18. u. 19. Jh.

220

Pistolenschäfte

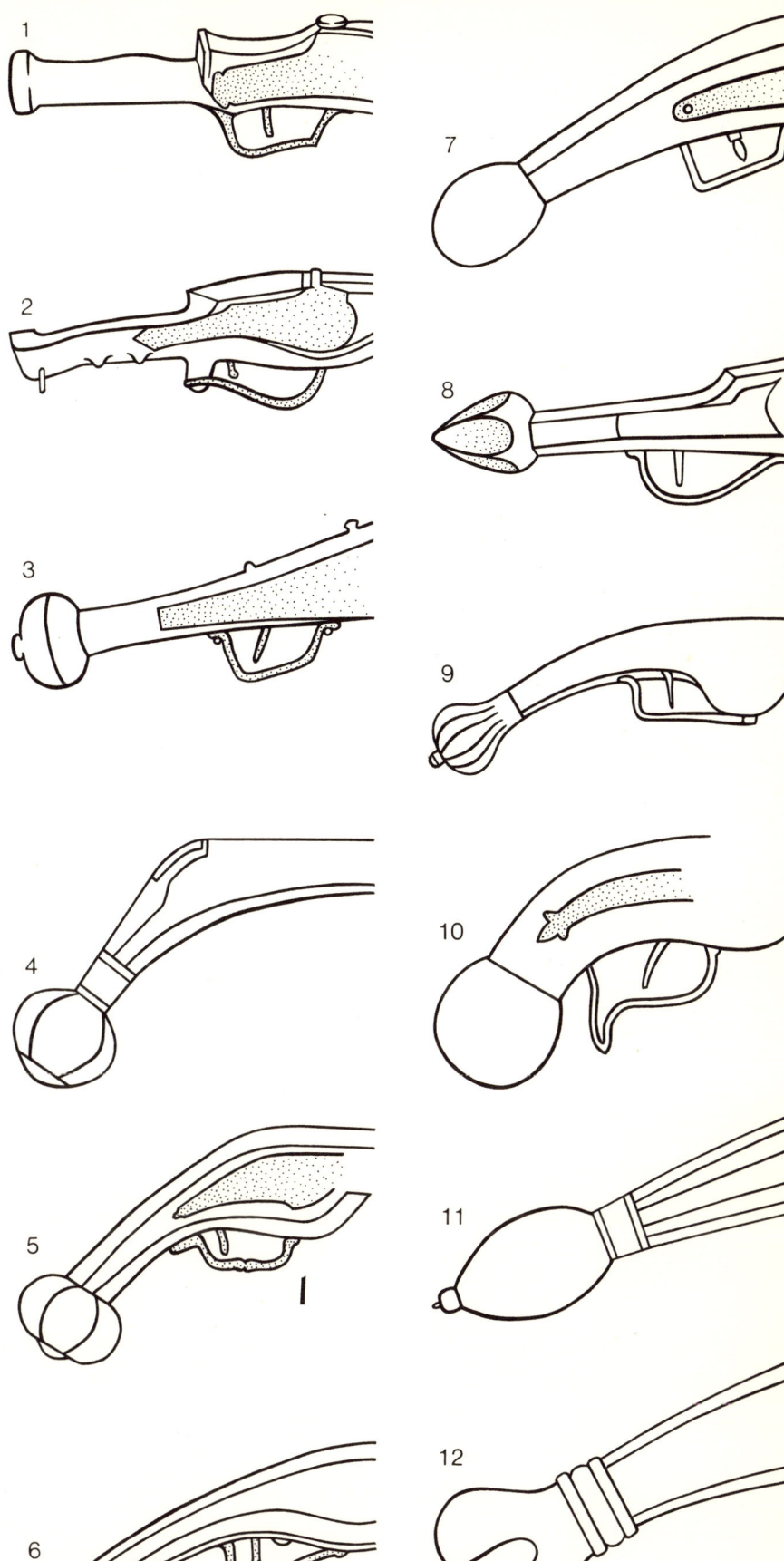

PISTOLENSCHÄFTE
DOLCHARTIGE PISTOLENGRIFFE

1 *Deutschland, datiert 1534*
2 *Deutschland, um 1540*

PISTOLENGRIFFE MIT KUGEL-,
PINIENZAPFEN-
U. Ä. KNAUF

3   *Deutschland, datiert 1562*
4   *Deutschland, datiert 1593*
5   *Frankreich, etwa 1575—90*
6   *Frankreich, um 1600*
7   *England, um 1600*
8   *Deutschland, datiert 1608*
9   *Frankreich, um 1620*
10 *Katalanien (Ripoll), um 1650*
11 *Schottland, datiert 1634*
12 *Schottland, herzförmiger Knauf,*
    Wende 17. Jh.

221

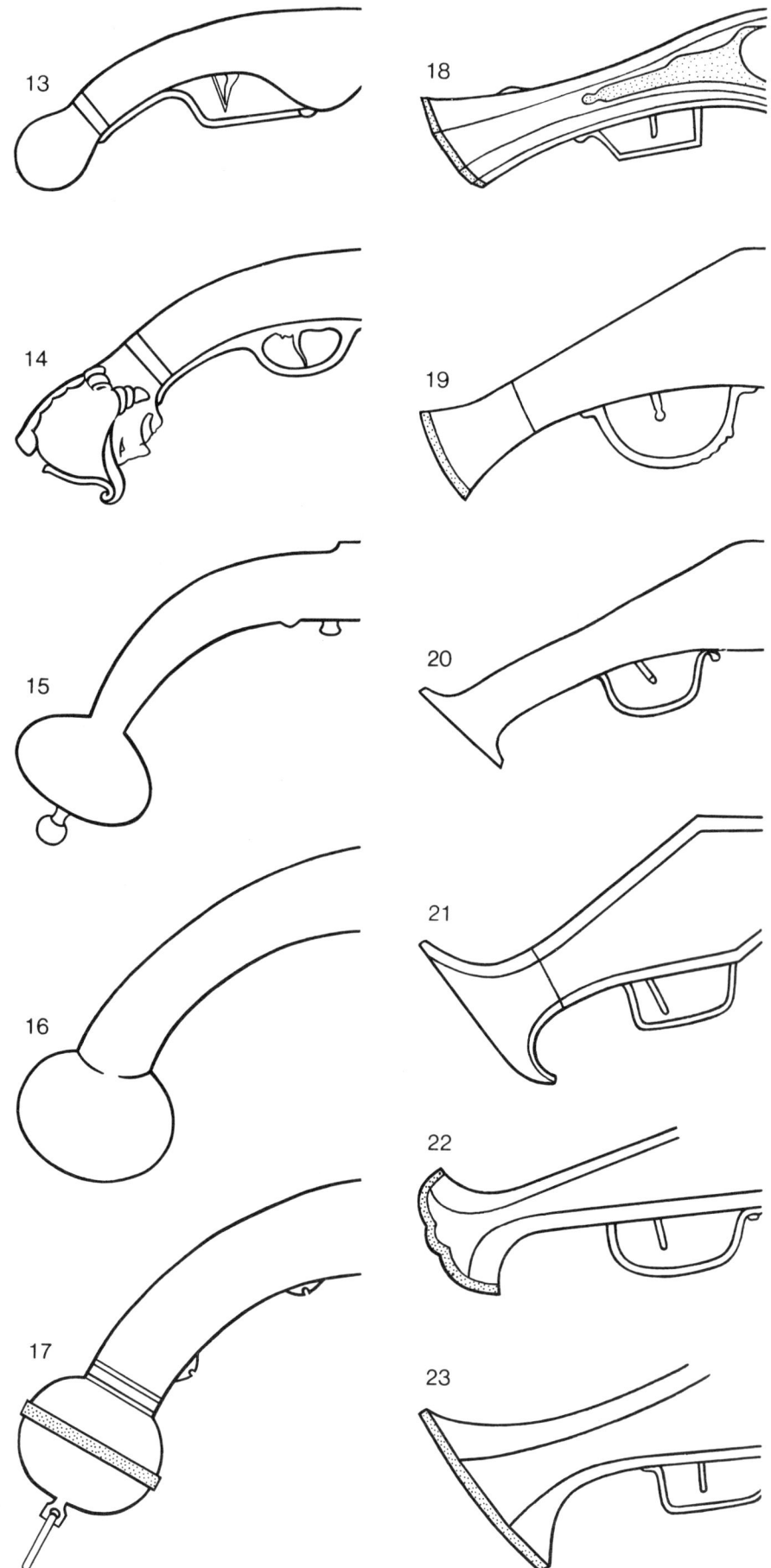

13   *Norddeutschland, um 1640*
14   *,,Französische Mode'', um 1680*
15   *Kaukasus, 18. u. 19. Jh.*
16   *Kaukasus, 18. u. 19. Jh.*
17   *Kaukasus, 18. u. 19. Jh.*

,,FISCHSCHWANZ''-
PISTOLENGRIFFE

18   *Deutschland, um 1560*
19   *Deutschland, um 1570*
20   *Deutschland, um 1580*
21   *Deutschland (Nürnberg), 1580—90*
22   *Deutschland (Suhl), um 1580*
23   *Italien, um 1580*

222

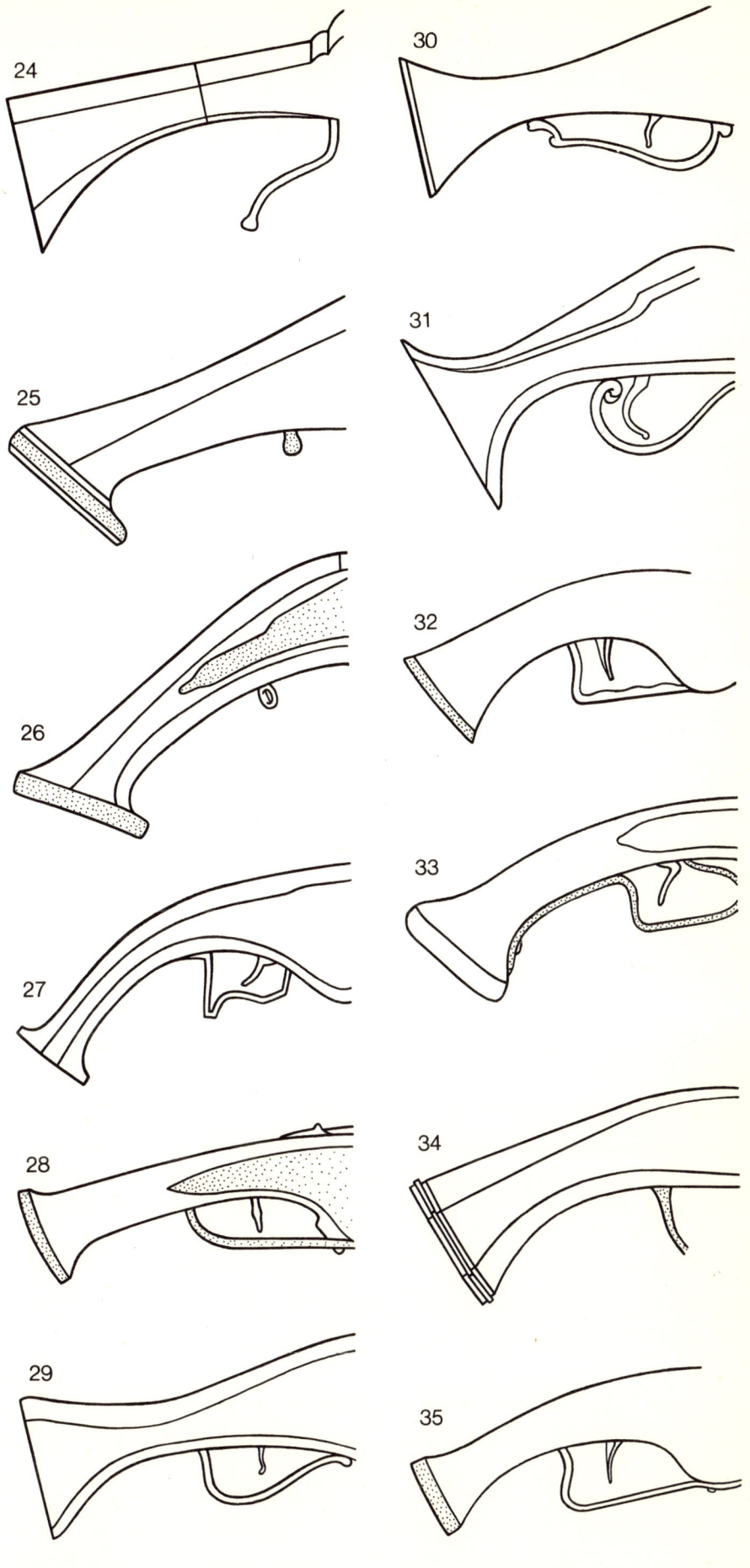

24   *Italien? ca. 1525—50*

25   *Niederlande — England, ausgehendes*
      16. Jh.

26   *Niederlande oder England,*
      ausgehendes 16. Jh.

27   *Katalanien (Ripoll), um 1617*

28   *Deutschland, ca. 1620—50*

29   *Niederlande (Amsterdam), 1620—30*

30   *Italien, um 1630*

31   *Bayern (München?), um 1625*

32   *Dänemark (Helsingör), um 1625*

33   *Deutschland, 1650—1675*

34   *Spanien, um 1660*

35   *Norddeutschland?, um 1640*

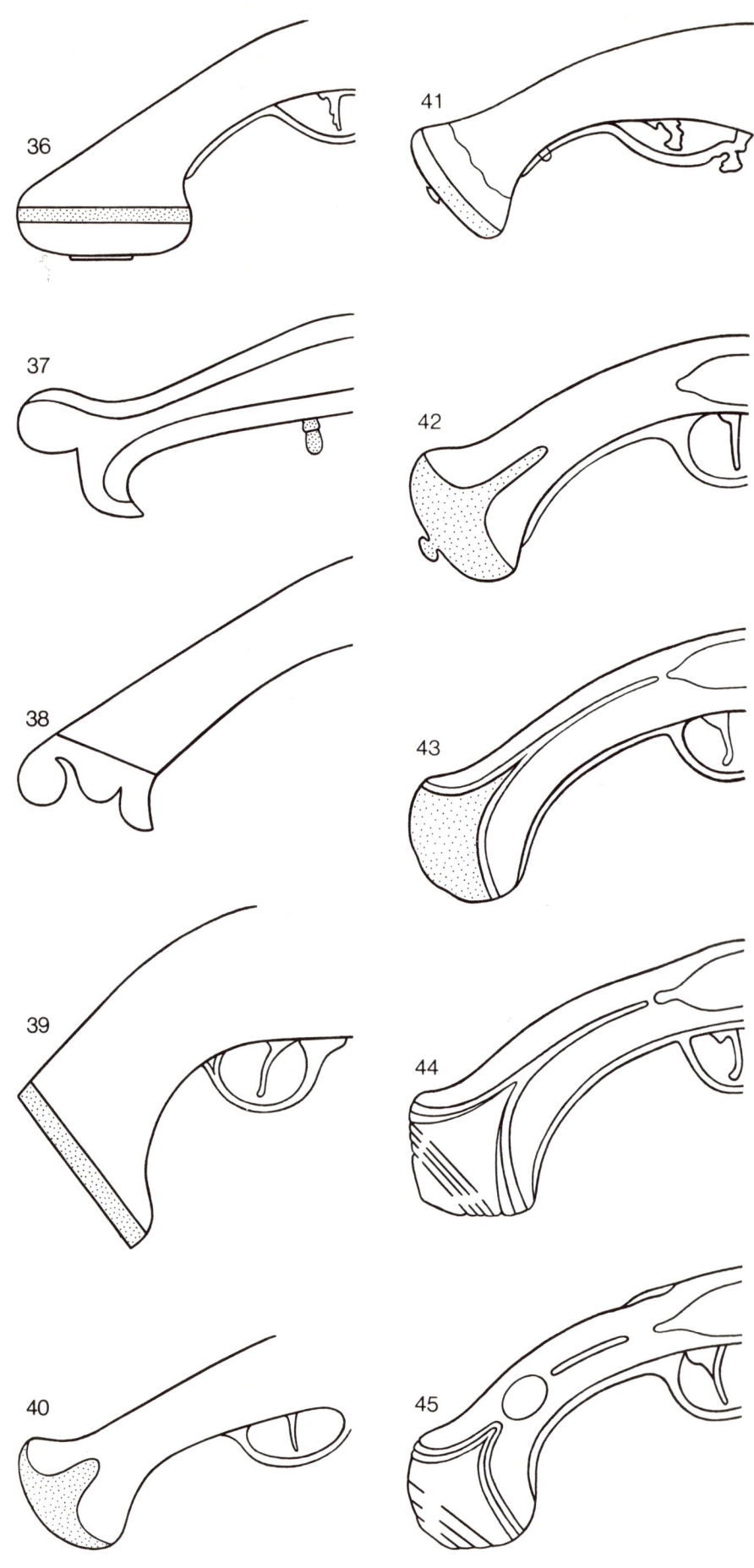

36 Deutschland (Augsburg?), ca.
   1660—70
37 England, Anf. 17. Jh.
38 Schottland, Ende 17. Jh.
39 Spanien, datiert 181°

PISTOLENGRIFFE
MIT BIRNENFÖRMIGEM
KNAUF

40 Frankreich, um 1650
41 Italien (Brescia), um 1650
42 Holland, um 1660
43 Frankreich, datiert 1668
44 Frankreich, ausgeh. 17. Jh.
45 England, ausgeh. 17. Jh.

224

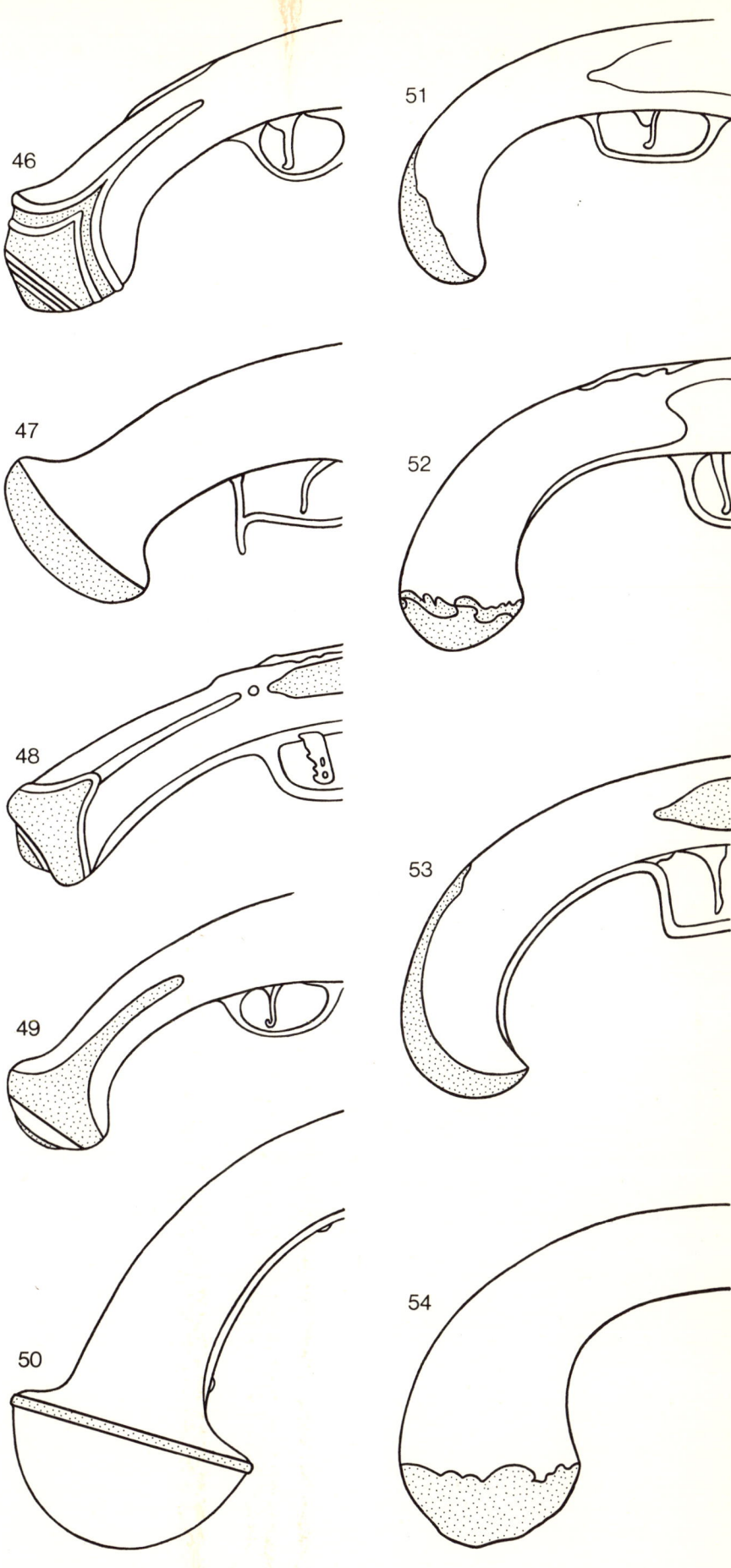

46 England, Ende 17. Jh.
47 Katalanien (Ripoll), datiert 1693
48 Italien, um 1680
49 Ein im 2. u. 3. Viertel d. 18. Jh.
   in Mitteleuropa sehr verbreiteter
   Pistolgrifftypus
50 Nordafrika, 18. u. 19. Jh.

PISTOLENGRIFFE
MIT SCHNABELFÖRMIGEM
KNAUF

51 Deutschland, Mitteleuropa, Mitte
   18. Jh.
52 England, um 1730
53 Deutschland, um 1760
54 England, um 1770

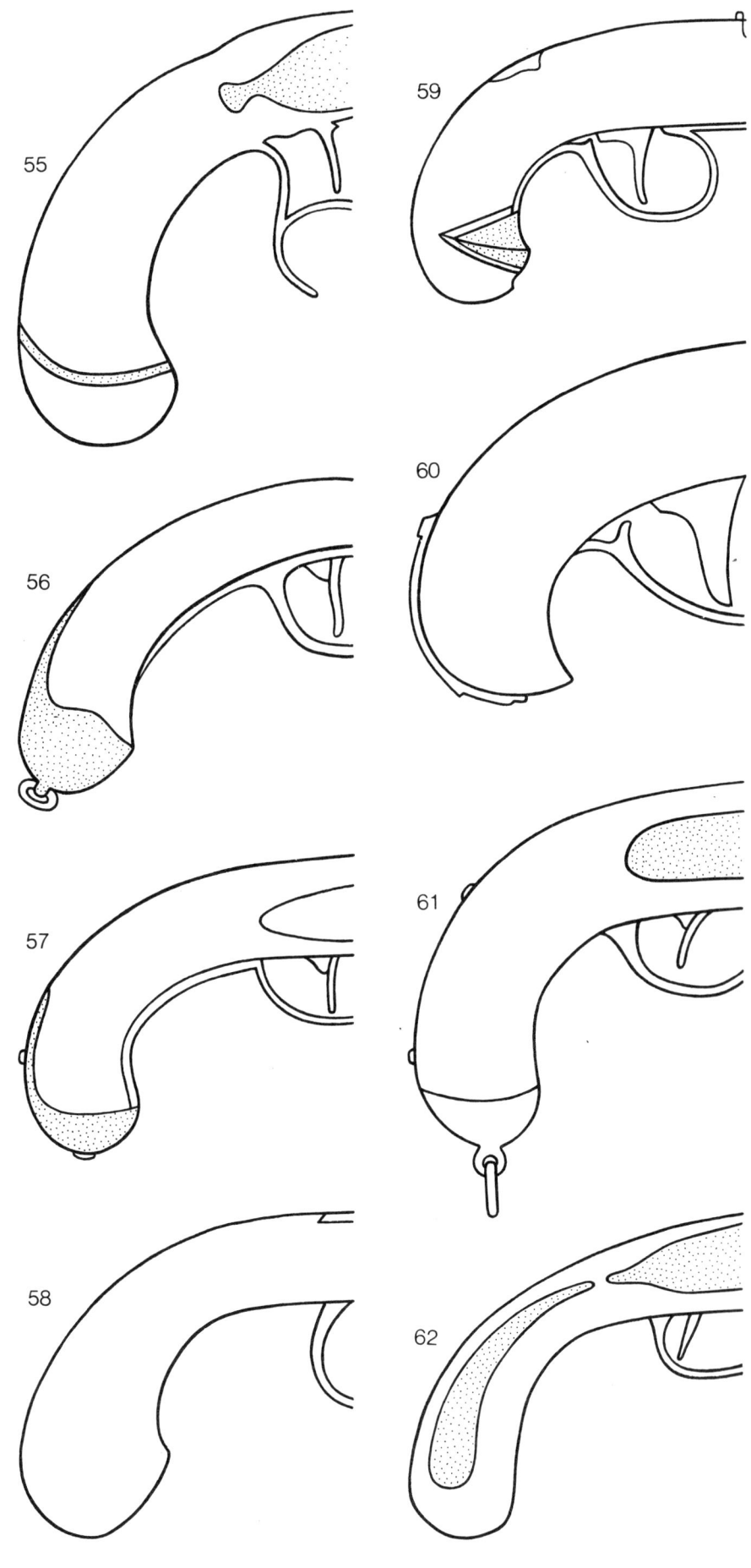

RECHTWINKLIG
GEKNICKTER
PISTOLENGRIFF

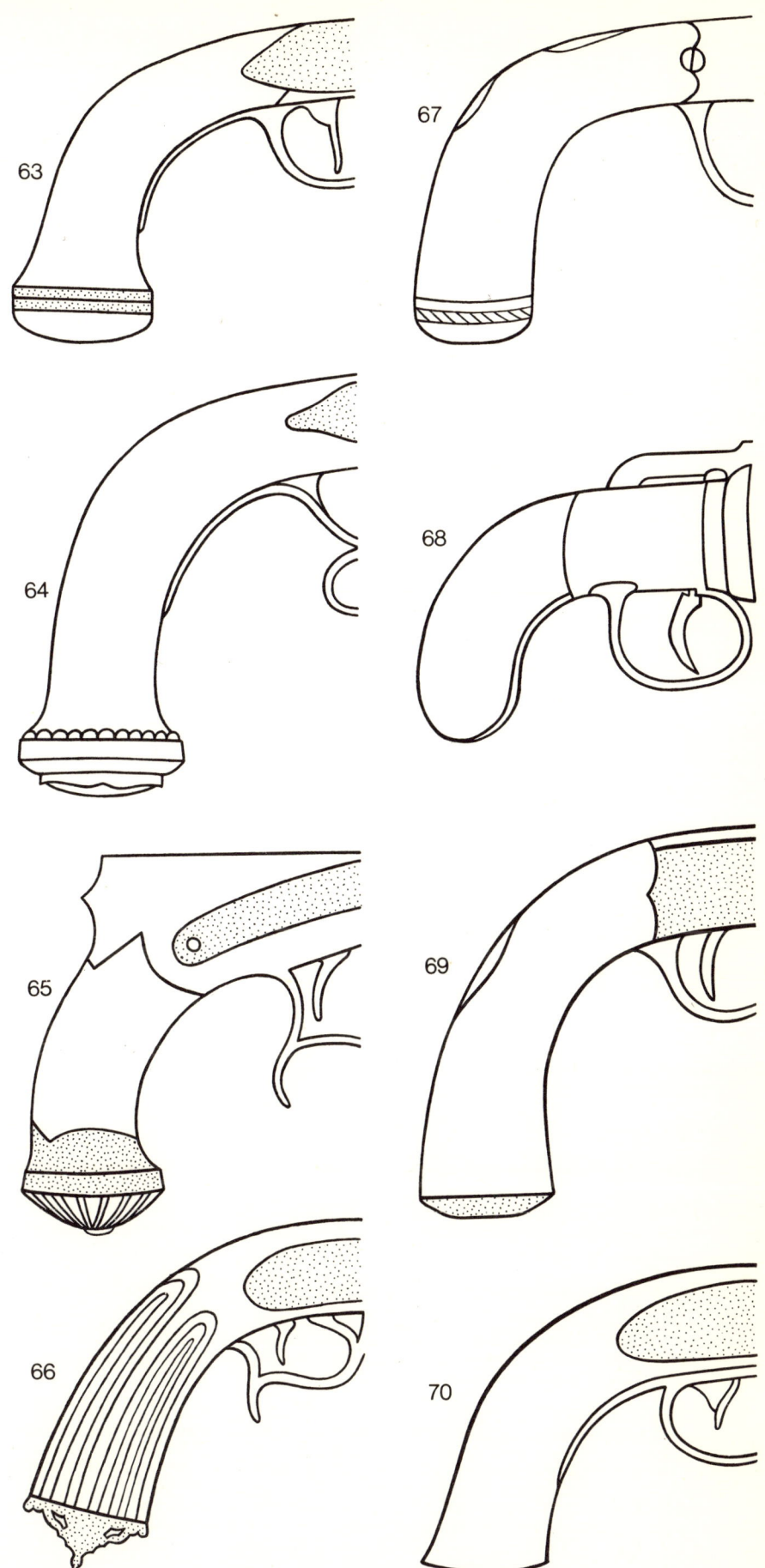

227

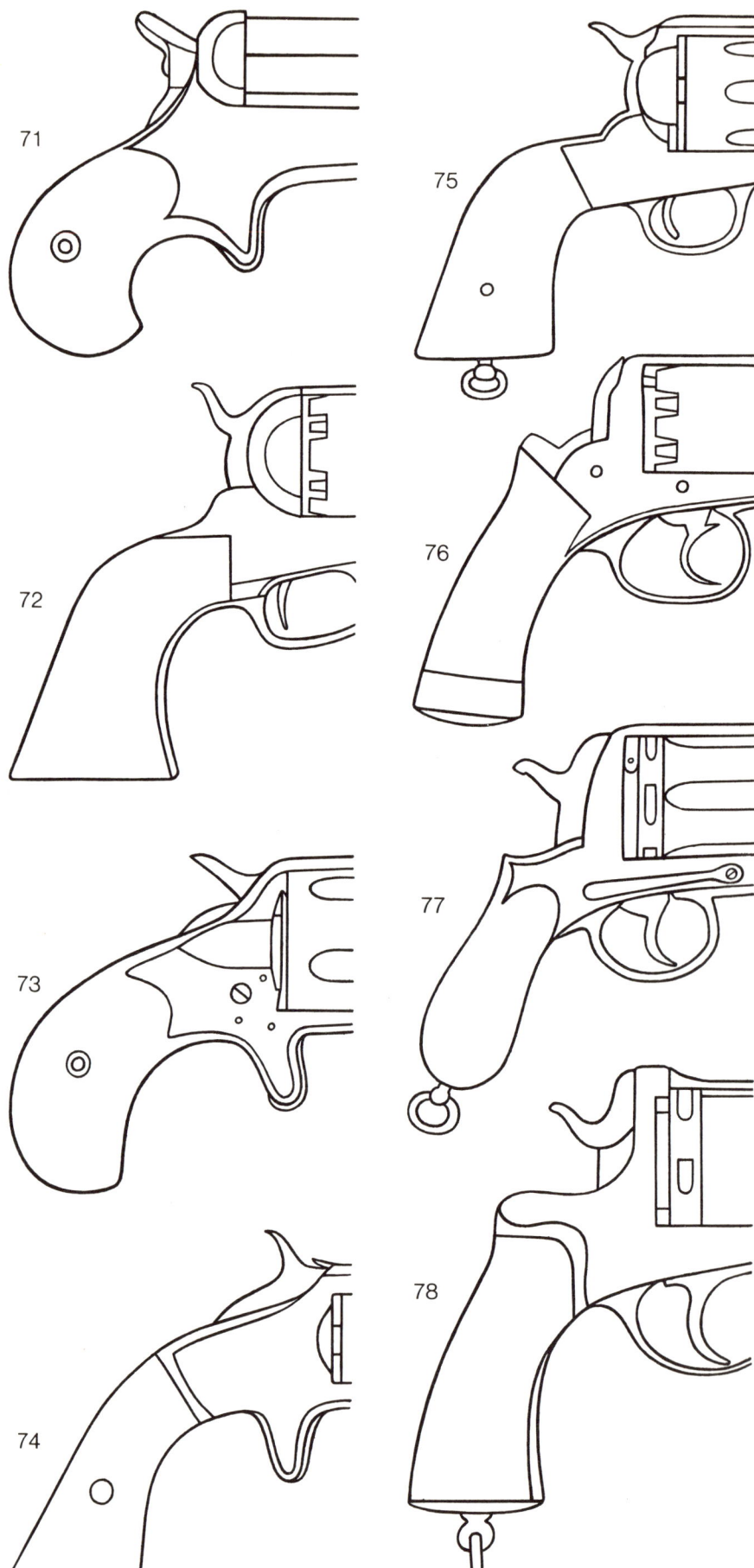

DERRINGER-, PERKUSSIONS- UND
METALLPATRONENREVOLVERGRIFFE
AUS DER MITTE DES 19. JH.

71   Sharps, vierläufiger Derringer,
      1860—74
72   Colt, 1851—61
73   Colt (Taschenrevolver), 1871—85
74   Smith-Wesson, 1860—68
75   Remington, 1875—99
76   Deane-Adams, Modell 1851
77   Gasser, 1885
78   Belgischer Revolver (Lüttich),
      um 1890

UNGEWÖHNLICHE
UND ORIENTALISCHE
PISTOLENGRIFFE

79 Frankreich?, um 1540
80 Deutschland, ausgeh. 16. Jh.
81 Schottland (typischer ,,Ramshorn''-
    schaft oder scrall-butt), 18.—19. Jh.
82 Älterer Typus von 81), ausgeh. 17. Jh.
83 Kaukasus u. Persien, 17. u. 18. Jh.
84 Kaukasus u. Persien, 18. u. 19. Jh.
85 Japan, 16.—19. Jh.
86 Balkanländer, 18. u. 19. Jh.
87 Balkanländer, 18. u. 19. Jh.
88 Japan, 19. Jh.
89 Türkei u. Persien, 18. u. 19. Jh.
90 Schottland, auch Japan, 19. Jh.

Patronenarten

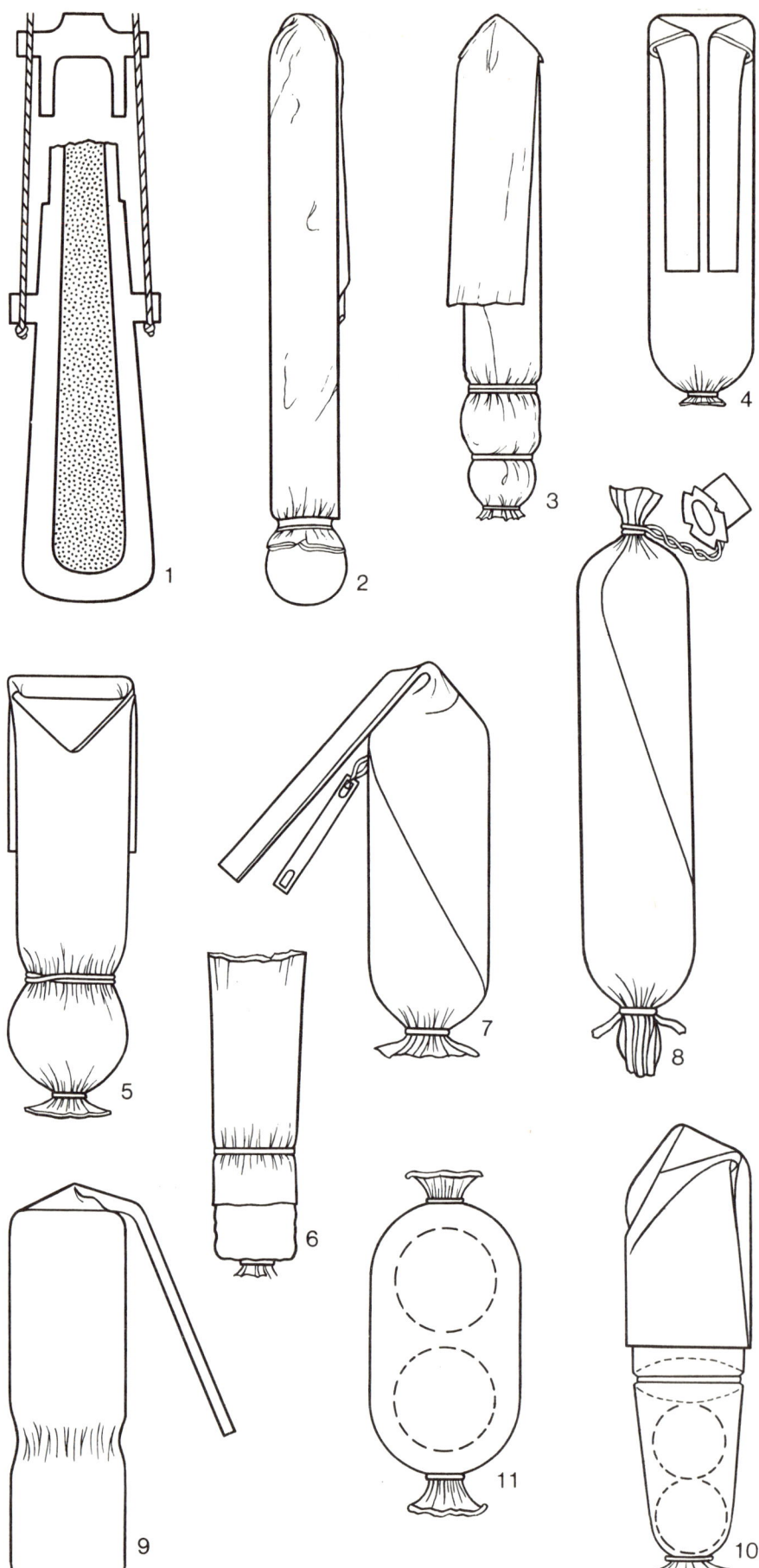

PAPIERPATRONEN

1 Bandelier-Holzgefäß mit Pulvermenge,
   Wende 16. Jh.
2 Papierpatrone, Anwendungszeit Mitte
   16. Jh. — Mitte 18. Jh.
3 Papier-,,Kartätschen''patrone mit
   drei Kugeln, 18. Jh.
4 Papierpatrone, Westdeutschland
   u. Frankreich, 18. Jh.
5 Sog. französische Papierpatronen-
   Packung, Frankreich u. Deutschland,
   18. Jh.
6 Schrot-Papierpatrone, 1846
7 Papierpatrone mit Zündröhrchen,
   Anf. 19. Jh.
8 Sog. holländische Papierpatrone für
   Perkussionswaffen mit Zündhütchen
9 Geklebte Papierpatrone mit
   konischem Projektil, Anf. 19. Jh.
10 Dänische Papierpatrone, 1849
11 Dänische Papierpatrone, für
   Wachdienst bestimmt, 1864

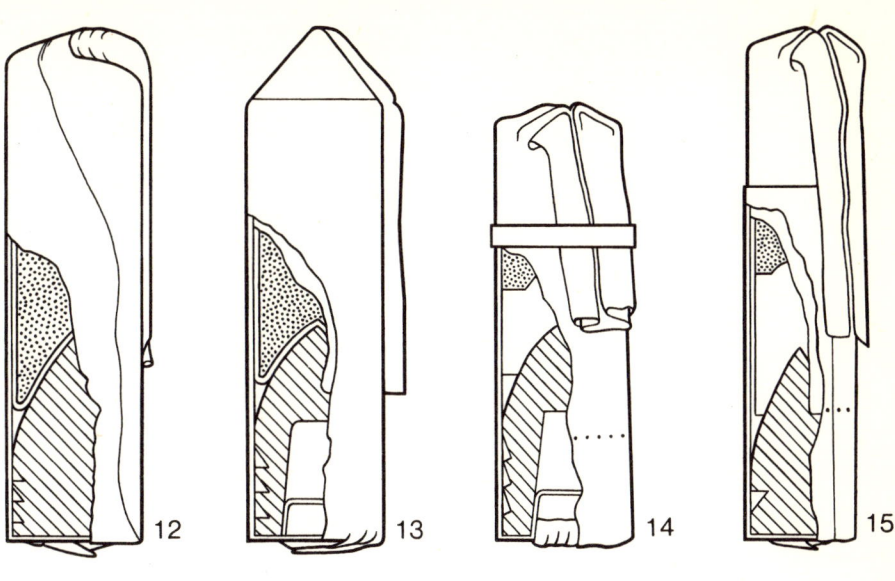

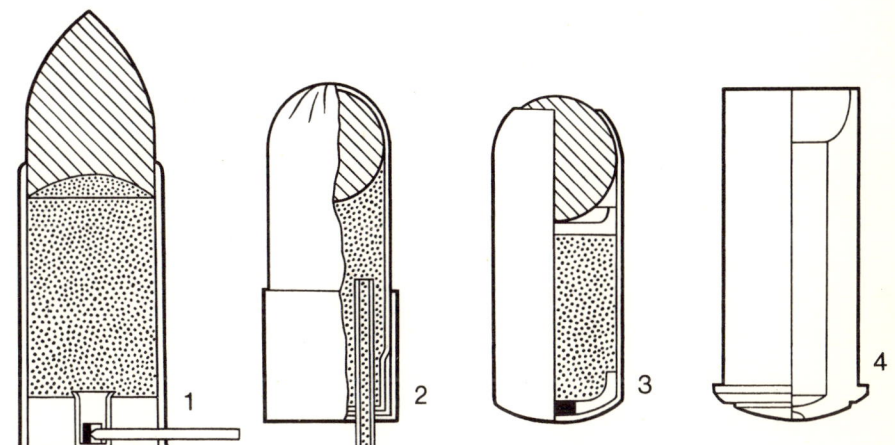

12 Papierpatrone mit
   Kompressionsgeschoß, Europa,
   1. Hälfte 19. Jh.

13 Papierpatrone mit Minié-Geschoß,
   Baden, Mitte 19. Jh.

14 Papierpatrone mit Minié-Geschoß,
   Preußen, 1856

15 Papierpatrone mit
   Kompressionsgeschoß, Sachsen,
   Mitte 19. Jh.

HINTERLADERPATRONEN DES 19. JH.

1 Lefaucheux-Patrone
2 Roberts-Hinterlader-Patrone, 1831
3 Montigny-Hinterlader-Patrone, 1833
4 Pauly-Hinterlader-Metallpatrone, 1812
5 Dreyse-Zündnadelgewehrpatrone,
   1847
6 Dreyse-Zündnadelgewehrpatrone mit
   langgestrecktem Projektil, 1855
7 Dreyse-Zündnadelgewehrpatrone,
   Modell 72
8 Chassepot-Zündnadelgewehrpatrone,
   Modell 66

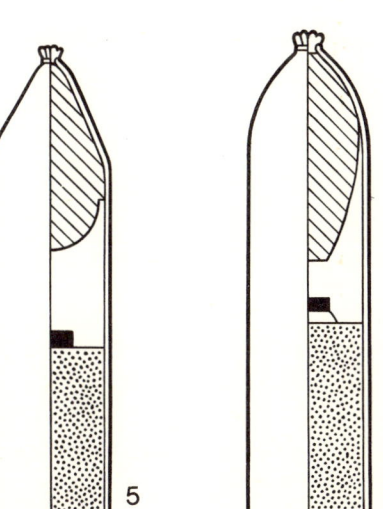

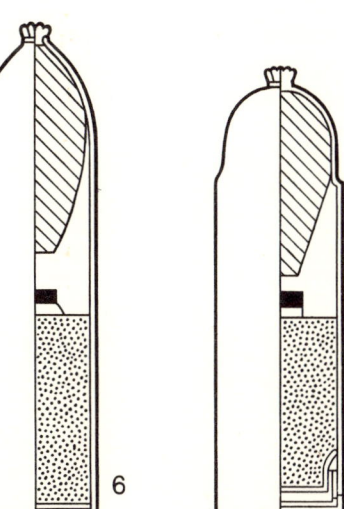

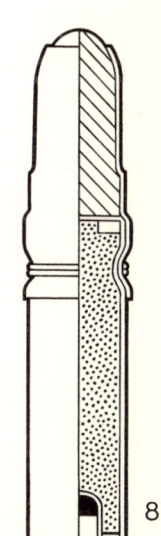

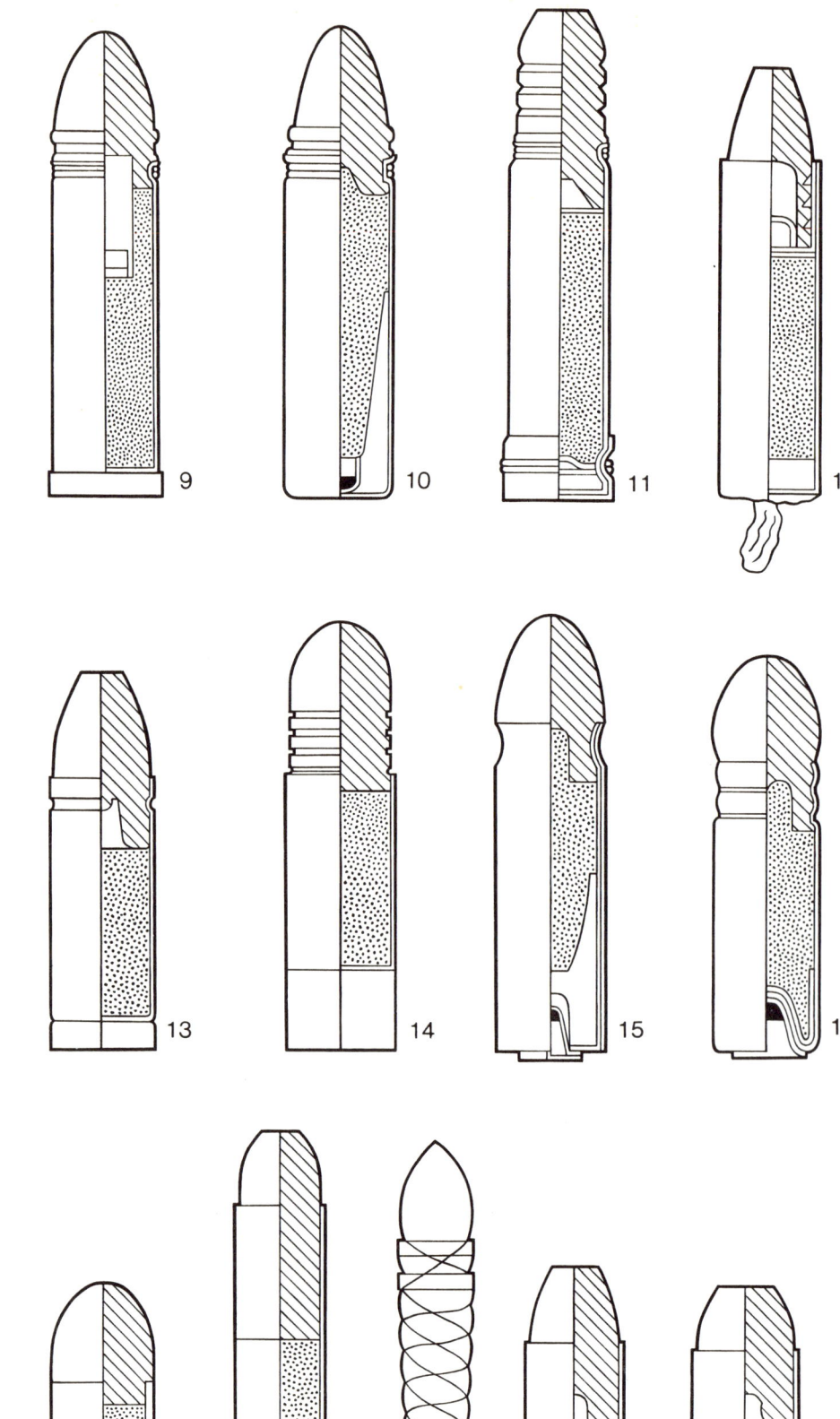

9　Einhorn-Zündnadelgewehrpatrone,
　　1865
10　Philipp-Zündnadelgewehrpatrone,
　　1866
11　Französische Farington-
　　Gewehrpatrone, 1865
12　Badener Jagdgewehrpatrone, 1863
13　Sächsische Infanteriegewehrpatrone,
　　1865
14　Lindner-Gewehrpatrone, Sachsen,
　　1865
15　Lindner-Gewehrpatrone, Österreich,
　　1865
16　Lindner-Gewehrpatrone, Bayern, 1865
17　Marston-Gewehrpatrone, 1860
18　Westley-Richards-Gewehrpatrone,
　　1862
19　Mont-Storm-Gewehrpatrone, 1860

PATRONEN MIT
MESSINGHÜLSE

0　Peabody-Gewehrpatrone mit
　　Messinghülse, 1862
1　Roberts-Gewehrpatrone, 1867

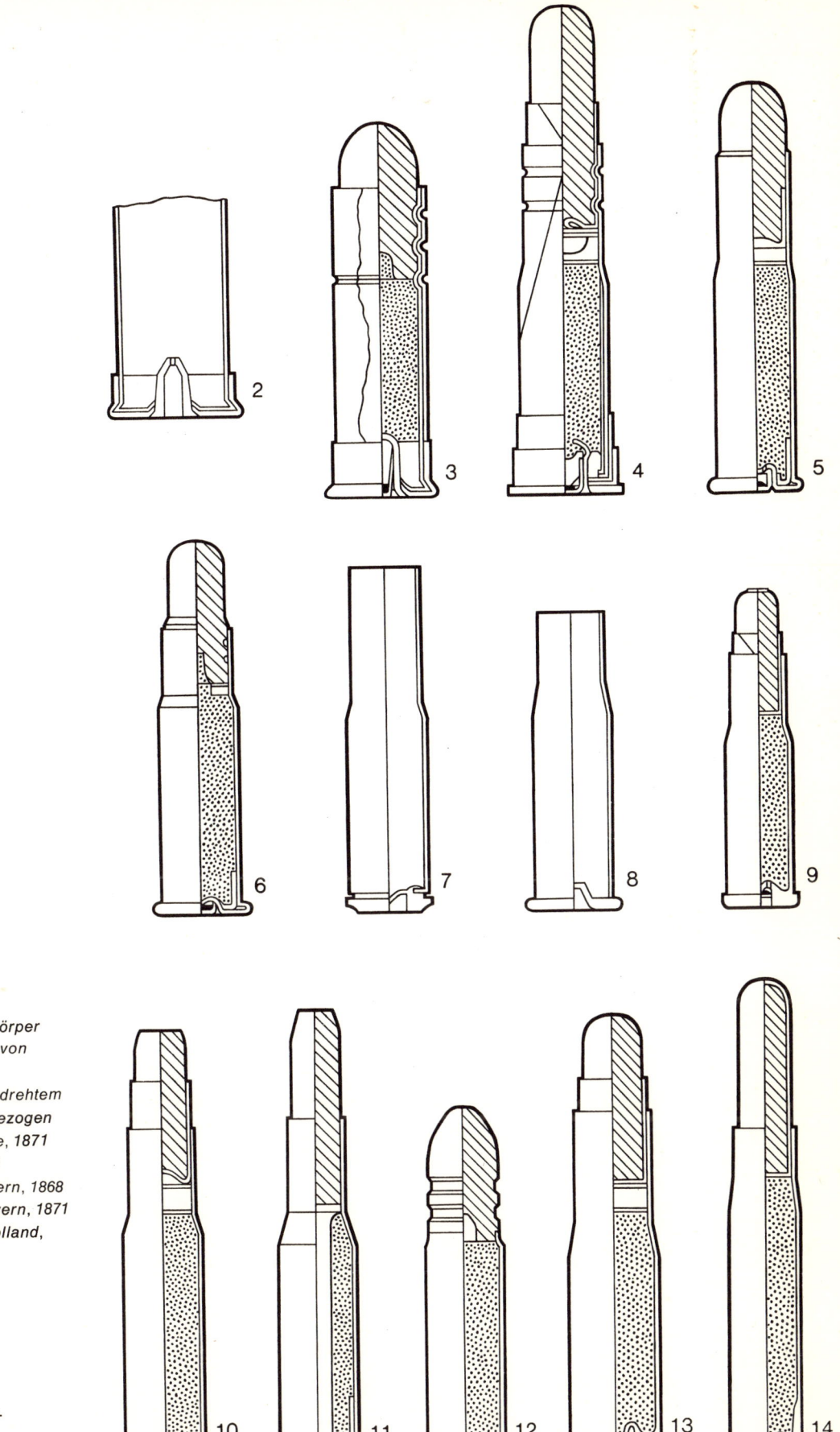

2 Daw-Patronenhülse, 1864; Messingblechboden, Hülsenkörper aus Pappe; ähnliche Patrone von Sylvester Krnka, 1855

3 Boxett-Patrone; Hülse aus gedrehtem Messingblech, innen papierbezogen

4 Martini-Henry-Gewehrpatrone, 1871

5 Berdan-Gewehrpatrone, 1866

6 Werder-Gewehrpatrone, Bayern, 1868

7 Podewils-Patronenhülse, Bayern, 1871

8 Beaumont-Patronenhülse, Holland, 1871

9 Versuchspatrone für Röhrenmagazinrepetierer

10 Kropatschek-Chatellerault-

11 Hebler-Patrone, 1887

12 Werndl-Patrone, 1867

13 Patrone M 77 für Mannlicher-Repetierer M 82

14 Mannlicher-Patrone, Modell 1888

Handfeuer–
waffenzeichen

1

10

19

2

11

20

3

12

21

PRÜFZEICHEN VON
FERTIGUNGSSTÄTTEN
UND -GEBIETEN.
DIE BEKANNTESTEN
BÜCHSENMACHERZEICHEN

4

13

22

1   Barcelona 1. Hälfte 18. Jh.
2   Eibar (E) 18. Jh.
3   Charleville (F) Mitte 16. — Mitte
    d. 19. Jh.
4   Charleville (F) 1. Hälfte 19. Jh.
5   Chatellerault (F) Ende 19. Jh.
6   Paris, um 1810
7   St. Etienne (F), um 1735
8   St. Etienne (F) ab 1825
9   Saileville (F) 2. Hälfte 19. Jh.
10 Amsterdam 1600—1800
11 Leyden 18. Jh.
12 Utrecht 1665—1730
13 Antwerpen 16.—18. Jh.
14 Lüttich von 1811 zur Gegenwart
15 Lüttich (B) 1675—1853
16 Maastricht (NL) 1660—1730
17 Sichtvermerk Tower, ab 1797 auch
    Birmingham
18 Londoner Gildenzeichen für außerhalb
    Londons hergestellte Büchsen, 17. u.
    beginnendes 18. Jh.
19 Sichtvermerk der 1638 gegründeten
    Londoner Gilde
20 „View mark" der Londoner
    Büchsenmachergilde, 17. u. 18. Jh.
21 „View mark" der Prüfstelle
    Birmingham
22 Sichtvermerk d. Prüfstelle Birmingham
    nach 1813
23 Augsburg Ende 16. — Anf. 19. Jh.
24 Nürnberg, in Varianten 1580—1690
25 Essen 16.—18. Jh.
26 Suhl 18. Jh.
27 Zella 18. Jh.

5

14

23

6

15

24

7

16

25

8

17

26

9

18

27

28   Potsdam 18. Jh.
29   Potsdam ab Mitte 18. Jh.
30   Straßburg (F) 18. Jh.
31   München 1600—1780
32   Mutzig (F) 19. Jh. bis 1867
33   Gotha 19. Jh.
34   Sachsen 18. Jh.
35   Schwäbisch Gmünd um 1663
36   Schwäbisch Gmünd um 1675
37   Prag erstes Prüfzeichen, nach 1882
38   Prag zweites Prüfzeichen, nach 1882
39   Prag städt. Prüfzeichen, nach 1882
40   Vejprty (Weipert, CS) erstes
     Prüfzeichen, nach 1882
41   Vejprty (CS) zweites Prüfzeichen,
     nach 1882
42   Ferlach (A) erstes Prüfzeichen, nach
     1882
43   Ferlach (A) zweites Prüfzeichen, nach
     1882
44   Ferlach (A) städt. Prüfzeichen, nach
     1882
45   Wien städt. Prüfzeichen, 17. Jh.
46   Wien erstes Prüfzeichen, nach 1882
47   Wien zweites Prüfzeichen, nach 1882
48   Wiener Neustadt 18. Jh.
49   Budapest städt. Prüfzeichen, nach
     1882
50   Budapest erstes Prüfzeichen, nach
     1882
51   Budapest städt. Prüfzeichen, nach
     1882
52   Dänemark 1588—1648
53   Dänemark 1670—1699
54   Dänemark 1699—1730

235

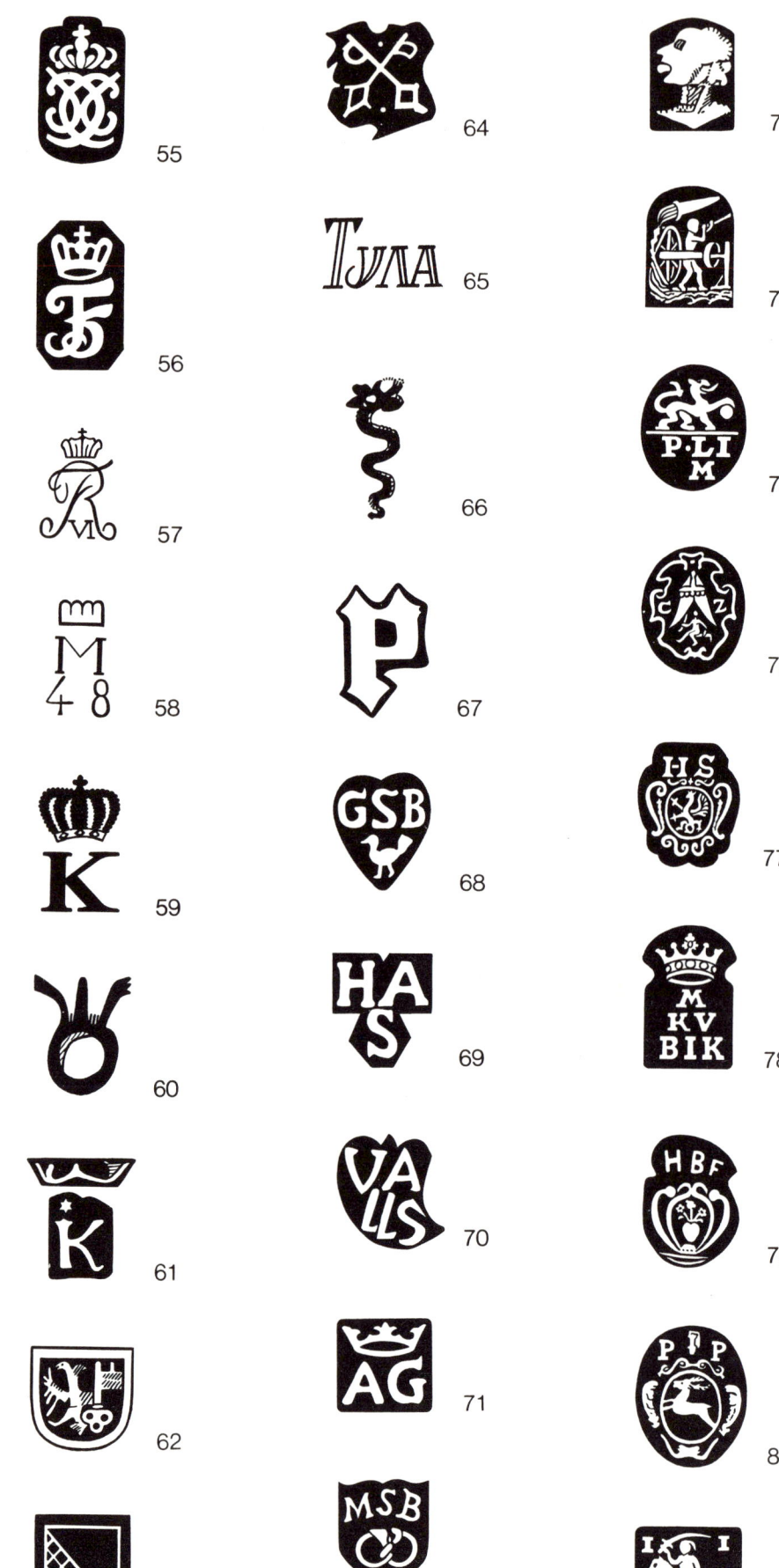

55 Dänemark 1730—1746
56 Dänemark 1746—1766
57 Dänemark 1808—1839, ab 1836 für
   Pistolen
58 Dänemark (Pistolen) um 1848
59 Konsberg (D) 18. Jh.
60 Jönköping (S) 1625—1713, auch
   Pistolen ab 1746
61 Jönköping (S) 1700 — ausgeh. 18. Jh.
62 Genf 17. Jh.
63 Zürich 17. Jh.
64 Legnica (PL) 17.—18. Jh.
65 Tula (SU) 18. Jh.
66 Wolf Danner, Nürnberg, um 1550
67 Peter Pögel, Steirmark, um 1523
68 Georg Daniel Spangenberg, Suhl, um
   1725
69 Unbekannter Suhler Meister um 1650
70 Valls in Ripoll (E) um 1650
71 Unbekannter Lütticher Meister um
   1660
72 Martin Süssenecker, Dresden, um
   1640
73 Hans Mörl, Nürnberg, um 1530
74 Matthias Conrad Pistor, Kassel, um
   1730
75 Paulus Lienhardt, München, um 1730
76 Caspar (II.) Zellner, Wien, um 1715
77 Hans Stifter, Prag, um 1665
78 Matthias Kubik, Prag, 1. Drittel 18. Jh.
79 Hans Breitenfelder, Karlsbad, um 1665
80 Paul Poser, Prag, 1. Viertel 18. Jh.
81 Johann Jakob Kuchenreuter,
   Regensburg, 2. Viertel 18. Jh.

82

86

90

83

87

91

84

88

92

82 Caspar Zellner, Wien, 1. Hälfte 18. Jh.
83 Alonzo Martinez, Barcelona u. Madrid,
    Anf. 18. Jh.
84 Antonio Coma, Ripoll (E) Anf. 18. Jh.
85 Laufsignatur, Pistoja (I) Mitte 18. Jh.
86 Felix Meier, Wien, Anf. 18. Jh.
87 Johann Amandus Neyreiter, Salzburg,
    Beginn 18. Jh.
88 Josef Hammerl, Wien, Beginn d.
    18. Jh.
89 Simon Penzeneter, Wien, Beginn
    18. Jh.
90 Juan Santos, Madrid, Mitte 18. Jh.
91 Valentin Marr, Kopenhagen, Mitte
    18. Jh.
92 Christoph Ris, Wien, Mitte 18. Jh.
93 Nicolas Bis (Biss), Madrid, Beginn
    18. Jh.

85

89

93

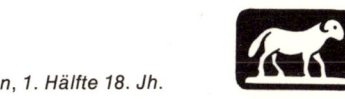

Literaturverzeichnis

ALLGEMEINE LITERATUR

Alm, J.: Eldhandvapen, I—II. *Stockholm 1933—34*

Beiträge zur Geschichte der Handfeuerwaffen *(Festschrift für M. Thierbach), Dresden 1905*

Blackmore, H. L.: Guns and Rifles of the World. *London 1965*

Blair, C.: European and American Arms. *London 1962*

Blair, C.: Pistols of the World. *London 1968*

Boccia, L.: Nove secoli di armi da caccia. *Firenze 1967*

Boeheim, W.: Handbuch der Waffenkunde. *Leipzig 1890*

Czillag, F.: A kézi löfegyverek és a hadmüvészet. Budapest 1965

Essenwein, A.: Quellen zur Geschichte der Feuerwaffen. *Leipzig 1872*

Greener, W. W.: The Gun and its Development. *9th Ed. London 1910*

Hayward, J. F.: The Art of the Gunmaker. *I—II. London 1962—63*

Hayward, J. F.: Die Kunst der alten Büchsenmacher. *Hamburg 1968—69*

Hayward, J. F.: European Firearms. *London 1955*

Held, R.: The Age of Firearms. *New York 1957*

Hoff, A.: Feuerwaffen. *I—II. Braunschweig 1969*

Lugs, J.: Handfeuerwaffen. *I—II. Berlin 1962. 3. Aufl. 1972*

Malatesta, E.: Armi ed Armaioli. *Milano 1939*

Peterson, H. L.: The Book of the Gun. *London 1963*

Peterson, H. L.: The Encyclopedia of Firearms. *London-New York 1964*

Peterson, H. L.: The Treasury of the Gun. *New York 1962*

Pollard, H. B. C.: History of Firearms. *London 1930*

Ricketts, R.: Firearms. *London 1962*

Schmidt, R.: Die Handfeuerwaffen, ihre Entstehung und technisch-historische Entwicklung bis zur Gegen-wart. Basel 1875*

Støcke!, J. F.: Haandskydevaabens Bedømmelse. *I—II. København 1938—43. Reprint: 1964*

Tarasjuk, L.: Starinnoje ognjestrelnoje orushije. *Antique Firearms. Leningrad 1972*

Thierbach, M.: Die geschichtliche Entwicklung der Handfeuerwaffen, *bearbeitet nach den in den deutschen Sammlungen noch vorhandenen Originalen. Dresden 1886—88; Nachträge: Dresden 1899. Reprint: Graz 1965*

Thomas, B. — Gamber, O. — Schedelman, H.: Die schönsten Waffen und Rüstungen *aus europäischen und amerikanischen Sammlungen. Heidelberg-München 1963*

SACHLITERATUR

Atkinson, J.: Duelling Pistols and Some of the Affairs they Settled. *London 1964*

Blackmore, H. L.: British Military Firearms 1650—1850. *London 1961*

Boeheim, W.: Meister der Waffenschmiedekunst. *XIV.—XVIII. Jahrhundert. Berlin 1897*

Brissac, Duc de: Armes de Chasse. *Paris 1967*

Carey, A. M.: English, Irish and Scottish Firearms Makers. *New York 1954. Reprint: London 1960*

Chapel, C. E.: Guns of the Old West. *New York 1961*

Chapel, C. E.: U. S. Martial and Semi-Martial Singleshot Pistols. *New York 1962*

Cottaz, M.: L'Arme à Feu Portative Française. *Paris 1971*

Denisova, M. M. — Portnov, M. E. — Denisov, E. N.: Russkoje orushije XI—XIX vekov. *Moskva 1953*

Dillin, G. G.: The Kentucky Rifle, *4th Ed. New York 1959*

Dolleczek, A.: Monografie der k. u. k. österr.-ungar. Blank- und Handfeuerwaffen. *Wien 1896*

Drummond, J.: — Anderson, J.: Ancient Scottish Weapons. *London-Edinburgh 1881*

Duchatre, P. L.: Histoire des armes à chasse. *Paris 1955*

Eckart, W. — Morawietz, O.: Die Handfeuerwaffen des brandenburgisch-preussisch-deutschen Heeres 1640—1945. Hamburg 1957

Edwards, W. B.: Civil War Guns. Harrisburg (Pa.) 1962

Edwards, W. B.: The Story of Colt's Revolver. Harrisburg (Pa.) 1953

Eriksen, E.: Dänische Orgelespignolen mit Einheitspatronen. Kopenhagen 1945

Frith, J. — Andrews, R.: Antique Pistols Collecting. London 1960

Gaibi, A.: Le Armi da fuoco portatili Italiane dalle origini al Risorgimento. Milano 1962

Gardner, R. E.: Small Arms Makers. New York 1963

Gelli, J.: Gli Archibugiari milanesi. Industria, commercio, uso delle armi da fuoco in Lombardia. Milano 1905

George, J. N.: English Guns and Rifles. Plantersville 1947

George, J. N.: English Pistols and Revolvers. London 1961

Gluckman, A.: United States Martial Pistols and Revolvers. Buffalo (N. Y.) 1944

Gluckman, A.: United States Muskets, Rifles and Carbines. Buffalo (N. Y.) 1948

Gooding, S. J.: The Canadian Gunsmiths 1608 to 1900. Ontario 1962

Henry, R. — Roper, W. F.: Smith and Wesson Handguns. Huntington (West Virginia) 1945

Hicks, J. E.: U. S. Firearms 1776—1956. Beverly Hills (California) 1957

Hicks, J. E.: French Military Firearms 1717—1938. New Milford (Connecticut) 1964

Hoff, A.: Aeldre Dansk Bøssenmageri isaer i 1600-tallet. I—II. København 1951

Jackson, H. J.: European Hand Firearms of the XVI, XVII, XVIII Centuries. With a Treatise on Scottish Hand Firearms by C. E. Whitelaw. London 1923. Reprint: 1958

Karr, C. R. — Karr, C. L.: Remington Handguns. Harrisburg (Pa.) 1951

Kaufmann, H. J.: Early American Gunsmiths 1650—1850. Harrisburg (Pa.) 1952

Lavin, J. D.: A History of Spanish Firearms. London 1965

Lenk, T.: Steinschloß-Feuerwaffen. Ursprung und Entwicklung. I—II. Hamburg-Berlin 1973

Lindsay, M.: One Hundred Great Guns. New York 1967

Lister, R.: Antique Firearms, their Care, Repair and Restoration. London 1963

Logan, H. C.: Underhammer Guns. Harrisburg (Pa.) 1960

Lugs, J.: Střelci a čarostřelci (Schützen und Freischützen). Praha 1973

Malmborg, G. — Meyerson, Å.: Stockholms Bössmakare. Stockholm 1936

Marciano, E. — Morin, M.: Del Carcano al FAL. Armi da fuoco portatili delle Forze Armate Italiane. Vol. I: I fucili. Firenze 1974

Marquiset, R. — Boudriot, J.: Armes à feu françaises modèles réglementaires 1717—1836. I—III. Paris 1961—65

Meyerson, Å.: Vapenindustrierna i Arboga. Stockholm 1939

Møller, T.: Gamle Danske Militar Våben. København 1963

Neal, W.K.: Spanish Guns and Pistols. London 1955

Neal, W. K. — Back, H. D. L.: The Mantons Gunmakers. London 1967

Neal, W. K. — Jinks, R. G.: Smith and Wesson 1837—1945. A Handbook for Collectors. South Brunswick (N. Y.) — London 1966

Patent Office London. Abridgements of the Patent Specifications Relating to Firearms and other Weapons. Ammunition and Accontrements from 1588—1858. London 1859. Reprint: 1960

Peterson, H. L.: Arms and Armor in Colonial America 1526—1783. Harrisburg (Pa.) 1956

Pribakovič, D.: Puške fitiljače XV. veka. Beograd 1962

Roads, C. H.: The British Soldier's Firearms 1850—1864. London 1964

Schedelmann, H.: Die großen Büchsenmacher. Braunschweig 1972

Schedelmann, H.: Die Wiener Büchsenmacher und Büchsenschäfter. Berlin 1944

Schneider, H.: Altschweizerische Waffenproduktion. Zürich 1964

Serven, J. E.: Colt Firearms 1836—1960. Santa Anna (California) 1960

Smith, W. H. B.: Mannlicher Rifles and Pistols. Harrisburg (Pa.) 1947

Smith, W. H. B.: Mauser Rifles and Pistols. Harrisburg (Pa.) 1950

Smith, W. H. B.: Gas, Air and Spring Guns of the World. Harrisburg (Pa.) 1957

Smith, W. H. B. — Smith, J. E.: Small Arms of the World. Harrisburg (Pa.) 1962

Stöcklein, H.: Meister des Eisenschnittes. Beiträge zur Kunst- und Waffengeschichte im 16. und 17. Jahrhundert. Stuttgart 1922

Ullman, K.: Schmuck alter Büchsen und Gewehre. Jagdmotiv in der Büchsenmacherkunst (1650—1850). Hamburg-Berlin 1964

Taylerson, A. W. F.: The Revolver 1865—1888. London 1966

Taylerson, A. W. F.: Revolving Arms, London 1967

Taylerson, A. W. F.: The Military Arms of Canada. Ontario 1963

Viterbo, S.: A armeria en Portugal. I—II. Lisboa 1907—8

Wesley, L.: Air-guns and Air-pistols. London 1955

Wilkinson, F.: Small Arms. London 1965

Williamson, F. F.: Peperbox Firearms. New York 1952

Wynnant, L.: Firearms Curiosa. New York 1955. Reprint: London 1961

Wynnant, L.: Early Percussion Firearms. New York 1959

KATALOGE BEDEUTENDER SAMMLUNGEN

Angelucci, A.: Catalogo della Armeria Reale. Torino 1890

Blackmore, H. L.: Royal Sporting Guns at Windsor. London 1968

Boeheim, W.: Album hervorragender Gegenstände aus der Waffensammlung des Allerhöchsten Kaiser-
  hauses. I. Wien 1894
Bowman, H. W.: Famous Guns from the Smithsonian Collection. New York 1966
Bowman, H. W.: Famous Guns from the Winchester Collection. Greenwich (Conn.) 1958
Cederström, R. — Malmborg, G.: Den äldre Livrustkammaren 1654. Stockholm 1930
Carpegna, N. di: Armi da fuoco della Collezione Odescalchi. Roma 1968
Dean, B.: The Collection of Arms and Armor of Rutheford Stuyvesant. s. 1. 1914
Dean, B. —- Grancsay, S. V.: The Metropolitan Museum of Art. Handbook of Arms and Armor. New York 1930.
Dean, B. — Grancsay, S. V.: Loan Exhibition of European Arms and Armor. New York 1931
Deubler, H. — Koch, A.: Waffensammlung Schwarzburger Zeughaus, Rudolstadt s. a.
Diener-Schönberg, A.: Die Waffen der Wartburg. Berlin 1912
Ehrenthal, M.: Führer durch die königliche Gewehrgalerie zu Dresden. Dresden 1900
Ehrenthal, M.: Führer durch das königliche Historische Museum zu Dresden. Dresden 1899
Ehrenthal, M.: Die Waffensammlung des Fürsten Salm-Reiferscheidt zu Dyck. Mönchengladbach 1906
Foulkes, C.: Inventory and Survey of the Armouries of the Tower of London. II. London 1915
Foulkes, C.: European Arms and Armour in the University of Oxford. Oxford 1912
Florit y Arizcum, J. M.: Catálogo de las Armas del Instituto de Valencia de Don Juan. Madrid 1927
Gessler, G. A.: Führer durch die Waffensammlung. Zürich 1928
Gossudarstvennaja orushennaja palata Moskovskogo Kremlja. Moskva 1954
Grancsay, S. V.: The Bashford Dean Collection. Portland 1933
Grosz, A. — Thomas, B.: Katalog der Waffensammlung in der Neuen Burg. Wien 1936
Haenel, E.: Kostbare Waffen aus der Dresdener Rüstkammer. Leipzig 1933
Hiltl, G.: Waffensammlung des Prinzen Carl von Preussen. Berlin 1876
Historisches Museum Dresden. Pistolen. Dresden 1962
Historisches Museum Dresden. Jagdgewehre. Dresden 1973
Hoff, A. — Schepelern, H. D. — Boesen, G.: Royal Arms at Rosenborg. I—II. København 1956
Joubert, F.: Catalogue of the Collection of R. L. Scott. S. I. 1924
Kretzschmar v. Kienbusch, C. O.: The Kretzschmar v. Kienbusch Collection of Armour and Arms. Princeton
  (N. J.) 1963
Laking, F. G.: The Armoury of Windsor Castle. London 1904
Lensi, A.: Il Museo Stibbert. Catalogo delle Sale delle armi Europee. I—II. Firenze 1917—18
Lusia, G. de: La Sale d'Armi nel Museo delle Arsenale di Venezia. Roma 1908
Mann, J.: European Arms and Armour. II: Arms. In: Wallace Collection Cataloques. London 1962
Musée de l'armée. Armes et armures anciennes et souvenirs historiques les plus précieux. II. Paris 1893
Museo-arméria de D. José Estruch y Cumella. Barcelona 1896
Ossbahr, C. A.: Das fürstliche Zeughaus zu Schwarzburg. Rudolstadt 1894
Pichler, F.: Das Landes-Zeughaus in Graz. Leipzig 1880
Post, P.: Das Zeughaus. Die Waffensammlung. Berlin 1929
Potier, O.: Inventar der Rüstkammer der Stadt Emden. Emden 1903
Prelle de la Nieppe, E.: Catalogue des Armes et Armures du Musée de la Porte de Hal. Brussels 1902
Robert, L.: Cataloque des Collections composant le Musée d'Artillerie. Paris 1889 et s.
Sälzle, K.: Deutsches Jagdmuseum München. Eröffnungskatalog 1966. München 1966
Smith, O.: Dez kgl. Partikularaere Rustkammer. I. København 1938
Valencia, Juan de: Catálogo de la Real Arméria de Madrid. Madrid 1898
Wegeli, R.: Inventar der Waffensammlung des Bernischen Historischen Museums in Bern. IV: Fernwaffen.
  Bern 1948

AUSGEWÄHLTE
FACHZEITSCHRIFTEN

The American Rifleman. Washington, laufend
Armes Anciennes. Revue consacrée à l'etude des Armes Anciennes. Geneve 1953—57
Armi Antiche. Bolletino dell'Academia di S. Marciano. Torino, ab 1954
Arsenal. Czasopismo Miłośników broni. Kraków 1957—58
Bulletin des Arquebussiers de France. St. Maur-des-Fossés, laufend
Deutsches Waffen-Journal. Schwäbisch Hall, laufend
Diana. Armi. Rivista d'informazione internazionale. Firenze, ab 1967
The Gun Collectors. Whitewater (Wisconsin), 1947—57
The Gun Digest. Chicago, laufend
Guns Rewiew. London, ab 1961
The Journal of the Arms and Armour Society. London, ab 1953
Livrustkammaren. Journal of the Royal Armory. Stockholm, ab 1937
Muzealnictwo wo skov e. Warszawa, unregelmäßig
Studia do dziejów dawnego uzbrojenia i ubioru wojskovego. Kraków, unregelmäßig, Sammelband
Studia şi materiale de muzeografie şi istorie militara. Bukuresti, ab 1968
Svenska Vapenhistoriska Årsskrift. Stockholm, laufend
Vaabenhistoriske Aarboger. Kjøbenhavn, laufend

241

Verzeichnis
der Farbtafeln

242

Verzeichnis
der Abbildungen
im Text

245

246

Verzeichnis
der Zeichnungen
und Skizzen

247